# R语言
# 数据可视化实战

米霖 ◎ 编著

### 图书在版编目（CIP）数据

R语言数据可视化实战 / 米霖编著. —北京：机械工业出版社，2020.11

ISBN 978-7-111-66791-9

Ⅰ. R… Ⅱ. 米… Ⅲ. 统计分析–应用软件 Ⅳ. C819

中国版本图书馆CIP数据核字（2020）第199849号

## R 语言数据可视化实战

出版发行：机械工业出版社（北京市西城区百万庄大街22号　邮政编码：100037）
责任编辑：陈佳媛　　　　　　　　　　　　责任校对：姚志娟
印　　刷：中国电影出版社印刷厂　　　　　版　　次：2020年11月第1版第1次印刷
开　　本：186mm×240mm　1/16　　　　印　　张：35.75
书　　号：ISBN 978-7-111-66791-9　　　定　　价：169.00元

客服电话：（010）88361066　88379833　68326294　　投稿热线：（010）88379604
华章网站：http://www.hzbook.com　　　　　　　　　读者信箱：hzit@hzbook.com

版权所有·侵权必究
封底无防伪标均为盗版
本书法律顾问：北京大成律师事务所　韩光/邹晓东

# 前言

数据可视化是一种非常重要的技能，能够帮助人们快速理解信息，分析数据中存在的趋势，识别关系中的模式。当人们有了新的见解后，往往需要将这些见解传达给其他人，在传达的过程中，使用图表、图形或其他对视觉有影响的表现形式非常重要，因为这些表现形式吸引人并可以迅速传达信息。

R 是由统计学家设计的专门用于统计计算的语言，它也是一种非常好的数据可视化工具。随着技术的进步，数据公司或研究机构对数据的收集变得越来越复杂，许多人已经采用 R 语言作为分析数据的首选语言。R 语言适用于机器学习、数据分析、数据可视化及科学计算等领域。它有多个主题的软件包，如计量经济学、金融学和时间序列等，也拥有一流的可视化、报告和交互性工具。这些工具对于企业和科学研究都非常重要，被科学家、工程师和商业人士广泛使用。

笔者多年来一直以 R 语言为工具从事数据可视化、数据分析、统计建模和机器学习等数据科学工作，在工作中积累了大量的经验，对 R 语言的原理和应用有比较全面和深入的认识，尤其在数据可视化方面更是有独到的见解。R 语言提供了强大的数据可视化功能，可以生成高质量的图形，如条形图、直方图、散点图、动态图和数学符号，甚至可以用很少的代码来实现自己设计的全新图形。R 语言有很多数据可视化包，如 ggplot2、ggivs 和 plotly 等，使用这些包可以非常轻松地绘制出令人印象深刻的数据可视化图表。其中，plotly 包提供了一套绘制交互式图形的工具，所绘制的图形非常有表现力。另外，R 语言的文档资源很丰富，而且质量很高，这对学习 R 语言有很大的帮助。

为了帮助广大相关从业人员和数据技术爱好者快速掌握 R 语言数据可视化技术，笔者编写了本书。本书主要介绍如何使用 R 语言绘制常见的统计图形，如直方图、散点图和箱线图等，另外也介绍了如何绘制一些不常见但很实用的统计图形，如桑基图、和弦图和时间序列图等。

本书不但介绍了普通的统计图形的绘制，而且介绍了交互式图形及动画图形的绘制，另外还介绍了如何使用 Shiny 工具包进行数据探索与可视化。相信通过阅读本书，读者可以在较短时间内比较系统地掌握 R 语言数据可视化技术。

## 本书特色

### 1．内容全面，理论结合实践

本书全面介绍如何利用 R 语言绘制各种统计图形，涵盖普通的统计图形绘制、高级统计图形绘制、交互式图形绘制、动画图形绘制，以及统计图形的细节调整。另外，本书还介绍了如何利用 Shiny 进行数据探索与可视化，是一部理论与实践紧密结合的数据可视化学习宝典。

### 2．零基础入门，学习门槛低

阅读本书不需要读者具备太多的预备知识，只要有基本的数学与统计学知识即可，学习门槛很低，零基础即可入门。

### 3．实例丰富，实用性强

本书在讲解的过程中给出了大量的 R 语言绘图实例，这些实例涵盖单变量图形绘制、两个同类型变量的图形绘制、分类变量和连续变量的图形绘制、高维图形绘制等。这些例子都非常实用，可以比较容易地迁移到实际工作中。

### 4．绘图代码详细，效果精美

本书中的绘图实例都给出了详细的实现代码，读者可以按照代码和操作步骤亲自动手实现每一个实例的效果，而且这些绘图实例的效果非常精美，让人赏心悦目。

## 本书内容

本书共分为 13 章，各章内容简单介绍如下：

第 1 章主要介绍 R 语言的基本概念、Rstudio 跨平台集成开发环境及常见的统计图形等。

第 2 章主要介绍一些数据处理与数据探索的方法，如数据转换和数据重塑等，因为在数据可视化之前需要先对数据进行处理。

第 3 章主要介绍在不进行更多细节调整的情况下如何快速地进行数据可视化。

第 4 章主要介绍面积图、密度图、直方图和频率图这几种单变量图形的绘制。这类图形往往只涉及数据集的一个变量。

第 5 章主要介绍两个同类型变量的图形绘制，包括散点图、抖动点图、连续二维分布图和线图。

第 6 章主要介绍分类变量和连续变量的图形绘制，包括箱线图、小提琴图、棒棒糖图、条形图、圆形条形图、饼图和甜甜圈图。

第 7 章主要介绍高维图形的绘制，包括气泡图、三维散点图、流型图、相关矩阵图、树状图、圆形包装图和树形图。

第 8 章主要介绍其他类型的统计图形绘制，包括和弦图、桑基图、网络图、旭日图、雷达图、词云、平行图、时间序列图、交互式图形及动画图。这些图形并不是很常见，但是非常有用，使用这些高级图形能够让数据可视化的效果更加引人注目。

第 9~11 章主要介绍图形的细节调整，如添加图形元素、图形的颜色调整、线条类型调整、坐标轴范围调整、删除面板边框和网格线、合并多幅图形等。一幅优秀的统计图形往往需要许多细节上的调整，通过调整细节，可以让图形更具表现力。

第 12、13 章主要介绍一些扩展内容，包括 ggfortify 绘图包和 Shiny 工具包，它们可以实现数据可视化的一些高级功能，如交互式图形绘制和动画图形绘制等。

## 读者对象

- 数据可视化从业人员；
- 统计学、数学、经济学、计算机和财经等专业的本科生和研究生；
- 互联网从业人员，如产品经理；
- R 语言数据可视化初学者与进阶者；
- 对数据可视化感兴趣的人员；
- 相关培训机构的学员。

## 配套资源

本书的所有实例源代码文件及彩色效果图等相关资源需要读者自行下载。方法是：在华章公司官网 www.hzbook.com 上搜索到本书，然后单击"资料下载"按钮，即可在本书页面上找到"配书资源"下载链接。

## 售后支持

本书涉及的内容比较庞杂，R 数据可视化技术也是日新月异，加之作者水平和成书时间所限，书中难免有一些疏漏和不当之处，敬请读者指正。阅读过程中若有疑问，请发 E-mail 至 hzbook2017@163.com，以获得帮助。

# 目录

前言

## 第 1 章 R 语言数据可视化简介 ... 1
### 1.1 R 语言介绍 ... 1
#### 1.1.1 向量 ... 3
#### 1.1.2 列表 ... 3
#### 1.1.3 矩阵 ... 4
#### 1.1.4 数组 ... 5
#### 1.1.5 因子 ... 5
#### 1.1.6 数据框 ... 6
#### 1.1.7 for 循环 ... 7
#### 1.1.8 条件判断 ... 8
#### 1.1.9 函数 ... 9
### 1.2 Rstudio 介绍 ... 12
### 1.3 R 包介绍 ... 13
### 1.4 R 语言数据读取 ... 14
#### 1.4.1 读取 Excel 数据 ... 15
#### 1.4.2 读取 SPSS、SAS 和 STATA 数据 ... 17
### 1.5 ggplot2 介绍 ... 18
#### 1.5.1 使用 qplot 函数快速绘图 ... 19
#### 1.5.2 使用 ggplot 函数绘图 ... 20
### 1.6 统计图形 ... 22
#### 1.6.1 散点图 ... 22
#### 1.6.2 箱线图 ... 24
#### 1.6.3 小提琴图 ... 25
#### 1.6.4 条形图 ... 27
#### 1.6.5 和弦图 ... 28
#### 1.6.6 桑基图 ... 30
#### 1.6.7 棒棒糖图 ... 31
#### 1.6.8 克利夫兰点图 ... 32
#### 1.6.9 艺术图 ... 34
### 1.7 tidyverse 介绍 ... 38

  1.8 总结 ......................................................................................................................... 41

## 第 2 章 数据处理与探索 ............................................................................................. 42

  2.1 数据转换 ................................................................................................................. 42

    2.1.1 筛选数据集的行 ......................................................................................... 42

    2.1.2 筛选数据集的列 ......................................................................................... 46

    2.1.3 数据排序及新变量生成 ............................................................................. 48

    2.1.4 数据分组汇总 ............................................................................................. 49

    2.1.5 数据合并 ..................................................................................................... 50

  2.2 数据重塑 ................................................................................................................. 54

    2.2.1 数据聚合 ..................................................................................................... 55

    2.2.2 数据分散 ..................................................................................................... 56

    2.2.3 数据切割 ..................................................................................................... 57

    2.2.4 数据合并 ..................................................................................................... 58

  2.3 总结 ......................................................................................................................... 59

## 第 3 章 数据可视化 ......................................................................................................... 60

  3.1 ggplot2 核心概念 .................................................................................................... 60

    3.1.1 散点图 ......................................................................................................... 62

    3.1.2 折线图 ......................................................................................................... 64

    3.1.3 条形图 ......................................................................................................... 66

    3.1.4 直方图 ......................................................................................................... 68

    3.1.5 密度图 ......................................................................................................... 72

    3.1.6 箱线图 ......................................................................................................... 75

  3.2 总结 ......................................................................................................................... 79

## 第 4 章 单变量图形绘制 ................................................................................................. 80

  4.1 面积图 ..................................................................................................................... 80

    4.1.1 面积图的绘制方式 ..................................................................................... 82

    4.1.2 绘制堆叠的面积图 ..................................................................................... 85

    4.1.3 绘制比例堆叠面积图 ................................................................................. 88

  4.2 密度图 ..................................................................................................................... 90

    4.2.1 基础密度图 ................................................................................................. 95

    4.2.2 绘制少量分组的密度图 ............................................................................. 96

    4.2.3 绘制大量分组的密度图 ........................................................................... 101

    4.2.4 密度图的其他调整 ................................................................................... 103

  4.3 直方图 ................................................................................................................... 105

    4.3.1 基础直方图 ............................................................................................... 107

    4.3.2 分组直方图的绘制 ................................................................................... 109

|     |     |     |     |
| --- | --- | --- | --- |
|     | 4.3.3 | 合并直方图与密度图 | 111 |
| 4.4 | 频率图 | | 113 |
| 4.5 | 总结 | | 114 |

## 第 5 章　两个同类型变量的图形绘制　115

- 5.1 散点图　115
  - 5.1.1 绘制基础散点图　118
  - 5.1.2 绘制分组散点图　121
  - 5.1.3 添加拟合曲线　127
  - 5.1.4 在散点图中添加地毯图　130
  - 5.1.5 在散点图中添加文本　136
- 5.2 抖动点图　140
- 5.3 连续二维分布图　142
  - 5.3.1 绘制二维直方图　143
  - 5.3.2 绘制六角直方图　144
  - 5.3.3 绘制二维密度直方图　145
  - 5.3.4 调整图形配色　147
- 5.4 线图　148
  - 5.4.1 绘制基础线图　155
  - 5.4.2 绘制连线图　160

## 第 6 章　分类变量和连续变量的图形绘制　163

- 6.1 箱线图　163
  - 6.1.1 绘制基础箱线图　174
  - 6.1.2 调整参数　175
  - 6.1.3 调整箱线图组别的顺序　176
  - 6.1.4 调整颜色　183
  - 6.1.5 构建分组箱线图　191
  - 6.1.6 调整箱线图的宽度　193
  - 6.1.7 构建连续变量的箱线图　194
  - 6.1.8 添加平均值　195
  - 6.1.9 添加抖动点　196
- 6.2 小提琴图　197
  - 6.2.1 绘制基础的小提琴图　200
  - 6.2.2 绘制水平的小提琴图　201
  - 6.2.3 在小提琴图中添加箱线图　203
- 6.3 棒棒糖图　204
  - 6.3.1 绘制分组的棒棒糖图　209

- 6.3.2 绘制基础棒棒糖图 ... 217
- 6.3.3 棒棒糖图参数的调节 ... 219
- 6.3.4 添加标注 ... 224
- 6.4 条形图 ... 226
  - 6.4.1 绘制基础条形图 ... 229
  - 6.4.2 改变条形图宽度 ... 235
  - 6.4.3 添加误差棒 ... 235
- 6.5 圆形条形图 ... 241
  - 6.5.1 绘制基础圆形条形图 ... 250
  - 6.5.2 添加标签 ... 252
  - 6.5.3 圆形条形图的更多调整 ... 253
- 6.6 饼图 ... 259
  - 6.6.1 绘制基础饼图 ... 263
  - 6.6.2 调整细节 ... 264
  - 6.6.3 添加标签 ... 265
- 6.7 甜甜圈图 ... 266

## 第7章 高维图形绘制 ... 270

- 7.1 气泡图 ... 270
  - 7.1.1 绘制基础气泡图 ... 274
  - 7.1.2 控制气泡的大小 ... 275
  - 7.1.3 设置颜色 ... 276
  - 7.1.4 调整更多的细节 ... 277
  - 7.1.5 绘制动态图 ... 279
- 7.2 三维散点图 ... 280
- 7.3 流型图 ... 282
  - 7.3.1 绘制基础流型图 ... 285
  - 7.3.2 调整流型图的偏移 ... 286
  - 7.3.3 调整流型图的形状与颜色 ... 287
- 7.4 相关矩阵图 ... 288
- 7.5 树状图 ... 291
  - 7.5.1 绘制基础树状图 ... 295
  - 7.5.2 绘制圆形树状图 ... 297
  - 7.5.3 绘制聚类结果的树状图 ... 298
  - 7.5.4 更多调整 ... 302
- 7.6 圆形包装图 ... 308
  - 7.6.1 具有一个层次的圆形包装图 ... 310
  - 7.6.2 调整颜色 ... 311

  7.6.3 调整圆形之间的距离 ········· 315
  7.6.4 绘制多层次的圆形包装图 ····· 315
  7.6.5 调整细节 ····························· 317
  7.6.6 隐藏第一级 ························· 321
7.7 树形图 ·································· 325
  7.7.1 绘制基础树形图 ················· 326
  7.7.2 绘制带有多个级别的树形图 ····· 327
  7.7.3 自定义树形图 ····················· 328

# 第8章 其他图形绘制 332

8.1 和弦图 ································ 332
  8.1.1 绘制圆形图 ························· 334
  8.1.2 绘制基础和弦图 ················· 337
  8.1.3 调整细节 ····························· 340
8.2 桑基图 ································ 343
8.3 网络图 ································ 347
  8.3.1 绘制基础网络图 ················· 356
  8.3.2 调整网络图的参数 ············· 358
  8.3.3 网络图布局 ························· 361
  8.3.4 将变量映射到节点和链接特征 ····· 362
  8.3.5 使用网络图可视化聚类结果 ····· 364
8.4 旭日图 ································ 366
8.5 雷达图 ································ 368
  8.5.1 绘制雷达图 ························· 374
  8.5.2 绘制多组雷达图 ················· 375
8.6 词云 ···································· 376
  8.6.1 绘制词云 ····························· 378
  8.6.2 调整颜色和背景颜色 ········· 379
  8.6.3 调整形状 ····························· 381
  8.6.4 调整单词方向 ····················· 382
8.7 平行图 ································ 383
  8.7.1 绘制基础平行图 ················· 389
  8.7.2 自定义颜色、主题和外观 ····· 390
8.8 时间序列图 ······················· 391
  8.8.1 时间序列包 dygraphs ········ 396
  8.8.2 时间序列热图 ····················· 397
8.9 交互式图形 ······················· 399

| | | |
|---|---|---|
| 8.9.1 | 散点图 | 400 |
| 8.9.2 | 气泡图 | 401 |
| 8.9.3 | 面积图 | 402 |
| 8.9.4 | 条形图 | 404 |
| 8.9.5 | 饼图 | 405 |
| 8.9.6 | 桑基图 | 406 |
| 8.9.7 | 误差棒图 | 408 |
| 8.9.8 | 箱线图 | 409 |
| 8.9.9 | 直方图 | 411 |
| 8.9.10 | 二维直方图 | 413 |
| 8.9.11 | 二维轮廓直方图 | 414 |
| 8.9.12 | 小提琴图 | 415 |
| 8.9.13 | 雷达图 | 416 |
| 8.9.14 | 热图 | 418 |
| 8.9.15 | 三维散点图 | 418 |
| 8.9.16 | 动画图 | 420 |
| 8.9.17 | 调整图形图例 | 421 |
| 8.9.18 | 修改交互文本 | 422 |
| 8.10 | 动画图 | 423 |
| 8.10.1 | 绘制基础动画图 | 424 |
| 8.10.2 | 使用分面 | 425 |
| 8.10.3 | 动态变化图形 | 426 |

## 第 9 章 图形元素、标题和图例绘制 429

| | | |
|---|---|---|
| 9.1 | 添加图形元素 | 429 |
| 9.2 | 主标题、轴标签和图例标题 | 432 |
| 9.2.1 | 改变标签的外观 | 434 |
| 9.2.2 | 修改图例 | 436 |
| 9.2.3 | 修改图例的位置和外貌 | 436 |
| 9.2.4 | 使用 guides 函数修改图例 | 440 |

## 第 10 章 颜色等参数的调整 445

| | | |
|---|---|---|
| 10.1 | 图形颜色调整 | 445 |
| 10.1.1 | 使用单个颜色调整图形 | 446 |
| 10.1.2 | 通过分组调整颜色 | 448 |
| 10.1.3 | 渐变或连续颜色 | 455 |
| 10.2 | 点的形状、颜色和大小的调整 | 457 |
| 10.3 | 线条类型调整 | 460 |

- 10.4 坐标轴范围调整 ... 462
- 10.5 坐标轴转换 ... 465
- 10.6 时间数据坐标轴 ... 468
- 10.7 自定义标签 ... 471
- 10.8 图形主题和背景颜色 ... 477
- 10.9 自定义图形的背景 ... 480
- 10.10 删除面板边框和网格线 ... 481
- 10.11 ggthemes 包 ... 482
- 10.12 文本注释 ... 483
- 10.13 ggrepel 包 ... 485
- 10.14 添加直线 ... 488
- 10.15 图形翻转和反向 ... 490
- 10.16 分面 ... 491

## 第 11 章 合并多幅图形 ... 499
- 11.1 合并多幅图形到一张图中 ... 499
- 11.2 gridExtra 包 ... 502
- 11.3 添加边际分布图 ... 505
- 11.4 在 ggplot 中插入一个外部图形元素 ... 506

## 第 12 章 R 语言绘图包 ... 509
- 12.1 ggstatsplot 包 ... 509
- 12.2 ggfortify 包 ... 520
  - 12.2.1 生存分析 ... 520
  - 12.2.2 时间序列图 ... 521
  - 12.2.3 密度图 ... 523
  - 12.2.4 时间序列预测图 ... 524
  - 12.2.5 聚类图 ... 527
  - 12.2.6 热力图 ... 530
  - 12.2.7 主成分分析可视化 ... 532
- 12.3 quantmod 包 ... 535

## 第 13 章 Shiny 工具包 ... 544
- 13.1 Shiny 工具包简介 ... 544
- 13.2 Shiny App 的基础部分 ... 548
- 13.3 Shiny 示例 ... 550
- 13.4 Shiny 总结 ... 553
- 13.5 制作一个 Shiny 程序 ... 554
- 13.6 Shiny 部署 ... 556

# 第 1 章  R 语言数据可视化简介

本章主要介绍 R 语言数据可视化的一些基本内容，包括什么是 R、什么是 Rstudio、什么是 R 包等，另外还会介绍 R 语言基本语法的相关内容。由于本书的重点在于数据可视化，因此不会深入讲解 R 语言的语法。本章旨在帮助读者了解 R 语言的一些核心内容，以尽可能简单的方式帮助读者了解如何使用 R 语言，最后介绍一些常见的统计图形。

## 1.1  R 语言介绍

R 是一种编程语言和自由软件，常用于统计计算和图形绘制。R 语言广泛应用于统计学领域和数据科学领域，用于开发统计软件和进行数据分析。R 是世界上最强大的统计计算、机器学习和图形编程语言，拥有蓬勃发展的全球用户、开发人员和贡献者社区。

R 语言是罗斯·伊哈卡（Ross Ihaka）和罗伯特·杰特曼（Robert Gentleman）在新西兰的奥克兰大学所创建的，以两个作者名字的第一个字母命名。R 项目于 1992 年构思，1995 年发布初始版本，2000 年发布稳定版本。R 可从 CRAN 网页进行下载，链接为 http://cran.r-project.org/。

R 及其库实现了各种统计和图形方法，包括线性和非线性建模、经典统计测试、时间序列分析、分类、聚类等。一般而言，最新的统计方法都有对应的 R 包，R 用户可以非常方便地学习、应用最新的统计方法。

R 可以通过函数和扩展包轻松扩展其功能，R 社区因在软件包方面的积极贡献而闻名。任何人都可以在 R 社区贡献出自己的包。到目前为止，R 中有超过 10 000 个包可供下载。R 开发人员社区非常活跃。R 在统计计算、数据科学及数据可视化方面有着无与伦比的优势，几乎你面临的所有问题或者你关心的问题都有人实现了 R 包。

R 是数据科学领域最流行的语言，并且 R 语言是完全面向数据的，更加注重从数据的角度去思考问题，在这一点上与其他的编程语言有很大的区别。

另外，R 是用于统计研究的主要工具。因此当新的方法被开发的时候，它不仅仅被作为论文发表，而且往往会被开发成为一个 R 包。这让 R 永远成为新算法的前沿，而 R 用户可以非常方便地使用这些新的算法。

CRAN 本身是一个非常有效的共享 R 扩展平台，具有用于包创作、构建、测试和分发的成熟系统。R 核心团队，特别是 CRAN 维护者，为 R 包创建了这样一个充满活力的生态系统。图 1.1 所示为 R 包数量在不同年份的变化。

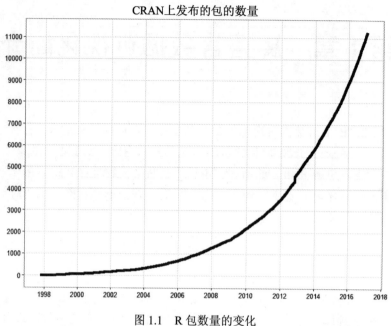

图 1.1　R 包数量的变化

从图 1.1 中可以看到，R 包的开发速度越来越快。但是过多的包导致人们在寻找自己所需要的包时困难重重，可能需要借助一些搜索工具来完成。目前有很多包的搜索与汇总工具，例如：

- CRAN 提供包任务视图（https://cran.r-project.org/web/views/），按主题区域（例如财务或临床试验）提供包目录。
- MRAN（Microsoft R 应用程序网络）为 CRAN 上的 R 软件包提供搜索工具。MRAN 的链接为 https://mran.microsoft.com/taskview。
- 为了找到最受欢迎的软件包，Rdocumentation.org 按下载次数提供了软件包的排行榜，并提供了新发布和最近更新的包的列表。RDocumentation.org（https://www.rdocumentation.org/taskviews#Bayesian）还提供了基于 CRAN 任务视图的可搜索版本。

通过上面的几个方法可以很方便地找到自己所需要的包。

R 有许多标准函数，使用这些函数可以解决非常多的统计机器学习的任务。对于计算密集型任务，可以在运行时连接和调用 C、C++和 Fortran 代码。高级用户可以编写 C、C++、Java、.NET 或 Python 代码直接操作 R 对象，还可以通过使用用户提交的包来执行特定功能或特定研究领域的任务。软件包使 R 具有高度可扩展性。

R 的语法非常简单，介绍 R 的语法首先需要从数据的角度入手，在使用任何编程语言进行编程时，需要使用各种变量来存储各种信息。与其他编程语言（如 C 和 Java）不同，在 R 中使用变量不需要声明类型，并且 R 中的数据由 R 语言的对象存储。这些对象包括向量、列表、矩阵、数组、因子、数据框。

数据是数据科学的基础,也是数据可视化的基础。下面开始介绍 R 的基本数据结构。

## 1.1.1 向量

这里所说的向量并不是物理学中有方向的一个量,而是一组数据。例如,1～10,这 10 个数字就可以表示为一个向量。或者 26 个字母,也可以表示为一个向量。向量是 R 中的一个基本数据结构。当你想用多个元素创建向量时,应该使用 c 函数,这意味着将元素组合成一个向量。下面的代码则是创建向量的一个例子。

```
# 创建一个向量
letter <- c('a','b',"c")
letter
## [1] "a" "b" "c"
# 查看数据类型
class(letter)
## [1] "character"
```

上面的代码使用 c 函数创建了一个向量,包含 3 个元素,分别为 a、b、c 这 3 个字母。然后 class 函数可以用于查看数据的类型。从代码的输出结果中可以看出,这个向量中元素的数据类型是字符类型(character)。上面创建的向量有 3 个元素,如果希望提取向量中的某个元素,则可以通过[]进行提取,代码如下:

```
letter[1]
## a
```

上面的代码选取了向量中的第一个元素,希望提取第几个元素只需要传入对应数字即可。

## 1.1.2 列表

列表(list)这个数据类型常用于存储不同数据类型的数据。列表里面可以存储向量、列表、矩阵、数组、因子、数据框等所有数据类型。另外,列表还可以嵌套多层列表,下面的代码创建了一个列表,列表中分别包含了向量、列表、数组、矩阵、数据框这几种 R 语言中的数据结构。

```
l <- list(c(1,2,3),list(1),array(c(1,2,3,3,1,2),dim = c(1,2,3)),matrix
(c(1,2,3,4),nrow = 2),factor(c(1,2,3)),data.frame(nu = c(1:3),id =c("a",
"b","c")))
l
## [[1]]
## [1] 1 2 3
##
## [[2]]
## [[2]][[1]]
## [1] 1
```

```
## 
## 
## [[3]]
## , , 1
## 
##      [,1] [,2]
## [1,]   1    2
## 
## , , 2
## 
##      [,1] [,2]
## [1,]   3    3
## 
## , , 3
## 
##      [,1] [,2]
## [1,]   1    2
## 
## 
## [[4]]
##      [,1] [,2]
## [1,]   1    3
## [2,]   2    4
## 
## [[5]]
## [1] 1 2 3
## Levels: 1 2 3
## 
## [[6]]
##   nu id
## 1  1  a
## 2  2  b
## 3  3  c
class(l)
## [1] "list"
```

上面的代码创建了6种类型的数据,然后将它们全部放到一个list里面。如果希望提取列表中的元素,则需要使用[[]]这个符号。l[[1]]表示提取列表的第一个元素,也就是整个向量。如果希望进一步提取向量中的元素,提取方式与普通向量的提取方式相同。例如,代码l[[1]][1]提取了列表中向量的第一个元素。

## 1.1.3 矩阵

矩阵可以理解为二维数组,它可以使用矩阵函数(matrix)来创建。执行下面的代码,将创建一个矩阵。

```
# Create a matrix.
M = matrix( c('a','a','b','c','b','a'), nrow = 2, ncol = 3, byrow = TRUE)
print(M)
##      [,1] [,2] [,3]
## [1,] "a"  "a"  "b" 
## [2,] "c"  "b"  "a" 
```

上面的代码创建了一个矩阵，创建矩阵的时候需要指定几个参数，nrow 表示这个矩阵有多少行，ncol 用于表示这个矩阵有多少列。这两个参数最少只需要设置一个。byrow=TRUE 表示将向量通过行的方式排列成矩阵。拿上面的例子来说，c 的位置为(2,1)，如果设置的是 byrow=F，则 c 的位置是(2,2)。对于矩阵，数据框的元素提取同样使用的是[]。例如上面所创建的例子，想要提取矩阵中的第一个元素，代码则是 M[1,1]，提取数据框的元素原理相同。

### 1.1.4 数组

虽然矩阵被限制为二维，但数组可以具有任何数量的维度。创建数组所使用的函数是 array，数组函数使用 dim 属性指定数组的维度。在下面的例子中，我们创建了一个三维数组。该数组包含两个元素，每个元素为 3×3 的矩阵。

```
# 创建一个数组
a <- array(c('green','yellow'),dim = c(3,3,2))
print(a)
## , , 1
##
##      [,1]     [,2]     [,3]
## [1,] "green"  "yellow" "green"
## [2,] "yellow" "green"  "yellow"
## [3,] "green"  "yellow" "green"
##
## , , 2
##
##      [,1]     [,2]     [,3]
## [1,] "yellow" "green"  "yellow"
## [2,] "green"  "yellow" "green"
## [3,] "yellow" "green"  "yellow"
```

上面的代码创建了一个 3×3×2 的数组，dim 参数表示有两个 3×3 的矩阵。通过指定 dim 参数，可以创建任意维度的数组。

### 1.1.5 因子

因子是使用向量创建的 R 对象，它将向量中元素的不同值一起存储为标签，不管原始向量中的元素是什么类型的。例如数值类型，如果被设定成为因子，元素都会变成类似于字符类型的分类变量。因子类别的数据与字符类别的数据差别在于，因子类型的数据是有顺序的。例如，男和女是性别这个变量的两个值，二者之间没有大小关系；春、夏、秋、冬是季节的 4 个值，但是这 4 个值是有先后顺序的（即春、夏、秋、冬）。所以，性别变量可以直接使用字符类型进行存储，季节则可以使用因子类型进行存储。

因子在统计建模中非常有用。在 R 中使用 factor 函数创建因子，函数中的 levels 参数用于指定因子中分类变量的顺序，因子常常用于创建有顺序的分类变量。下面的代码创建了一个因子类型的数据。

```r
# 创建一个颜色向量
apple_colors <- c('green','green','yellow','red','red','red','green')

# 创建一个因子向量
factor_apple <- factor(apple_colors)

# 输出结果
print(factor_apple)
## [1] green  green  yellow red    red    red    green
## Levels: green red yellow
print(nlevels(factor_apple))
## [1] 3
```

上面的代码创建了由3个因子水平（level）组成的因子向量，分别表示为green、red、yellow。一般而言，字符数据不能进行比较。但是如果设置成因子，则表示字符是有顺序的。在这个例子中，yellow＞red＞green，因子可以通过判断语句进行判断。

## 1.1.6　数据框

数据框是表格数据对象，使用数据框可以非常方便地描绘现实世界。数据框与矩阵非常类似。但是数据框与矩阵不同的是，数据框每列可以包含不同的数据模式。第一列可以是数字，第二列可以是字符，第三列可以是逻辑型的数据。它是等长度向量的组合，在R中使用data.frame函数来创建数据框。下面的代码使用data.frame函数创建了一个数据框，用来记录不同人的身高、体重等数据。

```r
# 创建一个数据框
BMI <- data.frame(
   gender = c("Male", "Male","Female"),
   height = c(152, 171.5, 165),
   weight = c(81,93, 78),
   Age = c(42,38,26)
)
print(BMI)
##   gender height weight Age
## 1   Male  152.0     81  42
## 2   Male  171.5     93  38
## 3 Female  165.0     78  26
```

上面的代码创建了一个数据框。数据框是数据科学中最常用的数据结构，它的数据结构非常符合人们对于现实世界的认识，是对现实世界的一个很好的映射。上面创建的数据框记录了不同人的性别、身高、体重、年龄。

用数据框的思维可以很好地将现实世界映射成为数据框。例如，想了解什么因素会影响学生成绩，比如父母的学历、平均学习时长、健康状况等，将这些数据收集起来成为一个数据框，就是一份整洁、可以用于分析的数据。

在数据科学中有一个概念是整洁数据（tidy data）。整洁数据格式有下面3个定义：

- 每一个变量都是一列（Each variable forms a column）。
- 每一个观测都是一行（Each observation forms a row）。
- 每一种类型的观察值一起构成一个表格（Each type of observational unit forms a table）。

数据框通常是整洁数据的一种表现形式。因此，数据框同样也是最常用的数据格式。

在介绍完 R 中的数据类型之后，需要简单介绍 R 的一些控制流。

### 1.1.7 for 循环

for 循环是一种程序控制结构，用于实现执行特定次数的循环。在 R 中创建一个 for 循环语句的基本格式如下：

```
for (test_expression) {
   statement
}
```

R 的 for 循环特别灵活，因为它的循环变量不限于整数，实际上任何向量都可以通过 for 循环进行遍历。我们可以传递字符向量、逻辑向量、列表或表达式。下面的代码创建了一个 for 循环，循环遍历一个由字符组成的向量，每遍历一个向量，都会通过 print 函数输出遍历的结果：

```
# for 循环
v <- LETTERS[1:4]
for ( i in v) {
   print(i)
}
## [1] "A"
## [1] "B"
## [1] "C"
## [1] "D"
```

上面的代码创建了一个循环，i in v 表示使用 i 这个变量对 v 的所有元素进行遍历。需要注意的是，使用 for 循环的效率比较低，因此往往采用其他的替代方式，如使用 apply 函数族。例如，上面的代码可以改为：

```
# apply 函数
a <- data.frame(v)
apply(a,1,print)
##   v
## "A"
##   v
## "B"
##   v
## "C"
##   v
## "D"
## [1] "A" "B" "C" "D"
```

上面的代码使用了 apply 函数来实现循环。apply 函数的效率比 for 循环高很多。因此，在需要使用 for 循环来解决问题的时候，最好的选择是使用 apply 函数。另外，apply 函数属于一个函数族，还包括 lappy、sapply 等其他函数，用于处理需要遍历一个向量或者列表的情况。

## 1.1.8 条件判断

条件判断是代码中非常重要的程序流程控制方法。在 R 中创建 if…else 语句的基本语法如下：

```
if(boolean_expression) {
   ## statement(s) will execute if the boolean expression is true.
} else {
   ## statement(s) will execute if the boolean expression is false.
}
```

如果布尔表达式的计算结果为真，则将执行 if 代码块，否则将执行 else 代码块。

```
# 条件判断
x <- c("what","is","truth")

if("Truth" %in% x) {
   print("Truth is found")
} else {
   print("Truth is not found")
}
## [1] "Truth is not found"
```

上面的代码用于判断一个字符串是否在一个向量中，这里用到了%in%这个符号，用于判断某一个元素是否在一个集合之中。这里的 Truth 和 truth 是两个不同的字符串，所以返回 Truth is not found。

if 语句后面可以跟一个可选的 else if…else 语句。使用 if…else if…else 语句时，有几点要注意。
- else 语句一定要在 if 语句之后。
- 一个 if 语句可以有多个 else if 语句。
- if…else if…else 语句中，一旦某一个分支的判断为真，则不会继续运行其他分支的语句。

在 R 中创建 if…else if…else 语句的基本语法格式如下：

```
if(boolean_expression 1) {
   ## Executes when the boolean expression 1 is true.
} else if( boolean_expression 2) {
   ## Executes when the boolean expression 2 is true.
} else if( boolean_expression 3) {
   ## Executes when the boolean expression 3 is true.
} else {
   ## executes when none of the above condition is true.
}
```

需要注意的是，关于条件判断有一个比较特殊的格式，就是 ifelse(条件判断,语句 1,语句 2)，这是 if…else 语句的一个简写。在 ifelse 函数中，第一个参数是逻辑表达式，如果逻辑表达式为真，则运行语句 1，否则运行语句 2。

下面的代码是关于 ifelse 函数的一个简单的例子。

```
a <- c(seq(1,10))
a
 [1]  1  2  3  4  5  6  7  8  9 10
ifelse(a>mean(a),1,0)
 [1] 0 0 0 0 0 1 1 1 1 1
```

上面的代码首先创建了一个向量，然后使用 ifelse 函数进行判断，如果向量 a 的元素值大于向量 a 的平均值，则返回 1，否则返回 0。

## 1.1.9 函数

R 语言中构建函数的方法是使用 function 函数，其函数格式如下：

```
function_name <- function(arg_1, arg_2, ...) {
   Function body
}
```

关于函数可以讨论的内容其实有很多。函数主要由以下 4 部分组成。
- 函数名：函数的实际名称。
- 参数：当调用一个函数时，可以将一个值传递给参数。参数是可选的，换句话说，函数可以没有参数。参数也可以有默认值。
- 函数体：函数所执行的语句包含在函数体内。
- 返回值：函数运行完成时返回的结果。

R 语言有许多内置函数，可以在程序中直接调用，而无须先定义它们，如 mean、sum 等函数。我们还可以创建和使用自己的函数，这类函数称为用户定义函数。下面的代码创建了一个简单的函数。

```
# 函数
frist <- function(){
  return(1+1)
}

frist()
## [1] 2
```

上面的代码构建了一个简单的函数，每次调用函数都会计算 1+1 的结果。在这个函数中，并没有使用任何参数。下面的代码用于构建一个稍微复杂的函数。

```
Fibonacci <- function(n)
{
  if(n == 1|n == 2)
  {
```

```
    return(1)
  }
  else
  {
    return(Fibonacci(n-1) + Fibonacci(n - 2))
  }
}
Fibonacci(11)
## [1] 89
```

上面的代码使用递归的方式编写了计算斐波那契数列的函数。这个函数有一个参数 n，并且使用了递归的函数思想。

最后，介绍一个比较有用的参数"…"，如果有很多未知的参数会输入，则会使用"…"这个参数。其实，R 的很多基础函数都会用到这个参数。例如，R 中基础的绘图函数 plot。

```
plot
## function (x, y, ...)
## UseMethod("plot")
## <bytecode: 0x7ffd75a5e828>
## <environment: namespace:graphics>
```

上面的代码显示了 plot 函数的代码，可以看到，plot 函数包含了"…"这个参数。下面的代码显示了一个简单的例子。

```
f <- function(...){sum(...)}
f(x = 1,y = 3,z =3)
## [1] 7
```

上面的代码在函数中只设置了"…"参数，于是在函数调用的时候，所有的参数都会被传递到 sum 函数中。

R 的另一个优势是绘制静态图形，它可以生成包含数学符号的出版品质的图形。通过其他软件包还可以构建动态和交互式图形。R 的基础绘图函数是 plot 函数，使用 plot 函数就可以快速绘制大多数的统计图形。下面的代码使用 plot 函数绘制了一幅散点图，如图 1.2 所示。

```
# 使用基础绘图系统绘图
plot(rnorm(100),rnorm(100),xlab = "a",ylab = "b")
```

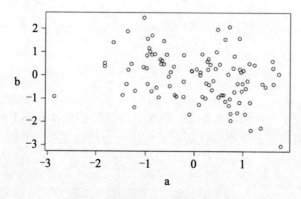

图 1.2 使用 plot 函数绘制散点图

上面的代码绘制了两个正态分布变量的散点图。使用 plot 函数可以非常快速地绘制。但是随着 R 的不断发展，出现了更多的绘图工具。例如 ggplot、ggvis，这些工具可以绘制更加美观的图形。下面的代码使用 ggplot2 包绘制了一幅散点图，如图 1.3 所示。

```
# 使用 ggplot2 绘图
require(ggplot2)
## Loading required package: ggplot2
qplot(rnorm(100),rnorm(100),geom = "point")+xlab("a") +ylab("b")
```

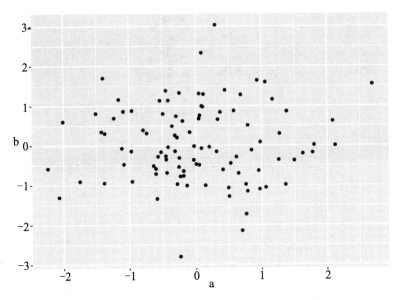

图 1.3　使用 ggplot2 包绘制散点图

上面的代码使用了 ggplot2 包绘制了两个正太分布数据的散点图。下面的代码使用 ggvis 包绘制了一幅同样的散点图，如图 1.4 所示。

```
# 使用 ggvis 绘图
library(ggvis)
## 
## Attaching package: 'ggvis'
## The following object is masked from 'package:ggplot2':
## 
##     resolution
ggvis(data = data.frame(a = rnorm(100),b = rnorm(100)),x = ~ a,y = ~b) %>%layer_points()
```

上面使用 ggvis 包绘制了两个正太分布数据的散点图。需要注意的是，ggvis 比 ggplot2 速度快得多，尤其是在更改数据时。每个 ggplot2 图都有一秒钟或几秒钟的延迟。使用 ggvis 绘图比较简单。但是，目前而言，ggplot2 是使用最为广泛的绘图包，并且有非常多的扩展包。本书也主要使用 ggplot2 进行绘图。

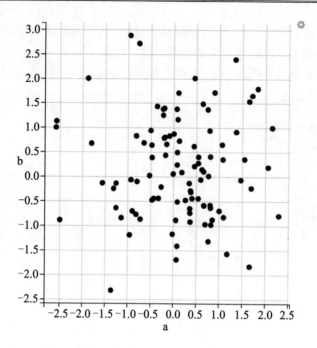

图 1.4　使用 ggvis 包绘制散点图

## 1.2　Rstudio 介绍

Rstudio 是为 R 语言设计的一种跨平台集成开发环境。通过 Rstudio 可以更加方便地使用 R 进行编程。当然，R 的集成开发环境很多，包括下面几种。

- Emacs+ESS：ESS 是 Emacs 文本编辑器的一个统计分析插件，其官网地址是 http://ess.r-project.org/。
- Sublime Text + R-Box：一个在 Sublime 中使用 R 语言编程的插件。
- StatET：一个基于 Eclipse 的 R 语言 IDE，其官网地址是 http://www.walware.de/goto/statet。
- R Commander：一个包括基本图形用户界面的 R 包，其官网地址为 http://socserv.mcmaster.ca/jfox/Misc/Rcmdr/。
- IRkernel：Jupyter 的 R 语言内核，其官网地址为 https://github.com/IRkernel/IRkernel7。
- Radiant：一个使用 R 语言并基于浏览器接口的独立业务分析平台，基于 Shiny，其官网地址为 http://vnijs.github.io/radiant/。
- RTVS：Visual Studio 中的 R 开发工具，其官网地址为 http://microsoft.github.io/RTVS-docs/。

以上集成开发环境都可以用于 R 的使用与开发，任意一个工具都可以很好地使用。目前，Rstudio 是应用最广泛的集成开发环境。

当下载好 R 之后，可以下载 Rstudio。Rstudio 的下载链接为 http://www.rstudio.com/products/RStudio/。

Rstudio 的使用这里不做过多介绍。如果想详细了解 Rstudio 的使用，包括快捷键、详细设置，可以进入 Rstudio 的官网查看。另外，需要注意的是，在 Rstudio 的官网上可以找都很多关于 R 的备忘录。这些备忘录总结了关于 R 的各种内容，如图 1.5 所示。

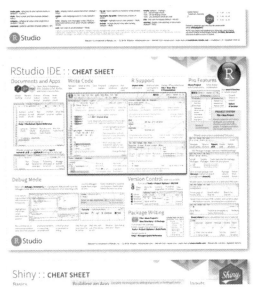

图 1.5　Rstudio 备忘录

图 1.5 显示了 Rstudio 备忘录，查看这个备忘录可以了解关于 Rstudio 使用的精简介绍。

## 1.3　R 包介绍

R 包是 R 的一个资源库。R 语言的特性之一是非常开放。R 语言通过 R 包来扩展自己的功能。目前来看，R 中有超过 10 000 个包可以使用，这些包用于解决数据访问、统计、可视化、机器学习、自然语言等各个方面的问题。这些包的开发者都是活跃在统计、数据处理和机器学习前沿的著名学者或者教授。

现在 R 包的开发依然处于一个非常活跃的时期，R 包的数量依然在不断地增加。下载 R 包一般有两个途径：CRAN 和 GitHub。最初只能从 CRAN 中下载，如果开发者开发了一个包，想要上传到 CRAN 上是比较烦琐的。CRAN 有非常多的要求与审核，这样做的好处是保证了上传包的质量。想要从 CRAN 上下载包，使用的函数是 install.packages。假设要下载 ggplot2 这个包，那么代码如下：

```
# 下载包
install.packages("ggplot2")
```

上面的代码会将对应的包下载下来。后来，随着 R 的不断发展，为了更加方便开发者贡献自己的力量，出现了更多关于 R 包的下载方式。有些包开发者一开始会将自己的包上传到 GitHub 上，然后再慢慢地调整，上传到 CRAN 上。也就是说，有些包只有 GitHub 上有，如果想要下载 GitHub 上面的包，则需要使用 install_github 这个函数。这个函数来自于 devtools 包，这个包提供了很多与开发相关的工具。ggplot2 同样上传到了 GitHub 上，因此从 GitHub 上下载 ggplot2 的代码如下：

```
# 从 GitHub 下载包
devtools::install_github("tidyverse/ggplot2")
```

上面的代码用于从 GitHub 上下载包。其中，tidyverse 表示 GitHub 中的用户名，ggplot2 表示对应的项目名称。

下载好之后，想要调用所下载的包一般而言有两种方式：一种是使用 library 函数，另外一种是使用 require 函数。这两种加载包的方式有一些区别。使用 library 函数会加载所有的包，如果重复地使用这个函数，则会重复加载。我们在写代码的时候并不知道某一个包是否已经下载。如果一个包没有被下载，则使用 library 函数加载这个包的时候，R 语言会报错，代码会中断。如果不希望代码中断，则可以使用 require 函数。使用 require 函数加载包，还会返回一个布尔值，TRUE 或者 FALSE。如果这个包没有下载，代码不会报错，并且 require 函数会返回 FALSE。也就是说，可以使用这个函数判断一个包是否已经下载。

关于使用包的基本内容，以上的介绍已经足够了。本书的主要内容是介绍数据探索与可视化，不会过多涉及这些内容。但是，任何一个 R 使用者都有必要了解 R 包开发的相关知识。因此，在这里推荐一本 R 语言包开发的相关书籍，如果读者有兴趣或者需要了解 R 语言包开发的相关内容，可以参考 R Packages 这本书，电子书的链接为 https://r-pkgs.org/。

## 1.4　R 语言数据读取

数据读取是进行数据探索与数据可视化最基本的一个步骤。我们需要将各种各样数据源的数据加载到 R 环境中进行处理、分析和建模。数据源可能是 R 自带的数据格式 RData，也有可能是 csv 文件和 xlsx 文件，或者是 SPSS 和 SAS 文件。有时候需要从关系数据库中获取数据，这时需要使用 R 操作关系数据库。本节会探讨各种读取数据的方法，并进行总结，帮助我们灵活地导入或导出数据。

RData 是 R 中的文件对象，可以储存 R 中的各种数据结构，包括向量、数据框、列表等。在 R 中生成的各种结果都是 R 对象，都可以通过 RData 文件进行储存，储存的方法是使用 save 函数。如果需要加载 RData 数据，则可以使用 load 函数进行操作。

R 发展到今天，得益于很多贡献者发挥了他们的才智，为 R 用户开发了很多高效工具，极大地提高了 R 用户的工作效率。其中与数据输入、输出相关的包是 readr 包。这个包是哈德利·韦翰（Hadley Wickham）等人开发的，提供了以快速、友好的方式读取矩阵数据，也就是读取 csv 和 tsv 等数据格式的数据。

readr 包中的主要函数如下：
- read_csv 函数：读取以逗号为分隔符的文件，如 csv 文件和 tsv 文件。
- read_csv2 函数：读取以分号为分隔符的 csv 文件。
- read_delim：与 read_csv 类似，可以读取以任意符号为分隔符的文件，通过 delim 参数指定分隔符号。
- read_tsv 函数：读取以制表符为分隔符的文件。
- read_table 函数：读取以空格为分隔符的文件。

上面就是 readr 包中主要的读取数据的函数。其中需要注意的是，只有 read_delim 需要指定分隔符来读取对应分隔符的数据，其他函数只能读取指定分隔符的数据。总体来说，这些函数有相似的使用方式，也有一些共同的参数，具体如下：
- col_names：这个参数的值可以是 FALSE、TRUE 或者一个字符向量，默认是 TRUE。当参数设置为 TRUE 的时候，表示读取第一行为列名，如果是字符向量，那么会将字符向量作为数据集的列名。
- skip：一个数值，表示读取数据的时候，跳过前多少条数据。
- n_max：一个数值，表示最多读取多少条数据，这个参数在只需要读取一部分数据的时候才可以使用。

以上是 readr 包中函数最常用的一些参数。关于 readr 包的优点最重要的一点是，readr 读取数据的速度比 R 自带的读取数据的函数要快很多。R 自带的读取数据的函数如下：
- read.csv：读取以逗号为分隔符的数据。
- read.table：读取以空格为分隔符的数据。
- read.delim：读取以换行符为分隔符的数据。

## 1.4.1 读取 Excel 数据

读取 Excel 数据可以使用 readxl 这个包，它的作者也是哈德利·韦翰等人，它提供了一个高效读取 Excel 数据的方式。readxl 包中的主要函数有 read_excel、read_xls、read_xlsx。read_excel 函数会自动判断文件的后缀是 xls 还是 xlsx。如果明确知道文件的后缀是 xls 或 xlsx，那么直接使用 xls 或者 xlsx 会更合适。读取 Excel 数据的函数最重要的几个参数如下：
- path：数据文件的路径。
- sheet：用于指定读取 Excel 的哪一个 sheet。

下面的代码是使用 read_excel 函数读取 Excel 数据的例子。

```
# 读取Excel数据
library(readxl)
datasets <- readxl_example("datasets.xlsx")
read_excel(datasets)
## # A tibble: 150 x 5
##    Sepal.Length Sepal.Width Petal.Length Petal.Width Species
##           <dbl>       <dbl>        <dbl>       <dbl> <chr>
##  1          5.1         3.5          1.4         0.2 setosa
##  2          4.9         3            1.4         0.2 setosa
##  3          4.7         3.2          1.3         0.2 setosa
##  4          4.6         3.1          1.5         0.2 setosa
##  5          5           3.6          1.4         0.2 setosa
##  6          5.4         3.9          1.7         0.4 setosa
##  7          4.6         3.4          1.4         0.3 setosa
##  8          5           3.4          1.5         0.2 setosa
##  9          4.4         2.9          1.4         0.2 setosa
## 10          4.9         3.1          1.5         0.1 setosa
## # ... with 140 more rows
read_excel(datasets,2)
## # A tibble: 32 x 11
##      mpg   cyl  disp    hp  drat    wt  qsec    vs    am  gear  carb
##    <dbl> <dbl> <dbl> <dbl> <dbl> <dbl> <dbl> <dbl> <dbl> <dbl> <dbl>
##  1  21       6  160   110  3.9   2.62  16.5     0     1     4     4
##  2  21       6  160   110  3.9   2.88  17.0     0     1     4     4
##  3  22.8     4  108    93  3.85  2.32  18.6     1     1     4     1
##  4  21.4     6  258   110  3.08  3.22  19.4     1     0     3     1
##  5  18.7     8  360   175  3.15  3.44  17.0     0     0     3     2
##  6  18.1     6  225   105  2.76  3.46  20.2     1     0     3     1
##  7  14.3     8  360   245  3.21  3.57  15.8     0     0     3     4
##  8  24.4     4  147.   62  3.69  3.19  20       1     0     4     2
##  9  22.8     4  141.   95  3.92  3.15  22.9     1     0     4     2
## 10  19.2     6  168.  123  3.92  3.44  18.3     1     0     4     4
## # ... with 22 more rows
```

上面的代码中，readxl_example("datasets.xlsx")会返回一个示例的Excel数据集的路径。read_excel(datasets)函数读取的是datasets这个Excel中第一个sheet的数据，read_excel(datasets,2)读取的是datasets这个Exccel中第二个sheet的数据。另外需要注意的是，如果Execl中的sheet有命名，也可以通过sheet的名字来指定，例如下面的代码：

```
# 读取Excel数据
read_excel(datasets,sheet = "chickwts")
## # A tibble: 71 x 2
##    weight feed
##     <dbl> <chr>
##  1    179 horsebean
##  2    160 horsebean
##  3    136 horsebean
##  4    227 horsebean
##  5    217 horsebean
##  6    168 horsebean
##  7    108 horsebean
##  8    124 horsebean
```

```
##  9     143 horsebean
## 10     140 horsebean
## # ... with 61 more rows
```

上面的代码中,sheet="chickwts"表示读取 sheet 为 chickwts 的数据。通过这种方式可以非常方便地获取 Excel 数据。接下来介绍获取其他来源的数据集。

## 1.4.2 读取 SPSS、SAS 和 STATA 数据

在做统计分析的时候,通常还会涉及其他统计软件,比如 SAS 和 SPSS。不同的软件储存数据的格式会不一样,这时需要一个工具对不同格式的数据进行操作。在 R 语言中,可以使用 haven 包。这个包用来读取其他统计软件的数据,比如 SAS 的 sas7bdat 格式数据,或者 SPSS 的 sav 格式数据。

(1) 读取 SAS 数据 read_sas,示例代码如下:

```
# 读取 SAS 数据
library(haven)
path <- system.file("examples", "iris.sas7bdat", package = "haven")
path
## [1] "/Library/Frameworks/R.framework/Versions/3.5/Resources/library/
haven/examples/iris.sas7bdat"
read_sas(path)
## # A tibble: 150 x 5
##    Sepal_Length Sepal_Width Petal_Length Petal_Width Species
##           <dbl>       <dbl>        <dbl>       <dbl> <chr>
##  1          5.1         3.5          1.4         0.2 setosa
##  2          4.9         3            1.4         0.2 setosa
##  3          4.7         3.2          1.3         0.2 setosa
##  4          4.6         3.1          1.5         0.2 setosa
##  5          5           3.6          1.4         0.2 setosa
##  6          5.4         3.9          1.7         0.4 setosa
##  7          4.6         3.4          1.4         0.3 setosa
##  8          5           3.4          1.5         0.2 setosa
##  9          4.4         2.9          1.4         0.2 setosa
## 10          4.9         3.1          1.5         0.1 setosa
## # ... with 140 more rows
```

(2) 读取 SPSS 数据 read_sav,示例代码如下:

```
# 读取 SPSS 数据
path <- system.file("examples", "iris.sav", package = "haven")
path
## [1] "/Library/Frameworks/R.framework/Versions/3.5/Resources/library/
haven/examples/iris.sav"
read_sav(path)
## # A tibble: 150 x 5
##    Sepal.Length Sepal.Width Petal.Length Petal.Width    Species
##           <dbl>       <dbl>        <dbl>       <dbl>  <dbl+lbl>
##  1          5.1         3.5          1.4         0.2 1 [setosa]
##  2          4.9         3            1.4         0.2 1 [setosa]
##  3          4.7         3.2          1.3         0.2 1 [setosa]
```

```
## 4         4.6         3.1         1.5         0.2 1 [setosa]
## 5         5           3.6         1.4         0.2 1 [setosa]
## 6         5.4         3.9         1.7         0.4 1 [setosa]
## 7         4.6         3.4         1.4         0.3 1 [setosa]
## 8         5           3.4         1.5         0.2 1 [setosa]
## 9         4.4         2.9         1.4         0.2 1 [setosa]
## 10        4.9         3.1         1.5         0.1 1 [setosa]
## # ... with 140 more rows
```

（3）读取 STATA 数据 read_dta，示例代码如下：

```
# 读取 STATA 数据
path <- system.file("examples", "iris.dta", package = "haven")
path
## [1] "/Library/Frameworks/R.framework/Versions/3.5/Resources/library/haven/examples/iris.dta"
read_dta(path)
## # A tibble: 150 x 5
##    sepallength sepalwidth petallength petalwidth species
##          <dbl>      <dbl>       <dbl>      <dbl> <chr>
## 1         5.10        3.5        1.40      0.200 setosa
## 2         4.90        3           1.40      0.200 setosa
## 3         4.70        3.20        1.30      0.200 setosa
## 4         4.60        3.10        1.5       0.200 setosa
## 5         5           3.60        1.40      0.200 setosa
## 6         5.40        3.90        1.70      0.400 setosa
## 7         4.60        3.40        1.40      0.300 setosa
## 8         5           3.40        1.5       0.200 setosa
## 9         4.40        2.90        1.40      0.200 setosa
## 10        4.90        3.10        1.5       0.100 setosa
## # ... with 140 more rows
```

通过上面的几种方式，可以快速获取 SAS 和 SPSS 等来源的数据。

## 1.5　ggplot2 介绍

ggplot2 是一个强大而灵活的 R 包，由哈德利·韦翰实现，用于生成优雅的图形。ggplot2 包中的 gg 是指图形语法，它是一个使用"语法"来描述绘图的图形概念。

根据 ggplot2 的概念，一个统计图形可以被划分为 3 个部分：Plot（图形）= Data（数据）+ Aesthetics（图形美学）+ Geometry（几何变换）。

- 数据：使用 ggplot2 进行绘图，数据集的格式一般是数据框的格式。
- 图形美学：指定 x 和 y 变量，同时用来指定图形的颜色、大小、形状等。
- 几何变换：用于指定绘制何种统计图形，例如，条形图、点图或者其他图形。

ggplot2 提出关于统计图形的图形语法，而数据、图形美学、几何变换则是绘制统计图形的几个关键要素。ggplot2 包含两个关键的函数：

- qplot：用于快速绘制统计图形；
- ggplot2：通过不同的图层绘制图形，比 qplot 更加灵活。

在绘制好图形之后，last_plot 函数可以返回最近绘制的一幅图形。而 ggsave("plot.png", width = 5, height = 5)函数则可以将最近绘制的图形保存下来。

## 1.5.1 使用 qplot 函数快速绘图

qplot 函数类似于 R base 中的 plot 函数。它可以用来快速、轻松地创建不同类型的图，如散点图、小提琴图、直方图和密度图。qplot 的简化格式为：

```
qplot(x, y = NULL, data, geom="auto")
```

qplot 绘图函数的参数如下：

- x、y：分别为 x 和 y 值。参数 y 是可选的，这取决于要创建的图形类型。
- data：要使用的数据框（可选）。
- geom：指定要使用的 geom 的字符向量。如果指定了 x 和 y，则默认为"point"，如果只指定 x，则默认"histogram"。其他参数，如 main、xlab 和 ylab，可用于向绘图添加主标题和轴标签。

首先使用 qplot 绘制散点图，qplot 函数如果指定了两个连续变量的话，默认会绘制散点图，代码如下，结果如图 1.6 所示。

```
# 绘制散点图
library(ggplot2)
qplot(x = speed,y = dist,data = cars)
```

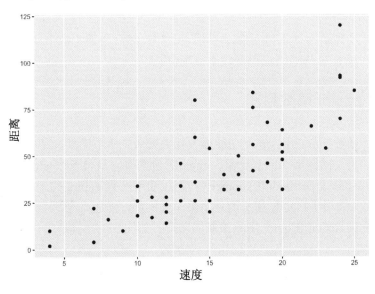

图 1.6　使用 qplot 函数绘图

上面的代码绘制了 cars 数据集中汽车速度与停车距离的一个散点图，等价于 qplot(x = speed,y = dist,data = cars,geom="point")。因为默认的是 geom="point"，所以在绘制散点图的时候可以省略该参数。需要注意的是，可以同时指定两种几何变换。下面的代码绘制了散点图，同时添加了拟合曲线，结果如图 1.7 所示。

```
# 添加拟合曲线
qplot(x = speed,y = dist,data = cars,geom = c("point","smooth"))
## `geom_smooth()` using method = 'loess' and formula 'y ~ x'
```

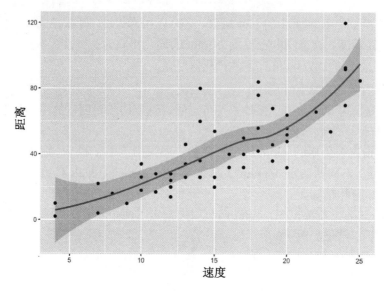

图 1.7 拟合曲线

上面的代码添加了两种几何变换，绘制了散点图，然后添加了散点图的拟合曲线。qplot 函数的绘图方式和 R 中基础的绘图方式非常相似。

### 1.5.2 使用 ggplot 函数绘图

如上所述，函数 ggplot 比 qplot 功能强大且更灵活。本节简要介绍如何使用 ggplot 逐步构建一个更加美观的图形。回想一下，ggplot2 包的概念是将一个 plot 分为 3 个不同的基本部分：plot = data + aesthetic + geometry。为了演示函数 ggplot 的工作原理，我们将绘制散点图。函数 aes 用于指定 x 和 y 变量及美学（例如，颜色、形状、大小），然后使用 ggplot 函数来绘制上文使用 qplot 函数绘制的图形，如图 1.8 所示。

```
# 绘制散点图
ggplot(data = cars,aes(x = speed,y = dist))+geom_point()
```

上面的代码绘制出的散点图，与使用 qplot 函数绘制的散点图一样。上面的代码也由三部分组成。首先是数据集，由参数 data 指定；图形美学用 aes 函数指定；几何变换用函数 geom_point 指定。不同的组成部分通过+连接起来，最终绘制成一幅图形。

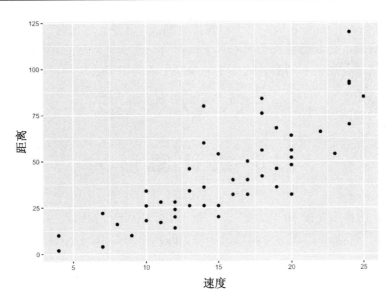

图 1.8 使用 ggplot 函数绘制图形

如果想要添加多种几何变换，使用 ggplot 函数很容易实现，如图 1.9 所示。

```
# 绘制散点图以及拟合曲线
p <- ggplot(data = cars,aes(x = speed,y = dist))

p+geom_point()+geom_smooth()
## 'geom_smooth()' using method = 'loess' and formula 'y ~ x'
```

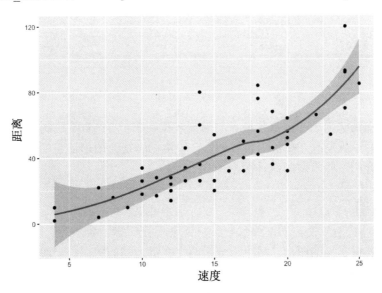

图 1.9 使用 ggplot 函数绘图

上面的代码绘制了散点图和散点图的拟合曲线，并且分别添加了 geom_point 函数用于绘制散点图、geom_smooth 函数用于添加拟合曲线。注意，这里有一个绘图的小技巧：在绘制图形的时候，可以将数据和图形美学保存为一个变量，然后在接下来的绘图过程中使用保存的变量再加上不同的几何变换来绘制不同的图形，这样可以使代码尽可能最简洁。

以上是关于 ggplot 函数的介绍，接下来会介绍更多内容。

## 1.6 统计图形

最早的统计图形出现在 18 世纪左右，最初的统计图形种类比较少，比较常用的就是散点图、条形图等。最早的图形是通过笔来绘制的，如图 1.10 所示。

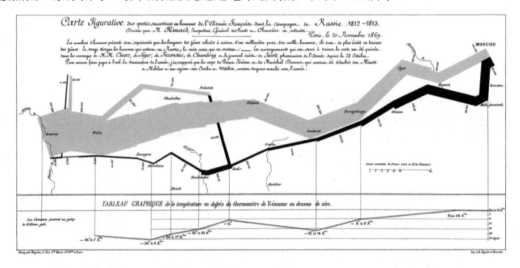

图 1.10 信息图

上面这张图是法国工程师查尔斯·约瑟夫·密纳德于 1861 年绘制的拿破仑入侵俄国的信息图形。其本质是散点图加上折线图。比较常见的统计图形还包括箱线图、小提琴图等。本节简单介绍一些常用的统计图形。

### 1.6.1 散点图

散点图是非常常见的图形，常用于分析两个变量之间的关系。一般而言，只要是对两个连续变量进行分析，第一步就是绘制散点图。散点图还有一些变体，例如，在散点图中添加边际分布图，也就是在散点图的基础上，添加用于描述单个变量数据的图形，例如直方图、小提琴图、箱线图等。添加边际分布图是为了在了解数据相关关系的同时，了解单个变量的分布情况。下面的代码绘制了一幅散点图，如图 1.11 所示。

```
options(scipen=999)                                  # 取消科学计数
library(ggplot2)
library(ggExtra)
theme_set(theme_bw())                                # 预先设置主题
data("midwest", package = "ggplot2")                 # 获取 midwest 数据


# 绘制散点图
gg <- ggplot(midwest, aes(x=area, y=poptotal)) +
  geom_point(aes(col=state, size=popdensity)) +
  geom_smooth(method="loess", se=F) +
  xlim(c(0, 0.1)) +
  ylim(c(0, 500000)) + theme(
      legend.position="none")+
  labs(subtitle="Area Vs Population",                # 设置子标题
       y="Population",                               # y 轴变量名
       x="Area",                                     # x 轴变量名
       title="Scatterplot",                          # 标题
       caption = "Source: midwest")                  # 备注


ggMarginal(gg,type = "densigram")                    # 添加边际分布图
## Warning: Removed 15 rows containing non-finite values (stat_smooth).

## Warning: Removed 15 rows containing non-finite values (stat_smooth).
## Warning: Removed 15 rows containing missing values (geom_point).
## Warning: Removed 15 rows containing non-finite values (stat_smooth).
## Warning: Removed 15 rows containing missing values (geom_point).
```

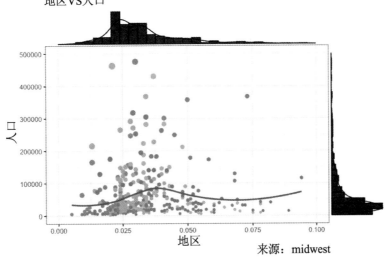

图 1.11 散点图

上面的代码使用了 ggplot2 包中的 midwest 数据集绘制了一幅散点图，然后在散点图

中添加了拟合曲线,并且在散点图中添加了边际分布图。

## 1.6.2 箱线图

箱线图用于分析数据的分布,从而了解数据的整体情况。箱线图会给出数据的一些统计指标,包括下分位数、中位数、上分位数、最大值、最小值,并且从箱线图中还能够有效识别出数据集的极端值。箱线图是最常用的图形之一。下面的代码绘制了一幅箱线图,如图 1.12 所示。

```
# 加载包
library(tidyverse)
## ── Attaching packages ──────────────────── tidyverse 1.2.1 ──
## ✔ tibble  2.1.3      ✔ purrr   0.3.2
## ✔ tidyr   1.0.0      ✔ dplyr   0.8.3
## ✔ readr   1.3.1      ✔ stringr 1.4.0
## ✔ tibble  2.1.3      ✔ forcats 0.4.0
## ── Conflicts ───────────────────────── tidyverse_conflicts() ──
## ✖ dplyr::filter() masks stats::filter()
## ✖ dplyr::lag()    masks stats::lag()
library(hrbrthemes)
## NOTE: Either Arial Narrow or Roboto Condensed fonts are required to use these themes.
##       Please use hrbrthemes::import_roboto_condensed() to install Roboto Condensed and
##       if Arial Narrow is not on your system, please see http://bit.ly/arialnarrow
library(viridis)
## Loading required package: viridisLite
# 创建一个数据集
data <- data.frame(
  name=c( rep("A",500), rep("B",500), rep("B",500), rep("C",20), rep('D',100) ),
  value=c( rnorm(500, 10, 5), rnorm(500, 13, 1), rnorm(500, 18, 1), rnorm(20, 25, 4), rnorm(100, 12, 1) )
)

# 绘制图形
data %>%
  ggplot( aes(x=name, y=value, fill=name)) +
    geom_boxplot() +
    scale_fill_viridis(discrete = TRUE, alpha=0.6) +
    geom_jitter(color="black", size=0.4, alpha=0.9) +
    theme_ipsum() +
    theme(
      legend.position="none",
      plot.title = element_text(size=11)
    ) +
    ggtitle("A boxplot with jitter") +
    xlab("")
```

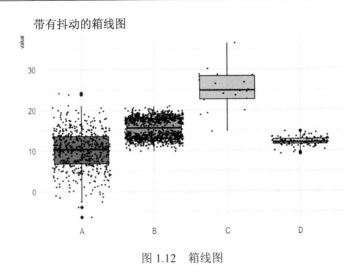

图1.12 箱线图

上面的代码首先创建了一个数据集，然后使用这个数据集绘制一幅箱线图。箱线图很好地总结了一个或多个连续变量。从图1.12中可以看出，boxplot由几个元素组成。

- 将框分成两部分的线表示数据的中位数。
- 方框的两端显示上（$Q_3$）和下（$Q_1$）四分位数。
- 上分位数和下分位数之间的距离称为四分位间距（IQR）。
- 极端线的范围分别为 $Q_3+1.5×IQR$ 至 $Q_1-1.5×IQR$（不包括极端值的最大值和最小值）。
- 超出极端线的点（或其他标记）为极端值。

箱线图是最常用的图表类型之一，用于比较几个组的数据分布，还有比较常用的场景是识别数据中的极端值。但是，要记住，在绘制箱线图的时候，数据的实际分布会隐藏在每个框后面。箱线图可以汇总多组连续变量的分布信息。问题是，信息的总结也意味着丢失信息，这可能是一个陷阱。箱线图可用于了解数据的范围，但是如果希望了解数据的实际分布情况，最好的选择还是使用密度分布图。

## 1.6.3 小提琴图

小提琴图类似于箱线图，但显示了组内的密度。箱线图提供的信息不多，而小提琴图则可以表达更多的数据信息。小提琴图允许可视化一组或多组连续变量的分布，非常适合大型数据集。

每个"小提琴"代表一个组或一个变量。形状代表变量的密度估计：特定范围内的数据点越多，该范围对小提琴图的影响就越大。小提琴图非常接近箱线图，但可以更深入地了解数据集的分布情况，是箱线图的一个变种。小提琴图可以更加清晰地观察到数据的分布。下面的代码绘制了一幅小提琴图，如图1.13所示。

```r
# 加载包
library(ggplot2)
library(dplyr)
library(forcats)
library(hrbrthemes)
library(viridis)

# 从 GitHub 上获取数据集
data <- read.table("https://raw.githubusercontent.com/holtzy/data_to_viz/
master/Example_dataset/10_OneNumSevCatSubgroupsSevObs.csv", header=T, sep=
",") %>%
  mutate(tip = round(tip/total_bill*100, 1))

# 对数据进行处理,然后绘图
data %>%
  mutate(day = fct_reorder(day, tip)) %>%
  mutate(day = factor(day, levels=c("Thur", "Fri", "Sat", "Sun"))) %>%
  ggplot(aes(fill=sex, y=tip, x=day)) +
    geom_violin(position="dodge", alpha=0.5, outlier.colour="transparent") +
    scale_fill_viridis(discrete=T, name="") +
    theme_ipsum() +
    xlab("") +
    ylab("Tip (%)") +
    ylim(0,40)
## Warning: Ignoring unknown parameters: outlier.colour
## Warning: Removed 2 rows containing non-finite values (stat_ydensity)
```

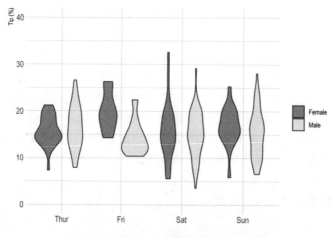

图 1.13 小提琴图

小提琴图是一种强大的数据可视化技术的表现,因为它可以比较不同组及其分布情况。令人惊讶的是,虽然小提琴图提供的信息更多,但是它却没有 boxplot 常用。因此,在比较多组数据的时候,小提琴图是一个比较好的选择。当数据量巨大的时候,小提琴图特别适用。对于小型数据集,带有抖动的箱线图是更好的选择,因为带有抖动的箱线图显示了所有信息。

## 1.6.4 条形图

条形图用于显示连续变量和分类变量之间的关系。条形图包括堆叠条形图和分组条形图，是最常见的图形类型之一。分类变量的每个实体都表示为一个条形，条形的大小表示其数值。下面的代码绘制了一幅条形图，如图 1.14 所示。

```
# 加载包
library(tidyverse)
library(hrbrthemes)
library(babynames)
library(viridis)

# 对数据进行处理
data <- babynames %>%
  filter(name %in% c("Ashley", "Amanda", "Jessica",   "Patricia", "Linda",
"Deborah",   "Dorothy", "Betty", "Helen")) %>%
  filter(sex=="F")

# 绘制分组的条形图
data %>%
  filter(name %in% c("Ashley", "Patricia", "Betty", "Helen")) %>%
  filter(year %in% c(1920, 1960, 2000)) %>%
  mutate(year=as.factor(year)) %>%
  ggplot( aes(x=year, y=n, fill=name)) +
  geom_bar(stat="identity", position="dodge") +
  scale_fill_viridis(discrete=TRUE, name="") +
  theme_ipsum() +
  ylab("Number of baby")
```

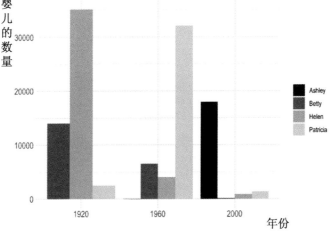

图 1.14 条形图

上面的代码绘制了一幅条形图。数据包含了婴儿的名字，记录了不同年份取上述几个名字的婴儿数量。需要注意的是，不要将条形图与直方图混淆。直方图只有一个连续变量作为输入并显示其分布。

在绘制条形图的时候。如果分类变量的级别没有明显的顺序，最好按照其值排序条形。如果数据中每组有几个值，则不要使用条形图。即使有误差棒，条形图也会隐藏信息，而箱线图或小提琴图等则更为合适。

随着统计技术的不断发展，出现了越来越多的专业统计图形，包括桑基图、和弦图等。下面介绍并不常见的一些统计图形。

### 1.6.5 和弦图

和弦图用于研究一组实体之间的流动。实体（节点）显示在圆周围并通过弧（链接）连接。在 R 中，circlize 包是构建和弦图的最佳选择。下面的代码是绘制从一个地区迁移到另外一个地区的人数的和弦图，如图 1.15 所示。

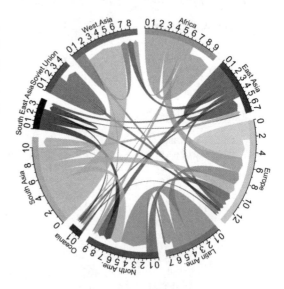

图 1.15 和弦图

```
# 加载包
library(tidyverse)
library(viridis)
library(patchwork)
library(hrbrthemes)
library(circlize)
## ========================================
## circlize version 0.4.7
## CRAN page: https://cran.r-project.org/package=circlize
## Github page: https://github.com/jokergoo/circlize
## Documentation: http://jokergoo.github.io/circlize_book/book/
##
## If you use it in published research, please cite:
## Gu, Z. circlize implements and enhances circular visualization
##    in R. Bioinformatics 2014.
## ========================================
library(chorddiag)           # 如果需要下载 chorddiag 包，运行代码 devtools::
                             install_github("mattflor/chorddiag")

# 从 GitHub 上获取数据
data <- read.table("https://raw.githubusercontent.com/holtzy/data_to_viz/master/Example_dataset/13_AdjacencyDirectedWeighted.csv", header=TRUE)

# 对变量进行重新命名
colnames(data) <- c("Africa", "East Asia", "Europe", "Latin Ame.",   "North Ame.",    "Oceania", "South Asia", "South East Asia", "Soviet Union", "West.
```

```r
Asia")
rownames(data) <- colnames(data)

# 将短格式的数据修改为长格式的数据
data_long <- data %>%
  rownames_to_column %>%
  gather(key = 'key', value = 'value', -rowname)

#  设置参数
circos.clear()
circos.par(start.degree = 90, gap.degree = 4, track.margin = c(-0.1, 0.1),
points.overflow.warning = FALSE)
par(mar = rep(0, 4))

# 调整配色
mycolor <- viridis(10, alpha = 1, begin = 0, end = 1, option = "D")
mycolor <- mycolor[sample(1:10)]

# 绘制图形
chordDiagram(
  x = data_long,
  grid.col = mycolor,
  transparency = 0.25,
  directional = 1,
  direction.type = c("arrows", "diffHeight"),
  diffHeight  = -0.04,
  annotationTrack = "grid",
  annotationTrackHeight = c(0.05, 0.1),
  link.arr.type = "big.arrow",
  link.sort = TRUE,
  link.largest.ontop = TRUE)

#  添加文本和坐标轴
circos.trackPlotRegion(
  track.index = 1,
  bg.border = NA,
  panel.fun = function(x, y) {
  
    xlim = get.cell.meta.data("xlim")
    sector.index = get.cell.meta.data("sector.index")
    
    # 将名称添加到扇区
    circos.text(
      x = mean(xlim),
      y = 3.2,
      labels = sector.index,
      facing = "bending",
      cex = 0.8
      )
    
    # 在轴上添加刻度
    circos.axis(
      h = "top",
      major.at = seq(from = 0, to = xlim[2], by = ifelse(test = xlim[2]>10,
```

```
    yes = 2, no = 1)),
        minor.ticks = 1,
        major.tick.percentage = 0.5,
        labels.niceFacing = FALSE)
    )
```

和弦图在数据可视化中非常引人注目,图形绘制出来非常美观,特别是在生物领域,和弦图有非常广泛的应用。和弦图还有其他的替代方式,如桑基图。

## 1.6.6 桑基图

桑基图(Sankey Diagram)同样是一种允许显示流量的可视化技术。几个实体(节点)由矩形或文本表示。它们的连接用箭头或弧线表示,其宽度与流动的重要性或者某种数值成比例。桑基图也是显示不同实体之间的数据流动关系,是和弦图的另外一种表现形式。下面这幅图形与上文的和弦图用的数据是一样的,这两幅图形表达的含义也是一样的。下面的代码绘制了一幅桑基图,如图 1.16 所示。

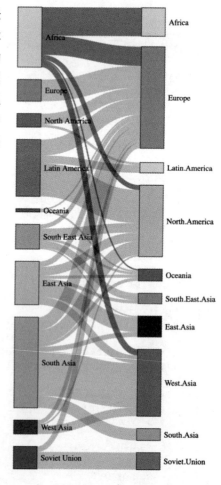

图 1.16 桑基图

```
# 加载包
library(tidyverse)
library(viridis)
library(patchwork)
library(hrbrthemes)
library(circlize)

# 从 GitHub 中读取数据
data <- read.table("https://raw.githubuser-
content.com/holtzy/data_to_viz/
master/Example_dataset/13_AdjacencyDire-
ctedWeighted.csv", header=TRUE)
# 读取包
library(networkD3)

# 将短格式的数据转换成长格式的数据
data_long <- data %>%
  rownames_to_column %>%
  gather(key = 'key', value = 'value',
-rowname) %>%
  filter(value >0)
colnames(data_long) <- c("source", "target",
"value")
data_long$target <- paste(data_long$target,
" ", sep="")

# 在绘制桑基图的时候,需要创建一个关于节点的数据框,这个数据框包含了所有节点的名称
nodes <- data.frame(name=c(as.character(data_long$source), as.character
```

```
(data_long$target)) %>% unique())

# 绘图的时候，需要使用节点的 ID，而不是节点的名称
data_long$IDsource=match(data_long$source, nodes$name)-1
data_long$IDtarget=match(data_long$target, nodes$name)-1

# 设置颜色
ColourScal
='d3.scaleOrdinal() .range(["#FDE725FF","#B4DE2CFF","#6DCD59FF","#35B77
9FF","#1F9E89FF","#26828EFF","#31688EFF","#3E4A89FF","#482878FF","#4401
54FF"])'

# 绘制图形
sankeyNetwork(Links = data_long, Nodes = nodes,
              Source = "IDsource", Target = "IDtarget",
              Value = "value", NodeID = "name",
              sinksRight=FALSE, colourScale=ColourScal, nodeWidth=40,
fontSize=13, nodePadding=20)
```

桑基图可以很好地表达出流量数据。例如，想要研究网站中网页流量的转换、网站的跳转，使用桑基图来展示则非常合适。

## 1.6.7 棒棒糖图

棒棒糖图基本上是一个条形图，其含义和条形图基本上是一样的，也显示了连续变量和分类变量之间的关系。棒棒糖图的线条长度就是条形图的高度。下面的代码绘制出了一幅棒棒糖图，如图 1.17 所示。

```
# 加载包
library(tidyverse)
library(hrbrthemes)
library(kableExtra)
# devtools::install_github("thomasp85/patchwork") 如果没有patchwork 包，使
   用这行代码下载
library(patchwork)

# 从 GitHub 中获取数据
data <- read.table("https://raw.githubusercontent.com/holtzy/data_to_viz/
master/Example_dataset/7_OneCatOneNum.csv", header=TRUE, sep=",")

# 绘制图形
data %>%
  filter(!is.na(Value)) %>%
  arrange(Value) %>%
  tail(20) %>%
  mutate(Country=factor(Country, Country)) %>%
  ggplot(aes(x=Country, y=Value)) +
    geom_segment( aes(x=Country ,xend=Country, y=0, yend=Value), color=
"grey") +
    geom_point(size=3, color="#69b3a2") +
```

```
coord_flip() +
theme_ipsum() +
theme(
  panel.grid.minor.y = element_blank(),
  panel.grid.major.y = element_blank(),
  legend.position="none"
) +
xlab("") +
ylab("")
```

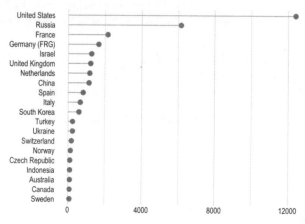

图 1.17 棒棒糖图

棒棒糖图完全用于与条形图相同的情况，二者表达的数据含义是一样的。然而，棒棒糖图更具吸引力，也能更好地传达信息。当你有几个相同高度的条形时，棒棒糖图特别有用：它避免了凌乱数字和莫尔效应。莫尔图案或莫尔条纹是具有透明间隙的不透明图案覆盖在另一个相似图案上时，产生的大规模干涉图案。为了避免出现莫尔干涉图案，两个图案不能完全相同，需要通过位移、旋转从而产生略微不同的间距。

## 1.6.8 克利夫兰点图

克利夫兰点图（Cleveland Dotplot）是棒棒糖图的一种变体，允许比较每个组的两个连续变量的值。想要比较每个组的两个连续变量的值，也可以使用分组或堆栈条形图来可视化这种数据。但是，克利夫兰点图不那么混乱，而且更容易阅读。如果每组有两个子组，克利夫兰点图则非常适用。下面的代码绘制了一幅克利夫兰点图，如图 1.18 所示。

```
# 加载相关的包
library(ggplot2)
library(dplyr)
library(hrbrthemes)

# 创建数据集
value1 <- abs(rnorm(26))*2
data <- data.frame(
```

```
    x=LETTERS[1:26],
    value1=value1,
    value2=value1+1+rnorm(26, sd=1)
)

# 对数据进行处理
data <- data %>%
  rowwise() %>%
  mutate( mymean = mean(c(value1,value2) )) %>%
  arrange(mymean) %>%
  mutate(x=factor(x, x))
# 绘制图形
ggplot(data) +
  geom_segment( aes(x=x, xend=x, y=value1, yend=value2), color="grey") +
  geom_point( aes(x=x, y=value1), color=rgb(0.2,0.7,0.1,0.5), size=3 ) +
  geom_point( aes(x=x, y=value2), color=rgb(0.7,0.2,0.1,0.5), size=3 ) +
  coord_flip()+
  theme_ipsum() +
  theme(
    legend.position = "none",
  ) +
  xlab("") +
  ylab("Value of Y")
```

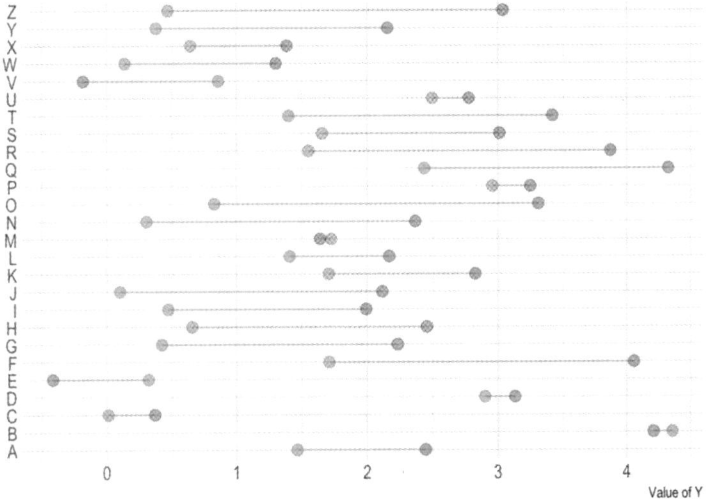

图 1.18 克利夫兰点图

绘制克利夫兰点图的关键是首先绘制线条，线条的两端分别代表数据中两个变量的值。然后在线条的两端添加散点图，即可绘制出克利夫兰点图。

说明：克利夫兰点图这个叫法并不直观，其也称为哑铃点图。

如果希望可视化两个时间点之间的相对位置（如增长和下降），或者比较两个类别之间的距离，哑铃图表是一个很好的工具。

## 1.6.9 艺术图

最后介绍艺术图。因为任何图形，其基本元素都是一样的：点、线段、大小、颜色等。基于这些基本元素，可以创建任何没有定义过的图形。下面的代码使用 ggplot2 绘制了一个机器人，如图 1.19 所示。

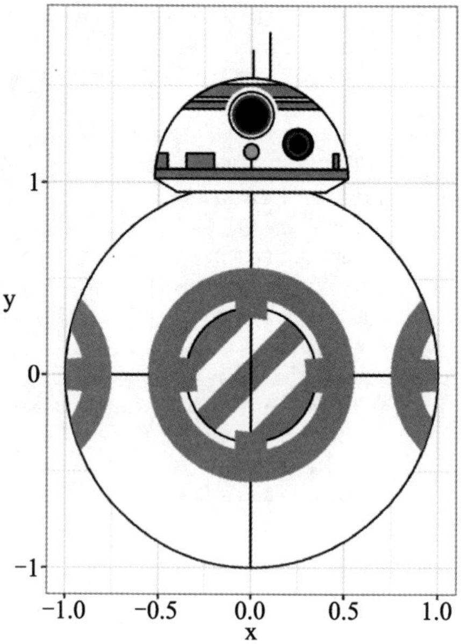

图 1.19 机器人

```
# 加载包
library("dplyr")
library("ggplot2")
library("sp")
library("rgeos")
## rgeos version: 0.4-2, (SVN revision 581)
##  GEOS runtime version: 3.6.1-CAPI-1.10.1
##  Linking to sp version: 1.3-1
##  Polygon checking: TRUE
# 创建一个 coord_circle 函数
coord_circle <- function(centre = c(0, 0), r = 1, n = 1000) {
  data_frame(
    x = seq(from = 0 - r, to = 0 + r, length.out = n %/% 2),
    y = sqrt(r^2 - x^2)
  ) %>% bind_rows(., -.) %>%
    mutate(x = x + centre[1], y = y + centre[2])
}
# 绘图函数
create_poly <- function(...) {
  args <- list(...)
  SpatialPolygons(
    lapply(
      X = seq_along(args),
      FUN = function(x) {
        Polygons(list(Polygon(as.data.frame(args[[x]]))), names(args)[x])
      }
    )
  )
}
echancrure <- function(to_var, by_var, p = 0.1) {
  ind <- which(by_var >= -0.08 & by_var <= 0.08 & to_var > 0)
  to_var[ind] <- to_var[ind] - p
  ind <- which(by_var >= -0.08 & by_var <= 0.08 & to_var < 0)
  to_var[ind] <- to_var[ind] + p
  return(to_var)
}
# 绘制机器人身体的形状：两个圆圈和一条竖线
droid_body <- coord_circle(centre = c(0, 0), r = 1)
## Warning: 'data_frame()' is deprecated, use 'tibble()'.
## This warning is displayed once per session.
```

```r
droid_body$xvert <- 0
droid_body$yvert <- droid_body$x
droid_body <- bind_cols(
  droid_body,
  coord_circle(centre = c(0, 0), r = 0.35, n = nrow(droid_body)) %>%
    select(xint = x, yint = y)
)
# 中心内圈的灰色形状
droid_body_rect <- data_frame(
  x = c(-0.5, 0.5, 0.5, -0.5, c(-0.5, 0.5, 0.5, -0.5) - 0.2, c(-0.5, 0.5,
0.5, -0.5) + 0.2),
  y = c(-0.6, 0.4, 0.6, -0.4, c(-0.6, 0.4, 0.6, -0.4) + 0.2, c(-0.6, 0.4,
0.6, -0.4) - 0.2),
  group = rep(1:3, each = 4)
)
# 计算灰色图形与内圆相交的多边形
polyrect <- create_poly(
  "polyrect1" = droid_body_rect[droid_body_rect$group == 1, 1:2],
  "polyrect2" = droid_body_rect[droid_body_rect$group == 2, 1:2],
  "polyrect3" = droid_body_rect[droid_body_rect$group == 3, 1:2]
)
polycircle <- create_poly(
  "polycircle" = droid_body[, c("xint", "yint")]
)
# plot(polyrect); plot(polycircle, add = TRUE)
polyrect <- gIntersection(spgeom1 = polyrect, spgeom2 = polycircle)
# plot(polyrect); plot(polycircle, add = TRUE)
droid_body_rect <- fortify(polyrect)
#设置中央环为橙色
ring <- coord_circle(centre = c(0, 0), r = 0.4)
ring$y <- echancrure(to_var = ring$y, by_var = ring$x, p = 0.1)
ring$x <- echancrure(to_var = ring$x, by_var = ring$y, p = 0.1)
ring <- bind_rows(
  ring %>% mutate(group = (x >= 0) * 1),
  coord_circle(centre = c(0, 0), r = 0.55, n = nrow(ring)) %>% mutate(y =
-y, group = (x >= 0) * 1)
) %>%
  filter(group == 1) # oups something went wrong
ring <- bind_rows(ring, ring %>% mutate(x = -x, group = 2))

# 左右的位置绘制圈
ring_left <- ring %>% filter(group == 1)
# 改变环的中心
ring_left$x <- ring_left$x - 1.3
# 进行同样的操作
ring_right <- ring %>% filter(group == 2)
ring_right$x <- ring_right$x + 1.3

# 为与机器人身体圆的交点创建了一个多边形
polyring <- create_poly(
  "polyring_g" = ring_left[, c("x", "y")],
  "polyring_d" = ring_right[, c("x", "y")]
)
```

```r
polydroid_body <- create_poly("polydroid_body" = droid_body[, c("x",
"y")])
polyring <- gIntersection(spgeom1 = polyring, spgeom2 = polydroid_body)
fort_ring <- fortify(polyring)
# 身体的水平线（分为两部分）
ligne_hori <- data_frame(
  x = c(-1, range(ring$x), 1),
  y = 0,
  group = c(1, 1, 2, 2)
)
# 绘制机器人的头----------------------------------------------------------
droid_head <- coord_circle(centre = c(0, 1.02), r = 0.52) %>%
  filter(y >= 1.02) %>%
  mutate(group = 1, fill = "white", col= "black") %>%
  bind_rows(
    data_frame(
      x = c(-0.52, -0.4, 0.4, 0.52),
      y = c(1.02, 0.95, 0.95, 1.02),
      group = 2, fill = "white", col= "black"
    )
  )
# 机器人头上的灰条
poly_head_grey <- create_poly(
  "poly_head_grey_haut" = data_frame(
    x = c(-0.52, 0.52, 0.52, -0.52),
    y = c(1.44, 1.44, 1.51, 1.51)
  ),
  "poly_head_grey_bas" = data_frame(
    x = c(-0.52, 0.52, 0.52, -0.52),
    y = c(1.02, 1.02, 1.07, 1.07)
  )
)
polydroid_head <- create_poly("polydroid_head" = droid_head[droid_head$group == 1, c("x", "y")])

poly_head_grey <- gIntersection(spgeom1 = poly_head_grey, spgeom2 = polydroid_head)
fort_droid_headrectgris <- fortify(poly_head_grey)
poly_head_orange <- create_poly(
  "poly_head_orange1" = data_frame(
    x = c(-0.52, 0.52, 0.52, -0.52),
    y = c(1.38, 1.38, 1.42, 1.42)
  ),
  "poly_head_orange2" = data_frame(
    x = c(-0.35, -0.35, -0.2, -0.2),
    y = c(1.07, 1.15, 1.15, 1.07)
  ),
  "poly_head_orange3" = data_frame(
    x = c(-0.55, -0.55, -0.45, -0.45),
    y = c(1.07, 1.15, 1.15, 1.07)
  ),
  "poly_head_orange4" = data_frame(
    x = c(0.44, 0.44, 0.47, 0.47),
```

```r
    y = c(1.07, 1.15, 1.15, 1.07)
  )
)
poly_head_orange <- gIntersection(spgeom1 = poly_head_orange, spgeom2 = polydroid_head)
fort_droid_headrectorange <- fortify(poly_head_orange)
polygones_droid_head <- bind_rows(
  fort_droid_headrectgris %>% select(-piece) %>%
    mutate(group = as.numeric(as.character(group)), fill = "#8E8E9C", col= "black"),
  fort_droid_headrectorange %>% select(-piece) %>%
    mutate(group = as.numeric(as.character(group)) * 2, fill = "#DF8D5D", col= "black")
)
# 绘制眼睛
droid_eyes <- bind_rows(
  coord_circle(centre = c(0, 1.35), r = 0.14) %>% mutate(group = 1, fill = "white", col = "white"),
  coord_circle(centre = c(0, 1.35), r = 0.12) %>% mutate(group = 2, fill = "white", col = "black"),
  coord_circle(centre = c(0, 1.35), r = 0.10) %>% mutate(group = 3, fill = "grey40", col = "grey40"),
  coord_circle(centre = c(0, 1.35), r = 0.08) %>% mutate(group = 4, fill = "black", col = "black"),
  coord_circle(centre = c(0, 1.16), r = 0.04) %>% mutate(group = 5, fill = "#76B1DE", col = "black"),
  coord_circle(centre = c(0.25, 1.20), r = 0.08) %>% mutate(group = 6, fill = "black", col = "black"),
  coord_circle(centre = c(0.25, 1.20), r = 0.07) %>% mutate(group = 7, fill = "white", col = "black"),
  coord_circle(centre = c(0.25, 1.20), r = 0.06) %>% mutate(group = 8, fill = "grey40", col = "grey40"),
  coord_circle(centre = c(0.25, 1.20), r = 0.04) %>% mutate(group = 9, fill = "black", col = "black")
)
eye_line <- data_frame(
  x = 0,
  y = c(1.07, 1.16-0.04)
)
# 添加触角
antennas <- data_frame(
  x = c(0.01, 0.01, 0.10, 0.10),
  y = c(sqrt(0.52^2 - 0.01^2) + 1.02, sqrt(0.52^2 - 0.01^2) + 1.02 + 0.15,
        sqrt(0.52^2 - 0.1^2) + 1.02, sqrt(0.52^2 - 0.1^2) + 1.02 + 0.25),
  group = c(1, 1, 2, 2)
)
# 绘图 -------------------------------------------------------------
bb8 <- ggplot(data = droid_body) +
  coord_fixed() +
  geom_polygon(mapping = aes(x = x, y = y), fill = "white", col = "black") +
  geom_polygon(data = droid_body_rect, mapping = aes(x = long, y = lat, group = group), fill = "#8E8E9C") +
  geom_path(mapping = aes(x = xvert, y = yvert)) +
  geom_path(mapping = aes(x = xint, y = yint)) +
  geom_polygon(data = ring, mapping = aes(x = x, y = y, group = group), fill
```

```
  = "#DF8D5D", col = "#DF8D5D") +
  geom_path(data = ligne_hori, mapping = aes(x = x, y = y, group = group)) +
  geom_polygon(data = fort_ring , mapping = aes(x = long, y = lat, group
= group), fill = "#DF8D5D") +
  geom_polygon(data = droid_head, mapping = aes(x = x, y = y, group = group,
fill = fill, col = col)) +
  geom_polygon(data = polygones_droid_head, mapping = aes(x = long, y = lat,
group = group, fill = fill, col = col)) +
  geom_polygon(data = droid_eyes, mapping = aes(x = x, y = y, group = group,
fill = fill, col = col)) +
  scale_fill_identity() + scale_color_identity() +
  geom_line(data = eye_line, mapping = aes(x = x, y = y)) +
  geom_line(data = antennas, mapping = aes(x = x, y = y, group = group),
col = "black")
bb8
```

上面的代码绘制了一个机器人。除了前面所介绍的一些图形外，还有很多图形没有介绍，在本书后面的章节中会陆续介绍。

## 1.7 tidyverse 介绍

R 中已经有大量的自带函数和强大的数据结构，可以用来完成复杂的数据探索、数据科学工作。但是，有一个包提供了一个简洁、完整的数据科学工作流程，这个包是 tidyverse。tidyverse 包提供了一个完整的数据科学工作流程所需的工具，其中有很多子包可用于解决数据科学工作中各个步骤的任务。数据科学的步骤包括：数据的导入、数据的清洁、数据的转换、数据的探索及数据的可视化与建模。接下来会简单介绍 tidyverse 的组成部分，然后在下文详细介绍使用 tidyverse 进行数据探索。

tidyverse 中用于读取数据的包是 readr。readr 提供了一套灵活的数据读取工具，使用 readr 包读取数据的速度比使用基础函数读取数据更快。readr 可以读取几乎所有文本格式的数据，包括 csv、tsv、delimited、fixed width 等类型的数据。数据读取之后的数据格式是 tibbles。tibbles 是数据框格式的一个扩展，与数据框非常相似，但是比数据框更高级的一个版本。tibbles 格式和数据框格式的数据有几个比较大的区别，例如输出 tibbles 格式的数据默认只会输出前 10 行，不会像数据框那样将所有数据输出，造成刷屏的现象。使用 tibbles 格式来替代数据框是一个更好的选择，但是从整体上而言，二者非常相似。

tidyverse 中用于数据清洁的包是 tidyr。整洁的数据通常有 3 个条件：每一个变量都有唯一的行；每一条数据都有唯一的行；每一个值都有自己的单元格。使用 tidyr 可以非常方便地将各种各样的数据转换成整洁的数据格式。

tidyverse 包中用于数据转换的包是 dplyr。这是非常常用的一个包，其中有 5 个常用的函数用于转换数据。这些函数是 filter 函数、arrange 函数、select 函数、mutate 函数和 summarize 函数。同时，这 5 个函数都与 group_by 函数联系紧密。filter 函数用于筛选数据的行，比如筛选年龄大于 18 岁的数据；arrange 函数用于对数据进行排序，select 用于筛选数据的列；mutate 函数用于生成新的列；summarize 用于生成一些关于数据集的统计汇总。在数据探索的过程中，这些函数会被大量使用。

另外，tidyverse还包括绘图的包ggplot2，这里就不做重复的介绍了。另外还包括stringr、purr、forcats 包等。stringr 包用于处理字符串；purr 包用于进行函数式编程；forcats 常用于处理因子类型的变量。

最后需要介绍的是管道操作符%>%，这个操作符使用广泛。管道操作符的左边是数据，右边是函数，表示将左边的数据作为右边函数的第一个参数。例如，下面的代码绘制了一幅棒棒糖图，在绘图的过程中使用了大量的管道操作符，如图 1.20 所示。

```
library(ggplot2)
library(dplyr)
# 创建数据集
data <- data.frame(
  name=c("north","south","south-east","north-west","south-west","north-east","west","east"),
  val=sample(seq(1,10), 8 )
)
data %>%
  arrange(val) %>%                                    # 对数据集使用 val 变量进行排序
  mutate(name=factor(name, levels=name)) %>%          # 对因子变量重新设置
  ggplot( aes(x=name, y=val)) +                       # 绘图
    geom_segment( aes(xend=name, yend=0)) +
    geom_point( size=4, color="orange") +
    coord_flip() +
    theme_bw() +
    xlab("")
```

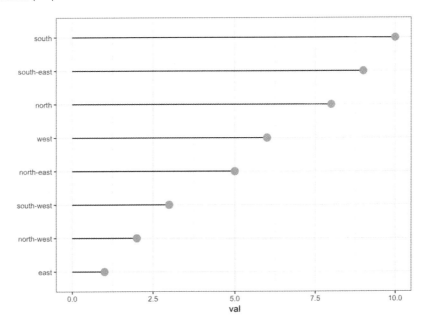

图 1.20　棒棒糖图

上面的代码中，出现了 3 个管道操作符。第 1 个管道操作符的代码如下：

```
data %>%
  arrange(val)                              # 排序
##       name val
## 1     east    1
## 2 north-west  2
## 3 south-west  3
## 4 north-east  5
## 5      west   6
## 6     north   8
## 7 south-east  9
## 8     south  10
```

上面的代码表示对数据集通过 val 变量从小到大进行排序。第 2 个管道操作符的代码如下：

```
data %>%
  arrange(val) %>%
  mutate(name=factor(name, levels=name))
##       name val
## 1     east    1
## 2 north-west  2
## 3 south-west  3
## 4 north-east  5
## 5      west   6
## 6     north   8
## 7 south-east  9
## 8     south  10
```

上面的代码表示对排序后的数据集进行处理，将排序好的数据集的 name 变量转换成为因子类型。第 3 个管道操作符表示将处理之后的数据集作为 ggplot 函数的第一个参数来绘制图形。管道操作符让代码更加具有可读性，避免了代码嵌套的问题。

管道操作符%>%广泛地用于 tidyverse 包，因为 tidyverse 包中有许多函数。这些函数执行相对较小的任务。管道操作符的思想是，函数是构建块，允许用户将函数组合在一起以产生所需的结果。为了加以说明，我们来看看下面这两个等价代码的简单例子。

```
f(x) = x %>% f()
```

管道操作符本质上是取左边的数据，并将它作为右边函数的第一个参数。对于有多个函数嵌套的情况，管道操作符的优势就显现出来了，例如下面的例子：

```
a(b(c(d(x)))) = x %>% d() %>% c() %>% b() %>% a()
```

在函数链中，函数调用的顺序与计算它们的顺序相同。如果希望存储最终结果，可以在开始时使用<-运算符。例如，这将用函数链的结果替换原来的 x。

```
x <- x %>% d() %>% c() %>% b() %>% a()
```

管道操作符在本书中有大量的应用。了解了管道操作符的原理，可以更加容易地理解代码所表达的含义。在编写代码的过程中使用管道操作符，同样可以让代码更加具有可读性。

## 1.8 总　　结

　　本章介绍了 R 与 Rstudio 的相关内容，以及 R 包的下载、加载等。数据是进行探索及可视化的基础，R 可以获取各种来源的数据。本章还介绍了如何使用 R 语言来获取各种来源的数据，最后分别介绍了 ggplot2 和 tidyverse 包，这两个包同样是本书会大量使用的包，本章介绍了这两个包的基本内容。下一章会介绍如何使用 ggplot2 包快速绘制各种图形，以及数据探索的详细内容。

# 第 2 章 数据处理与探索

数据探索是数据科学中非常重要的步骤,也是数据可视化中非常关键的一环。只有清晰、完整的数据,才能够很好地展示其中蕴藏的信息。数据探索是非常耗时的一个过程,这些过程包括数据的清洗、数据的转换。tidyverse 包提供了完整的数据科学流程,使用 tidyverse 包可以非常方便地进行相关数据的处理。

## 2.1 数 据 转 换

在对数据进行可视化和分析之前,常常需要对数据进行各种转换,将其转换成整洁的数据。tidyverse 包的子包 dplyr 提供了很多函数,用于对数据集进行各种各样的处理。dplyr 是 tidyverse 包中非常重要的一个包,在对数据进行可视化、建模之前,往往会对数据集使用 dplyr 包进行处理。

dplyr 包有几个关键的函数,这些函数囊括了数据转换的全部功能。这些函数包括 filter、arrange、select、mutate、summarize。其中,filter 函数用于筛选数据的行;arrange 函数用于对数据进行排序;select 函数用于筛选数据的列;mutate 函数用于生成新的变量。summarize 函数用于计算数据的一些统计指标。

另外一个比较常用的函数是 group_by,这个函数常用于对数据进行分组汇总计算。

### 2.1.1 筛选数据集的行

第一个要介绍的是 filter 函数,该函数用于筛选数据集的行,创建一个数据集的子集。filter 函数的第一个参数是需要处理的数据集,第二个参数是筛选数据集的条件。下面的代码是使用 filter 函数筛选数据的一个例子。

```
require(tidyverse)  # 加载相关的包
## Loading required package: tidyverse
## ── Attaching packages ─────────────────────────────── tidyverse 1.2.1 ──
## ✔ ggplot2 3.2.1.9000     ✔ purrr   0.3.2
## ✔ tibble  2.1.3          ✔ dplyr   0.8.3
## ✔ tidyr   1.0.0          ✔ stringr 1.4.0
## ✔ readr   1.3.1          ✔ forcats 0.4.0
## ── Conflicts ─────────────────────────────────── tidyverse_conflicts() ──
```

```
## ✖ dplyr::filter()    masks stats::filter()
## ✖ dplyr::lag()       masks stats::lag()
iris %>% filter(Sepal.Length > 3) %>% head(3)       # 筛选数据集
##   Sepal.Length Sepal.Width Petal.Length Petal.Width Species
## 1          5.1         3.5          1.4         0.2  setosa
## 2          4.9         3.0          1.4         0.2  setosa
## 3          4.7         3.2          1.3         0.2  setosa
```

上面的代码筛选了数据集 iris，筛选的条件是 Sepal.Length>3，然后输出了筛选数据集的前 3 行。如果筛选的条件有多个，那么有两种方式可以实现。第一种是将不同的条件通过逗号分隔，这样 filter 函数会返回满足所有条件的数据子集。

```
iris %>% filter(Sepal.Length > 3,Sepal.Width>3) %>% head(3)  # 筛选数据集
##   Sepal.Length Sepal.Width Petal.Length Petal.Width Species
## 1          5.1         3.5          1.4         0.2  setosa
## 2          4.7         3.2          1.3         0.2  setosa
## 3          4.6         3.1          1.5         0.2  setosa
```

上面的代码设置了两个条件，同时满足这两个条件的数据集会被筛选出来。这种方式只适合"且"的条件，也就是同时满足所有条件。如果要求是满足部分条件，例如筛选出 Sepal.Length>3 或者 Sepal.Width>3 的数据集，则需要使用另外一种方式：使用逻辑符号。逻辑符号中，"&"表示且，"|"表示或。如果想要筛选 Sepal.Length>3 或者 Sepal.Width>3 的数据集，则可以使用如下代码。

```
iris %>% filter(Sepal.Length > 3|Sepal.Width>3) %>% head(3)  # 筛选数据集
##   Sepal.Length Sepal.Width Petal.Length Petal.Width Species
## 1          5.1         3.5          1.4         0.2  setosa
## 2          4.9         3.0          1.4         0.2  setosa
## 3          4.7         3.2          1.3         0.2  setosa
```

以上是对行进行筛选的最常用方式。另外，在这里总结一下常用的逻辑判断方式。

- ！表示否定，!=表示不等于。
- %in%表示是否在某一个向量中，例如，1 %in% c(1,2,3)，返回 TRUE。
- %nin%表示某一个值是否不在某一个向量中，例如，1 %nin% c(1,2,3)返回 FALSE。需要注意的是，想要使用这个方法进行判断，需要加载 Hmisc 包。
- &表示并且。
- |表示或者。

上面介绍的是一些比较常用的对行进行筛选的操作，下面总结的几个函数也常用于数据集的筛选。

- distinct：去除重复的数据集；
- sample_frac：根据比例对数据集进行抽样；
- sample_n：随机抽取一定数量的样本；
- slice：根据数据集的行数抽取数据；
- top_n：抽取数据集的前多少行。

上面的函数在数据筛选的过程中同样经常使用，下面介绍上述 5 个函数的使用方式。

distinct 函数有 3 个参数，函数的定义形式为 distinct(.data, ..., .keep_all = FALSE)。第一个参数为 data，表示需要处理的数据集；第二个参数是"…"，这是函数中的一个特殊参数，表示将 data 参数之后的参数都作为参数输入，"…"这个参数在不确定函数会输入几个参数的时候非常有用；keep_all 参数用于指定是否保留所有的列。下面举一个简单的例子来说明 distinct 函数的使用方式。

```
tmp <- data.frame(a = c(1,1,2,3,3),b = c(2,3,4,5,5))    # 创建数据框
tmp
##   a b
## 1 1 2
## 2 1 3
## 3 2 4
## 4 3 5
## 5 3 5
```

上面的代码创建了一个简单的数据集，有两个变量。接下来使用 distinct 函数进行去重。首先根据变量 a 进行去重。

```
tmp %>% distinct(a)                                     # 去除数据中的重复数据
##   a
## 1 1
## 2 2
## 3 3
```

上面的代码根据数据集的 a 变量进行了去重，并且 distinct 函数返回了变量 a 去重之后的结果。如果想要返回的是根据 a 去重之后数据集所有变量的结果，需要指定参数.keep_all=TRUE。

```
tmp %>% distinct(a,.keep_all=TRUE)                      # 对数据集进行去重
##   a b
## 1 1 2
## 2 2 4
## 3 3 5
```

上面的代码根据 a 变量进行了去重，去除了 a 变量中重复的所有行，然后将剩下的数据作为结果返回。从结果中可以看到，b 变量还有重复的数据。如果想对多个变量进行去重，需调用多次 distinct 函数。

```
# 对两个变量进行去重
tmp %>% distinct(a,.keep_all = T) %>% distinct(b,.keep_all = T)
##   a b
## 1 1 2
## 2 2 4
## 3 3 5
```

上面的代码分别对 a 变量和 b 变量进行了去重，这样的话，每一个变量中都不带有重复的数据。但是还有另外一种情况，例如，有一个数据集收集了人们的身份信息，包括姓名、身份证号等，如果要去重则不能单独根据姓名一个变量去重，而是姓名和身份证号都重复了才认为是重复的。对于上面的例子，就是希望删除 a 变量和 b 变量同时一样的数据，

实现代码如下:

```
tmp %>% distinct(a,b,.keep_all=TRUE)        # 对两个变量进行去重
##   a b
## 1 1 2
## 2 1 3
## 3 2 4
## 4 3 5
```

上面的代码删除了 a 变量和 b 变量中同时相同的数据。上面的代码等价于 distinct(tmp),默认对所有的变量进行去重。上面的方法对数据集进行去重,几乎所有的去重要求都可以通过上面的方法实现。

另外比较常用的函数是抽样函数,当我们需要对数据集进行取子集的时候可以使用。抽样函数包括 sample_n 和 sample_frac。sample_frac,用于对数据集根据比例进行抽取,下面是一个简单的例子。

```
dim(iris)                                           # 查看数据的维度
## [1] 150   5
sample_frac(tbl = iris,size = 0.2,replace = F) %>% dim() # 根据比例抽取数据
## [1] 30  5
```

上面的代码对 iris 数据集进行了抽样,sample_frac 函数的第 1 个参数是需要抽样的数据集,第 2 个参数是数据集的比例大小,是 0～1 的一个数值。Replace 函数用于指定是否进行有放回的抽样,第 4 个参数是 weight,默认情况下所有行的数据的权重是一样的,意味着所有数据被抽取的可能性是一样的。如果不选择默认,weight 必须等于一个与输入长度相同的非负数向量。权重自动标准化为 1。sample_n 函数用于直接抽取数据集的行,下面是一个简单的例子。

```
sample_n(tbl = iris,size = 30,replace = F) %>% dim()   # 根据数量抽取数据
## [1] 30  5
```

上面的代码与前面的代码是等价的。前面的代码 sample_frac(tbl = iris,size = 0.2,replace = F)表明抽取数据集 20%的数据,也就是 30 条数据。后面的代码直接指定抽取 30 条数据。这就意味着最终两种方式都抽取了 30 条数据。

slice 函数用于根据数据集的行来抽取数据,假设想要抽取数据集的前 10 行数据,或者想要中间某个范围的数据,则可以使用 slice 函数:

```
iris %>% slice(5:10)                    # 选取数据集合的前 10 行
##   Sepal.Length Sepal.Width Petal.Length Petal.Width Species
## 1          5.0         3.6          1.4         0.2  setosa
## 2          5.4         3.9          1.7         0.4  setosa
## 3          4.6         3.4          1.4         0.3  setosa
## 4          5.0         3.4          1.5         0.2  setosa
## 5          4.4         2.9          1.4         0.2  setosa
## 6          4.9         3.1          1.5         0.1  setosa
```

上面的代码用于抽取 iris 数据集中第 5～10 行的数据。其实使用 filter 函数同样可以实现这样的功能。上面的代码等价于:

```
iris %>% filter(row_number()<=10,row_number()>=5)    # 数据筛选
##   Sepal.Length Sepal.Width Petal.Length Petal.Width Species
## 1          5.0         3.6          1.4         0.2  setosa
## 2          5.4         3.9          1.7         0.4  setosa
## 3          4.6         3.4          1.4         0.3  setosa
## 4          5.0         3.4          1.5         0.2  setosa
## 5          4.4         2.9          1.4         0.2  setosa
## 6          4.9         3.1          1.5         0.1  setosa
```

上面的代码同样抽取了 iris 数据集中第 5~10 行的数据，使用了 filter 函数，其中，row_number 代表数据集的行，通过逻辑运算选取行数小于 10、大于 5 的行，则可以得到想要的结果。需要注意的是，row_number 代表数据集的行，n 代表数据集的最大行数。

最后，top_n 函数会根据数据的排序来抽取数据，常用于抽取数据集中最大的一部分数据。例如，想要抽出数据集中身高最高的前 10 条数据，则使用这个函数会非常方便。下面的代码抽取 iris 数据集中 Sepal.Width 最大的前 3 条数据。

```
top_n(iris, 3, Sepal.Width)                          # 选取数据集前一部分数据
##   Sepal.Length Sepal.Width Petal.Length Petal.Width Species
## 1          5.7         4.4          1.5         0.4  setosa
## 2          5.2         4.1          1.5         0.1  setosa
## 3          5.5         4.2          1.4         0.2  setosa
```

上面的代码抽取了 iris 数据集中 Sepal.Width 最大的前 3 条数据。top_n 函数的第 1 个参数是需要处理的数据集，第 2 个参数是想要抽取的行数，第 3 个特征表明根据哪个变量进行抽取。另外，top_n 函数也常常和 group_by 函数一起使用，group_by 函数用于对数据进行分组。假如想要抽取不同性别和身高最高的前 3 条数据，使用 group_by 和 top_n 可以非常方便地实现。

```
iris %>% group_by(Species) %>% top_n(1,Petal.Width)  # 对数据进行分组
## # A tibble: 5 x 5
## # Groups:   Species [3]
##   Sepal.Length Sepal.Width Petal.Length Petal.Width Species
##          <dbl>       <dbl>        <dbl>       <dbl> <fct>
## 1          5           3.5          1.6         0.6 setosa
## 2          5.9         3.2          4.8         1.8 versicolor
## 3          6.3         3.3          6           2.5 virginica
## 4          7.2         3.6          6.1         2.5 virginica
## 5          6.7         3.3          5.7         2.5 virginica
```

上面的代码根据不同的物种（Species）进行分组，然后分别抽取每个组里面 Petal.Width 变量最大的数据。

以上内容是对数据集的行进行筛选，接下来介绍如何对数据集的列进行处理。

## 2.1.2 筛选数据集的列

如果数据集中存在非常多的列，那么可以使用 select 函数直接筛选出需要的列。最常用的方式是根据变量名字进行选取。

```
iris %>% dplyr::select(Sepal.Length) %>% head(3)        # 选择变量
##   Sepal.Length
## 1          5.1
## 2          4.9
## 3          4.7
```

上面的代码筛选出了 iris 数据集中列名为 Sepal.Length 的列。如果想要的并不是筛选某些列，而是删除某些列，则可以在变量名前面加上一个 "-"，用减号表明删除这个列。

```
# 删除某个变量，选取剩下的数据集
iris %>% dplyr::select(-Sepal.Length) %>% head(3)
##   Sepal.Width Petal.Length Petal.Width Species
## 1         3.5          1.4         0.2  setosa
## 2         3.0          1.4         0.2  setosa
## 3         3.2          1.3         0.2  setosa
```

上面的代码删除了 Sepal.Length 这一列，将剩下的数据保存下来。另外，有几个在筛选列的时候非常常用的辅助函数，包括：

- starts_with：匹配以某个字符串开头的行；
- ends_with：匹配以某个字符串结尾的行；
- contains：用于匹配字符串；
- matches：用于匹配正则表达式。

上面 4 个函数在筛选行的时候经常用到。当我们想要以某个字符串开头的所有列时，可以使用 starts_with 函数。例如对 iris 数据集，筛选以 Petal 开头的数据，代码如下：

```
iris %>% dplyr::select(starts_with("Petal"))       # 选取以 Petal 开头的变量
##   Petal.Length Petal.Width
## 1          1.4         0.2
## 2          1.4         0.2
## 3          1.3         0.2
## 4          1.5         0.2
## 5          1.4         0.2
## 6          1.7         0.4
## 7          1.4         0.3
## 8          1.5         0.2
## 9          1.4         0.2
```

上面的代码筛选出了以 Petal 开头的所有特征。同理，使用 ends_with 特征可以筛选出所有以某个字符串结尾的特征。例如对 iris 数据集，筛选出所有以 Length 结尾的特征，代码如下：

```
iris %>% dplyr::select(ends_with("Length"))        # 选取以 Length 结尾的变量
##   Sepal.Length Petal.Length
## 1          5.1          1.4
## 2          4.9          1.4
## 3          4.7          1.3
## 4          4.6          1.5
## 5          5.0          1.4
## 6          5.4          1.7
## 7          4.6          1.4
## 8          5.0          1.5
## 9          4.4          1.4
```

上面的代码筛选出了 iris 数据集中所有以 Length 字符串结尾的变量。另外，如果想要筛选变量名包含某些字符的变量，则可以使用 contains 函数。例如，筛选出所有包含 Se 的变量，代码如下：

```
iris %>% dplyr::select(contains(c("Se")))    # 筛选变量名包含 Se 的变量
##   Sepal.Length Sepal.Width
## 1          5.1         3.5
## 2          4.9         3.0
## 3          4.7         3.2
## 4          4.6         3.1
## 5          5.0         3.6
## 6          5.4         3.9
## 7          4.6         3.4
```

上面的代码筛选出了字符串中包含 Se 的变量。更普遍的情况是，想要通过正则表达式进行匹配，这个时候则需要使用 matches 函数。假设要筛选出包含 ".c." 这个正则表达式的变量，则可以：

```
iris %>% dplyr::select(matches('.c.'))    # 通过正则表达式筛选变量
##   Species
## 1  setosa
## 2  setosa
## 3  setosa
## 4  setosa
## 5  setosa
## 6  setosa
## 7  setosa
## 8  setosa
```

上面的代码筛选出了 Species，而代码中正则表达式的含义是筛选出字符串中所有包含 c 的变量。以上是对于数据集的列进行操作，接下来介绍如何对数据集进行排序。

## 2.1.3 数据排序及新变量生成

对数据集进行排序是数据处理过程中非常常见的操作。R 中默认的排序函数有 3 个，分别是 order 函数、sort 函数和 rank 函数。这里介绍对数据进行排序更友好的一种方式，是来自 dplyr 包中的 arrange 函数。该函数的第一个参数为需要处理的数据集，其他的参数是需要排序的变量。下面对 iris 数据集根据 Petal.Width 特征进行排序。

```
iris %>% arrange(Petal.Width) %>% head(3)    # 对数据集进行排序
##   Sepal.Length Sepal.Width Petal.Length Petal.Width Species
## 1          4.9         3.1          1.5         0.1  setosa
## 2          4.8         3.0          1.4         0.1  setosa
## 3          4.3         3.0          1.1         0.1  setosa
```

上面的代码对 iris 数据集进行排序，排序的特征是 Petal.Width。排序的方式是升序排序。如果想要降序排序，则需要使用 desc 函数。

```
iris %>% arrange(desc(Petal.Width)) %>% head(3)    # 对数据集进行降序排序
##   Sepal.Length Sepal.Width Petal.Length Petal.Width   Species
```

```
## 1              6.3             3.3            6.0         2.5 virginica
## 2              7.2             3.6            6.1         2.5 virginica
## 3              6.7             3.3            5.7         2.5 virginica
```

上面的代码对 iris 数据集进行排序，排序的特征是 Petal.Width。排序的方式是降序排序。如果希望根据多个变量进行排序，实现的方式非常简单，只需要指定多个排序变量即可。

```
# 对两个变量进行排序
iris %>% arrange(desc(Petal.Width),Petal.Length) %>% head(3)
##   Sepal.Length Sepal.Width Petal.Length Petal.Width   Species
## 1          6.7         3.3          5.7         2.5 virginica
## 2          6.3         3.3          6.0         2.5 virginica
## 3          7.2         3.6          6.1         2.5 virginica
```

上面的代码根据多个变量进行排序，首先根据 Petal.Width 变量进行降序排序，然后根据 Petal.Length 变量进行升序排序，最后返回排序之后的数据集。

以上是关于数据探索中排序相关的操作。在数据探索中，往往还涉及新变量的生成，例如，想要对数据进行对数转换，将转换之后的数据生成一个新的变量。这时需要 mutate 函数，这个函数可以在原始的数据集中生成一个新的变量。例如，对 iris 数据集进行处理，需要计算 Sepal.Length 与 Sepal.Width 的和，并生成一个新的变量，则可以使用 mutate 函数，代码如下：

```
# 生成一个新的变量
iris %>% mutate(Sepal = Sepal.Length + Sepal.Width) %>% head(3)
##   Sepal.Length Sepal.Width Petal.Length Petal.Width Species Sepal
## 1          5.1         3.5          1.4         0.2  setosa   8.6
## 2          4.9         3.0          1.4         0.2  setosa   7.9
## 3          4.7         3.2          1.3         0.2  setosa   7.9
```

上面的代码计算出了 iris 数据集中 Sepal.Length 和 Sepal.Width 两个变量的和，并将结果生成为 Sepal 变量。mutate 函数的使用方式很简单，变量名 = 变量的公式，设置好之后调用 mutate 函数即可，最后返回的结果则包含新生成的数据集。

### 2.1.4 数据分组汇总

数据的分组也是数据探索的重要手段。通过对数据不断分组，可以细化数据的维度，能够更加细致地了解数据。这里对数据分组进行操作的函数是 group_by，计算统计汇总的函数是 summarise。首先介绍 summarise 函数，对于整个数据集使用 summarise 可以计算整个数据集的统计量。例如，计算 iris 数据集中各个特征的平均值，则可以使用 summarise 函数，代码如下：

```
iris %>% summarise(mean(Sepal.Length),mean(Sepal.Width),mean(Petal.Length),
mean(Petal.Width))                        # 计算数据集的统计量
##   mean(Sepal.Length) mean(Sepal.Width) mean(Petal.Length)
## 1           5.843333          3.057333              3.758
##   mean(Petal.Width)
## 1          1.199333
```

上面的代码计算了 iris 数据集中 4 个连续变量的平均值。summarise 函数常常与 group_by 函数一起使用,用于计算不同组别的统计量。例如,在 iris 数据集中,一共有 3 种不同的物种(Species),如果想要计算不同物种的不同变量的平均值,则需要使用 group_by 函数根据 Species 进行分组,然后计算平均值。

```
# 对数据集进行分组,然后计算分组后数据集的统计量
iris %>% group_by(Species) %>% summarise(mean(Sepal.Length),mean(Sepal.
Width),mean(Petal.Length),mean(Petal.Width))
## # A tibble: 3 x 5
##   Species 'mean(Sepal.Len…'mean(Sepal.Wid…'mean(Petal.Len…
##   <fct>            <dbl>           <dbl>           <dbl>
## 1 setosa            5.01            3.43            1.46
## 2 versic…           5.94            2.77            4.26
## 3 virgin…           6.59            2.97            5.55
## # … with 1 more variable: 'mean(Petal.Width) ' <dbl>
```

上面的代码计算出了不同的物种其 Sepal.Length、Sepal.Width、Petal.Length 和 Petal.Length 的平均值。同样,也可以根据多个变量进行分组汇总,实现的方法是在 group_by 函数中添加多个变量。

## 2.1.5 数据合并

在进行数据探索的过程中,处理的数据集往往不止一个,这时就会涉及一些数据表合并的相关工作。数据表合并一般有 4 种,左连接、右连接、内连接和外连接。

左连接表示的是选择表 A 中的所有记录,以及表 B 中满足连接条件的记录(如果有的话)。左连接以表 A 的数据为基准,不管表 B 有没有对应的数据。左连接示意图如图 2.1 所示。

右连接和左连接非常相似,选择表 B 中的所有记录,以及表 A 中满足连接条件的记录(如果有的话)。右连接示意图如图 2.2 所示。

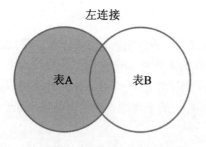

图 2.1 左连接示意图

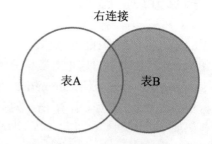

图 2.2 右连接示意图

内连接指的是从表 A 和表 B 中选择满足连接条件的所有记录。也就是说数据要同时存在于两个表中,才会在合并的表中记录下来。内连接示意图如图 2.3 所示。

全连接指的是选择表 A 和表 B 中的所有记录,无论是否满足连接条件。也就是说,

只要一条数据存在于表 A 或者表 B 中，那么就会记录在合并的表中。全连接示意图如图 2.4 所示。

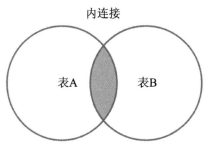
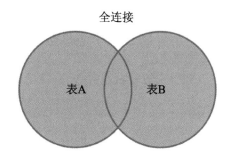

图 2.3　内连接示意图　　　　　　　　图 2.4　全连接示意图

上面介绍了表的几种常见合并方式。进行合并操作的函数分别是 left_join、right_join、inner_join 和 full_join，其对应的分别是左连接、右连接、内连接和外连接。这几个函数的参数都非常相似，前两个参数分别是需要合并的数据集，第三个参数 by 用于指定使用什么变量进行合并。这里以 band_members 和 band_instruments 这两个数据集为例分别进行 4 种合并，这两个数据集记录了不同乐队成员及乐队角色。首先查看这两个数据集，如下：

```
band_members
## # A tibble: 3 x 2
##   name  band
##   <chr> <chr>
## 1 Mick  Stones
## 2 John  Beatles
## 3 Paul  Beatles
band_instruments
## # A tibble: 3 x 2
##   name  plays
##   <chr> <chr>
## 1 John  guitar
## 2 Paul  bass
## 3 Keith guitar
```

从数据集的输出可以看到，数据集中都有 name 这个变量。合并这两个数据集需要通过 name 变量来实现。下面的代码分别使用 4 种合并方式进行合并。

```
band_members %>% inner_join(band_instruments,by = "name")  # 内连接
## # A tibble: 2 x 3
##   name  band    plays
##   <chr> <chr>   <chr>
## 1 John  Beatles guitar
## 2 Paul  Beatles bass
```

上面的代码根据 name 变量对两个数据集进行内连接，连接之后的数据集只保留了两条数据。接下来进行左连接。

```
band_members %>% left_join(band_instruments,by = "name")   # 左连接
## # A tibble: 3 x 3
```

```
##   name  band    plays
##   <chr> <chr>   <chr>
## 1 Mick  Stones  <NA>
## 2 John  Beatles guitar
## 3 Paul  Beatles bass
```

上面的代码进行了左连接。可以看到，最后的数据集保留 3 条数据，但是第一条数据的 plays 变量值为空。这就说明第二张数据表 band_instruments 并没有 name 为 Mick 的这一条数据。接下来进行右连接。

```
band_members %>% right_join(band_instruments,by = "name")      # 右连接
## # A tibble: 3 x 3
##   name  band    plays
##   <chr> <chr>   <chr>
## 1 John  Beatles guitar
## 2 Paul  Beatles bass
## 3 Keith <NA>    guitar
```

上面的代码对数据集进行了右连接。从结果可以看到，合并之后的结果依然有 3 条数据，但是合并之后第 3 条数据的 band 变量值为空，这就说明第一张表 band_members 中并没有 name 为 Keith 的数据。最后进行全连接。

```
band_members %>% full_join(band_instruments,by = "name")       # 全连接
## # A tibble: 4 x 3
##   name  band    plays
##   <chr> <chr>   <chr>
## 1 Mick  Stones  <NA>
## 2 John  Beatles guitar
## 3 Paul  Beatles bass
## 4 Keith <NA>    guitar
```

上面的代码进行了全连接。从结果可以看到，合并之后的数据保留了两张数据表的全部数据，对于数据中有空缺的地方，使用缺失值来表示。以上就是数据合并相关的内容。

在上面的例子中，两个数据集都有相同的变量，变量名也是一样的。如果变量名不一样，则需要使用另外一种方式实现，例如下面的例子：

```
band_instruments2
## # A tibble: 3 x 2
##   artist plays
##   <chr>  <chr>
## 1 John   guitar
## 2 Paul   bass
## 3 Keith  guitar
# 指定连接的键
band_members %>% full_join(band_instruments2, by = c("name" = "artist"))
## # A tibble: 4 x 3
##   name  band    plays
##   <chr> <chr>   <chr>
## 1 Mick  Stones  <NA>
## 2 John  Beatles guitar
## 3 Paul  Beatles bass
## 4 Keith <NA>    guitar
```

在上面的代码中，band_instruments2 的变量名从原来的 name 改为了 artist，这时就不

能直接通过 name 进行合并,而是通过设置 by=c("name"="artist")这种方式来指定使用第一个数据集的 name 变量与第二个数据集的 artist 变量进行合并。另外,如果要通过多个变量进行合并,则只需要给 by 传递一个包含多个变量的向量。例如 by = c("A","B"),就表示根据这两个数据集的 A 变量和 B 变量进行合并。

需要注意的是,这种合并是列的合并,也就是说,将不同的列合并到一起。如果两个数据集有相同的变量,想把这两个数据集合并到一起,这时直接将一个数据集合并到另外一个数据集的末尾即可。这时需要使用 bind_rows 函数合并有相同列的数据集,下面的代码是一个简单的例子。

```
one <- mtcars[1:4, ]
two <- mtcars[11:14, ]
bind_rows(one, two)                    # 按照行合并数据集
##      mpg cyl  disp  hp drat    wt  qsec vs am gear carb
## 1   21.0   6 160.0 110 3.90 2.620 16.46  0  1    4    4
## 2   21.0   6 160.0 110 3.90 2.875 17.02  0  1    4    4
## 3   22.8   4 108.0  93 3.85 2.320 18.61  1  1    4    1
## 4   21.4   6 258.0 110 3.08 3.215 19.44  1  0    3    1
## 5   17.8   6 167.6 123 3.92 3.440 18.90  1  0    4    4
## 6   16.4   8 275.8 180 3.07 4.070 17.40  0  0    3    3
## 7   17.3   8 275.8 180 3.07 3.730 17.60  0  0    3    3
## 8   15.2   8 275.8 180 3.07 3.780 18.00  0  0    3    3
```

最后需要提到的是集合运算,也就是集合的交集、并集、差集,对应的函数分别是 intersect、setdiff 和 union。其中,交集是选取多个集合相交的部分,如图 2.5 所示。

在图 2.5 中,圆圈代表的是不同集合,黑色部分代表的是集合的相同部分。如果是取集合的交集,则表示选取多个集合中相同的那一部分。

并集指的是选取多个集合的所有部分,也就是说不管相不相交,集合并集的结果指的是多个集合的全部结果,如图 2.6 所示。

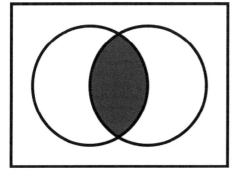
图 2.5 交集

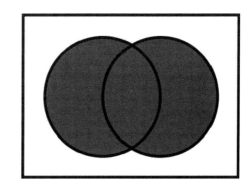
图 2.6 并集

最后是差集。两个集合的差集,例如 A 与 B 的差集,表示的是所有属于 A 集合但不属于 B 集合的元素的集合。

实现这 3 种集合操作的函数分别如下:

- intersect：交集。
- union：并集。
- setdiff：补集。

在R中，一般向量可以当作集合进行处理。下面列举一个例子来介绍这3种集合运算的使用。

```
A <- c(1,2,3,4,5)
B <- c(2,3,4,5,6)

intersect(A,B)                  # 交集运算
## [1] 2 3 4 5
union(A,B)                      # 并集运算
## [1] 1 2 3 4 5 6
setdiff(A,B)                    # 补集
## [1] 1
```

上面的代码首先创建了两个向量，然后计算两个向量的交集、并集和补集。集合运算在数据探索过程中也经常用到。通过这3个函数可以非常方便地计算集合的交集、并集和补集。

最后，在实际的数据探索过程中，上文提到的几个方法常常会交替使用。例如，可能在分组之后进行数据的筛选，或者分组之后生成一个新的变量，然后计算统计量。实际的数据探索过程会更加复杂，只不过由于管道操作符的存在，这些数据探索的过程都可以由管道操作符分隔。因此在实际操作过程中，实现复杂的操作并不会很困难。以上就是数据探索的一些基本实现方法，接下来会介绍数据重塑的相关内容。

## 2.2 数据重塑

有时，数据集并不能满足分析的需求，数据集并不是整洁的，这时需要将数据重塑成整洁的数据。什么是整洁的数据格式？整洁的数据格式有3个标准。
- 每个变量都有一个唯一的列。
- 每个观测都有其唯一的行。
- 数据集中每一个值都唯一地确定。

图2.7所示为整洁的数据格式。

图2.7 整洁的数据

很多情况下，我们遇到的数据集并不是整洁的数据，对数据进行重塑包括几个方面。
- Gathering：对数据进行聚集。
- Spreading：对数据进行分散。
- Separating：数据切割。
- Uniting：数据整合。

接下来分别介绍数据重塑这 4 个方面的应用。

## 2.2.1 数据聚合

在数据处理的过程中常常会遇到的一个问题是，数据中的列名并不是变量名，而是变量的值。图 2.8 所示为一个数据集，这个数据集是宽格式的数据。

第 2 列和第 3 列分别为 1999 和 2000，这两列并不是变量名，而是变量的值。因为这两个变量都代表年份，分别是年份的一个值，因此需要创建一个新的变量代表年份。使用 gather 函数可以非常方便地实现这种操作，代码如下：

```
gather(table4a, '1999', '2000',
key = "year", value = "cases")                    # 数据和聚合
## # A tibble: 6 x 3
##   country     year  cases
##   <chr>       <chr> <int>
## 1 Afghanistan 1999    745
## 2 Brazil      1999  37737
## 3 China       1999 212258
## 4 Afghanistan 2000   2666
## 5 Brazil      2000  80488
## 6 China       2000 213766
```

上面的代码生成了一个新的变量 year，用于替代原来的 1999 和 2000 这两列。变量 year 的值也变成了 1999 和 2000。另外还生成了一个变量 cases，用于记录不同年份下的具体数值。后面这种格式的数据才是数据探索及数据可视化过程中使用的数据，前一种格式的数据是没有办法直接进行绘图的。因此，非常有必要将数据集转换成后面这种格式，后面这种格式也被称为整洁的数据。gather 的使用方式很简单，第一个参数是需要处理的数据集，后面的变量是数据集中需要压缩的列，参数 key 用于指定表示压缩列成为新变量的变量名。value 用于指定原始数据集被压缩之后，新变量的变量名。上面两个数据集的转换过程如图 2.9 所示。

从图 2.9 中可以看到，1999 和 2000 被压缩成一个变量 yaer，原数据中不同列的数据被压缩成新的变量 cases。两个数据集的含义并没有发生任何改变，改变的只是数据的结构。而后面这种数据结构是数据可视化中需要的数据结构。另外，需要注意的是，第一个数据集也被称为宽数据，因为这个数据往往列比较多，第二个数据集被称为长数据，因为这个数据集行比较多，所以这种转换也被称为宽数据转换成长数据。

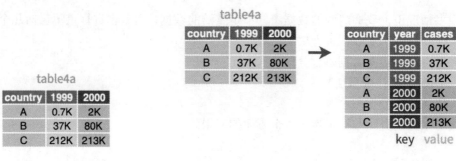

图 2.8　宽格式数据　　　　　　　图 2.9　数据集转换

## 2.2.2　数据分散

上文介绍了数据的聚合，数据聚合是数据重塑操作中非常重要的一步。数据聚合这种操作也被称为宽数据转换成长数据。但是有时需要进行反向操作，也就是将长数据转换成宽数据，即数据的分散。这种操作可以使用 spread 函数实现。图 2.10 显示了一个长格式的数据。

图 2.10 显示的数据集是一份长数据，type 这个变量有两个值。如果想将 type 的这两个值分别当作新的变量形成一份新的数据集，可以进行如下设置：

```
spread(table2, key = type, value = count)      # 数据的分散
## # A tibble: 6 x 4
##   country      year  cases population
##   <chr>       <int>  <int>      <int>
## 1 Afghanistan  1999    745   19987071
## 2 Afghanistan  2000   2666   20595360
## 3 Brazil       1999  37737  172006362
## 4 Brazil       2000  80488  174504898
## 5 China        1999 212258 1272915272
## 6 China        2000 213766 1280428583
```

上面的代码将长数据转换成了宽数据。spread 函数的第一个参数是需要处理的数据集，第二个参数 key 表示想要进行处理的变量。这里指定了 type 变量，表示将 type 变量的值作为新数据的变量名。value 用于指定用哪个变量的值去填充新变量。在新数据集中，cases、population 变量的值就是原始数据中 count 变量的值。数据集表达的含义依然没有变化，只是数据的表现形式产生了变化。图 2.11 所示为长数据到宽数据的转换过程。

图 2.11 显示了两个数据集的关系。在长数据转换为宽数据的过程中，长数据的变量值变成了宽数据的变量。上面介绍了数据的聚合和数据的分散，这两项操作互为逆操作。在数据探索与可视化的过程中，常常会进行这两种操作。

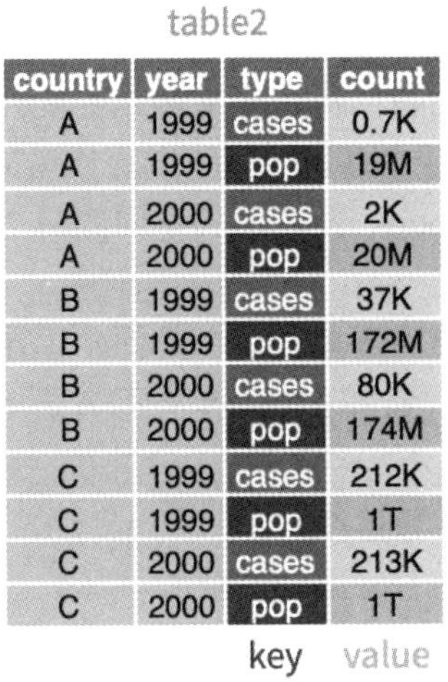

图 2.10　长格式数据 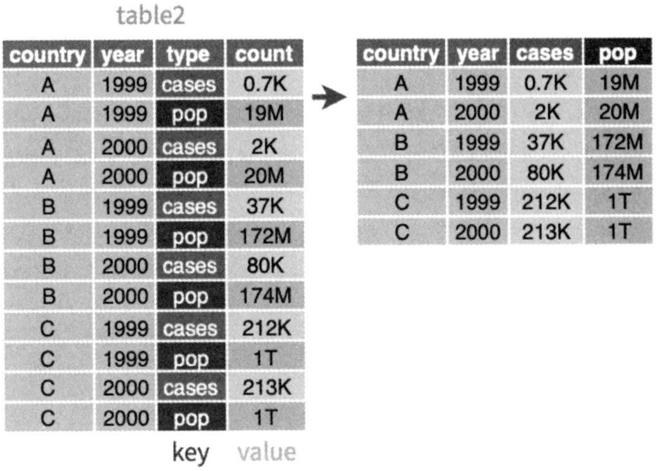　　　　　图 2.11　长格式转换为宽格式数据

## 2.2.3　数据切割

当我们希望将原始数据中的一列变成多列的时候，则需要对数据进行切割。例如，有一个变量为姓名，记录了人们的名字，如果想把姓名这个变量拆分成为姓氏和名这两个变量，则需要使用数据切割。数据切割需要使用的函数为 separate。separate 函数的主要参数有 4 个，分别是需要处理的数据集、需要切割的列、新的列名、数据切割的方式。下面以数据集 table3 为例进行讲解。

```
table3
## # A tibble: 6 x 3
##   country      year rate
## * <chr>       <int> <chr>
## 1 Afghanistan  1999 745/19987071
## 2 Afghanistan  2000 2666/20595360
## 3 Brazil       1999 37737/172006362
## 4 Brazil       2000 80488/174504898
## 5 China        1999 212258/1272915272
## 6 China        2000 213766/1280428583
separate(table3, rate, sep = "/",
into = c("cases", "pop"))                       # 数据的切割
## # A tibble: 6 x 4
##   country      year cases  pop
##   <chr>       <int> <chr>  <chr>
## 1 Afghanistan  1999 745    19987071
## 2 Afghanistan  2000 2666   20595360
## 3 Brazil       1999 37737  172006362
## 4 Brazil       2000 80488  174504898
## 5 China        1999 212258 1272915272
## 6 China        2000 213766 1280428583
```

从上面的结果可以看到，原始数据集 table3 的 rate 变量存在/符号。上面的代码将 rate 变量根据/拆分成为两个新的列。在上面的代码中，separate 函数的第一个参数是需要处理的数据集，第二个参数指定了需要处理的变量，参数 sep 指定了用于划分数据的分隔符，参数 into 表明将划分之后的数据变成两个新的变量 cases 和 pop。数据的关系图如图 2.12 所示。

还有另外一种方式，将拆分出来的列作为新的数据，虽然并不常用，但是偶尔也使用到。使用到的函数是 separate_rows,使用的方式与上一个函数非常相似，只是并不需要指定新的变量名。

```
separate_rows(table3,rate,sep = "/")              # 数据的拆分
## # A tibble: 12 x 3
##    country      year rate
##    <chr>       <int> <chr>
##  1 Afghanistan  1999 745
##  2 Afghanistan  1999 19987071
##  3 Afghanistan  2000 2666
##  4 Afghanistan  2000 20595360
##  5 Brazil       1999 37737
##  6 Brazil       1999 172006362
##  7 Brazil       2000 80488
##  8 Brazil       2000 174504898
##  9 China        1999 212258
## 10 China        1999 1272915272
## 11 China        2000 213766
## 12 China        2000 1280428583
```

上面的代码同样对 table3 数据集中的 rate 变量进行了拆分，只不过并没有将拆分出来的列作为新的变量，而是将拆分出来的数据作为了新的行。数据的关系图如图 2.13 所示。

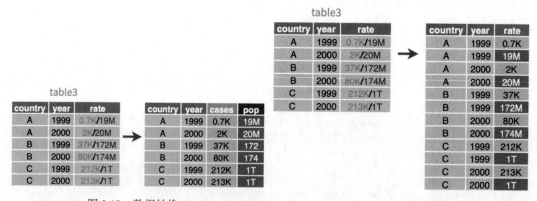

图 2.12　数据转换 1　　　　　　　　　图 2.13　数据转换 2

上文介绍了数据的切割，接下来开始介绍数据的合并。

## 2.2.4　数据合并

数据切割的逆向操作就是数据合并，如果希望将数据集中的多个列合并起来，则可以

使用 unite 函数。unite 函数的第 1 个参数是需要处理的数据集，第 2 个参数是需要合并的列，第 3 个参数是新变量的名称，第 4 个变量则是分隔符的指定，下面是一个简单的例子。

```
table5
## # A tibble: 6 x 4
##   country     century year  rate
## * <chr>       <chr>   <chr> <chr>
## 1 Afghanistan 19      99    745/19987071
## 2 Afghanistan 20      00    2666/20595360
## 3 Brazil      19      99    37737/172006362
## 4 Brazil      20      00    80488/174504898
## 5 China       19      99    212258/1272915272
## 6 China       20      00    213766/1280428583
unite(table5, century, year,
col = "year", sep = "")                       # 数据的合并
## # A tibble: 6 x 3
##   country     year  rate
##   <chr>       <chr> <chr>
## 1 Afghanistan 1999  745/19987071
## 2 Afghanistan 2000  2666/20595360
## 3 Brazil      1999  37737/172006362
## 4 Brazil      2000  80488/174504898
## 5 China       1999  212258/1272915272
## 6 China       2000  213766/1280428583
```

上面的代码对 table5 数据集的 century 和 year 两个变量进行了合并，最后生成一个完整的年份。数据集的关系图如图 2.14 所示。

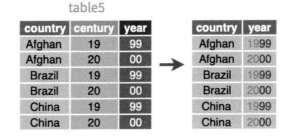

图 2.14　数据转换

以上介绍了数据的列合并。数据的相关操作到这里就已经介绍完了。

## 2.3　总　　结

本章介绍了在数据探索过程对数据集进行的常用处理。学完本章后，你就可以对数据集进行处理，将它们转换成为整洁的数据。本章内容包含了数据可视化之前非常关键的一个步骤，也就是将数据转变成我们想要进行可视化的数据。数据处理相关的内容就介绍到这里，下一章会介绍更多数据可视化方面的内容。

# 第 3 章　数据可视化

数据可视化是一项非常烦琐的工作，是数据的图形表示，是将数据中的关系通过图形更加直观地展示出来。数据可视化不仅是一门科学，而且还是一门艺术。数据可视化的主要目标是通过图形方式清晰有效地传达信息。这并不意味着数据可视化需要功能非常复杂才能看起来很漂亮。图形的美学和图形的功能需要兼顾，以更直观的方式传达数据中的关键信息。数据可视化的难点在于，人们往往无法在形式和功能之间取得平衡，导致图形华丽但无法满足其主要目的。一般而言，良好的统计图形满足一些原则，其中包括：

- 清晰地显示数据。
- 启发读者思考。
- 避免扭曲数据的内容。
- 尽可能在狭小的空间中显示数据。
- 从不同维度解释数据。

总而言之，创建数据集的良好可视化并不是一件简单的事情。一幅好的可视化图往往需要花费大量时间进行调整。这些调整包括数据的调整、计算、转换等操作，还包括图形的调整，调整图形的各个因素，比如颜色、比例、坐标轴、图例等。然而，实际上很多情况下并不是追求非常完美的数据可视化，而只需尽可能快速、简单地将数据展示出来，以初步了解数据的趋势，了解数据表达的含义。也就是在不追求完美的情况下尽可能快地完成数据可视化。因此，本章会介绍快速数据可视化的方式，让你能够在拿到数据以后快速地绘制图形。关于图形的更多调整，会放到后面的章节中进行介绍。

## 3.1　ggplot2 核心概念

ggplot2 是 R 中最受欢迎的绘图工具之一。它是一套高级图形系统，具有一套用于绘图的图形语法，这一套图形语法极大地简化了复杂图形的绘制。根据 ggplot2 的理念，一个统计图形可以划分为三部分：Plot（图形）= Data（数据）+Aesthetics（图形美学）+ Geometry（几何变换）。

- 数据：使用 ggplot2 进行绘图，数据集的格式一般是数据框的格式。
- 图形美学：指定 $x$ 和 $y$ 变量，同时指点图形的颜色、大小和形状等。
- 几何变换：指定绘制什么样的统计图形，如条形图、点图或者任何图形。

ggplot2 的开发者提出了关于统计图形的图形语法，而数据、图形美学和几何变换则是绘制统计图形的几个关键要素。ggplot2 包含如下两个关键的函数。

- qplot：用于快速绘制统计图形。
- ggplot2：通过不同的图层绘制图形，比 qplot 更加灵活。

绘制好图形之后，通过 last_plot 函数可以返回最近绘制的一幅图形。而 ggsave("plot.png", width = 5, height = 5)函数可以将最近绘制的图形保存下来。

qplot 的语法类似于 R 的基本函数 plot，其参数包括：

- x：x 坐标（例如 col1）。
- y：y 坐标（例如 col2）。
- data：具有相应列名称的数据框。
- xlim 和 ylim：坐标轴的范围，如 xlim=c(0,10)。
- log：进行对数变换，如 log="x"或 log="xy"。
- main：图形的主题，另外通过?plotmath 可以查看数学公式的使用。
- xlab 和 ylab：x 轴和 y 轴的标签。
- color、shape、size：表示颜色、形状和大小的调整。

ggplot 函数主要接受两个参数：数据集和 aes 功能提供的图形美学。其他参数（例如点、线、条等）几何对象通过+作为分隔符来传递。

下面总结 geom_*函数族。这个函数族用于指定对应的几何变换，也就是用于指定绘制何种图形。

- geom_abline、geom_hline 和 geom_vline 函数：参考线，包括水平、垂直和对角线等方式。
- geom_bar、geom_col 和 stat_count 函数：绘制条形图。
- geom_bin2d、stat_bin_2d 函数：2d bin 的热图计数图。
- geom_blank 函数：绘制空白图形。
- geom_boxplot 和 stat_boxplot 函数：绘制箱线图。
- geom_density 和 stat_density 函数：绘制密度图。
- geom_density_2d 和 stat_density_2d 函数：绘制二维密度图。
- geom_dotplot 函数：绘制点图。
- geom_hex 和 stat_bin_hex 函数：2d bin 的六角形热图计数图。
- geom_freqpoly、geom_histogram 和 stat_bin 函数：绘制直方图和频率图。
- geom_jitter 函数：绘制抖动点图。
- geom_path、geom_line 和 geom_step 函数：绘制连线图。
- geom_point 函数：绘制点图。
- geom_polygon 函数：绘制多边形图。
- geom_qq_line、stat_qq_line、geom_qq 和 stat_qq 函数：绘制 QQ 图。
- geom_quantile 和 stat_quantile 函数：绘制分位数回归图。

- geom_rug 函数：绘制地毯图。
- geom_label 和 geom_text 函数：文本。
- geom_violin 和 stat_ydensity 函数：绘制小提琴图。

下面介绍如何快速绘制常用的图形，以帮助我们尽可能快地了解数据。

### 3.1.1 散点图

散点图是很常用的一种图形。创建散点图的方式非常简单，使用 qplot 函数进行创建，指定两个参数，$x$ 轴的数据和 $y$ 轴的数据即可。散点图如图 3.1 所示。

```
library(ggplot2)                                          # 加载包
library(tidyverse)
## ── Attaching packages ──────────────────────────── tidyverse 1.2.1 ──
## ✔ tibble  2.1.3     ✔ purrr   0.3.2
## ✔ tidyr   1.0.0     ✔ dplyr   0.8.3
## ✔ readr   1.3.1     ✔ stringr 1.4.0
## ✔ tibble  2.1.3     ✔ forcats 0.4.0
## ── Conflicts ─────────────────────────────── tidyverse_conflicts() ──
## ✖ dplyr::filter() masks stats::filter()
## ✖ dplyr::lag()    masks stats::lag()
# 创建数据集
x <- sample(1:10, 10); y <- sample(1:10, 10); cat <- rep(c("A", "B"),5)
qplot(x, y, geom="point")                                 # 绘制图形
```

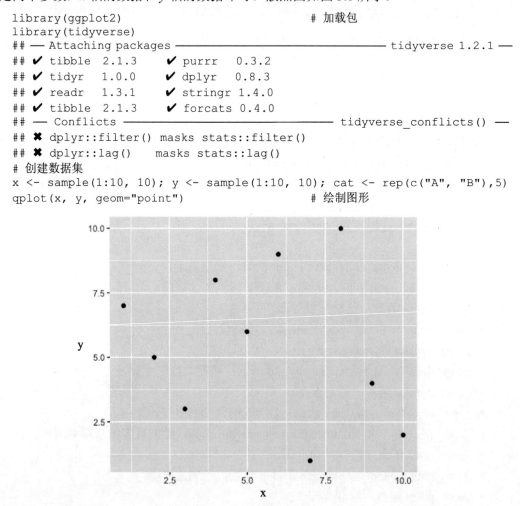

图 3.1　散点图

上面的代码使用 qplot 快速绘制出了一幅散点图。在代码中，首先创建了 $x$、$y$、cat

这 3 个向量。使用 qplot 绘制出了 x 和 y 的散点图。因为是要绘制散点图，所以将 qplot 函数的 geom 参数值指定为"point"。接下来绘制分组的散点图。散点图的分组通常是通过颜色、大小和形状来表示的。

首先调整散点图的点的颜色和大小，在这里添加两个新的参数 shape 和 color，用于调整散点图不同点的形状和颜色，如图 3.2 所示。

```
qplot(x, y, geom="point", size=x, color=cat,shape = cat ,
    main="Dot Size and Color Relative to Some Values")    # 绘制图形
```

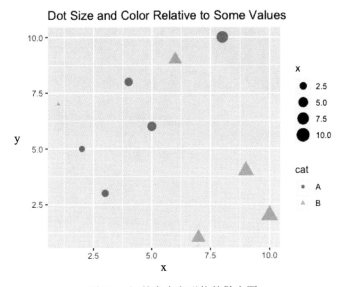

图 3.2 调整大小和形状的散点图

上面的代码绘制了分组的散点图，将不同组的数据通过点的形状和颜色区分开。这里本质上是绘制一幅四维图形，使用颜色和形状来表示一个新的维度 cat。

上面使用了 qplot 绘制散点图。qplot 的使用方式和 R 的基础函数 plot 非常相似，能够使用最少的代码绘制出想要的图形。如果需要对图形进行更多调整，最好使用 ggplot 函数进行绘图。接下来使用 ggplot 来绘制图形，如图 3.3 所示。

```
dsmall <- diamonds %>% sample_frac(size = 0.3) # 对 diamonds 数据集取子集
p <- ggplot(dsmall, aes(x = carat, y = price, color=color)) + # 绘制图形
    geom_point(size=4)
print(p)
```

上面的代码首先对 ggplot2 包中的数据集 diamonds 取子集，因为原本整个数据集比较大。使用 sample_frac 函数选取原始数据集 30%的数据进行绘图。这里使用 ggplot 函数绘制了一幅分组的散点图，x 轴表示 carat 变量，y 轴表示 price 变量，颜色通过 color 变量表示。在 ggplot 函数中，首先设置好了数据集 dsmall，然后定义数据的映射关系，通过 aes 函数设定了 x = carat, y = price, color = color。最后使用 geom_point 函数指明绘制一个散点图，通过 size 参数指定数据集点的大小。

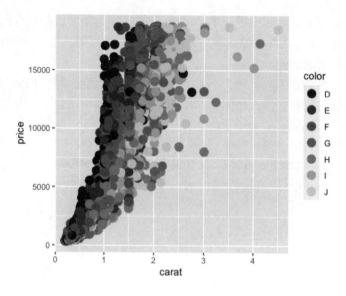

图 3.3 散点图

### 3.1.2 折线图

将散点图的点连接起来的图形就是折线图。折线图与散点图表达的信息非常类似，都是描述两个变量之间的关系。下面使用 R 的基础函数 plot 函数来绘制折线图，如图 3.4 所示。

```
plot(pressure$temperature, pressure$pressure, type = "l")     # 绘制图形
```

上面的代码使用了 plot 函数绘制一个折线图，使用的数据集是 pressure。数据集中有两个变量，分别为 temperature、pressure。这两个变量分别为 x 轴和 y 轴。plot 函数中的 type 用于指定绘制什么种类的图形。type ="l"表示绘制折线图。如果 type ="p"，则表示绘制散点图。下面绘制多条折线图，如图 3.5 所示。

```
plot(pressure$temperature, pressure$pressure, type = "l") # 绘制图形
points(pressure$temperature, pressure$pressure)          # 在图形中添加点
  # 在图形中添加线条
lines(pressure$temperature, pressure$pressure/2, col = "red")
    # 在图形中添加点
points(pressure$temperature, pressure$pressure/2, col = "red")
```

上面的代码绘制了两条折线图，并且在线图中添加了数据点。使用 plot 绘制多条图形的方法是首先使用 plot 函数绘制好一幅图，然后使用 point 函数添加点，使用 line 函数添加线。qplot 函数绘制图形的方式要比 plot 函数更为简单。使用 qplot 来绘制折线图，如图 3.6 所示。

```
# 绘制图形
qplot(pressure$temperature, pressure$pressure, geom = c("point","line"))
```

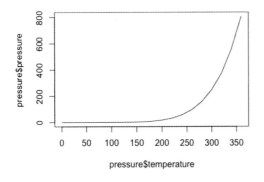
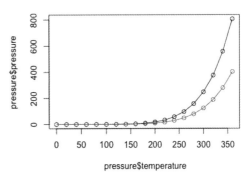

图 3.4　折线图　　　　　　　　　　　　图 3.5　多条折线图

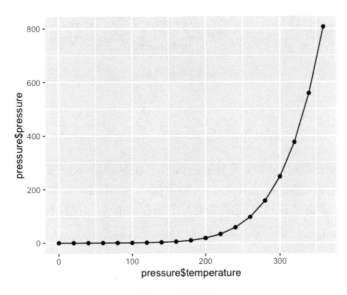

图 3.6　折线图 1

qplot 绘制折线图的方式与之前绘制散点图的方式非常相似，将 geom 参数改为 line，则表示绘制的图形是折线图。这里设置了两种统计变换，使用 c 函数向量将两种统计变换作为一个参数进行传递。使用 ggplot 函数绘制折线图与使用该函数绘制散点图也非常相似。接下来使用 ggplot 绘制折线图，如图 3.7 所示。

```
library(ggplot2)
ggplot(pressure, aes(x = temperature, y = pressure))+geom_point()+geom_
line()                             # 使用 ggplot 函数进行绘图
```

上面的代码使用了 ggplot 函数绘制折线图。实现的方式是在 geom_point 函数的末尾加上了 geom_line。可以注意到，ggplot 函数对于构建复杂图形非常适用，因为图形的修改和添加可以通过+来完成，统计图形可以一层一层地叠加。

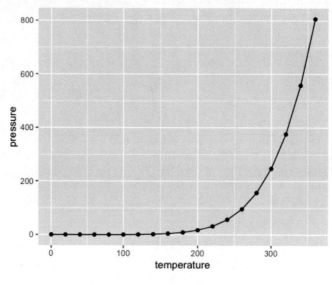

图 3.7　折线图 2

### 3.1.3　条形图

条形图往往用于表示不同分类变量的数值。在基础的 R 中，绘制条形图使用的是 barplot 函数。这里使用的数据集是 R 自带的数据集 BOD。BOD 数据框架有 6 行 2 列，给出了水质评价中生物需氧量与时间的关系。下面使用 R 的基础绘图函数绘制一幅条形图，如图 3.8 所示。

```
barplot(BOD$demand, names.arg = BOD$Time)        # 绘制条形图
```

如果数据只是一个向量，也就是没有计数的结果，则需要先使用 table 函数对数据集进行计数，如图 3.9 所示。

```
barplot(table(mtcars$cyl))                       # 绘制条形图
```

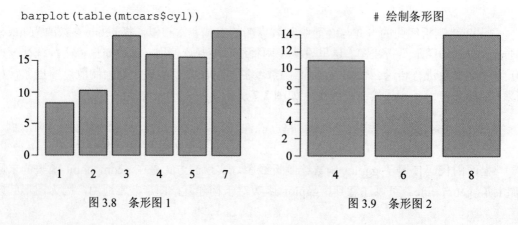

图 3.8　条形图 1　　　　　　　　　　图 3.9　条形图 2

上面的代码通过两种方式绘制了条形图，第一种方式是直接指定了一个向量作为条形图的每一个值，然后通过 names.arg 参数指定不同条形的名称。第二种实现方式是使用一个向量的列联表来绘制条形图。使用 qplot 函数绘制与使用 barplot 绘制条形图有些许不同。接下来使用 qplot 函数绘制条形图，如图 3.10 所示。

```
qplot(x = BOD$Time,y = BOD$demand,geom = "col")  # 使用 qplot 函数绘制条形图
```

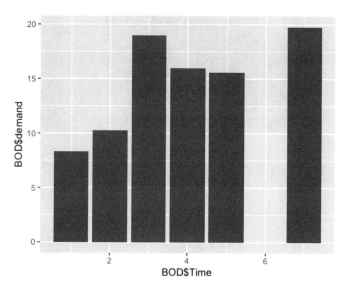

图 3.10　条形图 3

上面的代码使用了 qplot 绘制条形图。在这里参数的指定有一个要求，就是 x 用于指定分类变量，y 用于指定连续变量。然后设置 geom="col"，指定绘制的图形是条形图。使用 ggplot 绘制条形图同样非常简单，接下来使用 ggplot 函数绘制条形图，如图 3.11 所示。

```
library(ggplot2)
# 加载包，使用 BOD 数据集进行图形绘制
ggplot(BOD, aes(x = Time, y = demand)) +
geom_col()
```

下面的代码首先将 Time 变量转换成因子类型，然后再绘制图形。这样绘制出的图形与图 3.11 有一些差别。下面的代码绘制的图形如图 3.12 所示。

```
# 将 x 变量转换为因子，以便将其视为分类变量
ggplot(BOD, aes(x = factor(Time), y = demand)) +
  geom_col()
```

上面的代码使用相同的数据绘制出了两幅条形图。第一幅条形图坐标轴为 6 的位置没有条形，而第二幅图没有 6 的位置。这是因为，原始的数据中，Time 这个变量是用数字表示的，而数字中没有 6，这时 6 就会空出来。第二幅图中，将 Time 这个变量做了类型转换，转换成为因子。这就相当于将数据变成了分类变量，而类别只包括 1、2、3、4、5、7 这 6 个类别。

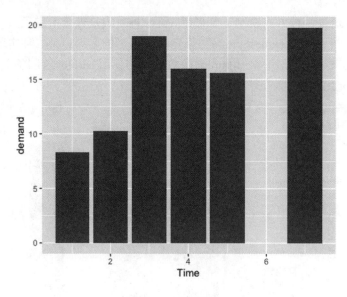

图 3.11　条形图 4

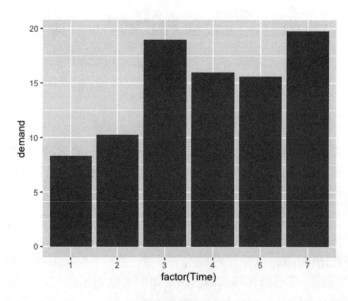

图 3.12　条形图 5

### 3.1.4　直方图

　　直方图是数据探索中最常用的图形之一，可以很好地展示单个变量的分布。R 自带的绘制直方图的函数是 hist。hist 函数的第一个参数是需要绘制的图形的数据。下面使用 hist

函数绘制两张直方图,第一张直方图没有调整任何参数,使用这个函数能够最快地绘制出直方图;第二张直方图调整了 break 参数。break 参数用于调整直方图的宽度,这个参数值越大,则直方图越平缓。下面的代码使用 R 中的基础函数 hist 绘制直方图,如图 3.13 所示。

```
hist(mtcars$mpg)                          # 绘制直方图
```

绘制直方图的时候可以调节 breaks 参数。下面的代码调整了 breaks 参数,效果如图 3.14 所示。

```
hist(mtcars$mpg, breaks = 20) # 设置直方图的breaks参数
```

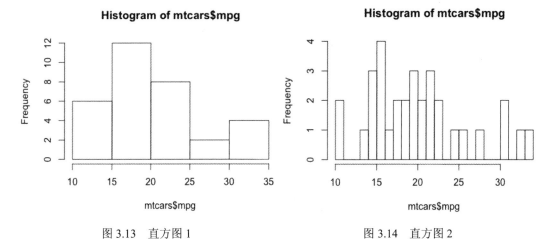

图 3.13　直方图 1　　　　　　　　图 3.14　直方图 2

上面的代码使用了 mtcars,数据来源于 1974 年美国的《汽车趋势》杂志,包括 32 辆汽车(1973-74 型)的油耗和 10 个方面的汽车设计和性能。mpg 变量表示汽车的里程数。两幅图形都显示了汽车里程数的分布。在第二幅图的代码中,将 break 参数调整为了 20,可以看到第二幅直方图比第一幅图更加平滑。

使用 ggplot2 绘制直方图同样非常方便。使用 qplot 函数绘制直方图与使用 hist 函数绘制直方图非常类似,但是参数设置有些许区别。下面的代码绘制了一幅直方图,如图 3.15。

```
qplot(mtcars$mpg,geom = "histogram",binwidth=2) # 使用qplot函数绘制直方图
```

上面的代码使用了 ggplot2 包中的 qplot 函数进行绘图,使用的数据集是一样的。其中,qplot 的第一参数是使用的数据,然后使用 geom 参数指定绘制直方图。binwidth 参数的含义与 hist 函数的 break 参数类似,用于调整直方图的平滑程度,这个参数的数值越大,直方图越平滑。

使用 ggplot 绘制直方图代码稍微多了一点。在绘制简单图形时,使用 qplot 函数更加合适一些。下面的代码使用 ggplot 函数绘制直方图,如图 3.16 所示。

```
library(ggplot2)
   ggplot(mtcars, aes(x = mpg)) +          # 使用ggplot函数绘制直方图
geom_histogram()
## `stat_bin()` using `bins = 30`. Pick better value with `binwidth`.
```

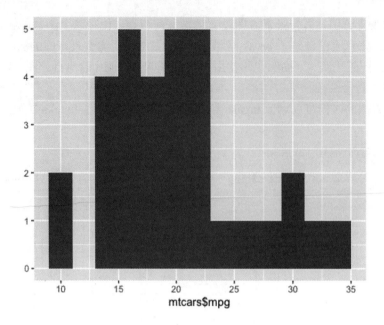

图 3.15　直方图 3

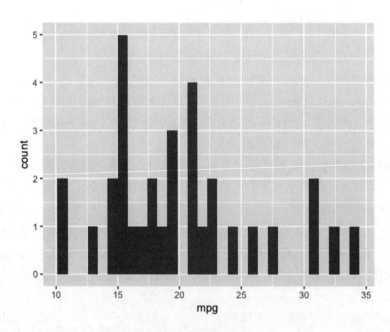

图 3.16　直方图 4

下面的代码对直方图的 binwidth 参数进行了调整，将它设置为 1.5，如图 3.17 所示。

```
ggplot(mtcars, aes(x = mpg)) +
    geom_histogram(binwidth = 1.5)
```

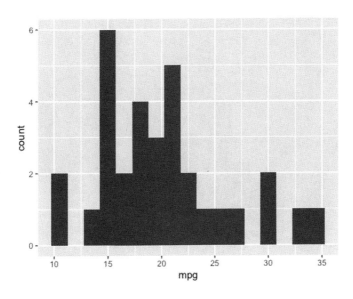

图 3.17　直方图 5

上面的代码使用 ggplot 函数绘制了两幅直方图，首先使用 ggplot 函数定义数据及数据的映射，然后使用 geom_histogram 函数表示绘制直方图。当创建一个没有指定箱子宽度的直方图时，ggplot 函数会输出一条消息，显示默认为 30 个箱子（stat_bin()using bins = 30. Pick better value with binwidth.）。这意味着调整 binwidth 可以修改直方图的宽度。一般而言，需要尝试为 binwidth 设置不同的参数，这是因为使用不同的宽度（bin）来研究数据很重要。30 这个默认值可能无法显示有关数据的有用信息。在绘制第二幅图时调整了 binwidth 参数。同样，这个参数越大，直方图越宽。

下面绘制一个稍微复杂的直方图。这个直方图调整了颜色，并且添加了密度曲线，如图 3.18 所示。

```
p <- ggplot(iris, aes(x=Sepal.Width)) + geom_histogram(aes(y = ..density..,
    # 绘制密度直方图
        fill = ..count..), binwidth=0.2) + geom_density()
print(p)
```

上面的代码同样使用 ggplot 函数定义数据的映射，然后使用 geom_histogram 函数指定绘制直方图。需要注意的是，geom_histogram 函数中包含一些参数，其中 aes(y = ..density.., fill = ..count..)的 y=..density..表示直方图的高度不等于数据的值，而是数据的相对值。fill = ..count..表示给直方图填充颜色。填充的方式是根据每一个箱子（bins）数据的不同填充不同的颜色。最后，使用 geom_density 函数添加密度估计曲线。需要注意的是，如果要添加密度估计曲线，则在之前的代码中需要设置 aes(y = ..density..)，不能遗漏。

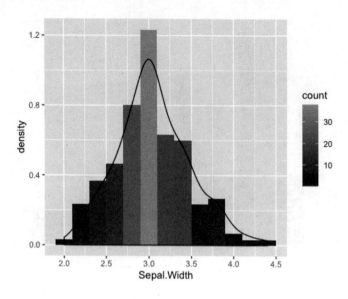

图 3.18　直方图 6

## 3.1.5　密度图

密度图的含义与直方图非常接近。上文提到了绘制直方图的方法，接下来介绍绘制密度图的方法。使用 R 的基础绘图绘制密度图，首先使用 density 函数计算数据的核密度估计，然后使用 plot 函数绘图。下面的代码使用 plot 函数来绘制了一幅密度图，如图 3.19 所示。

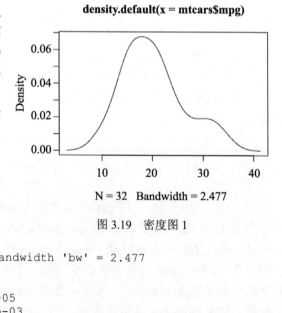

图 3.19　密度图 1

```
# 计算密度估计
a <- density(mtcars$mpg)
a # 查看结果
##
## Call:
##   density.default(x = mtcars$mpg)
##
## Data: mtcars$mpg (32 obs.); Bandwidth 'bw' = 2.477
##
##       x                y
##  Min.   : 2.97    Min.   :6.481e-05
##  1st Qu.:12.56    1st Qu.:5.461e-03
##  Median :22.15    Median :1.926e-02
##  Mean   :22.15    Mean   :2.604e-02
##  3rd Qu.:31.74    3rd Qu.:4.530e-02
##  Max.   :41.33    Max.   :6.795e-02
```

```
class(a)                              # 查看类型
## [1] "density"
plot(a)                               # 绘制密度图
```

上面的代码使用 density 函数计算出某一个变量的核密度估计值，可以得出一对数据 x 和 y。然后使用 class 函数查看 density 函数的结果类型。对 density 的结果直接使用 plot 绘制，得到的结果就是变量的密度估计。需要注意的是，这里并没有绘制散点图，这是因为 plot 函数是一个泛型函数，遇到不同的对象，绘图的方式也会不一样。density 函数的返回结果是 density 对象，再调用 plot 函数则会绘制出密度图，而不是散点图。

使用 qplot 绘制密度图和使用 qplot 函数绘制直方图非常相似，只不过需要将 geom 参数调整为 density，如图 3.20 所示。

```
qplot(mtcars$mpg,geom = "density")    # 使用 qplot 绘制密度图
```

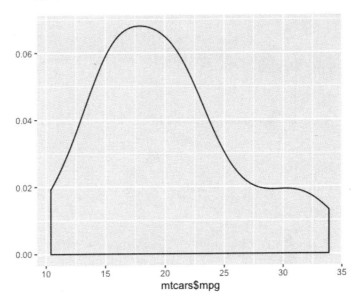

图 3.20　密度图 2

上面的代码绘制出了数据的密度图。接下来使用 ggplot 函数进行绘制。使用 ggplot 进行绘图与使用 ggplot 函数绘制直方图相似，只不过需要将 geom_histogram 换成 geom_density，如图 3.21 所示。

```
# 使用 ggplot 函数绘制密度图
ggplot(data = mtcars,aes(x = mpg))+geom_density()
```

上面的代码使用 ggplot 函数绘制了密度图，绘制方式与上文直方图的绘制方式非常相似。下面对密度图进行简单的调整，需要注意的是，这里对于密度图的调整也适用于其他图形，比如直方图。下面的代码绘制了分组的密度图，并且调整了图形的填充颜色，如图 3.22 所示。

```
# 对 diamonds 数据集取子集
dsmall <- diamonds[sample(nrow(diamonds), 1000), ]

# 使用 ggplot 函数绘制密度图
p <- ggplot(dsmall, aes(carat)) + geom_density(aes(fill = color))
print(p)
```

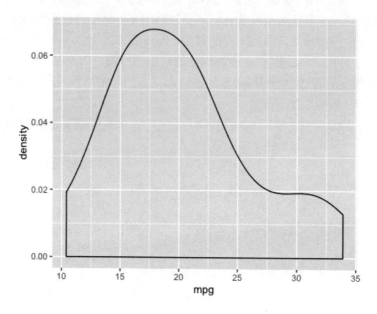

图 3.21　密度图 3

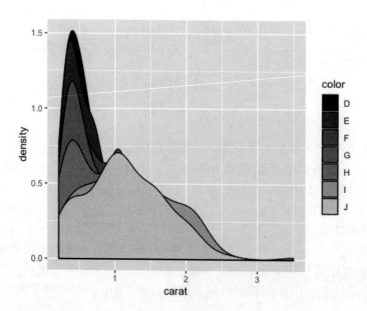

图 3.22　密度图 4

上面的代码使用 ggplot2 包中的 diamonds 数据集,绘制出了不同颜色钻石的重量(克拉)分布。不同颜色钻石的重量分布使用不同的颜色来填充,参数设定的方式是 fill = color,表示将数据中的 color 变量映射成为填充颜色。需要注意的是,这个图形有一些问题,因为对密度曲线进行了颜色调整,所以有些类别的密度曲线被遮盖了。因此,在绘制多条密度曲线的时候,这种分组密度图并不是一个好的选择,更好的选择后文会介绍。这里的参数设置是调整填充颜色,还可以调整密度曲线的线条颜色。线条着色调整代码如下,绘制效果如图 3.23 所示。

```
# 绘制密度图,调整线条的颜色
p <- ggplot(dsmall, aes(carat)) + geom_density(aes(color = color))
print(p)
```

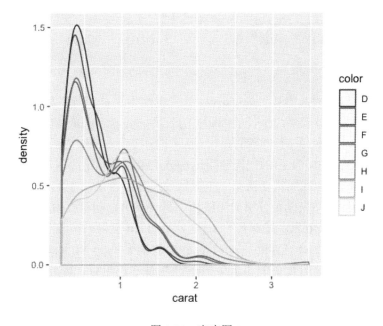

图 3.23　密度图 5

上面的代码同样使用 ggplot2 包中的 diamonds 数据集,绘制出了不同颜色钻石的重量(克拉)分布。不同颜色钻石的重量分布使用不同颜色的线条来表示,参数设定的方式是 color = color,表示将数据中的 color 变量映射成为线条颜色。

## 3.1.6　箱线图

箱线图可以帮助我们很清楚地了解数据的范围,并且箱线图也是一种识别极端值的有效手段。使用 R 的基础绘图函数绘制箱线图同样非常方便。下面使用基础函数绘制箱线图,如图 3.24 所示。

```
plot(ToothGrowth$supp, ToothGrowth$len)           # 绘制箱线图
boxplot(len ~ supp, data = ToothGrowth)
```

下面的代码绘制了多组箱线图,如图 3.25 所示。

```
# 将两个变量的相互作用放在 x 轴上
boxplot(len ~ supp + dose, data = ToothGrowth)
```

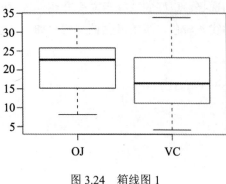
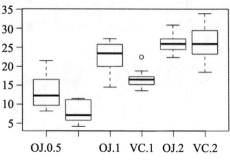

图 3.24　箱线图 1　　　　　　　图 3.25　箱线图 2

上面的代码使用的数据集是 ToothGrowth,代表维生素 C 对豚鼠牙齿生长的影响,len 表示豚鼠的成牙细胞(负责牙齿生长的细胞)的长度,supp 表示橙汁或抗坏血酸(维生素 C 的一种形式,编码为 VC)两种给药方式。每只动物接受 3 种剂量水平的维生素 C(0.5、1 和 2 毫克/天)中的一种。上面的代码使用两种方法绘制基础箱线图,这两种方法是等价的。使用 plot 函数绘制箱线图需要对第一个参数使用分类变量,对第二个参数使用数值型变量。这样最终的绘图结果则是分组的箱线图。另外一个绘制箱线图的函数是 boxplot 函数,上面的代码 len~supp 表示绘制基于 supp 分组的 len 变量的箱线图。

在图 3.24 中,代码 len~supp + dose 表示绘制基于 supp 和 dose 分组的 len 变量的箱线图。supp 和 dose 分别有 2 个和 3 个值,一共有 6 种组合,因此,最后的箱线图有 6 组。

使用 qplot 进行绘制需要指定几个参数,qplot 函数的第一个参数需要指定为分类变量,第二个参数指定需要绘制箱线图的数据,geom 参数指定为 boxplot,如图 3.26 所示。

```
# 绘制箱线图
qplot(x = ToothGrowth$supp, y = ToothGrowth$len, geom = "boxplot")
```

上面的代码使用 qplot 函数绘制 len 变量的分组箱线图。从图中可以看到,OJ 组的箱线图整体更靠上,但是 VC 组的极端值更大。接下来使用 ggplot 绘制图形。下面的代码使用 ggplot 绘制箱线图,如图 3.27 和图 3.28 所示。

```
library(ggplot2)
  ggplot(ToothGrowth, aes(x = supp, y = len)) +               # 绘制箱线图
    geom_boxplot()
  ggplot(ToothGrowth, aes(x = interaction(supp, dose), y = len)) +
    geom_boxplot()
```

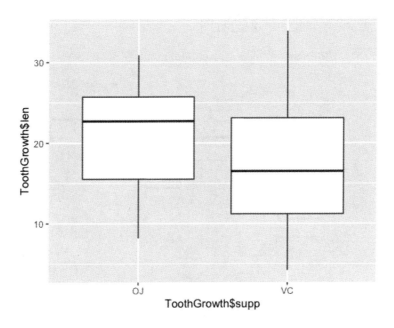

图 3.26　箱线图 3

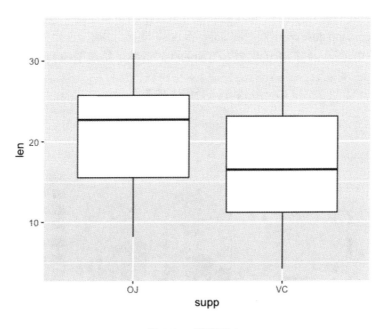

图 3.27　箱线图 4

图 3.27 与上文使用 qplot 绘制的图形是一样的，对应的代码也很简单。但是需要注意的是，在使用 ggplot 绘制的时候，代码 aes(x=supp, y=len)中，x 对应分类变量，表示分组，

y 是连续变量，表示绘制箱线图，不能反过来。

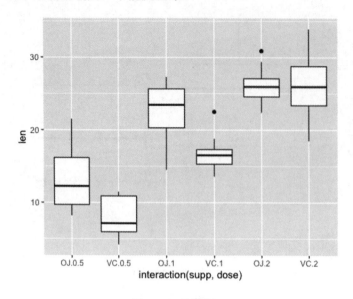

图 3.28 箱线图 5

图 3.28 同样是多组箱线图，与上文中使用基础绘图函数绘制的图 3.25 是一样的。代码中的 interaction(supp,dose) 表示同时将 supp 和 dose 设置为分组。上面的代码可以绘制出最基础的图形，下面进行一些简单的调整。下面的代码调整了箱线图的颜色，如图 3.29 所示。

```
p <- ggplot(dsmall, aes(color, price/carat, fill=color)) + geom_boxplot()
print(p)           # 绘制箱线图，调整图形的颜色
```

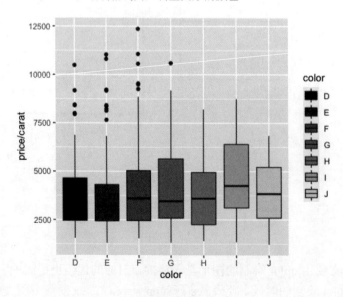

图 3.29 箱线图 6

这里使用的数据集是 diamonds，使用不同的钻石颜色来表示分组。不同的箱线图表示的是数据中变量 price 与 carat 的比值。

## 3.2 总　　结

本章介绍了常用图形的绘制。在这些图形的绘制过程中，并没有进行太多的细节调整，没有改变参数。这样能够尽可能快速地对现有数据进行可视化，进而快速地了解数据。本章的意义正在于此。

本章介绍了 ggplot2 包的一些基本概念，介绍了散点图、折线图、条形图、直方图、密度图、箱线图等图形的快速绘制方法。如果读者想快速地对数据进行可视化展示，并且对图形的细节并没有太多要求，那么本章所介绍的一些方法能够帮助你快速地进行图形绘制。

# 第 4 章　单变量图形绘制

在绘制统计图形的过程中，有时我们感兴趣的数据特征只有一个，也就是说，只对一个变量绘制图形。这种情况经常出现，例如，对学校内学生的身高感兴趣，身高就是我们所关心的一个特征，对于身高这个特征可以绘制的图形包括直方图和密度图。这两个图形都可以很好地展示学生身高的分布。当然除了直方图和密度图之外，还有其他关于单变量的图形，包括面积图、频率图、点图、ECDF 图、QQ 图和计数条形图。

面积图显示图形的定量数据，以折线图为基础，轴和线之间的区域通常用颜色、纹理和阴影来强调。通常将两个或多个数量的结果通过面积图进行比较，使用面积图显示相关属性随时间变化的趋势。

密度图和直方图类似，密度图是连续变量分布的一种表示，它使用核密度估计来显示变量的概率密度函数。密度图是直方图的平滑版本，用于相同的概念。直方图用于显示数据的分布，首次由皮尔逊引入。直方图与条形图不同，条形图关联两个变量，但直方图只涉及一个。要构建直方图，第一步是确定 bin（或"箱"）值的范围，即将整个值的范围划分为一系列间隔，然后计算每个间隔中落入了多少值。箱通常被指定为连续的、不重叠的间隔。箱（间隔）必须相邻，并且通常（但不是必须）具有相同的尺寸。直方图可以被认为是简单的核密度估计，其使用内核来平滑区间上的频率，从而产生更平滑的概率密度函数，其通常将更准确地反映基础变量的分布。核密度估计可以绘制为直方图的替代。然而，当需要对其统计特性进行建模时，直方图在应用中是优选的。核密度估计的相关变化很难用数学方法描述，而对于每个箱独立变化的直方图来说则很简单。

频率图是另一种频率分布图。在频率图中，观察的数量在间隔当中用单个点标记，然后用直线连接每组点。频率图可以轻松比较同一组轴上的两个或多个分布。

单变量的图形很多，最常用的图形之一是直方图和密度图，因为了解数据的第一步是了解数据的分布，而分布往往可以通过直方图和密度图体现出来。本章将会对各种单变量的图形进行介绍。

## 4.1　面　积　图

面积图（area plot）由 William Playfair 首次绘制，其 1786 年出版的 *The Commercial and Political Atlas* 一书中绘制了大量的统计图形，其中便包括几幅面积图。第一幅图是英国国债利息的变化，第二幅图是从 1700 年到 1780 年丹麦和挪威的出口和进口商品的数据。

面积图表示一个或多个量随着时间的变化而变化的程度，类似于折线图。在面积图和折线图中，首先绘制数据点，然后通过线段连接，以显示多个不同时间的数量值。但是面积图与折线图不同，面积图的 x 轴和直线之间的区域用颜色或阴影填充。

当想要显示随时间变化的趋势，但不关心显示的确切的值时，面积图是一个很好的选择。以下代码绘制 1880 年至 2015 年间美国婴儿名字频率的演变，效果如图 4.1 所示。

```
# 加载包
library(tidyverse)
## ── Attaching packages ─────────────────────── tidyverse 1.2.1 ──
## ✔ ggplot2 3.2.1.9000     ✔ purrr   0.3.2
## ✔ tibble  2.1.3          ✔ dplyr   0.8.3
## ✔ tidyr   1.0.0          ✔ stringr 1.4.0
## ✔ readr   1.3.1          ✔ forcats 0.4.0
## ── Conflicts ────────────────────────── tidyverse_conflicts() ──
## ✖ dplyr::filter() masks stats::filter()
## ✖ dplyr::lag()    masks stats::lag()
library(babynames)
library(streamgraph)
library(viridis)
## Loading required package: viridisLite
library(hrbrthemes)
## NOTE: Either Arial Narrow or Roboto Condensed fonts are required to use
##    these themes.
##      Please use hrbrthemes::import_roboto_condensed() to install Roboto
##      Condensed and
##      if Arial Narrow is not on your system, please see http://bit.ly/
##      arialnarrow
library(plotly)
##
## Attaching package: 'plotly'
## The following object is masked from 'package:ggplot2':
##
##     last_plot
## The following object is masked from 'package:stats':
##
##     filter
## The following object is masked from 'package:graphics':
##
##     layout
# babynames 是 babynames 包中的数据集，记录了不同年份的婴儿的名称数量
data <- babynames %>%
  filter(name %in% c("Ashley", "Amanda", "Jessica",    "Patricia", "Linda",
"Deborah",    "Dorothy", "Betty", "Helen")) %>%
  filter(sex=="F")

# 绘制图形
p <- data %>%
  ggplot( aes(x=year, y=n, fill=name, text=name)) +
    geom_area( ) +
    scale_fill_viridis(discrete = TRUE) +
    theme(legend.position="none") +
```

```
    ggtitle("Popularity of names in the previous 125 years") +
    theme_ipsum() +
    theme(legend.position="none")
p
```

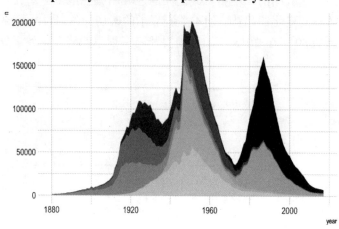

图 4.1　面积图——婴儿名字变化

在绘制面积图的过程中需要注意的是，分组顺序（从下到上）可能会对图形产生影响，请多尝试几个顺序，然后选择合适的分组顺序。

### 4.1.1　面积图的绘制方式

面积图对于可视化一个或多个随时间变化的变量很有用。在 R 语言中有很多包可以绘制面积图，本节将研究在 R 语言中如何使用 ggplot2 包创建面积图。

在绘制图形之前，首先需要准备好所使用的数据，这里使用 R 语言自带的数据集绘制图形。

使用 ggplot2 绘制面积图有几个关键的函数，分别如下：

- geom_area 函数：用于指定绘制面积图。
- stat_bin 函数：构造直方图和频率图。

另外，绘制面积图的一些关键参数包括 alpha、color、fill、linetype 和 size。下面的代码给出了最简单的面积图的绘制方式，效果如图 4.2 所示。

```
# 加载包
require(ggplot2)
require(ggthemes)
## Loading required package: ggthemes
# 创建一个数据集
 sunspotyear <- data.frame(
       Year     = as.numeric(time(sunspot.year)),
       Sunspots = as.numeric(sunspot.year)
```

```
    )
# 绘制图形
  ggplot(sunspotyear, aes(x = Year, y = Sunspots)) +
geom_area()
```

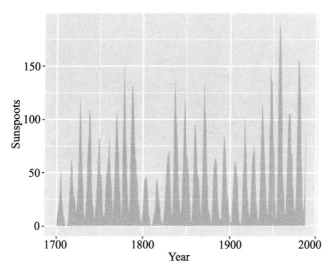

图 4.2　面积图

上面的代码中使用了 ggplot2 包进行图形的绘制,所使用的数据集是 sunspot.year。该数据集是 R 语言中自带的一个数据集,描述的是从 1700 年到 1988 年太阳黑子的数目(四舍五入到一位数),然后将数据整理为一个数据框,便可以开始绘制图形。使用 ggplot 函数指定所使用的数据集和图形,在这里绘制面积图,x 轴用于表示时间,y 轴线用于表示太阳黑子的数目。

上面还提到过关于图形的很多参数,包括 alpha、color、fill、linetype 和 size。其中 alpha 用于描述图形的透明度,这个参数设置为一个数值,值越小表示图形越透明。下面将 alpha 参数设置为 0.2,绘制出的图形如图 4.3 所示。

```
# 绘制图形,设置颜色为红色,设置透明度
  ggplot(sunspotyear, aes(x = Year, y = Sunspots)) +
geom_area(alpha= 0.2,fill = "red")
```

图 4.3 中将 alpha 参数设置为 0.2,从绘图结果中可以看出,图形的区域全部变成了浅色,更加透明了(透明度达到 80%),可以看到穿过该区域的网格线。需要注意的是,alpha 参数常常被用于解决数据重叠的情况,例如,在绘制散点图的时候,可能有很多点重合在一起,这个时候,那些被重合的点没有办法通过图形表达出来。此时可以设置 alpha 参数,调整图形的透明度,使数据比较集中的区域颜色加深,从而解决数据重合的问题。

参数 color 用于指定面积图中线条的颜色,fill 参数用于描述区域中的颜色,linetype 用于表示线条的种类,size 用于表示线条的大小。修改颜色和线条的参数,效果如图 4.4 所示。

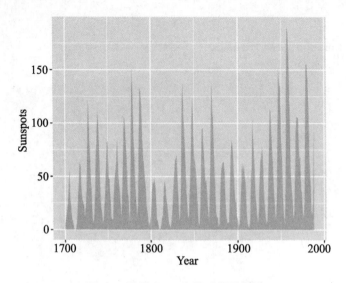

图 4.3  设置 alpha 参数后的面积图

```
ggplot(sunspotyear, aes(x = Year, y = Sunspots)) +
    geom_area(colour = "black",fill ='red',linetype=2) # 设置了颜色，线条种类
```

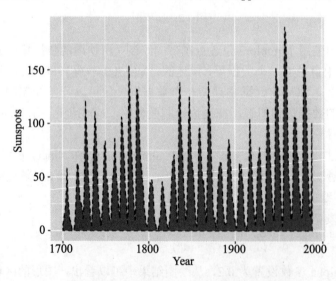

图 4.4  设置 colour、fill 和 linetype 参数后的面积图

上面的代码中对面积图的一些参数进行了调整，设置线条的颜色为黑色，设置线条的类型为虚线，设定区域的颜色为红色。需要注意的是，默认情况下 $y$ 轴对应权重值的计数。如果想要改变效果图以使密度在 $y$ 轴上显示，则 R 代码如下：

```
geom_area(aes(y = ..density..), stat ="bin")
```

## 4.1.2 绘制堆叠的面积图

在很多时候，想要了解的是不同情况下的面积图，此时可以将不同情况的面积图分别绘制出来。但是，更好的绘图方法是通过堆叠的方式实现，即将多张面积图绘制在同一张统计图表中。构建堆叠的面积图的输入的数据框需要以下 3 列。

- *x*：用于 *x* 轴的连续变量，通常是一个时间。
- *y*：用于 *y* 轴的连续变量。
- group：设置分组。

下面的代码绘制了一幅堆叠的面积图，效果如图 4.5 所示。

```
# 加载包
library(ggplot2)
library(dplyr)

# create data
time <- as.numeric(rep(seq(1,7),each=7))    # x 轴的数据
value <- runif(49, 10, 100)                  # y 轴的数据
group <- rep(LETTERS[1:7],times=7)           # 分组，每组一个形状
data <- data.frame(time, value, group)

# 绘制堆叠的面积图
ggplot(data, aes(x=time, y=value, fill=group)) +
    geom_area()
```

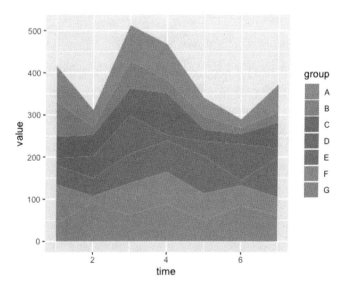

图 4.5 堆叠的面积图

如果希望控制堆叠的顺序，可以使用 factor 函数给出特定的顺序。下面的代码便指定图形堆叠的顺序，效果如图 4.6 所示。

```
# 给变量一个特定的顺序
data$group <- factor(data$group , levels=c("B", "A", "D", "E", "G", "F", "C") )

# 继续绘制图形
ggplot(data, aes(x=time, y=value, fill=group)) +
    geom_area()
```

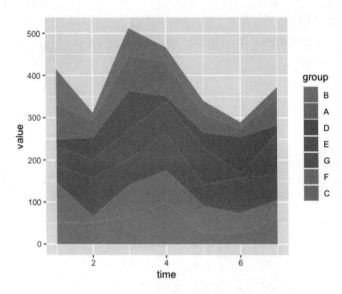

图 4.6　指定堆叠顺序

下面使用 gcookbook 包中的 uspopage 数据集来绘制堆叠的面积图。这个数据集是美国 1900 年到 2002 年的人口普查数据。数据集中第一个特征 Year 表示年份，第二个特征 AgeGroup 表示年龄段，第三个特征 Thousands 表示人数。通过堆叠图的方式可以绘制出不同年份、不同年龄段的人口数，效果如图 4.7 所示。

```
require(gcookbook)                  # 加载包
require(tidyverse)

data("uspopage")                    # 加载数据
uspopage %>% head(3)                # 查看数据的前三行
##    Year AgeGroup Thousands
## 1  1900       <5      9181
## 2  1900     5-14     16966
## 3  1900    15-24     14951
ggplot(uspopage, aes(x = Year, y = Thousands, fill = AgeGroup)) +
    geom_area(colour ='black')      # 绘制图形
```

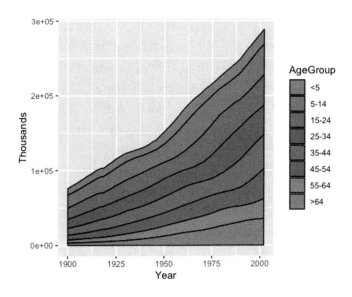

图 4.7　不同年龄段每一年的人口数量堆叠面积图

上面的代码绘制出了不同年龄段每一年的人口数量堆叠的面积图。从图 4.7 中可以清楚地了解不同年份的人口数量，并且可以了解不同年份、不同年龄段人数的占比。下面进一步地优化这个图形，通过调整线条的粗细、图形的透明度及图形的配色来完成，效果如图 4.8 所示。

```
ggplot(uspopage, aes(x = Year, y = Thousands, fill = AgeGroup)) +
    geom_area(colour = "black", size = .1, alpha = .4) +
    scale_fill_brewer(palette = "Pastel1")            # 绘制图形
```

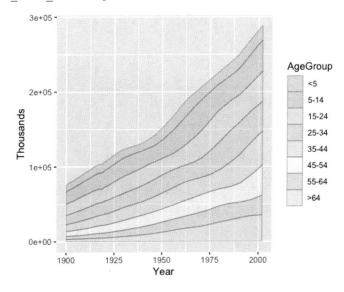

图 4.8　优化后的面积图

上面的代码中对图形的几个细节进行了调整。首先设置线条的颜色为黑色；然后调整线条的粗细，这里设置 size=0.1，从图中可以看到图形的线条变得更加细了；接着调整图形的透明度，设置 alpha 为 0.4，表示有 60%的透明度；最后通过 scale_fill_brewer 函数进行配色的调整，设置参数 palette = "Pastel1"，表示指定 Pastel1 这种配色，其图形颜色更浅。其他的配色方式还包括 BrBG、PiYG、PRGn、PuOr、RdBu、RdGy、RdYlBu、RdYlGn、Spectra、Accent、Dark2、Paired、Pastel1、Pastel2、Set1、Set2、Set3 等，在绘制图形的时候，可以多尝试使用几种配色，选择最合适的配色即可。

由于每个填充区域都是用多边形绘制的，所以轮廓线包括左右两边，这可能会让人分心或产生误导。要去掉它，首先绘制没有轮廓的堆叠区域（通过保留颜色为默认 NA 值），然后添加一个 geom_line。下面的代码去除了密度图轮廓线两边的区域，效果如图 4.9 所示。

```
ggplot(uspopage, aes(x = Year, y = Thousands, fill = AgeGroup,
                     order = dplyr::desc(AgeGroup))) +
  geom_area(colour = NA, alpha = .4) + scale_fill_brewer(palette = "Pastel1")
  + geom_line(position = "stack", size = .2)         # 绘制图形
```

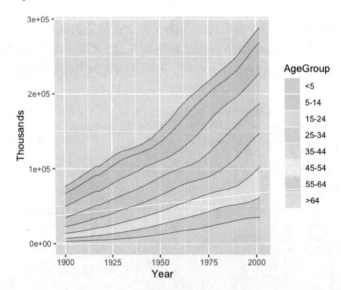

图 4.9　去除轮廓线左右两边的线段

上面的代码去除了左右两边的线段，这样可以使轮廓图更加美观，虽然这只是对细节的调整，但是却能使得图形更加具有表现力。

### 4.1.3　绘制比例堆叠面积图

有时候在分析中对于数据的绝对值并不关心，更关心的是不同情况下占比的多少，也

就是比例的变化。普通的堆叠面积图并不能很明显地看出哪个部分占比更多，就以 4.1.2 节的图形为例，在 1900 年，哪一个年龄段的人群占比最多，从图形上似乎很难给出答案。这时就需要绘制比例堆叠面积图。绘制比例堆叠面积图的方式很简单，使用 geom_area (position ="fill")函数即可。下面的代码绘制了比例堆叠面积图，效果如图 4.10 所示。

```
# 绘制比例堆叠面积图
ggplot(uspopage, aes(x = Year, y = Thousands, fill = AgeGroup)) +
    geom_area(position = "fill",colour = "black", size = .1, alpha = .4) +
    scale_fill_brewer(palette = "Pastel1")
```

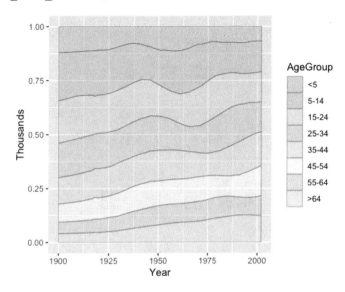

图 4.10　比例堆叠面积图

图 4.10 中并没有显示数据的绝对数值，而是通过比例的形式体现出来，可以很容易地了解到不同类别占比的多少。从图中可以发现，在 1900 年 5～14 岁年龄段的人群占比是最多的。

需要注意的是，当 position="fill"时，y 值将缩放到(0,1)。要将标签打印为百分比，可以使用 scale_y_continuous(lables= scales::percent)函数。下面的代码将标签打印为百分比，效果如图 4.11 所示。

```
# 绘图，设置标签为百分比
ggplot(uspopage, aes(x = Year, y = Thousands, fill = AgeGroup)) +
    geom_area(position = "fill",colour = "black", size = .1, alpha = .4) +
    scale_fill_brewer(palette = "Pastel1")+
    scale_y_continuous(labels = scales::percent)
```

从图 4.11 中可以看到，y 轴的刻度变成了百分比的形式。

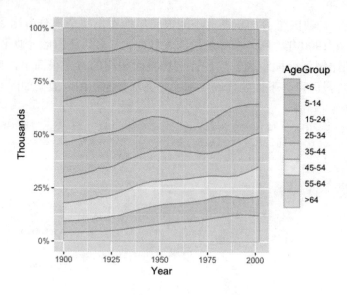

图 4.11　将标签打印为百分比效果图

## 4.2　密　度　图

　　密度图表示连续变量的分布，它使用核密度估计来显示变量的概率密度函数，用于研究一个或几个变量的分布。逐个检查变量的分布是数据分析过程中了解数据的一个重要的步骤。密度图提供了大量的信息，存在很多种分布形状，图 4.12 所示为 6 种最常见的形状。

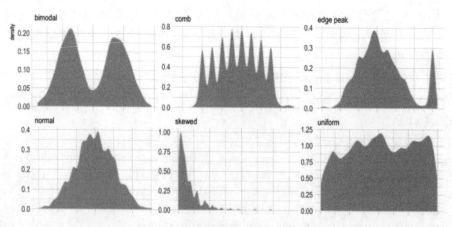

图 4.12　密度图常见的 6 种形状

　　第 1 个密度图显示的是双峰分布。如果数据的密度图显示出双峰分布，通常表明数据中有两个不同的组,也意味着可以将数据划分成为两个部分。例如,考试分数往往是正态分布的单峰,然而有时会分为双峰分布,关于高分的一个峰和关于低分的一个峰。这就意味着班级中有两组不同的学生,一组学生成绩较高,一组学生成绩较低。出现这种现象的原因有很多,可能是一个小组没有为考试做准备而另一个小组准备很充分。

两个峰值也可能表明数据是正弦曲线。如果怀疑数据可能遵循类似波浪的模式,可以创建散点图以仔细检查数据的正弦模式。也可以做一个滞后处理,如果滞后处理数据之后,绘制的图形呈现出椭圆形,则可以确认数据是正弦曲线。

第2个密度图有很多峰,一般称为梳子密度图(comb density plot)。

第3个密度图显示出一个峰,但是边缘上似乎还有没有显示出来的峰值。一般称这种图形为边缘密度图(edge density plot)。如果出现这种图形,意味着数据收集得并不完全,或者在数据处理的过程中丢失了数据。

第4个密度图最接近正态分布。正态分布的密度曲线是最常出现的。在概率论中,正态(也称为高斯或拉普拉斯-高斯)分布是非常常见的连续概率分布。正态分布在统计学中很重要,并且通常在自然科学和社会科学中有非常广泛的应用。图 4.13 所示为不同参数的正态分布曲线。

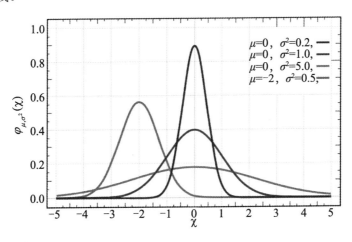

图 4.13　不同参数的正态分布曲线

第5幅图显示的是偏态密度图(skewed density plot),其结构与正态分布的密度图非常相似,但是偏态密度图不具备对称性。偏态分为左偏和右偏,一个左偏分布有很长的左尾,一个右偏分布有很长的右尾。左偏分布也称为负偏态分布,因为数据集中在右边,平均值也在峰值的左侧。右偏分布也称为正偏差分布,因为数据集中在左边,平均值也在峰值的右侧。图 4.14 所示为一个右偏分布密度图。

正态分布是最常见的分布,其中,标准正态分布是钟形的。但是现实中的数据往往不符合标准正态分布,而是有偏斜的正态分布。如果数据的分布过于偏斜,那么很多统计技术都不能应用于这份数据。对于偏态分布,最常用的处理方法就是对数据取对数。

最后一幅图显示的是平均分布密度图（uniform density plot）。对于正态分布而言，数据更加集中于中间部分，分散在两边的较少。然而对于平均分布密度图情况则不一样，其数据分布是比较平均的。

图4.14　右偏密度图

以上是6种比较常见的密度图。通过密度图，可以从整体上了解数据的分布情况。另外，对于二分类问题，密度图还可以做变量的筛选。举一个最简单的例子，想要通过年龄来分辨人是否带有某种疾病，在数据分析的过程中，可以分别绘制患病者和未患病者的年龄的分布。如果年龄的分布是一样的，说明年龄对于是否患病没有预测能力。如果年龄的分布区别很大，极端情况是在某一个范围内，比如小于40岁全部患病，大于40岁全部不患病，这个时候说明年龄对于判断是否患病很有用，或者说根据年龄能够判断是否患病。

下面的代码根据汽车的不同气缸（cylinders）的行驶里程数，绘制密度图。从图4.15中可以清楚地看到，不同的气缸行驶的里程数的区别还是很大的，如图4.15所示。

```
library(ggplot2)                                    # 加载包
theme_set(theme_classic())                          # 设置主题

# 绘制图形
g <- ggplot(mpg, aes(cty))
g + geom_density(aes(fill=factor(cyl)), alpha=0.8) +
    labs(title="Density plot",
```

```
            subtitle="City Mileage Grouped by Number of cylinders",
            caption="Source: mpg",
            x="City Mileage",
            fill="# Cylinders")
```

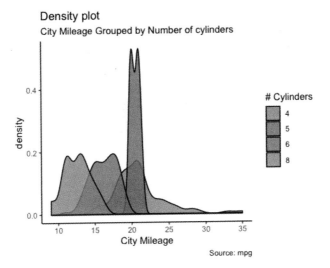

图 4.15　密度图

需要注意的是，比较不同的密度图除了上面这种方式之外，还可以绘制镜像密度图(the mirror density plot)。下面的代码绘制了一幅镜像密度图，如图 4.16 所示。

```
# 加载包
library(ggplot2)
library(hrbrthemes)

# 构造数据框
data <- data.frame(
  var1 = rnorm(1000),
  var2 = rnorm(1000, mean=2)
)

# 绘制图形
p <- ggplot(data, aes(x=x) ) +
  # Top
  geom_density( aes(x = var1, y = ..density..), fill="#69b3a2" ) +
  geom_label( aes(x=4.5, y=0.25, label="variable1"), color="#69b3a2") +
  # Bottom
  geom_density( aes(x = var2, y = -..density..), fill= "#404080") +
  geom_label( aes(x=4.5, y=-0.25, label="variable2"), color="#404080") +
  theme_ipsum() +
  xlab("value of x")
p
```

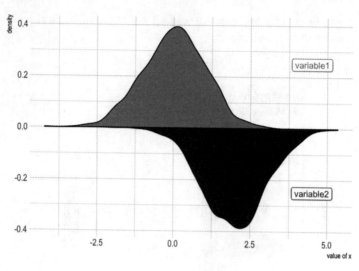

图 4.16 镜像密度图

需要注意的是，不要在同一张图中比较多于 4 组的密度图。如果密度图太多，图形会变得混乱，难以理解，此时使用小提琴图、箱线图或山脊线图则是更好的选择。下面的代码绘制了一幅山脊图，如图 4.17 所示。

```
# 加载包
library(ggridges)
##
## Attaching package: 'ggridges'
## The following object is masked from 'package:ggplot2':
##
##     scale_discrete_manual
library(ggplot2)
library(viridis)
library(hrbrthemes)

# 绘图
ggplot(lincoln_weather, aes(x = `Mean Temperature [F]`, y = `Month`, fill = ..x..)) +
  geom_density_ridges_gradient(scale = 3, rel_min_height = 0.01) +
  scale_fill_viridis(name = "Temp. [F]", option = "C") +
  labs(title = 'Temperatures in Lincoln NE in 2016') +
  theme_ipsum() +
  theme(
    legend.position="none",
    panel.spacing = unit(0.1, "lines"),
    strip.text.x = element_text(size = 8)
  )
## Picking joint bandwidth of 3.37
```

接下来从简单的开始，一步步介绍密度图的绘制。

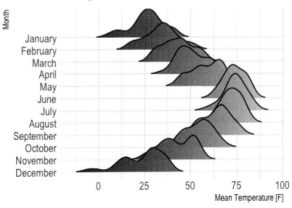

图 4.17 山脊图

## 4.2.1 基础密度图

使用 ggplot2 绘制密度图的核心函数是 geom_density，其中可以自定义的相关参数包括 alpha、color、fill、linetype 和 size。

下面首先绘制一个最简单的密度图，所用的数据集是 R 语言中的 cars 数据集，结果如图 4.18 所示。

```
# 加载包
library(ggplot2)
# 创建数据集
wdata = data.frame(
sex = factor(rep(c("F", "M"), each=200)),
weight = c(rnorm(200, 55), rnorm(200, 58)))

# 绘图
a <- ggplot(data = wdata,aes(x = weight))

a + geom_density()
```

下面的代码在密度图中添加了一条垂直线，结果如图 4.19 所示。

```
# Change line color and fill color, add mean line
a + geom_density(color = "black", fill = "gray")+ geom_vline(aes(xintercept
=mean(weight)),
            color="#FC4E07", linetype="dashed", size=1)
```

上面的代码绘制出了一个最基本的密度图。在绘制密度图的时候，首先需要指定数据集，然后指定 x 轴对应的变量，接着调用 geom_density 函数，便可以绘制出基本的密度图。

上面的代码中，使用 color 参数指定图形中线条的颜色，使用 fill 参数指定密度图中密度区域的颜色，使用 geom_vline 函数绘制垂直线。垂直线的位置为 weight 数据平均值的位置，垂直线的颜色为红色，线段的种类为虚线。线段的大小为1。

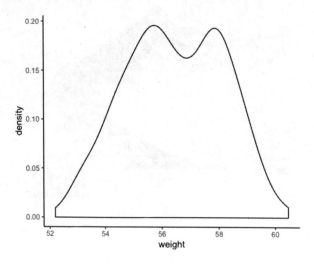

图 4.18　基础密度图

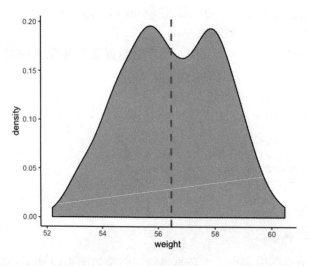

图 4.19　添加垂直线

以上是关于基础密度图的绘制方法。

## 4.2.2　绘制少量分组的密度图

如果需要绘制少量分组的密度图，可以通过将不同的密度图设置为不同的颜色进行区分。可以让不同的密度图的填充颜色不一样，也可以让不同的密度图的线条颜色不一样。下面的代码首先绘制不同颜色线条的密度图，实现的方式是使用 color 参数指定一个分类特征，这里使用的数据集是 iris 数据集，结果如图 4.20 所示。

```
# 绘图
a <- ggplot(data = iris,aes(Sepal.Length))
 a + geom_density(aes(color = Species))
```

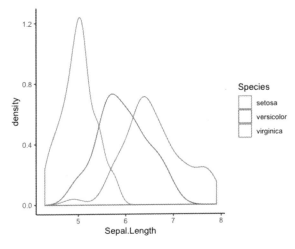

图 4.20　设置线条颜色

上面的代码绘制出了不同 Species（物种）的 Sepal.Length（花萼长度）的密度图，其中不同 Species 的密度图的线条被设置为不同的颜色，这样可以比较容易地区分不同的密度图。从图 4.20 中可以看出，不同物种的花萼长度的分布是有明显区别的。

下面的代码通过设置不同的填充颜色来区分不同的密度图，所使用到的参数是 fill，结果如图 4.21 所示。

```
# 绘图，设置了 fill 参数
a + geom_density(aes(fill = Species))
```

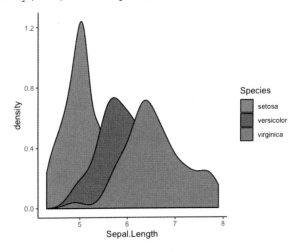

图 4.21　设置填充颜色

上面的代码使用了不同的填充颜色来区分不同的密度图。需要注意的是，可以同时指定填充颜色和线条的颜色，fill 参数用于指定图形的填充颜色，color 参数用于调整图形的线条颜色。下面的代码同时调整了密度图的填充颜色和线条颜色，结果如图 4.22 所示。

```
# 绘图，同时设置了 fill 和 color 参数
a + geom_density(aes(fill = Species,color = Species))
```

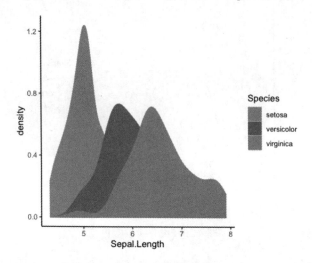

图 4.22　同时设置线条颜色和填充颜色

上面的代码中，将填充颜色和线条颜色指定为了同一个变量。理论上是将填充颜色和线段颜色指定为不同变量，但是没有必要这样做。

需要注意的是，如果想要调整图形的配色，可以使用以下函数：
- scale_fill_manual：使用自定义的颜色进行填充。
- scale_fill_brewer：使用 RColor 中的调色板调整填充颜色。
- scale_fill_*：使用 scale_fill_族函数来调整填充颜色。

下面分别使用不同的方式调整图形的填充颜色。首先使用 scale_fill_manual 函数进行调整，如图 4.23 所示。

```
# 绘图，调整颜色
a + geom_density(aes(fill = Species)) +scale_fill_manual(values=c("red",
"green","black"))+ theme_minimal()
```

使用 scale_fill_manual 函数可以自定义图形的颜色，上面的代码中分别将 3 种密度图的颜色设置为红色、绿色和黑色。使用这种方式可以非常方便地调整自己想要的颜色。另外需要注意的是，指定颜色的方式可以使用对应颜色的英文单词，可以使用数字，还可以使用十六进制的颜色代码表，例如#999999。

下面使用 scale_fill_brewer 函数来调整图形的颜色，如图 4.24 所示。

```
a + geom_density(aes(fill = Species,color = Species)) +scale_fill_brewer
(palette = "BrBG")+ theme_minimal()                    # 绘图，调整颜色
```

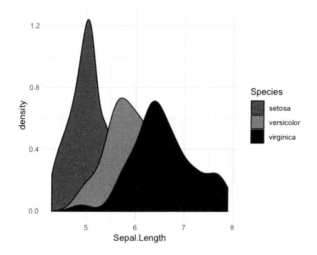

图 4.23　使用 scale_fill_manual 函数调整图形颜色

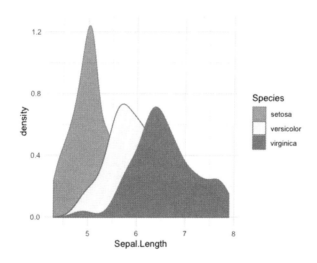

图 4.24　使用 scale_fill_brewer 函数调整图形颜色

配色的调整方式很多，通过查看 scale_fill_brewer 函数的帮助可以了解更多的配色方式。

最后一种调整图形颜色的方式是使用 scale_fill_*族函数，该方式可以更加快捷地指定美观的配色，包括 excel 表的配色（scale_fill_excel 函数）、灰色配色（scale_fill_grey 函数）、《经济学人》杂志的配色（scale_fill_economist 函数）等。下面的代码使用 scale_fill_excel 函数来调整图形的配色，如图 4.25 所示。

```
# 绘图，调整颜色
a + geom_density(aes(fill = Species)) +scale_fill_excel() + theme_minimal()
```

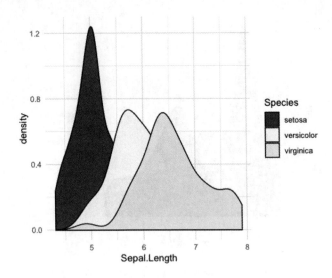

图 4.25　使用 scale_fill_excel 函数调整图形配色

下面的代码使用了 scale_fill_economist 函数来调整配色，如图 4.26 所示。

```
a + geom_density(aes(fill = Species)) +scale_fill_economist() + theme_
minimal()                                  # 绘图，调整颜色
```

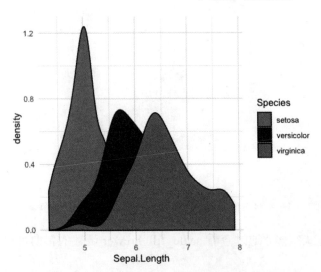

图 4.26　使用 scale_fill_economist 函数调整图形配色

通过上面几种方式可以很方便地调整图形填充的颜色。另外，需要指出的是，如果希望调整图形线条的颜色，同样可以使用相似的方式，例如使用 scale_color_manual 函数可以指定不同线条的颜色。下面的代码手动指定了不同组别的线条颜色，如图 4.27 所示。

```
a + geom_density(aes(color = Species)) +scale_color_manual(values=c("red",
"green","black"))+ theme_minimal()                    # 绘图，调整颜色
```

第 4 章 单变量图形绘制

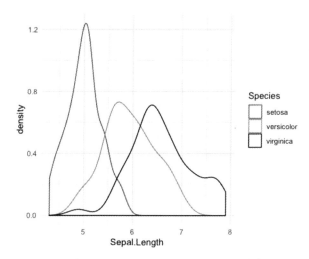

图 4.27 使用 scale_color_manual 函数调整线条颜色

上面的代码使用了 scale_color_manual 函数将三组密度图的线条颜色分别指定为红色、绿色和黑色。最后注意一点，这里使用了一个主题函数 theme_minimal。主题函数定义了关于图形的很多细节，选择适当的主题函数，可以使用最少的代码让图形更加美观。关于主题函数更多的内容会在后文进一步介绍。

### 4.2.3 绘制大量分组的密度图

当需要绘制多组密度图的时候，特别是当密度图的个数超过 4 组的时候，直接绘制密度图会使图形变得混乱，难以理解。调整的方式是将密度图换成箱线图、小提琴图或者山脊图。箱线图和小提琴图将在第 6 章进行介绍，这里介绍山脊图的绘制，山脊图常常被用于可视化多组的密度图。

绘制山脊图所使用的包是 ggridges，这个包是 ggplot2 的一个扩展包，其同样遵循 ggplot2 的图形语法。绘制山脊图的关键函数是 geom_density_ridges。下面的代码绘制一幅基础的山脊图，如图 4.28 所示。

```
library(ggridges)                    # 加载包
library(ggplot2)

# 使用 diamonds 数据集
#head(diamonds)

# 绘制图形
ggplot(diamonds, aes(x = price, y = color,fill = color)) +
  geom_density_ridges() +
  theme_ridges() +
  theme(legend.position = "none",,axis.title.y= element_text(hjust = 0,
vjust = 1))
## Picking joint bandwidth of 535
```

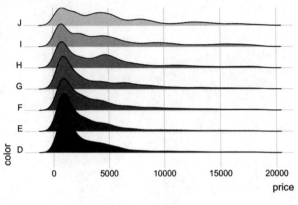

图 4.28　山脊图 1

上面的代码中使用了 ggplot2 中的 diamonds 数据集，通过山脊图绘制出不同颜色的钻石价格分布。

当必须在相同的水平刻度上绘制多个数据段时，也可以使用山脊图。它虽然呈现上有轻微重叠，但是山脊图对于可视化多组分布非常有用。山脊图中不同组密度图的重叠可以通过调整比例值来控制。下面的代码绘制了一幅山脊图，结果如图 4.29 所示。

```
library("ggridges")                          # 加载包
library("tidyverse")
OrchardSprays_data <- OrchardSprays          # 获取数据

# 绘制图形
ggplot(OrchardSprays_data, aes(x=decrease,y=treatment,fill=treatment))+
  geom_density_ridges_gradient(scale=3) + theme_ridges()+
  scale_y_discrete(expand = c(0.3, 0)) +
  scale_x_continuous(expand = c(0.01, 0))+
  labs(x="Response in repelling honeybees",y="Treatment")+
  ggtitle("Density estimation of response by honeybees to a treatment for scale=3")+
  theme(plot.title = element_text(hjust = 0.5,size = 10),axis.title.y=
element_text(hjust = 0,vjust = 0))## Picking joint bandwidth of 6.47
```

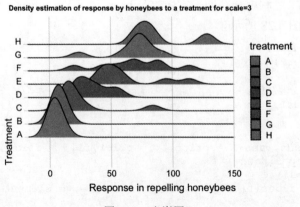

图 4.29　山脊图 2

使用山脊图可以非常方便地对多组分布进行可视化,其是非常有效的一种可视化手段。在遇到有多组密度曲线需要展示的时候,可以使用山脊图进行展示。

## 4.2.4 密度图的其他调整

在绘制多组密度图的时候,图形很多时候可能会重叠,此时便没有办法了解到重叠部分密度图所包含的信息,使图形变得不可读。一个简单的解决办法是调整图形的透明度。下面的代码首先绘制了一幅没有调整透明度的分组密度图,如图 4.30 所示。

```
a + geom_density(aes(fill = Species,color = Species)) +scale_colour_
    economist() + theme_minimal()                      # 绘图
```

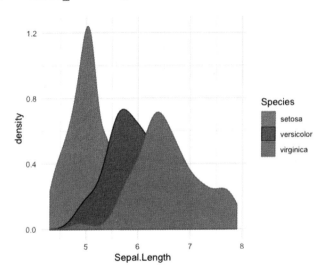

图 4.30 未调整透明度的密度图

下面的代码调整了密度图的透明度,这样能够看到图中被遮盖的部分,如图 4.31 所示。

```
a + geom_density(aes(fill = Species,color = Species,alpha=0.4)) +scale_
    colour_economist() + theme_minimal()                # 绘图
```

上面的代码中,通过设置 alpha 参数为 0.4,调整了图形的透明度,可以观察到不同密度图的全貌,从而更好地了解数据。

还有另外一种方式可用于可视化多组密度图,这种方法叫作分面,是将一张大图分别划分为不同的小图,利用的函数是 facet_wrap。下面的代码使用了分面绘制图形,如图 4.32 所示。

```
ggplot(data=diamonds, aes(x=price, group=color, fill=color)) +    # 绘图
    geom_density(adjust=1.5) +
    theme_ipsum() +
    facet_wrap(~color) +
    theme(
```

```
    legend.position="none",
    panel.spacing = unit(0.1, "lines"),
    axis.ticks.x=element_blank()
)
```

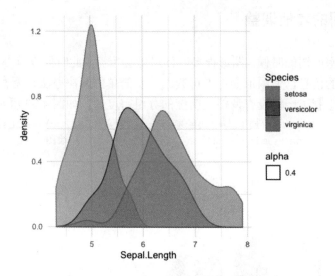

图 4.31 调整透明度后的密度图

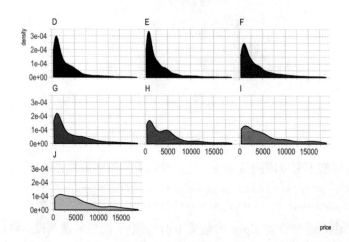

图 4.32 分组密度图

上面的代码中使用了 facet_wrap 函数将图形划分为多个子图。这种方式同样用于对多个图形进行可视化。

另外，密度图常常还会在绘制散点图的时候使用，将边际密度图添加到散点图的 x 轴和 y 轴。对散点图添加边际密度图所使用的包是 ggExtra，添加边际密度图的核心函数是 ggMarginal。下面的代码在绘制了散点图的基础之上添加了边际分布，如图 4.33 所示。

```
# 加载包
library(ggplot2)
library(ggExtra)

# 查看mtcars数据集
head(mtcars)
##                    mpg cyl disp  hp drat    wt  qsec vs am gear carb
## Mazda RX4         21.0   6  160 110 3.90 2.620 16.46  0  1    4    4
## Mazda RX4 Wag     21.0   6  160 110 3.90 2.875 17.02  0  1    4    4
## Datsun 710        22.8   4  108  93 3.85 2.320 18.61  1  1    4    1
## Hornet 4 Drive    21.4   6  258 110 3.08 3.215 19.44  1  0    3    1
## Hornet Sportabout 18.7   8  360 175 3.15 3.440 17.02  0  0    3    2
## Valiant           18.1   6  225 105 2.76 3.460 20.22  1  0    3    1
# 绘图
p <- ggplot(diamonds, aes(x=x, y=price, color=color, size=color)) +
    geom_point() +
    theme(legend.position="none")

p1 <- ggMarginal(p, type="density")
p1
```

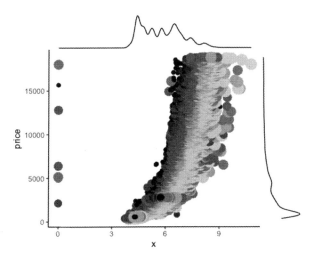

图 4.33 边际分布图

上面的代码对散点图的 x 轴和 y 轴分别添加了密度图，用于显示 x 轴与 y 轴数据的分布密度。通过添加密度图的方式可以让图形表达出更多的信息。在散点图中添加边际密度图可以让图形表达出变量之间的关系，还可以了解到不同数据其本身的分布。

## 4.3 直 方 图

直方图与密度图非常类似，这两种图形都表达了相似的信息，即变量的分布情况，但是直方图是连续变量分布的精确表示。直方图通过一个连续变量进行绘制，在绘制直方图的过程中,首先将变量切割成几个箱子(也就是将数据分为几部分,每一个箱子代表一部分数据。例如变量的数据范围是 1~10,那么以 5 为间隔将 1~10 划分成为两部分,就是分成了两个箱子),每个箱子的数据量由直方图中柱的高度表示。直方图通过描述变量在某些范围内发生的频率来粗略评估给定变量的概率分布。

在绘制直方图的时候,需要注意以下几点:
- 尝试不同的箱子数量,不同的箱子数量绘制出的直方图可能会导致完全不同的结论。
- 绘制直方图的时候不要使用奇怪的颜色。
- 不要把直方图与条形图混淆。
- 绘制分组的直方图时组别的数量最好不要超过 3 组;否则,分组的直方图会变得混乱,难以理解。如果有非常多的组,则使用小琴图、箱线图、山脊线图或使用分面。
- 可以尝试使用不相等的箱宽。

连续变量的直方图可以使用 geom_bar 函数或 geom_histogram 函数绘制。使用 geom_histogram 函数时,可以使用 bins 参数控制箱子的数量。下面的代码绘制了一幅直方图,如图 4.34 所示。

```r
library(ggplot2)                        # 加载包
theme_set(theme_classic())              # 设置主题

# 连续(数值)变量上的直方图
g <- ggplot(mpg, aes(displ)) + scale_fill_brewer(palette = "BrBG")

g + geom_histogram(aes(fill=class),
                   binwidth = .1,       # 改变箱子宽度
                   col="black",
                   size=.1) +
  labs(title="Histogram with Auto Binning",
       subtitle="Engine Displacement across Vehicle Classes")
```

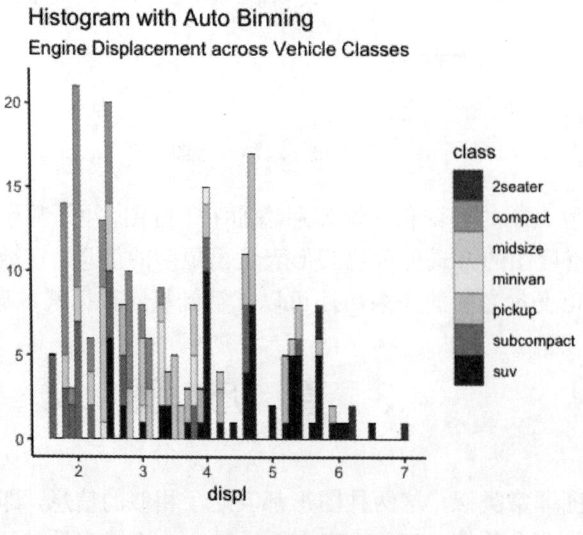

图 4.34 调整箱子宽度

下面的代码调整了图形的 bins 参数，如图 4.35 所示。

```
g + geom_histogram(aes(fill=class),
            bins=5,                    # 改变箱子数量
            col="black",
            size=.1) +
  labs(title="Histogram with Fixed Bins",
       subtitle="Engine Displacement across Vehicle Classes")
```

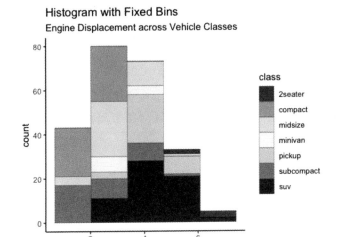

图 4.35　调整箱子数量

上面的代码中，针对同一组数据绘制出了不同的两幅图形。不同的地方在于，第一幅图形调整的是 binwidth 参数，用于指定箱子的宽度，可以指定为数值，也可以指定从 x 开始计算宽度的函数。而第二幅图形调整的是 bins 参数，用于指定箱子的数目。

接下来会从基础的内容开始，介绍直方图的绘制。

## 4.3.1　基础直方图

使用 ggplot2 绘制直方图所使用的关键函数是 geom_histogram 函数。构建直方图相对简单，输入中只需要一个连续变量。下面的代码绘制了一幅直方图，如图 4.36 所示。

需要注意的是，默认情况下，参数 bins 的值设置为 30。

```
library(ggplot2)                        # 加载包

# 创建数据集
data=data.frame(value=rnorm(100))

#绘制直方图
p <- ggplot(data, aes(x=value)) +
  geom_histogram()
```

```
p
## 'stat_bin()' using 'bins = 30'. Pick better value with 'binwidth'.
```

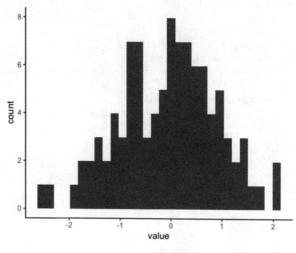

图4.36 直方图

上面的代码绘制出了一幅最简单的直方图。结果中输出的信息" 'stat_bin()' using 'bins = 30'. Pick better value with 'binwidth'."表示默认情况下 bins 为 30，可以调整参数指定直方图箱子的数量。箱子的数量越多，则直方图变得越细。下面的代码对图形进行了调整，如图 4.37 所示。

```
data=data.frame(value=rnorm(100))          # 创建数据集

#绘制直方图
p <- ggplot(data, aes(x=value)) +
  geom_histogram(bins = 100)
p
```

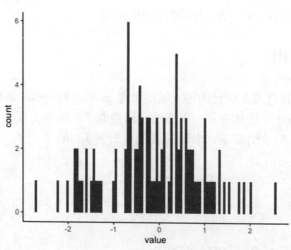

图4.37 直方图

上面的代码中设置了 bins=100，从图 4.37 中可以看到，直方图变得非常细。另外，调整 bindwidth 参数同样可以达到这个效果。以上是直方图最简单的绘制方式，接下来介绍分组直方图的绘制。

## 4.3.2 分组直方图的绘制

直方图显示了连续变量的分布。一个常见的任务是通过几个组比较数据的分布。如果拥有的组或变量的数量相对较少，则可以通过调整透明度，在同一轴上显示所有组的数据分布。下面的代码调整图形的透明度，如图 4.38 所示。

```
a <- ggplot(data = iris,aes(Sepal.Length))          # 绘图

a + geom_histogram(aes(fill = Species,alpha = 0.8, position = 'identity'))
+scale_fill_manual(values=c("red", "green","black"))+ theme_minimal()
## Warning: Ignoring unknown aesthetics: position
## 'stat_bin()' using 'bins = 30'. Pick better value with 'binwidth'.
```

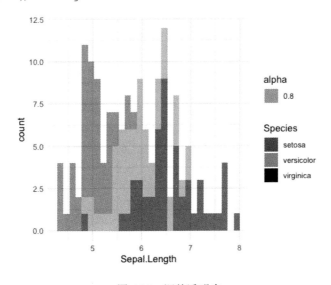

图 4.38　调整透明度

其实创建多组直方图的方式与创建多组密度图的方式非常相似。上面的代码便绘制出了三组数据的直方图。

如果直方图的数据有非常多的组，同样可以使用上文提到过的分面的方式来进行展示。下面的代码使用分面的方式绘制直方图，如图 4.39 所示。

```
ggplot(data=diamonds, aes(x=price, group=color, fill=color)) +      # 绘图
    geom_histogram(position = "identity") +
    theme_ipsum() +
    facet_wrap(~color) +
```

```
  theme(
    legend.position="none",
    panel.spacing = unit(0.1, "lines"),
    axis.ticks.x=element_blank()
  )
## `stat_bin()` using `bins = 30`. Pick better value with `binwidth`.
```

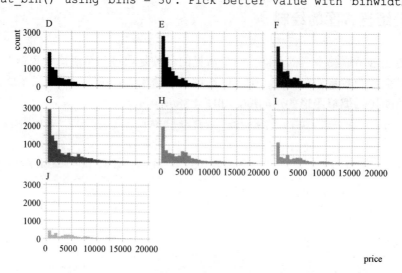

图 4.39　分面直方图

上面的代码绘制出了 diamonds 数据集中不同颜色的钻石的价格分布。通过分面的方式同样可以非常直观地比较多组分布。如果需要比较的分布只有两组，还可以使用另外一种方式，也就是绘制镜像直方图。下面的代码绘制了一幅镜像直方图，如图 4.40 所示。

```
data <- data.frame(                          # 创建数据集
  var1 = rnorm(1000),
  var2 = rnorm(1000, mean=2)
)
p <- ggplot(data, aes(x=x) ) +               # 绘制图形
  geom_histogram( aes(x = var1, y = ..density..), fill="#69b3a2" ) +
  geom_label( aes(x=4.5, y=0.25, label="variable1"), color="#69b3a2") +
  geom_histogram( aes(x = var2, y = -..density..), fill= "#404080") +
  geom_label( aes(x=4.5, y=-0.25, label="variable2"), color="#404080") +
  theme_ipsum() +
  xlab("value of x")
p
## `stat_bin()` using `bins = 30`. Pick better value with `binwidth`.
## `stat_bin()` using `bins = 30`. Pick better value with `binwidth`.
```

镜像直方图会在坐标轴 y 的正方向和坐标轴 y 的负方向分别绘制两幅直方图，这种方式能够有效地避免不同的直方图产生重合的问题，可以更好地比较不同直方图之间的区别。

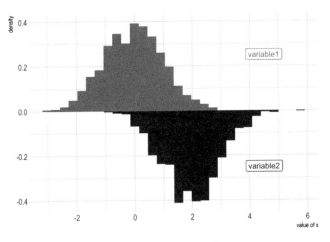

图 4.40　镜像直方图

## 4.3.3　合并直方图与密度图

有的时候，希望能同时观察数据的直方图和密度图，此时可以将直方图和密度图绘制到同一张图形上面。合并直方图和密度图需要同时使用到绘制直方图的函数和绘制密度图的函数，需要注意的是，如果想要合并直方图与密度图，需要指定一个参数，也就是在 geom_histogram 函数中指定 "y = ..density.."。下面的代码合并了直方图与密度图，如图 4.41 所示。

```
p <- ggplot(iris, aes(x=Sepal.Width)) + geom_histogram(aes(y = ..density..,
        fill = ..count..), binwidth=0.2) + geom_density()    # 绘图
p
```

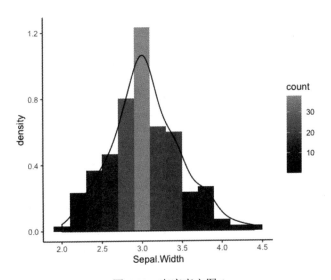

图 4.41　密度直方图 1

上面的代码使用了 iris 数据集，同时绘制了关于 Sepal.Width 的密度图和直方图。下面的代码绘制了另外一幅密度直方图，如图 4.42 所示。

```
library(Sleuth3)                                    # 加载包
library(ggplot2)

# 获取数据集
finches <- Sleuth3::case0201
# 绘制图形
ggplot(finches, aes(x = Depth, y = ..density..)) +
  geom_histogram(bins = 20, colour = "#80593D", fill = "#9FC29F", boundary = 0) +
  geom_density(color = "#3D6480") +
  facet_wrap(~Year) +
# 格式化
ggtitle("Severe Drought Led to Finches with Bigger Chompers",
        subtitle = "Beak Depth Density of Galapagos Finches by Year") +
labs(x = "Beak Depth (mm)", caption = "Source: Sleuth3::case0201") +
theme(plot.title = element_text(face = "bold")) +
theme(plot.subtitle = element_text(face = "bold", color = "grey35")) +
theme(plot.caption = element_text(color = "grey68"))
```

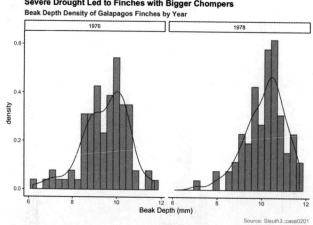

图 4.42　密度直方图 2

上面的代码使用了 Sleuth3 包中的 case0201 数据集，这个数据集是 20 世纪 80 年代生物学家彼得·格兰特（Peter Grant）和罗斯玛丽·格兰特（Rosemary Grant）在达芙妮·梅杰（Daphne Major）的加拉帕戈斯群岛（Galapagosisland）捕捉并测量了超过 20 代雀类的所有鸟类的数据。这份数据集想要研究 1977 年发生的一场严重的干旱导致植被枯萎，仅存的食物来源是一颗大而坚硬的种子，那些喙更大、更结实，能打开这些坚硬种子的鸟，是否更有可能在那一年存活下来,它们是否倾向于将这种特征传给后代,这些数据是 89 只雀在干旱前一年(1976 年)和干旱后一年(1978 年)被捕获时的喙的深度(喙基部的高度),上面的代码绘制出了不同年份的喙基部的高度直方图和密度图。

## 4.4 频率图

频率图(Frequency Polygon)非常接近直方图,也可以用来可视化连续变量的分布。频率图可以消除直方图中可能出现的突然变化,并且有助于证明所研究变量的连续性。像直方图一样,频率图用于显示连续变量的整个频率分布(计数)。频率图必须在两端都关闭,因为曲线下的面积代表所有的数据。

直方图与频率图的区别在于:直方图使用条形,频率图使用直线。

因此频率图表达的信息与直方图与密度图比较类似,这种图形使用得并不多。使用 ggplot2 绘制频率图的核心函数是 geom_freqpoly,构建频率图的方式也和构建直方图的方式非常类似,下面的代码绘制了一幅直方图,如图 4.43 所示。

```
# 绘制图形
ggplot(diamonds, aes(price, fill = color)) +
  geom_histogram(binwidth = 500)
```

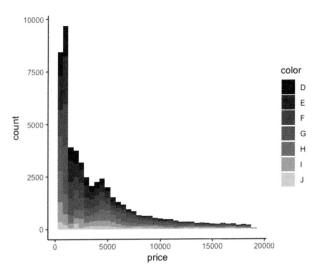

图 4.43　直方图

下面的代码使用了相同的数据绘制了一幅频率图,如图 4.44 所示。

```
# 绘制频率图形
ggplot(diamonds, aes(price, stat(density), colour = color)) +
  geom_freqpoly(binwidth = 500)
```

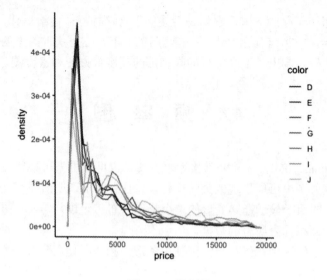

图 4.44　频率图

上面的代码分别绘制了关于 diamonds 数据集中不同颜色的钻石价格的直方图和频率图。

## 4.5　总　　结

本章主要介绍了单变量图形。对于单个变量,人们比较关注的是数据的分布,展示数据分布的图形有很多,经常使用的是密度图和直方图。本章还介绍了常见的另外几种单变量图形。

# 第 5 章　两个同类型变量的图形绘制

在分析数据的过程中，往往希望了解数据之间是否存在某些关系，而变量之间的线性相关性是人们最早认识的关系。这很容易理解，因为在人们早期的研究中，经常会发现某个指标会随着另外一个指标的变化而变化。例如，英国著名生物学家和统计学家弗朗西斯·高尔顿（1822—1911），为了研究父亲和孩子身高之间的关系，收集了1078对父亲和儿子身高的数据。他发现数据的散点图大致呈线性，即随着父亲身高的增加，儿子的身高也会增加。高尔顿提出了回归这个概念，使人们可以很容易地构建一个回归方程，发现数据之间的线性关系。但是在回归还没有提出之前，还没有统计模型能够描述这种关系，通过散点图可以很清楚地观察到数据间的线性关系。在今天使用的所有图形中，散点图可以说是统计图形历史中最通用的图形。关于两个同类型变量的图形还有很多，本章将会详细介绍。

## 5.1　散　点　图

散点图毫无疑问是所有统计图形中最常用的图形之一。在所有的主要图表类型中，散点图是迄今为止最强大的图表类型，使我们能够快速理解数据中的关系。

散点图可以很好地描述出数据间的线性关系。通常而言，线性关系的统计指标为相关系数。描述多变量线性关系的统计模型称为多元线性回归模型。

线性关系是最简单也是人类最容易理解的一种关系。然而世界上大部分事物的关系并不是线性关系这么简单，而是呈现出某种复杂的、非线性的关系。我们很难知道事物之间真实的关系是怎样的，毕竟这个世界太复杂，有太多不可控的因素，所以希望通过一些方法能比较好地接近事实背后的真相。所有的模型都是错的，但是有一些模型是有用的。就像高尔顿通过父子身高的散点图发现了回归方程，虽然回归模型不能完美地回答"如果父亲的身高是180，儿子的身高是多少"这个问题，但是回归模型可以告诉我们"如果父亲身高比较高，儿子身高也会比较高"。同理，虽然散点图没法告诉我们数据背后真正的关系，但是我们依然能够从散点图中获取非常多的有用信息。

使用散点图研究两个变量之间的关系时，通常伴随着相关系数的计算，但是还可以使用散点图来检测其他类型的关系。下面的代码绘制了4幅散点图，如图5.1所示。

```
# 加载包
library(ggplot2)
library(tidyverse)
## ── Attaching packages ─────────────────────────────── tidyverse 1.2.1 ──
## ✔ tibble  2.1.3     ✔ purrr   0.3.2
## ✔ tidyr   1.0.0     ✔ dplyr   0.8.3
## ✔ readr   1.3.1     ✔ stringr 1.4.0
## ✔ tibble  2.1.3     ✔ forcats 0.4.0
## ── Conflicts ────────────────────────────────── tidyverse_conflicts() ──
## ✖ dplyr::filter() masks stats::filter()
## ✖ dplyr::lag()    masks stats::lag()
library(hrbrthemes)
## NOTE: Either Arial Narrow or Roboto Condensed fonts are required to use
   these themes.
##       Please use hrbrthemes::import_roboto_condensed() to install Roboto
      Condensed and
##       if Arial Narrow is not on your system, please see http://bit.ly/
      arialnarrow
# 创建数据集
d1 <- data.frame(x=seq(1,100), y=rnorm(100), name="No trend")
d2 <- d1 %>% mutate(y=x*10 + rnorm(100,sd=60)) %>% mutate(name="Linear relationship")
d3 <- d1 %>% mutate(y=x^2 + rnorm(100,sd=140)) %>% mutate(name="Square")
d4 <- data.frame( x=seq(1,10,0.1), y=sin(seq(1,10,0.1)) + rnorm(91,sd=0.6)) %>% mutate(name="Sin")
don <- do.call(rbind, list(d1, d2, d3, d4))

# 绘制图形
don %>%
  ggplot(aes(x=x, y=y)) +
    geom_point(color="#69b3a2", alpha=0.8) +
    theme_ipsum() +
    facet_wrap(~name, scale="free")
```

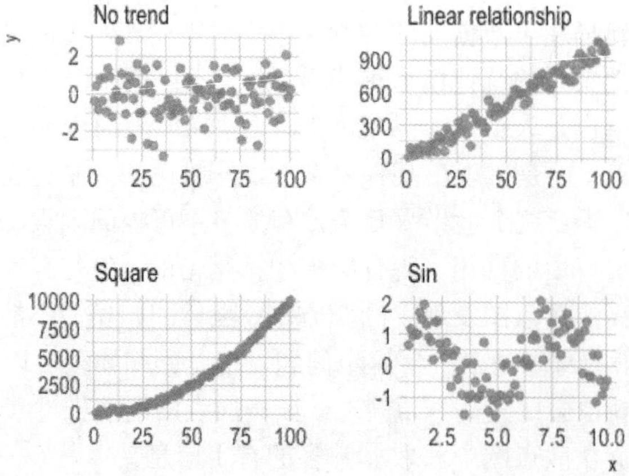

图 5.1 散点图

图 5.1 中的 4 幅图形显示出了散点图的 4 种模型。在左上角的图形中，散点图并没有

显示出任何的趋势；右上角的散点图显示出了数据之间存在的线性关系；左下角的散点图显示出了数据间的非线性关系；右下角的散点图显示出了数据存在正弦函数的关系。因此，使用散点图可以非常清晰地观察到数据之间的关系。下面的代码绘制另一幅散点图，并且添加了拟合曲线，如图 5.2 所示。

```
# 加载包和数据集
options(scipen=999)                                  # 取消科学记数法
library(ggplot2)

data("midwest", package = "ggplot2")                 # 获取数据集
# midwest <- read.csv("http://goo.gl/G1K41K")   也可以从这行代码获取

#  绘制散点图
gg <- ggplot(midwest, aes(x=area, y=poptotal)) +
  geom_point(aes(col=state, size=popdensity)) +
  geom_smooth(method="loess", se=F) +
  xlim(c(0, 0.1)) +
  ylim(c(0, 500000)) +
  labs(subtitle="Area Vs Population",
       y="Population",
       x="Area",
       title="Scatterplot",
       caption = "Source: midwest")+theme_bw()

plot(gg)
## Warning: Removed 15 rows containing non-finite values (stat_smooth).
## Warning: Removed 15 rows containing missing values (geom_point).
```

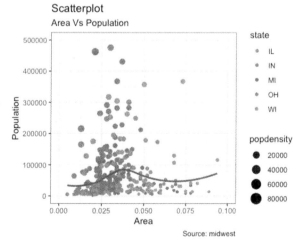

图 5.2　添加拟合曲线的散点图

上面的代码中使用了 ggplot2 包中的 midwest 数据集，该数据集记录了与人口相关的数据，其中变量 area 表示地区，poptotal 表示总人口数，state 表示不同的州，popdensity 表示人口密度。上面的代码绘制了一幅散点图，并根据 state 的不同，设置散点图的不同

颜色，根据不同的popdensity调整散点图的大小，最后添加了一条拟合曲线，拟合曲线的方法是局部加权回归（loess）。整个散点图显示出了不同地区的人口数量。

## 5.1.1 绘制基础散点图

使用ggplot2绘制散点图会涉及很多函数，其中最基本的函数是geom_point，该函数用于绘制散点图。下面的代码绘制一个基本的散点图，如图5.3所示。

```
# 绘制散点图
b <- ggplot(mtcars, aes(x = wt, y = mpg))
b + geom_point()
```

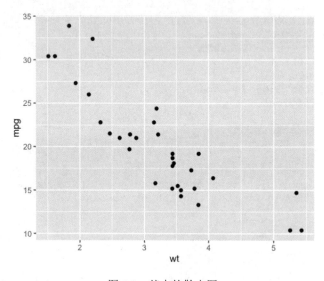

图5.3　基本的散点图

如图5.3所示的散点图通过两个坐标轴显示了两个变量的值，并显示了数据之间的关系。

下面的代码使用iris数据集绘制一幅散点图，显示变量Sepal.Length和Sepal.Width之间的关系，如图5.4所示。

```
library(ggplot2)

# 使用的数据集是iris数据集
# head(iris)

# 绘制散点图
ggplot(iris, aes(x=Sepal.Length, y=Sepal.Width)) +
    geom_point()
```

geom_point函数常用的参数包括设置散点图的点的大小的size、设置点的轮廓颜色的color以及设置点的形状的shape。下面的代码使用以上参数绘制基础的散点图，使用的是

mpg 数据集,这个数据集包含(EPA 在 http://fueleconomy.gov 上提供的)燃油经济性汽车数据的子集,它只包含 1999 年至 2008 年间每年新车发布的车型,如图 5.5 所示。

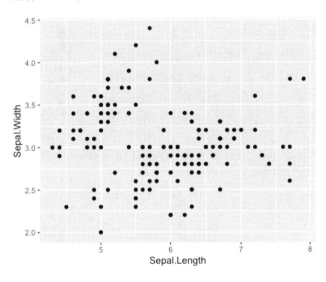

图 5.4 使用 iris 数据集绘制的散点图

# 绘制散点图
ggplot(data = mpg,aes(x = displ,y = cty))+geom_point(color = "dark blue", size = 2, shape = 2) +theme_minimal()

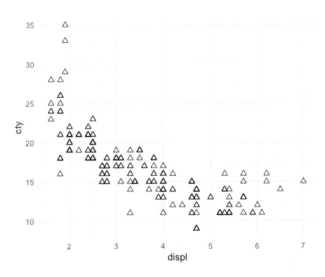

图 5.5 设置相关参数后的散点图

上面的代码中使用 color 参数对点的颜色进行了调整,设置颜色为 dark blue;通过 size 参数设置点的大小,这里设置为 2;使用 shape 参数设置散点的形状,这里将其设置为三角形。

关于 shape 参数，不同的数字对应不同的形状，如图 5.6 所示。

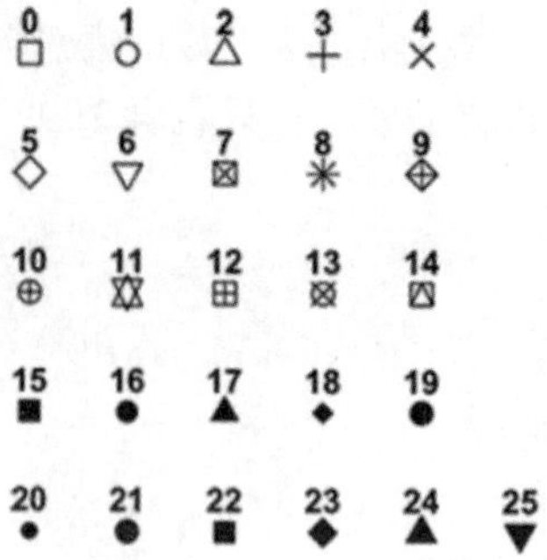

另外一个参数是 alpha，用于调整图形的透明度。当数据量比较多的时候，图形中某些点会被覆盖，这个时候使用该参数，通过调整图形的透明度可以使得数据密集的地方颜色比较深，数据比较分散的地方颜色比较浅。下面的代码使用一个稍微大一些的数据集——diamonds 来绘制散点图，并且调整透明度，如图 5.7 所示。

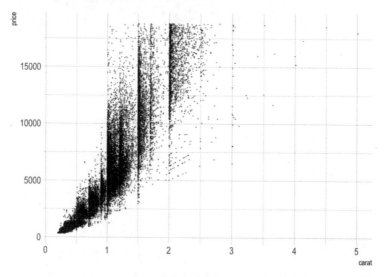

图 5.6 数字对应的形状

```
# 绘制散点图
ggplot(data = diamonds,aes(x = carat,y = price)) + geom_point(color = "dark blue", size = 0,alpha = 0.5) +theme_ipsum()
```

图 5.7 设置 alpha 参数后的散点图

从图 5.7 中可以看到，有些地方的颜色比较深，说明数据非常密集。如果不设置 alpha 参数，则无法知道散点图中哪些区域的数据比较多，因为被覆盖的点不会显示出来。

下面介绍 geom_point 函数的其他参数，包括 stroke 和 fill，它们分别用于设置散点图中轮廓的宽度和点内部的颜色。

需要注意的是，如果将这些参数放在 geom_point 函数中，所有的点都会受到相同的影响。如果将参数放在代码的 aes 部分，还可以将参数映射到一个变量，使不同的点根据参数对应的变量进行调整。下面的代码将 fill 参数映射到一个变量，如图 5.8 所示。

```
# 加载包
library(ggplot2)
library(hrbrthemes)
```

```
# 绘制图散点图
ggplot(iris, aes(x=Sepal.Length, y=Sepal.Width,fill = Species)) +
    geom_point(
        color="black",
#       fill="red",
        shape=21,
        alpha=0.5,
        size=6,
        stroke = 2
    )+theme_ipsum()                              # 设置主题
```

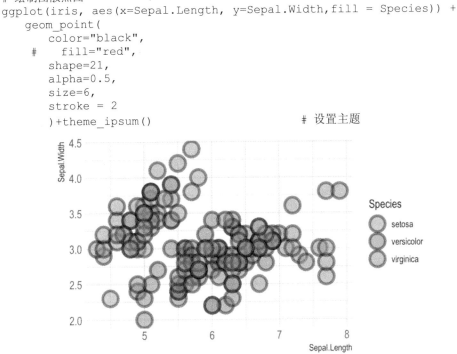

图 5.8　将 fill 参数映射到变量的散点图

上面的代码对散点图设置了更多的参数，使用的是 iris 数据集，这个著名的虹膜数据集（Fisher's 或 Anderson's）分别给出了来自 3 种虹膜的 50 朵花的萼片长度和宽度，以及花瓣长度和宽度的测量值。该物种是鸢尾属，杂色。图形绘制了 iris 数据集的 Sepal.Length 变量和 Sepal.Width 变量之间的散点图，然后设置散点图中点的轮廓颜色为黑色，点的填充颜色对应于 Species 变量的不同值；设置点的形状为圆形，透明度 alpha 为 0.5；设置点的大小为 6，并且设置散点图的轮廓大小为 2。设置合适的参数能够使图形更加具有表现力。

## 5.1.2　绘制分组散点图

散点图可以描述两个维度的信息，分别用 x 轴和 y 轴代表两个维度的数据。如果希望绘制分组散点图，则需要一个新的维度来表示分组，可以使用颜色、点的大小或点的形状这 3 种方式来实现。例如，对于 mpg 数据集，想要观察不同年份的 displ 和 cyl 的关系，便可以使用这 3 种方式来实现。需要注意的是，通过不同的点的大小来表示第三个维度的信息，这种图形也被称为气泡图。下面的代码绘制了一幅图形，使用颜色表示第 3 个维度，如图 5.9 所示。

```
# 绘制散点图
ggplot(data = mpg,aes(x = displ,y = cty,color = as.factor(year))) +
geom_point()
```

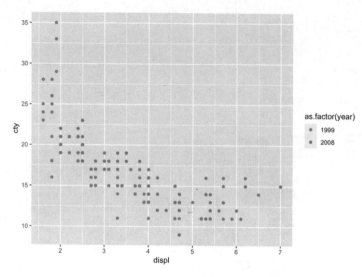

图 5.9　使用颜色表示第 3 个维度的散点图

上面的代码将 year 变量传递给了 color 参数，这样使得不同 year 变量对应的点表现出不同的颜色。另外还可以使用不同的点的大小来表示分组，如图 5.10 所示。

```
# 绘制散点图
ggplot(data = mpg,aes(x = displ,y = cty,size = as.factor(year),alpha = 0.5))
+ geom_point()
## Warning: Using size for a discrete variable is not advised.
```

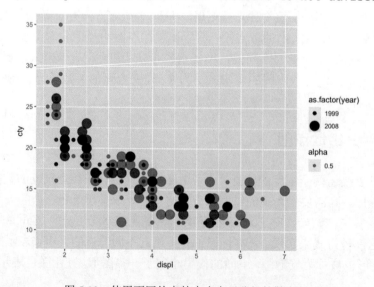

图 5.10　使用不同的点的大小表示分组的散点图

上面的代码绘制出了数据点大小不同的散点图。从图 5.10 中可以观察到，不同 year 变量对应的散点图具有不同的大小。实现的方式是将 year 变量传递给 size 参数。但是这个图形还有一点小问题，即图中很多数据点过于紧密地聚集在一起，无法清晰地观察到散点图中数据点密集区域的单个点信息，这种情况可以使用 alpha 参数调节图形的透明度。

下面的代码使用不同的形状来表示分组，如图 5.11 所示。

```
# 绘制散点图
ggplot(data = mpg,aes(x = displ,y = cty,shape = as.factor(year))) + geom_
point()
```

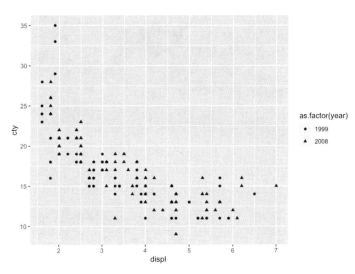

图 5.11　使用不同的形状来表示分组的散点图

上面的代码通过使用 shape 参数来表示不同形状的点，实现的方式是将 year 变量传递给 shape 参数。下面的代码同时设定了颜色、形状和大小，如图 5.12 所示。

```
# 加载包
library(ggplot2)
library(hrbrthemes)

# 绘制散点图，其颜色取决于 Species
ggplot(iris, aes(x=Sepal.Length, y=Sepal.Width, shape=Species, alpha=
Species, size=Species, color=Species)) +
    geom_point() +
    theme_ipsum()
## Warning: Using alpha for a discrete variable is not advised.
## Warning: Using size for a discrete variable is not advised.
```

上面的代码都是将作为分组的变量设置为颜色参数、大小参数或者形状参数，然后代码会自动地将分组通过不同的颜色、大小或者形状区分开。例如，图 5.11 中 1999 年的数据点为圆形，2008 年的数据点为三角形。我们在代码中没有指定 1999 年的点为圆形，2008 年的点为三角形，此为代码默认设定。一般情况下，代码默认的设定是没问题的，但是有时候需要一些自定义的调整，例如想要图 5.11 中 1999 年数据点的形状为正方形，这时就需要自己手动去调整了。其中调整点的大小的函数是 scale_size_manual，调整点的颜色的函数是 scale_shape_manual，调整点的形状的函数是 scale_shape_manual。

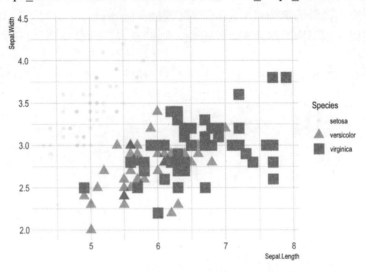

图 5.12　同时设定颜色、形状和大小的散点图

首先调整点的大小，如果想突出 1999 年的数据，想要将 1999 年的数据点变大，2008 年的数据点变小，则可以使用如下代码，效果如图 5.13 所示。

```
# 绘制散点图，调整了点的大小
ggplot(data = mpg,aes(x = displ,y = cty,size = as.factor(year))) + geom_point()+ scale_size_manual(values=c(2,1))
```

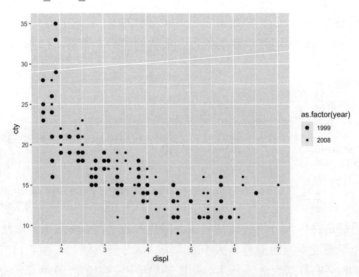

图 5.13　调整了点的大小后的散点图

图 5.13 中可以观察到，year = 1999 这一组的数据点被设置得比较大，year = 2008 这一组数据点被设置得比较小。scale_size_manual 函数中的 values 参数用于描述点的大小，数值越大，代表点越大。因为散点图中只有两个分组，因此只需要传递一个长度为 2 的向量给 values 参数用于表示两组点的大小。

如果想要指定不同分组的颜色，使用 scale_color_manual 函数，下面的代码使用 scale_color_manual 函数手动调整了图形的颜色，如图 5.14 所示。

```
# 绘制散点图，调整颜色
ggplot(data = mpg,aes(x = displ,y = cty,color = as.factor(year))) + geom_point()+scale_color_manual(values = c("black","red"))
```

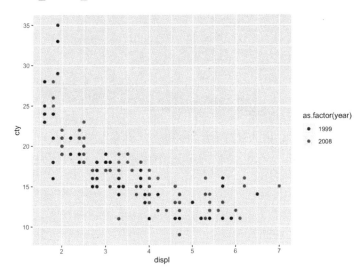

图 5.14　调整颜色后的散点图

上面的代码通过 scale_color_manual 函数手动设置了两个分组的颜色，设置方式和设置不同的分组的点的大小方式一样，需要设置的参数都是 values，只不过设置颜色的时候，需要传递表示颜色的值。有几种方式可以表示颜色，第一种就是颜色的英文名称；第二种就是数字，数字会被解释为数字所映射的某种颜色；第三种是使用十六进制的颜色代码。通常由这三种方式可以设置不同的颜色。上面的代码中，设置两组的颜色分别为黑色和红色。调整好图形的颜色，对于绘制出一幅好的图形非常重要，因此需要对于颜色的原理比较了解，知道如何去配色能够让图形有比较好的表现力。另外，如果并不想调整指定不同分组的颜色，而只是觉得当前图形的配色不好看，这时可以使用 scale_color_*函数，这是一类函数，分别用于设定不同的配色方式，例如使用 scale_color_grey 函数会将整个图形的颜色变成灰色调。下面的代码使用了 scale_color_grey 函数来调整图形的颜色，如图 5.15 所示。

```
# 绘制散点图
ggplot(data = mpg,aes(x = displ,y = cty,color = as.factor(year))) + geom_point()+scale_color_grey()
```

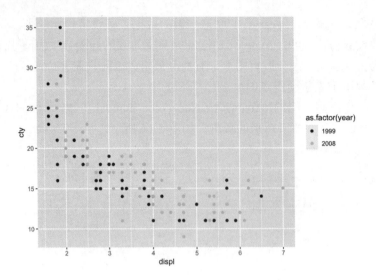

图 5.15 灰色调的散点图

从图 5.15 中可以看到，散点图中的两种颜色分别为黑色和灰色。除了使用这种配色外，还可以使用 scale_color_brewer 函数指定其他的配色。下面的代码调整了图形的配色，如图 5.16 所示。

```
# 绘制散点图
ggplot(data = mpg,aes(x = displ,y = cty,color = as.factor(year))) +geom_point()+ scale_color_brewer(palette = "PuOr")
```

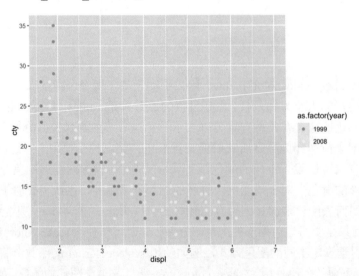

图 5.16 配色为 PuOr 的散点图

上面的代码指定了一种叫作 PuOr 的配色。除了这种配色之外，还有很多可选的图形配色，如图 5.17 所示。

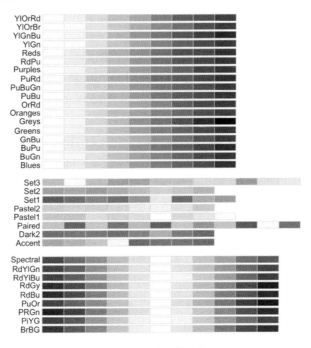

图 5.17  不同的配色

选择合适的颜色不是一件简单的事情，往往需要不断地调整图形的颜色以达到比较好的图形展示效果。

## 5.1.3  添加拟合曲线

散点图是最常用的统计图形之一，当我们想要了解两个连续变量之间的关系时，首先绘制的就是散点图，散点图非常好地描述了数据点之间的关系，也可以非常直观地展示出数据间的关系。高尔顿通过观察散点图，提出了回归方程，回归方程便是统计中描述变量之间关系的一种方法。在绘制好的散点图中添加散点图的拟合曲线能够更好地理解数据之间的趋势，尤其是在数据关系并不是很明显的时候。再或者，当我们构建好了回归模型之后，想知道回归模型是否有很好的拟合数据点，这时一个好的方法就是将散点图和拟合曲线绘制到同一张图中。

使用 ggplot2 绘制散点图，然后添加拟合曲线的关键函数是 geom_smooth 和 geom_abline。其中，geom_smooth 用于添加拟合曲线，geom_abline 用于添加水平线或者垂直曲线。

geom_smooth 函数的基本格式如下：
```
geom_smooth(method="auto", se=TRUE, level=0.95)
```
其中，method 参数用于指定使用什么方法来拟合数据，包括线性回归模型（lm）、广义线性回归模型（glm）、广义加性模型（gam）和局部多项式回归模型（loess）。默认情况下，指定为 method="auto"，其含义是根据数据量的大小来选择使用的拟合方法，如果数据量小于 1000，则会使用局部多项式回归（loess）模型，否则，会使用广义加性模型（gam）。如果使用 method ='lm'，则会拟合线性回归模型。需要注意的是，如果想要拟合多项式回归模型，可以用公式=y~poly(x, n)来表示 n 次多项式。

另外，还可以通过指定模型的方式进行绘制，例如 method=MASS::rlm 表示使用 MASS 包中的 rlm 函数拟合数据，可以指定的模型还包括 mgcv::gam、stats::lm、stats::loess 等。

参数 se 是一个逻辑值，如果是 TRUE，则表示绘制出拟合的置信区间，而 level 参数则用来指定置信区间的显著性水平，默认为 95%。geom_smooth 函数还包含一些通用的参数，例如拟合曲线的颜色（color）和填充颜色（fill）等。

下面分别使用不同的拟合方式拟合数据。下面的代码首先使用线性回归的方式添加拟合曲线，如图 5.18 所示。

```
ggplot(data = mpg,aes(x = displ,y = cty,color = as.factor(year))) + geom_
    point()+scale_color_manual(values = c("black","red"))+geom_smooth(method
    = "lm",color = "yellow",fill = 'blue')            # 绘制散点图，添加了拟合曲线
```

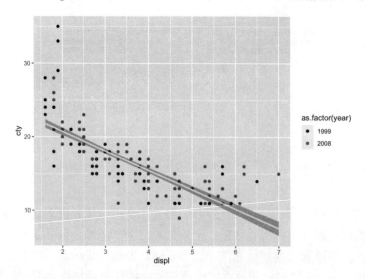

图 5.18　添加线性回归模型为拟合曲线

上面的代码首先使用 mpg 数据集绘制了关于 displ 变量和 cty 变量之间的分组散点图，分组变量为 year；然后将不同分组的点分别设置为黑色和红色；接着使用 geom_smooth 函数在散点图中添加线性拟合曲线，拟合曲线的颜色为黄色，置信区间的颜色为蓝色。

在绘制这个图形的过程中，本质上是对这两个变量建立了线性回归模型。对于线性回归模型，其形式是：

$$Y_i = \beta_0 + \beta_1\phi(X_{i1}) + \cdots + \beta_p\phi_p(X_{ip}) + \varepsilon_i \quad i = 1,\cdots,n$$

其中，样本记录为 $X_{i1} \cdots X_{ip}$，$i=1, \cdots, n$，$i=1, \cdots, n$。$Y$是因变量，x是自变量，$\varepsilon_i$是误差。上面的模型通常而言，使用的是最小二乘法进行求解，未知参数的求解公式是：

$$s = \sum_{i=1}^{n}\left(Y_i - \beta_0 - \beta_1\phi_1(X_{i1}) - \cdots - \beta_p\phi_p(X_{ip})\right)^2$$

对于上面的情况，回归模型只有一个自变量，属于一元的线性回归模型。线性回归模型用于描述数据间的线性关系。如果数据间的关系属于非线性的关系，则使用其他模型，例如多项式模型、广义加性模型等可能更合适一些。下面的代码添加了广义加性模型（gam）为拟合曲线，如图5.19所示。

```
# 绘制散点图，添加拟合曲线 gam
ggplot(data = mpg,aes(x = displ,y = cty,color = as.factor(year))) + geom_point()+scale_color_manual(values = c("black","red"))+geom_smooth(method = "gam",color = "yellow",fill = 'blue')
```

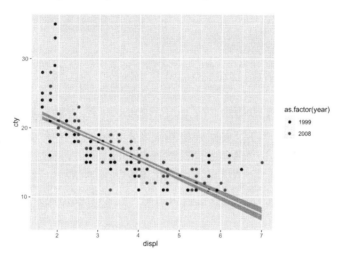

图5.19　添加广义加性模型为拟合曲线

上面的代码中使用了广义加性模型来绘制拟合曲线，在统计中，广义加性模型是广义线性模型的一种，其中预测变量线性地依赖于某些预测变量的未知平滑函数，并且关注点集中在对这些平滑函数的推断上。

广义加性模型的模型形式是：

$$g(E(Y)) = \beta_0 + f_1(x_1) + f_2(x_2) + \cdots + f_m(x_m)$$

函数$f_i$可以是具有指定参数形式的函数（例如多项式函数），也可以简单地以"平滑函数"的形式非参数或半参数地指定，这些函数用非参数的方法进行估计。

广义加性模型可以描述数据间更加复杂的关系。下面的代码在图形中添加了局部加权模型，如图5.20所示。

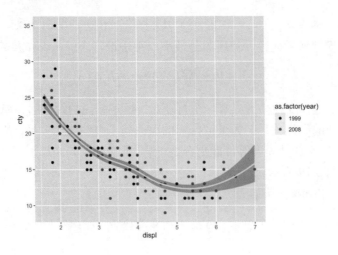

图 5.20　添加局部加权模型为拟合曲线

```
# 绘制散点图，添加拟合曲线 loess
ggplot(data = mpg,aes(x = displ,y = cty,color = as.factor(year))) + geom_
point()+scale_color_manual(values = c("black","red"))+geom_smooth(method
= "loess",color = "yellow",fill = 'blue')
```

上面的代码使用了局部加权模型（LOESS）来拟合散点图的数据。局部加权模型是局部多项式回归的一种，其建立在经典回归的基础之上，解决了传统模型效果不佳的情况。局部加权模型结合了线性最小二乘回归的简单性和非线性回归的灵活性。LOESS 回归通过将简单模型拟合到数据的局部子集来实现，其建立了一个函数，该函数逐点描述数据变化的确定性部分。实际上，此方法的主要吸引力之一是不需要建模人员指定任何形式的全局函数来使模型适合数据。

另外，局部加权模型的缺点是与其他最小二乘法相比，其对数据的要求比较高。为了产生良好的模型，它需要相当大的密集采样的数据集，这是因为局部加权模型在执行局部拟合时依赖于局部数据结构。因此，局部加权模型只需要较少的数据分析但是需要更高的建模成本。局部加权模型的另一个缺点是它不会产生易于用数学公式表示的回归函数，这可能会使得将分析结果转移给其他人变得困难。

### 5.1.4　在散点图中添加地毯图

地毯图是单个定量变量的数据图，显示为沿轴的标记，用于可视化数据的分布。因此，它类似于具有零宽度区间的直方图或一维散点图，通常将地毯图与二维散点图结合使用。关于地毯图这个术语的起源，是这些带有垂直标记的形状，看起来像沿着散点图的"地毯"边缘的流苏。

地毯图中每"根须"都对应着一个数据，数据密集的地毯图中，"根须"就比较集中。地毯图一般和其他统计图形（如密度曲线、散点图）结合使用，其可以更好地帮助分析者了解原始数据的信息（位置）。

使用 ggplot2 绘制地毯图的核心函数是 geom_rug，该函数有一个主要的参数，即 side 用于控制地毯出现在图中的什么位置。这个参数的允准值是任何包含 trbl 的字符串，trbl 这 4 个字符分别表示上部（top）、右部（right）、下部（below）和左部（left）。默认设置为 bl，也就是下方和左方。下面的代码在图形中添加了地毯图，如图 5.21 所示。

```
# 加载包
library(ggplot2)

# 使用的数据集是 iris 数据集
head(iris)
##   Sepal.Length Sepal.Width Petal.Length Petal.Width Species
## 1          5.1         3.5          1.4         0.2  setosa
## 2          4.9         3.0          1.4         0.2  setosa
## 3          4.7         3.2          1.3         0.2  setosa
## 4          4.6         3.1          1.5         0.2  setosa
## 5          5.0         3.6          1.4         0.2  setosa
## 6          5.4         3.9          1.7         0.4  setosa
# 绘制图形
ggplot(data=iris, aes(x=Sepal.Length, Petal.Length)) +
  geom_point() +
  geom_rug(col="steelblue",alpha=0.1, size=1.5)
```

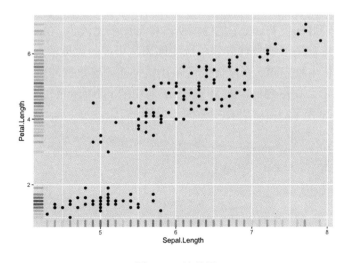

图 5.21 地毯图

上面的代码中，geom_rug(col="steelblue",alpha=0.1, size=1.5)用于添加地毯图，其中，col 用于指定地毯图"根须"的颜色，alpha 用于调整图形的透明度，size 用于调整地毯图"根须"的大小。另外，如果设置了分组，直接设置地毯图就可以设置分组的地毯图。下面的代码设置了分组的地毯图，如图 5.22 所示。

```
# 绘制图形
ggplot(data = mpg,aes(x = displ,y = cty,color = as.factor(year))) + geom_point() + geom_rug()
```

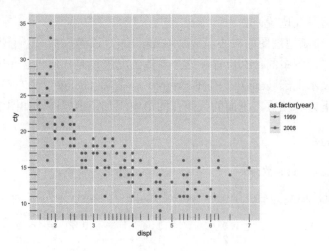

图 5.22 分组的图

上面的代码中，在使用 geom_point 函数绘制好散点图之后，使用 geom_rug 函数对图形添加了地毯图。添加地毯图是为了了解散点图中单个变量的分布情况，还有很多其他的图形可以作为地毯图的一个替代，如添加边缘直方图、边缘密度图、边缘箱线图和小提琴图，这些图形可以在绘制散点图的时候进行添加，以了解单个变量的信息。地毯图相比于其他图形有一个比较好的优势，就是地毯图所占图形面积比较少，在图形比较复杂的时候，添加地毯图既不会影响图形的整体外观，又能够表达更多的数据信息。

一般情况下，使用直方图、密度图或者箱线图更能体现数据的整体情况。在散点图中添加这 4 种边际图形会使用到的函数是 ggExtra 包中的 ggMarginal。下面的代码添加了边际直方图，如图 5.23 所示。

```
# 加载包
library(ggplot2)
library(ggExtra)

# 使用的数据集是 mtcars
head(mtcars)
##                    mpg cyl disp  hp drat    wt  qsec vs am gear carb
## Mazda RX4         21.0   6  160 110 3.90 2.620 16.46  0  1    4    4
## Mazda RX4 Wag     21.0   6  160 110 3.90 2.875 17.02  0  1    4    4
## Datsun 710        22.8   4  108  93 3.85 2.320 18.61  1  1    4    1
## Hornet 4 Drive    21.4   6  258 110 3.08 3.215 19.44  1  0    3    1
## Hornet Sportabout 18.7   8  360 175 3.15 3.440 17.02  0  0    3    2
## Valiant           18.1   6  225 105 2.76 3.460 20.22  1  0    3    1
# 绘制图形
p <- ggplot(mtcars, aes(x=wt, y=mpg, color=cyl, size=cyl)) +
    geom_point() +
    theme(legend.position="none")

# 添加编辑分布
p1 <- ggMarginal(p, type="histogram")
p1
```

第 5 章 两个同类型变量的图形绘制

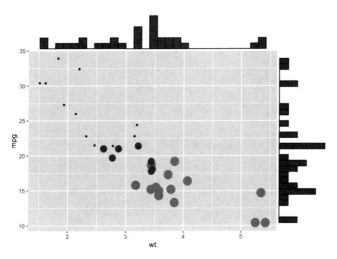

图 5.23　散点图+边际直方图

上面的代码在绘制了一幅散点图之后，在散点图的基础之上添加了边际直方图。从图 5.23 中可以看到，散点图的上方和右方分别添加了两幅直方图。这两幅直方图分别是 x 轴和 y 轴中对应变量的直方图。这样的话，图形在展示数据之间关系的同时，也对散点图中两个变量的分布进行了展示。实现的方式非常简单，在绘制好散点图之后，使用 ggMarginal 函数并且指定 type='histogram'，便可以添加边记直方图。

下面的代码在散点图中添加了边际密度图，如图 5.24 所示。

```
# 加载包
library(ggplot2)
library(ggExtra)

# 使用的数据集是mtcars 数据集
head(mtcars)
##                    mpg cyl disp  hp drat    wt  qsec vs am gear carb
## Mazda RX4         21.0   6  160 110 3.90 2.620 16.46  0  1    4    4
## Mazda RX4 Wag     21.0   6  160 110 3.90 2.875 17.02  0  1    4    4
## Datsun 710        22.8   4  108  93 3.85 2.320 18.61  1  1    4    1
## Hornet 4 Drive    21.4   6  258 110 3.08 3.215 19.44  1  0    3    1
## Hornet Sportabout 18.7   8  360 175 3.15 3.440 17.02  0  0    3    2
## Valiant           18.1   6  225 105 2.76 3.460 20.22  1  0    3    1
# 绘制图形
p <- ggplot(mtcars, aes(x=wt, y=mpg, color=cyl, size=cyl)) +
    geom_point() +
    theme(legend.position="none")




# 添加密度曲线
p2 <- ggMarginal(p, type="density")

p2
```

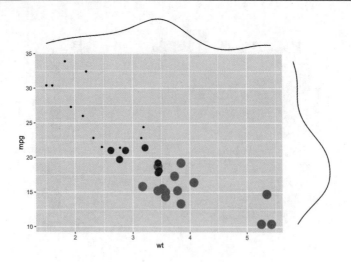

图 5.24 散点图+边际密度图

从图 5.24 中可以看到，上方和右方分别添加了两条密度曲线，用于表示 x 轴和 y 轴变量的分布密度。实现的方式与添加边际直方图类似，只需要将 ggMarginal 函数中的 type 参数修改为 density。同理，如果希望添加边际箱线图或者边际小提琴图，只需要将 ggMarginal 函数中的 type 参数修改为 boxplot 或者 violin 即可。

下面的代码在散点图中添加了边际箱线图，如图 5.25 所示。

```
# 加载包
library(ggplot2)
library(ggExtra)

# 使用的数据集是mtcars数据集，查看数据集
head(mtcars)
##                    mpg cyl disp  hp drat    wt  qsec vs am gear carb
## Mazda RX4         21.0   6  160 110 3.90 2.620 16.46  0  1    4    4
## Mazda RX4 Wag     21.0   6  160 110 3.90 2.875 17.02  0  1    4    4
## Datsun 710        22.8   4  108  93 3.85 2.320 18.61  1  1    4    1
## Hornet 4 Drive    21.4   6  258 110 3.08 3.215 19.44  1  0    3    1
## Hornet Sportabout 18.7   8  360 175 3.15 3.440 17.02  0  0    3    2
## Valiant           18.1   6  225 105 2.76 3.460 20.22  1  0    3    1
# 绘制图形
p <- ggplot(mtcars, aes(x=wt, y=mpg, color=cyl, size=cyl)) +
     geom_point() +
     theme(legend.position="none")




# 添加编辑图形, 箱线图
p3 <- ggMarginal(p, type="boxplot")
p3
```

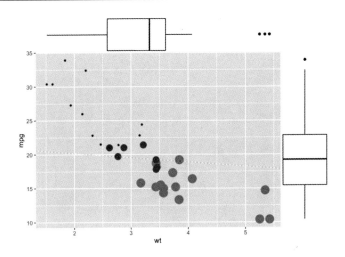

图 5.25　散点图+边际箱线图

从图 5.25 中可以观察到，在散点图中添加了两个箱线图，实现的方式是将 ggMarginal 函数的 type 参数改为 boxplot。

下面的代码在散点图中添加了边际小提琴图，如图 5.26 所示。

```
# 加载包
library(ggplot2)
library(ggExtra)

# 使用 mtcars 数据集
head(mtcars)
##                    mpg cyl disp  hp drat    wt  qsec vs am gear carb
## Mazda RX4         21.0   6  160 110 3.90 2.620 16.46  0  1    4    4
## Mazda RX4 Wag     21.0   6  160 110 3.90 2.875 17.02  0  1    4    4
## Datsun 710        22.8   4  108  93 3.85 2.320 18.61  1  1    4    1
## Hornet 4 Drive    21.4   6  258 110 3.08 3.215 19.44  1  0    3    1
## Hornet Sportabout 18.7   8  360 175 3.15 3.440 17.02  0  0    3    2
## Valiant           18.1   6  225 105 2.76 3.460 20.22  1  0    3    1
# 绘制图形
p <- ggplot(mtcars, aes(x=wt, y=mpg, color=cyl, size=cyl)) +
    geom_point() +
    theme(legend.position="none")
```

```
# 添加边际图形，小提琴图
p4 <- ggMarginal(p, type="violin")
p4
```

从图 5.26 中可以观察到，在散点图中添加了两个小提琴图，实现的方式是将 ggMarginal 函数的 type 参数改为 violin。

在 ggMarginal 函数中，margins 参数用于指定是否 x 轴和 y 轴全部显示，如果只想显示一个变量的边际图，可以通过这个参数进行调整。

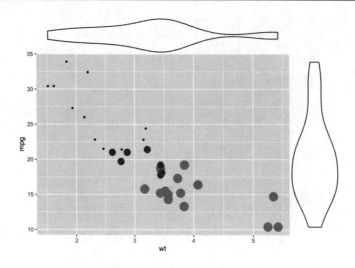

图 5.26 散点图 + 小提琴图

## 5.1.5 在散点图中添加文本

有时候我们希望能够在散点图中添加一些文字信息，来帮助进一步理解散点图的一些细节信息。使用 ggplot2 在统计图形中添加文本信息的函数是 geom_text，该函数的工作原理和 geom_point 函数非常类似。在使用 geom_text 函数添加文本的时候需要指定一些参数，具体包括以下 3 个。

- label：包含想要添加的文本信息。
- nudge_x 和 nudge_y：这两个参数用于调整文本在 x 轴和 y 轴的移动。
- check_overlap：用于避免文本重叠。

另外，有一个包专门用于解决文本重叠的问题——ggrepel，在后文会对这个包进行介绍。

下面的代码使用了 geom_text 函数在图形中添加文本，如图 5.27 所示。

```
# 加载包
library(ggplot2)

# 保留 30 条数据
data=head(mtcars, 30)

# 添加文本
ggplot(data, aes(x=wt, y=mpg)) +
  geom_point() +                              # 显示数据点
  geom_text(
    label=rownames(data),
    nudge_x = 0.25, nudge_y = 0.25,
    check_overlap = T )
```

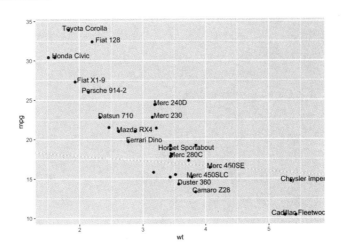

图 5.27 添加文本

从图 5.27 中可以看到，散点图中每一个点都添加了标签。实现的方式是在绘制好散点图的基础之上，使用 geom_text 函数的 label 参数指定需要添加的标签。另外，添加文本还可以使用函数 geom_label，其工作方式与 geom_text 非常相似，不同的是，使用 geom_label 函数添加的文本会被包装在一个可以自定义的矩形中。

下面的代码使用 geom_label 函数添加文本，如图 5.28 所示。

```
#加载包
library(ggplot2)

# 保留 30 条数据集
data=head(mtcars, 30)

# 添加文本
ggplot(data, aes(x=wt, y=mpg)) +
  geom_point() +                          # 显示数据点
  geom_label(
    label=rownames(data),
    nudge_x = 0.25, nudge_y = 0.25,
    check_overlap = T
  )
## Warning: Ignoring unknown parameters: check_overlap
```

上面的代码同样对散点图中的每一个数据点添加了标签，这里添加标签所使用的函数是 geom_label 函数。从图 5.28 中可以看到，散点图中的标签被一个方框包裹起来了，而使用 geom_text 函数则不会有这个方框，这也是两个函数的区别之一。

有时候并不是想将所有的数据点进行标注，如果想在某个特定的位置添加文本，使用 geom_label 函数可以实现，需要调整的参数包括 x、y、label、padding、size、color 和 fill 等。下面的代码在特定的位置设置了文本，如图 5.29 所示。

```
# 加载包
library(ggplot2)
```

```
# 保留30条数据集
data=head(mtcars, 30)

# 添加注释
ggplot(data, aes(x=wt, y=mpg)) +
  geom_point() +                                          # Show dots
  geom_label(
    label="add text",
    x=4.1,
    y=20,
    label.padding = unit(0.55, "lines"),                  # 标签周围的矩形大小
    label.size = 0.35,
    color = "black",
    fill="#69b3a2"
  )
```

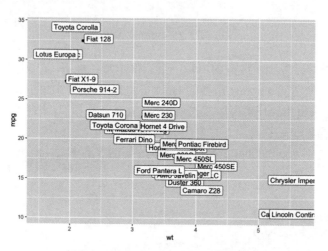

图 5.28 使用 geom_label 函数添加文本

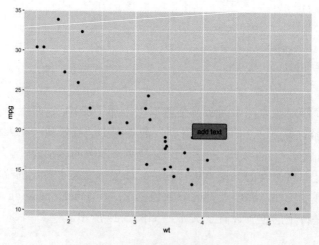

图 5.29 在指定位置添加文本

上面的代码使用 geom_label 函数在（x = 4.1，y = 20）的位置添加了一个文本。从图 5.29 中可以观察到，添加了文本 add text，并且文本通过一个方框包裹起来。在 geom_label 函数中，lable 参数用于指定需要添加的文本，x 是文本在 x 轴的位置，y 表示 y 轴的位置，label.padding 用于指定标签周围的矩形大小，label.size 表示标签的大小，color 表示标签的颜色，fill 表示矩形的填充颜色。如果只是想对一部分满足条件的数据添加文本，则可以使用如下代码，如图 5.30 所示。

```
# 加载包
library(ggplot2)
library(dplyr)
library(tibble)

# 保留 30 条数据
data=head(mtcars, 30)

# 改变变量的名称
data <- data %>%
  rownames_to_column(var="carName")

# 绘制图形
ggplot(data, aes(x=wt, y=mpg)) +
  geom_point() +
  geom_label(
    data=data %>% filter(mpg>20 & wt>3), # Filter data first
    aes(label=carName)
  )
```

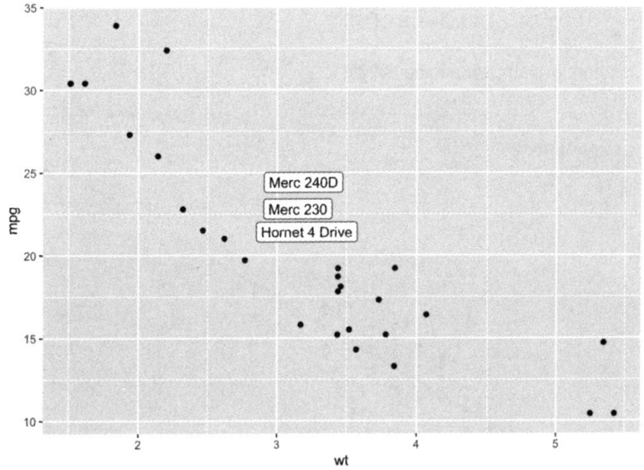

图 5.30　对满足条件的数据添加文本

从图 5.30 中可以看到，有一小部分数据点被添加了标签。实现的方式是在调用 geom_label 函数时指定 data 参数，使传入的数据集是经过筛选之后的数据集，然后使用 label 参数指定需要添加在图形中的标签。

## 5.2 抖动点图

上文提到过，如果数据集比较大，则绘制的散点图会有很多点挤在一起，此时图形的可读性会变得非常不好。解决数据覆盖的一个方法是设置图形的透明度，也就是调整 alpha 参数，这种方法会部分地解决数据覆盖的问题。还有另外一种解决方法，就是绘制抖动点图。抖动点图能够避免散点图的覆盖。另外，散点图还有另外一个缺点，这个问题使得散点图没有办法充分地表达出数据中所蕴含的信息。下面的代码将使用 mpg 数据集来绘制城市里程（cty）与公路里程（hwy）之间的关系，如图 5.31 所示。

```
# 加载包
library(ggplot2)
data(mpg, package="ggplot2")             # 从 ggplot2 包中获取数据集
theme_set(theme_bw())                    # 设定图形主题

g <- ggplot(mpg, aes(cty, hwy))

# 绘制散点图
g + geom_point() +
  geom_smooth(method="lm", se=F) +
  labs(subtitle="mpg: city vs highway mileage",
       y="hwy",
       x="cty",
       title="Scatterplot with overlapping points",
       caption="Source: midwest")
```

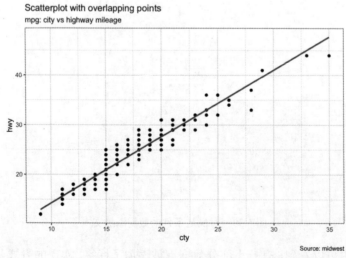

图 5.31 散点图

上面的代码使用了 mpg 数据集绘制散点图，x 轴表示变量 cty，y 轴表示变量 hwy，然

后添加了线性拟合的线段。从图 5.31 中可以观察到图形很整洁，并且清楚地说明了城市里程（cty）和公路里程（hwy）的相关性是比较高的。

但是，这个背后有一个非常重要的问题，我们可以先查看一下数据集的大小：

```
dim(mpg)                                                # 查看数据维度
## [1] 234  11
```

原始数据有 234 个数据点，但图中显示的数据点似乎非常少。这是为什么？这是因为有许多重叠的点是以单个点的形式出现的。cty 和 hwy 都是数据集中的整数，这使得很多数据点都隐藏起来了。

那么如何处理呢？我们可以使用 geom_jitter 函数创建抖动点图。顾名思义，抖动点图会"动"，重叠点会围绕其原始位置随机抖动。下面的代码绘制了一幅抖动点图，如图 5.32 所示。

```
# 加载包
library(ggplot2)
data(mpg, package="ggplot2")
# mpg <- read.csv("http://goo.gl/uEeRGu")

# 绘制抖动点图
theme_set(theme_bw())  # pre-set the bw theme.
g <- ggplot(mpg, aes(cty, hwy))
g + geom_jitter(width = .5, size=1) +
  labs(subtitle="mpg: city vs highway mileage",
       y="hwy",
       x="cty",
       title="Jittered Points")
```

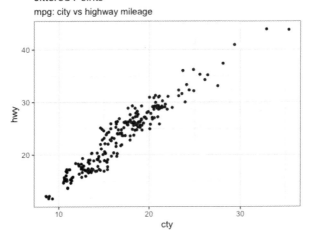

图 5.32　抖动点图

上面的代码中使用 geom_jitter 函数绘制抖动点图。从图 5.32 中可以看到，更多的数据点显示出来了。需要注意的是，width 参数的值越大，点就会从原来的位置抖动得越远。

## 5.3 连续二维分布图

要了解两个连续变量之间的关系，散点图是经常会被使用的统计图形，除此之外，还有另外一个统计图形常常被用于分析两个连续的变量。这种图形就是二维分布图，也被称之为热力图。如果有一份庞大的数据，当需要描述2个连续变量之间的关系时，绘制二维分布图是非常有用的。为避免数据点的重叠（如旁边的散点图），二维分布图将绘图区域划分为多个小片段，并显示此片段中的数据点数。例如下面所创建的数据集就非常适合使用二维分布图来表示，如图5.33所示。

```
# 加载包
library(tidyverse)

# 创建数据集
a <- data.frame( x=rnorm(20000, 10, 1.9), y=rnorm(20000, 10, 1.2) )
b <- data.frame( x=rnorm(20000, 14.5, 1.9), y=rnorm(20000, 14.5, 1.9) )
c <- data.frame( x=rnorm(20000, 9.5, 1.9), y=rnorm(20000, 15.5, 1.9) )
data <- rbind(a,b,c)

# 绘制散点图
ggplot(data, aes(x=x, y=y) ) +
  geom_point()
```

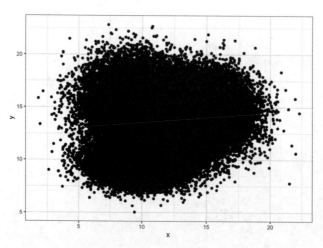

图5.33 散点图

上面的代码绘制出了一幅散点图。从图5.33中可以看到，散点图中的点非常集中，数据点聚集成为一大块。这个时候散点图并不能显示出什么信息，因此，绘制一个二维分布图是一种更好的选择。

使用 ggplot2 绘制二维分布图通常使用以下3个函数。

- geom_bin2d 函数：绘制二维直方图。
- geom_hex 函数：绘制六角直方图。
- geom_density_2d 函数：绘制二维密度直方图。

对于二维直方图而言，图形将平面划分为矩形，计算每个矩形中的数据量，然后(默认情况下)将样本数量映射到矩形的填充颜色。这也是在数据非常密集的情况下代替 geom_point 函数的一个有用的方法。geom_hex 函数与 geom_bin2d 函数类似，只不过 geom_hex 函数是将平面划分成为多个六边形。

### 5.3.1 绘制二维直方图

二维直方图将绘图区域分为多个小方块，每个方块中的点数由其颜色表示。绘制二维直方图的关键函数是 geom_bin2d，该函数提供一个 bins 参数，用于控制要显示的区域数。下面的代码绘制了一幅二维直方图，如图 5.34 所示。

```
# 绘制二维直方图
ggplot(data, aes(x=x, y=y) ) +
  geom_bin2d() +
  theme_bw()
```

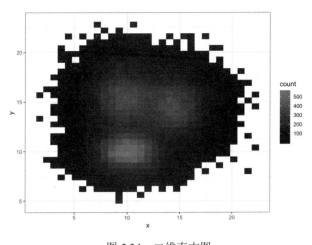

图 5.34　二维直方图

上面的代码将图 5.33 转变成为一个二维直方图，从图 5.34 中可以看到，不同的颜色代表了不同矩形中样本量的多少，其中颜色越浅，代表样本量越大，也就是数据集中在这一块。二维直方图实现的方法与绘制散点图是一样的，区别是将 geom_point 函数换成了 geom_bin2d 函数。下面的图形是在基础的二维直方图上进行了一些调整，如图 5.35 所示。

```
# 调整颜色
ggplot(data, aes(x=x, y=y) ) +
  geom_bin2d(bins = 70) +
  scale_fill_continuous(type = "viridis") +
  theme_bw()
```

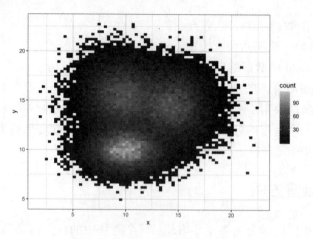

图 5.35　调整颜色后的二维直方图

上面的代码中,修改了 geom_bin2d 函数中的 bins 参数,然后调整了图形的配色。从图 5.35 中可以看到,二维直方图中矩形的面积变小了,并且颜色也发生了改变。在绘制二维直方图的时候需要设置合适的 bins 参数,以使图形能够达到最好的表现力。

### 5.3.2　绘制六角直方图

六角直方图所表达的信息与二维直方图一样,只不过六角直方图是将绘图区域划分为多个六边形,因此称为六角直方图。六角直方图使用 geom_hex 函数进行制作。下面的代码绘制了一幅六角直方图,如图 5.36 所示。

```
# 绘制六角直方图
ggplot(data, aes(x=x, y=y) ) +
  geom_hex() +
  theme_bw()
```

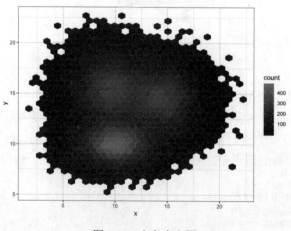

图 5.36　六角直方图

上面的代码绘制了一幅六角直方图，绘制图形的方式与绘制二维直方图一样，只需要将 geom_bin2d 函数改为 geom_hex 函数。图形表达的含义也与二维直方图相似。下面的代码对图形的参数进行调整，调整的方式也与二维直方图相似，如图 5.37 所示。

```
# 调整大小以及颜色
ggplot(data, aes(x=x, y=y) ) +
  geom_hex(bins = 70) +
  scale_fill_continuous(type = "viridis") +
  theme_bw()
```

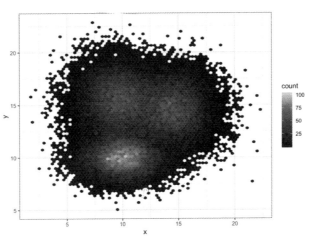

图 5.37　调整六角形大小和配色后的六角直方图

上面的代码中同样调整了 bins 参数，然后调整了图形的配色。从图 5.37 中可以明显地观察到，图形的颜色发生了改变，并且六角形的大小同样发生了改变。

### 5.3.3　绘制二维密度直方图

二维密度图直方图是二维直方图的一个变形。密度直方图估计数据的二维分布。密度图比直方图优胜的地方是密度图不受所使用分组数量的影响，所以能更好地界定分布形状。绘制二维密度直方图所使用的函数是 geom_density_2d 函数。下面的代码绘制了一幅二维密度直方图，如图 5.38 所示。

```
# 仅仅显示轮廓
ggplot(data, aes(x=x, y=y) ) +
  geom_density_2d()
```

绘制二维密度直方图的方法与绘制散点图类似，只需要将绘制散点图的 geom_point 函数改为 geom_density_2d 函数即可。基础的二维密度直方图只会显示密度分布的轮廓线，从图 5.38 中可以看到，显示轮廓的密度分布图非常类似于等高线图。当然，还可以使用区域来表示二维密度直方图，如图 5.39 所示。

```
# 仅仅显示区域
ggplot(data, aes(x=x, y=y) ) +
  stat_density_2d(aes(fill = ..level..), geom = "polygon")
```

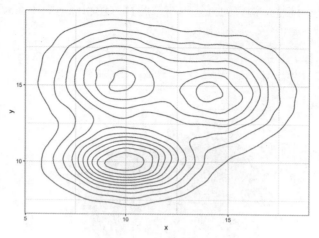

图 5.38　二维密度直方图

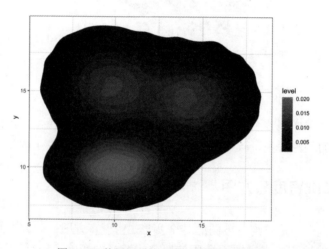

图 5.39　使用区域表示的二维密度直方图

从图 5.39 中可以看到，不同的区域颜色不一样，颜色浅的地方表示数据越集中。在上面的代码中，调整了两个地方，首先是设置了代码 aes(fill =..level..)，然后设置参数 geom = "polygon"。当然，一个更好的选择是同时绘制轮廓线和区域，这样可以使读者更加容易阅读图形。下面的代码添加了轮廓线，如图 5.40 所示。

```
# 区域 + 轮廓
ggplot(data, aes(x=x, y=y) ) +
  stat_density_2d(aes(fill = ..level..), geom = "polygon", color="white")
```

从图 5.40 中可以看出，同时使用了轮廓线和区域来表示二维密度直方图，这样使图形更加清晰。实现方式非常简单，在 state_density_2d 函数中添加 color 参数即可。

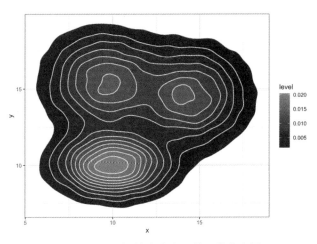

图 5.40  区域+轮廓线表示的二维密度图

## 5.3.4 调整图形配色

无论使用二维直方图、六角直方图还是二维密度直方图,都可以自定义图形的颜色。下面的代码使用了 scale_fill_distiller 函数调整图形的颜色,如图 5.41 所示。

```
# 设置调色版
ggplot(data, aes(x=x, y=y) ) +
  stat_density_2d(aes(fill = ..density..), geom = "raster", contour = FALSE) +
  scale_fill_distiller(palette=4) +
  scale_x_continuous(expand = c(0, 0)) +
  scale_y_continuous(expand = c(0, 0)) +
  theme(
    legend.position='none'
  )
```

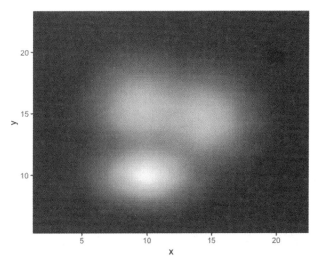

图 5.41  调整颜色后的二维密度直方图

上面的代码对二维密度直方图的颜色进行了调整，设置了不一样的配色。实现的方式是使用 scale_fill_distiller 函数，通过参数 palette 来指定不同的配色方式。可选的配色包括 BrBG、PiYG、PRGn、PuOr 等。选择合适的配色并不容易，需要不断地进行尝试。

## 5.4 线　　图

线图或折线图显示了一个或多个连续变量的演变，数据点通过直线段连接，通常用于在时间间隔（时间序列）中显示数据趋势。下面的代码显示了 2013 年 4 月到 2018 年 4 月比特币价格的变化（数据来自 CoinMarketCap 网站），如图 5.42 所示。

```
# 加载包
library(tidyverse)
library(hrbrthemes)
library(plotly)
##
## Attaching package: 'plotly'
## The following object is masked from 'package:ggplot2':
##
##     last_plot
## The following object is masked from 'package:stats':
##
##     filter
## The following object is masked from 'package:graphics':
##
##     layout
library(patchwork)
library(babynames)
library(viridis)
## Loading required package: viridisLite
# 从 GitHub 获取数据
data <- read.table("https://raw.githubusercontent.com/holtzy/data_to_viz/
master/Example_dataset/3_TwoNumOrdered.csv", header=T)
data$date <- as.Date(data$date)

# 绘制图形
data %>%
  ggplot( aes(x=date, y=value)) +
    geom_line(color="#69b3a2") +
    ggtitle("Bitcoin price") +
    ylab("bitcoin price ($)") +
    theme_ipsum()
```

上面的代码中，使用 read.table 函数获取绘图所需要的数据，然后将数据中的 date 变量转变成为时间格式。在处理好数据之后，使用 geom_line 函数绘制线图。

第 5 章 两个同类型变量的图形绘制

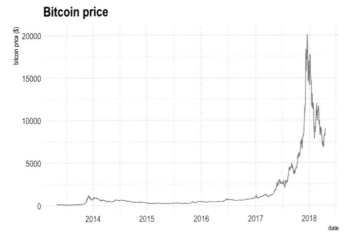

图 5.42 线图

从图 5.42 中可以看到，这个图形有比较好的可视化效果，能够非常清晰地观察到数据的变化情况。但是，一旦有多条线图一起显示，图形便会变得混乱，难以理解，这种多线图形被称为"意大利面条图"。下面的代码绘制了一幅意大利面条图，如图 5.43 所示。

```r
# 加载包
library(tidyverse)
require(readr)
library(tidyverse)
library(hrbrthemes)
library(streamgraph)
library(viridis)

# 获取数据
babynames <- read_csv("https://raw.githubusercontent.com/holtzy/data_to_
viz/master/Example_dataset/5_OneCatSevNumOrdered.csv")
## Parsed with column specification:
## cols(
##   year = col_double(),
##   sex = col_logical(),
##   name = col_character(),
##   n = col_double(),
##   prop = col_double()
## )
# 数据处理
data <- babynames %>%
  filter(name %in% c("Mary","Emma", "Ida", "Ashley", "Amanda", "Jessica",
"Patricia", "Linda", "Deborah",  "Dorothy", "Betty", "Helen")) %>%
  filter(sex==FALSE)

# 绘制图形
data %>%
  ggplot( aes(x=year, y=n, group=name, color=name)) +
    geom_line() +
```

```
scale_color_viridis(discrete = TRUE) +
theme(
  legend.position="none",
  plot.title = element_text(size=14)
) +
ggtitle("A spaghetti chart of baby names popularity") +
theme_ipsum()
```

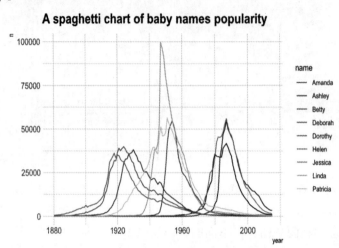

图 5.43 "意大利面条"图

上面的代码绘制了多条线图，从图 5.43 中可以观察到，不同的线图交织在一起，这个时候很难获取有效的信息。解决这种问题的方法很多，如使用分面。下面的代码使用分面绘制了多幅线图，如图 5.44 所示。

```
# 数据处理，然后绘制图形
data %>%
  ggplot( aes(x=year, y=n, group=name, fill=name)) +
    geom_line() +
    scale_fill_viridis(discrete = TRUE) +
    theme(legend.position="none") +
    ggtitle("Popularity of American names in the previous 30 years") +
    theme_ipsum() +
    theme(
      legend.position="none",
      panel.spacing = unit(0.1, "lines"),
      strip.text.x = element_text(size = 8),
      plot.title = element_text(size=14)
    ) +
    facet_wrap(~name)
```

图 5.44 中，对于不同 name 的值，绘制了多幅图形。相比于图 5.43，使用分面来表示多幅线图能够更加有效地展示出不同分组的图形信息。

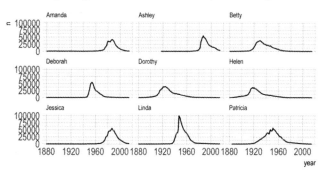

图 5.44　使用分面绘制多幅线图

另外一种方法是突出某一条线段。下面的代码中，对 name 变量中 Amanda 值对应的线图进行了突出显示，如图 5.45 所示。

```
data %>%                                             # 数据处理，然后绘制图形
  mutate( highlight=ifelse(name=="Amanda", "Amanda", "Other")) %>%
  ggplot( aes(x=year, y=n, group=name, color=highlight, size=highlight)) +
    geom_line() +
    scale_color_manual(values = c("#69b3a2", "lightgrey")) +
    scale_size_manual(values=c(1.5,0.2)) +
    theme(legend.position="none") +
    ggtitle("Popularity of American names in the previous 30 years") +
    theme_ipsum() +
    geom_label( x=1990, y=55000, label="Amanda reached 3550\nbabies in 1970", size=4, color="#69b3a2") +
    theme(
      legend.position="none",
      plot.title = element_text(size=14)
    )
```

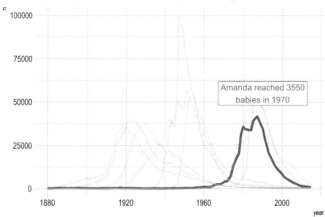

图 5.45　突出显示某条线图

上面的代码中首先还是对数据集进行了处理，将 name 的变量分为两组，Amanda 为一组，其他的值为第二组，并将处理后的结果赋值为 highlight 变量。然后在绘图中，将颜色参数 color 和 size 参数都映射为 highlinht 变量。这样的话，Amanda 对应的组和其他组的颜色、大小都会不一样。然后使用 scale_color_manual 函数指定绘图的颜色，使用 scale_size_manual 函数指定大小。从图 5.45 中可以看出，经过这样调整的图形同样能够有比较好的可视化效果。

也就是说，在绘制线图的时候需要避免绘制出太多的线条，过多的线条会让图形非常混乱。如果无法避免绘制太多的线条，则可以参照上述两种解决方法。

关于线图，还有很多的细节需要讨论，例如坐标轴是否需要从 0 开始。因为很多时候，我们的数据并不是从 0 开始，甚至可能在某个阈值之上。需不需要对坐标轴进行切割，需要视情况而定。下面的代码绘制了两幅图形，如图 5.46 所示。

```r
# 绘制图形
data <- data.frame(date = c(1:10),value = c(8000,8300,8375,8270,8200,
8300,8810,9000,9020,8900))
p1 <- data %>%
  tail(10) %>%
  ggplot( aes(x=date, y=value)) +
    geom_line(color="#69b3a2") +
    geom_point(color="#69b3a2", size=4) +
    ggtitle("Not cuting") +
    ylab("bitcoin price ($)") +
    theme_ipsum() +
    ylim(0,10000)
# 绘制图形
p2 <- data %>%
  tail(10) %>%
  ggplot( aes(x=date, y=value)) +
    geom_line(color="#69b3a2") +
    geom_point(color="#69b3a2", size=4) +
    ggtitle("Cuting") +
    ylab("bitcoin price ($)") +
    theme_ipsum()+ylim(8000,9000)

p1+p2                                    # 将两幅图形合并
## Warning: Removed 1 rows containing missing values (geom_point).
```

上面的代码中使用了相同的数据绘制了两幅图形，在第一幅图形中，设置了 y 轴的范围，通过 ylim 参数将 y 轴的范围设置为 (0,10000)；在第二幅图形中，将坐标轴的范围设置为 (8000,9000)。从图 5.46 中可以清楚地看到两幅图形的区别，在左边的图形中，数据的趋势并不能体现出来，似乎数据的变化波动并不大；然而在第二幅图形中，缩小了坐标轴的范围，这时候图形清晰地体现出了数据的波动。

第 5 章 两个同类型变量的图形绘制

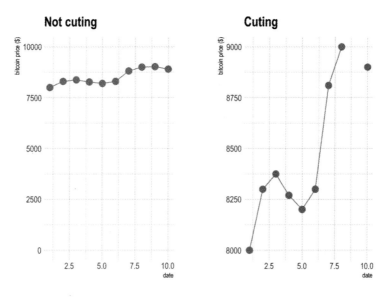

图 5.46 坐标轴调整

另外，在绘制线图的时候还有一个需要注意的事项，就是避免绘制双 y 轴线图，因为这种图形 y 轴的刻度不一样，非常容易得出错误的结论。在同一个坐标系下，一个图形中的两条线段可能是如图 5.47 中所显示的那样。

```
# 加载包
library(latticeExtra)
## Loading required package: lattice
## Loading required package: RColorBrewer
##
## Attaching package: 'latticeExtra'
## The following object is masked from 'package:ggplot2':
##
##     layer
# 创建数据集
set.seed(1)
x <- 1:100
var1 <- cumsum(rnorm(100))
var2 <- var1^2
data <- data.frame(x,var1,var2)


# 绘制图形
Z

xyplot(var1 + var2 ~ x, data, type = "l", col=c("steelblue", "#69b3a2") ,
lwd=2)
```

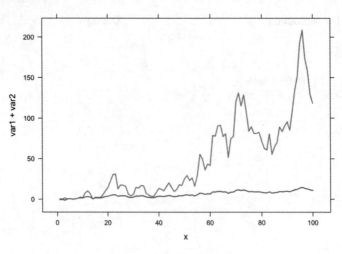

图 5.47 单 y 轴坐标线图

上面的代码使用了 latticeExtra 包中的 xyplot 函数绘制了两条线段，在这幅图中，两条线段使用了同样的坐标轴。从图 5.47 中可以看到，其中一条线段比另外一条线段要高。但是，如果将上面的图形变成双 y 轴图形，则如图 5.48 所示。

```
# 加载包
library(latticeExtra)

# 创建数据集
set.seed(1)
x <- 1:100
var1 <- cumsum(rnorm(100))
var2 <- var1^2
data <- data.frame(x,var1,var2)


# 为每个系列构建单独的图
obj1 <- xyplot(var1 ~ x, data, type = "l" , lwd=2, col="steelblue")
obj2 <- xyplot(var2 ~ x, data, type = "l", lwd=2, col="#69b3a2")

# 使用第二个 y 轴绘制图
doubleYScale(obj1, obj2, add.ylab2 = TRUE, use.style=FALSE )
```

上面的代码使用与图 5.47 相同的数据绘制了一个双 y 轴坐标的线图。也就是说，y 轴有两个坐标。从图 5.48 中可以看到，在双 y 轴坐标的图形中，这两条线的趋势似乎非常相似。虽然图 5.48 和图 5.47 使用的数据一样，但是从图形中得到的结论却非常不同。

图 5.48 确实具有误导性，使人很容易得出结论：两个变量都遵循完全相同的模式。因此，最好不要绘制双 y 轴坐标的图形。接下来，会一步步地介绍线图的绘制方式。

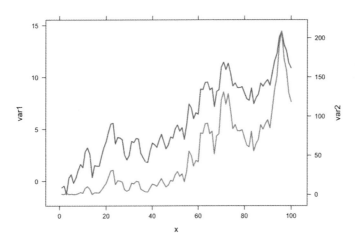

图 5.48　双 y 轴坐标线图

## 5.4.1　绘制基础线图

下面的代码绘制了一幅基础的线图，如图 5.49 所示。
```
# 加载包
library(ggplot2)

# 创建数据集
xValue <- 1:10
yValue <- cumsum(rnorm(10))
data <- data.frame(xValue,yValue)

# 绘制图形
ggplot(data, aes(x=xValue, y=yValue)) +
  geom_line()
```
构建线图和构建散点图几乎是一样的，只需要将 geom_point 函数改为 geom_line 函数即可绘制出线图。这是最基本的线图的绘制方式。也可以对线图的一些参数进行修改，并添加一些内容。例如，使用 ggtitle 函数添加标题，修改 color、size、shape 等参数，或者添加主题。下面的代码对线图的参数进行了设置，如图 5.50 所示。
```
# 加载包
library(ggplot2)
library(hrbrthemes)

# 创建数据集
xValue <- 1:10
yValue <- cumsum(rnorm(10))
data <- data.frame(xValue,yValue)
```

```
# 绘制图形
ggplot(data, aes(x=xValue, y=yValue)) +
  geom_line( color="#69b3a2", size=2, alpha=0.9, linetype=2) +
  theme_ipsum() +
  ggtitle("Evolution of something")
```

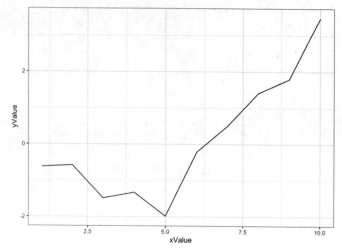

图 5.49　基础线图

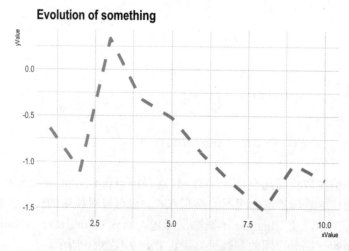

图 5.50　设置参数后的线图

上面的代码调整了线图的颜色，设置线图的 size 参数，调整了透明度，选择线条的类型为虚线。另外，如果希望对数据进行变换，例如对数变换，可以非常方便地实现，调用 scale_y_log10 函数或者 scale_x_log10 函数即可。类似的函数还包括 scale_x_sqrt 和 scale_x_reverse，其作用分别是对数据集进行开方和将坐标轴进行翻转。下面的代码将 y 轴的数据进行对数转换，如图 5.51 所示。

```
# 绘制图形
ggplot(data, aes(x=xValue, y=yValue)) +
  geom_line( color="#69b3a2", size=2, alpha=0.9, linetype=2) +
  theme_ipsum() +
  ggtitle("Evolution of something")+xlab(label = "log10(x)") + scale_y_
log10()
## Warning in self$trans$transform(x): NaNs produced
## Warning: Transformation introduced infinite values in continuous y-axis
## Warning: Removed 9 rows containing missing values (geom_path).
## geom_path: Each group consists of only one observation. Do you need to
## adjust the group aesthetic?
```

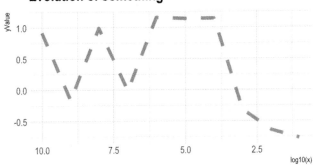

图 5.51　将 y 轴的数据进行对数转换

下面的代码在对数据进行转换之后，进一步对坐标轴进行了调整，如图 5.52 所示。

```
# 加载包
library(ggplot2)

# 创建数据集
data <- data.frame(
  x=seq(10,100),
  y=seq(10,100)/2+rnorm(90)
)
## Warning in seq(10, 100)/2 + rnorm(90): longer object length is not a
## multiple of shorter object length
# 绘制图形
ggplot(data, aes(x=x, y=y)) +
  geom_line() +
  scale_y_log10( breaks=c(1,5,10,15,20,50,100), limits=c(1,100) )
```

上面的代码对 y 轴的数据进行了对数转换，并且使用 scale_y_log10 函数对 y 轴的坐标进行了调整，使用 limits 参数指定坐标轴的范围，使用 breaks 参数调整坐标轴的刻度显示。从图 5.52 中可以看到，y 轴的刻度不再是等距的，而是根据 breaks 参数所设置的数字进行显示。

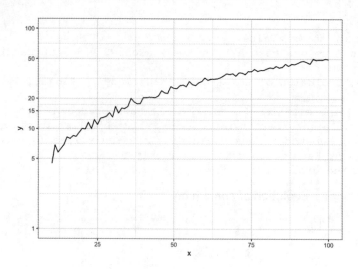

图 5.52　对坐标轴进行调整

关于数据的转换，如果需要转换的变量是连续变量，则可使 scale_x_continuous 函数进行更多的转换，调整参数 trans 可以对数据进行包括：asn、atanh、boxcox、date、exp、hms、identity、log、log10、log1p、log2、logit、modulus、probability、probit、pseudo_log、reciprocal、reverse、sqrt 等转换。例如对数据进行开平方变换，转换后如图 5.53 所示。

```
# 加载包
library(ggplot2)

# 创建数据集
data <- data.frame(
  x=seq(10,100),
  y=seq(10,100)/2+rnorm(90)
)
## Warning in seq(10, 100)/2 + rnorm(90): longer object length is not a
## multiple of shorter object length
# 绘制图形
ggplot(data, aes(x=x, y=y)) +
  geom_line() +scale_y_continuous(trans = "sqrt")
```

上面的代码使用了 scale_y_continuous 函数对 y 轴的数据进行开平方，然后绘制图形。另外，scale_y_continuous 函数的另外几个参数也常常被使用，在这里简单介绍一下，更详细的内容会在后面的章节进行介绍。scale_y_continuous 函数的 breaks 参数可以调整坐标轴的显示间隔，limits 参数可以调整坐标轴的范围。下面的代码调整了坐标轴的范围，如图 5.54 所示。

```
# 加载包
library(ggplot2)

# 创建数据集
data <- data.frame(
```

```
    x=seq(10,100),
    y=seq(10,100)/2+rnorm(90)
)
## Warning in seq(10, 100)/2 + rnorm(90): longer object length is not a
## multiple of shorter object length
#   绘制图形
ggplot(data, aes(x=x, y=y)) +
    geom_line() + scale_x_continuous(limits = c(0,200),breaks = c(0,50,100,
150,200))
```

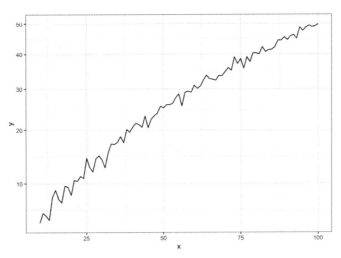

图 5.53　对 y 轴数据进行开平方后的线图

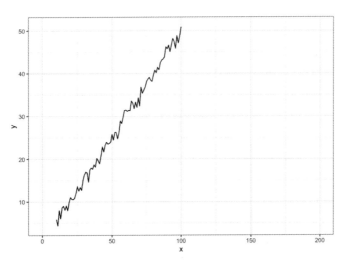

图 5.54　调整坐标轴的范围

上面的代码使用 scale_x_continuous 函数调整了 x 轴的坐标轴范围，通过 limits 参数将 x 轴的范围设置为(0,200)，然后使用 breaks 参数调整 x 轴的坐标轴刻度显示为(0,50,100,

150,200)。通过这些参数可以轻松地对坐标轴进行调整。

### 5.4.2 绘制连线图

连线图是线图的一种,其会将数据点按照先后顺序一个一个连接起来。绘制连线图的函数是 geom_path。下面的代码绘制了一幅连线图,如图 5.55 所示。

```
# 加载包
library(ggplot2)
library(dplyr)
library(hrbrthemes)

# 从 GitHub 中获取数据集
data <- read.table("https://raw.githubusercontent.com/holtzy/data_to_viz/master/Example_dataset/3_TwoNumOrdered.csv", header=T)
data$date <- as.Date(data$date)
# 绘制图形
data %>%
  tail(10) %>%
  ggplot( aes(x=date, y=value)) +
    geom_path( color="grey") +
    geom_point(shape=21, color="black", fill="#69b3a2", size=6) +
    theme_ipsum() +
    ggtitle("Evolution of bitcoin price")
```

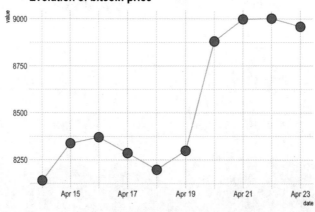

图 5.55 连线图 1

这里使用了 geom_path 函数绘制了连线图。从图 5.55 中可以看到,似乎使用 geom_path 函数绘制的连线图和使用 geom_line 绘制的线图并没有区别。这是因为数据的原因。下面的代码使用更复杂的数据绘制连线图,并且使用 hrbrthemes 包中的 theme_ipsum 函数自定义了一般主题,然后调整了 shape、size、color 等参数,如图 5.56 所示。

```
# 加载包
library(hrbrthemes)
```

```
library(ggplot2)
library(dplyr)
library(babynames)
library(ggrepel)
library(tidyr)
data(babynames)
# 对数据集进行处理
data <- babynames %>%
  filter(name %in% c("Ashley","Amanda")) %>%
  filter(sex=="F") %>%
  filter(year>1970) %>%
  select(year, name, n) %>%
  spread(key = name, value=n, -1)

# 绘制图形
data %>%
  ggplot(aes(x=Amanda, y=Ashley, label=year)) +
    geom_path(color = 'red',size = 1,arrow = arrow()) +geom_point(shape = 2)+theme_ipsum()
```

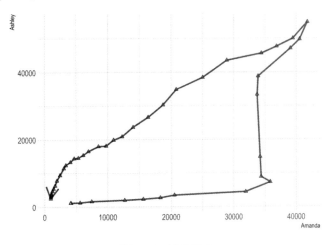

图 5.56　连线图 2

上面的代码绘制了一幅路径图，从图 5.56 中可以看到，路径图中的线段从左下角出发，最后回到了左下角。需要注意的是，路径图中的连线是根据数据中点的先后顺序来进行连接的。下面的代码也绘制了一幅连线图，如图 5.57 所示，从两幅图中可以清楚地观察到不一样的地方。

```
data %>%                                              # 绘制图形
  ggplot(aes(x=Amanda, y=Ashley, label=year)) +
    geom_line(color = 'red',size = 1,arrow = arrow()) +geom_point(shape = 2)
+theme_ipsum()
```

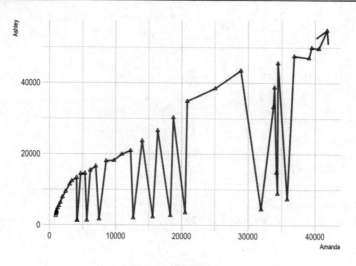

图 5.57　连线图 3

上面的代码绘制了一幅连线图，从图 5.57 中可以观察到，线段的起点在图的左下角，而线段的终点在图的右上角，并且数据似乎有向上的趋势。在线图 5.57 中，线段的连接是从左往右连接的，而不是根据数据中点的先后顺序进行连接的。

# 第 6 章 分类变量和连续变量的图形绘制

分类变量是有关计数的变量，例如掷骰子，结果的点数是 1~6 之间的一个值。这个结果的数值是不能够切割的，不可能有骰子的结果是 1.5。而连续变量则记录的是一连串的数值，如时间、价格、体重。连续变量的数值是能够切割的，例如 0.5s、0.5kg 等都是合理的。但是连续变量和分类变量之间的界限并不绝对，连续变量可以转换成分类变量，转换的方法则是分箱。数据分箱是一种数据预处理技术，可以减少轻微的数据误差。因此，有的时候对于两个连续变量同样可以使用本章所介绍的图形进行可视化。

本章将介绍分类变量和连续变量之间的图形的绘制，包括箱线图、小提琴图、圆形条形图等。每一种图形都有其优点和适用的场景，例如绘制多组直方图会导致图形过于混乱，导致图形的信息难以被理解，这时可以选择绘制分面的图形或者山脊图。有些图形虽然本章介绍了，但还是不推荐使用此类图形进行可视化，例如饼图。事实上，饼图并不是一个对数据进行可视化的好的选择。饼图是一个分为扇区的圆圈，每个扇区代表整体的一部分，通常用于显示百分比，其中扇区的总和等于 100%。问题是人类的阅读体验非常糟糕。在相邻的饼图中，很难确定哪个组是最大的组，并且很难将饼图按值排序。饼图很难理解，这就是必须避免使用饼图的原因。

本章也是主要使用 ggplot2 包来进行图形的绘制，并且会对图形的各种细节进行调整。但是关于绘图细节的调整本章将不会系统地介绍，在后面的章节中，会有专门的部分来介绍 ggplot2 绘图的细节设置。

## 6.1 箱线图

箱线图是一个研究分布的很好的工具，它可以显示多个组的数据、分布、中位数、数据范围和极端值（如果有的话）。框内中间的线表示中位数；箱体顶部为上分位数，箱体底部为下分位数；极端线端点（又称须）之间的距离为 1.5×IQR，其中 IQR 为四分位间距（IQR 即表示上分位数-下分位数）；极端线外的点通常被认为是极端点。箱线图的结构如图 6.1 所示。

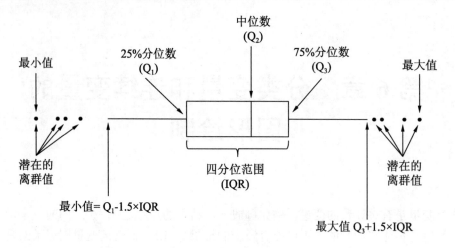

图 6.1 箱线图的结构

从图 6.1 可以观察到，箱线图由以下几个元素组成：
- 将框分成两部分的线表示的是数据的中位数。
- 方框的两端显示上分位数（$Q_3$）和下分位数（$Q_1$）。
- 上分位数和下分位数之间的距离被称为四分位间距（简称 IQR）。
- 极端线分别为 $Q_3+1.5\times IQR$ 和 $Q_1-1.5\times IQR$（不包括极端值的最高值和最低值）。
- 超出极端线的点（或其他标记）显示了极端值。

箱线图是最常用的图表之一，用于比较几个组的数据分布。另外一个比较常用的场景是用来识别数据中的极端值。但是需要记住的是，在绘制箱线图的时候，数据的分布会被隐藏在每个框的后面。箱线图可以汇总多个组的连续变量的分布信息，问题是信息的总结也意味着丢失信息，这可能是一个陷阱。例如我们观察图 6.2 所示的箱线图，很容易得出结论，该组 C 的值高于其他组，但是我们无法看到每组中点的基本分布或它们的观测数量，并且在箱线图中，正态分布看起来可能与双峰分布完全相同。下面的代码绘制了如图 6.2 所示的箱线图，图中的数据是构造的。

```
# 加载数据包
library(tidyverse)
## ── Attaching packages ─────────────────────── tidyverse 1.2.1 ──
## ✔ ggplot2 3.2.1.9000     ✔ purrr   0.3.2
## ✔ tibble  2.1.3          ✔ dplyr   0.8.3
## ✔ tidyr   1.0.0          ✔ stringr 1.4.0
## ✔ readr   1.3.1          ✔ forcats 0.4.0
## ── Conflicts ────────────────────────── tidyverse_conflicts() ──
## ✖ dplyr::filter() masks stats::filter()
## ✖ dplyr::lag()    masks stats::lag()
library(hrbrthemes)
## NOTE: Either Arial Narrow or Roboto Condensed fonts are required to use
    these themes.
##       Please use hrbrthemes::import_roboto_condensed() to install Roboto
```

```
##         Condensed and
##       if Arial Narrow is not on your system, please see http://bit.ly/
         arialnarrow
library(viridis)
## Loading required package: viridisLite
library(plotly)
## 
## Attaching package: 'plotly'
## The following object is masked from 'package:ggplot2':
## 
##     last_plot
## The following object is masked from 'package:stats':
## 
##     filter
## The following object is masked from 'package:graphics':
## 
##     layout
# 创建一个数据集
data <- data.frame(
  name=c( rep("A",500), rep("B",500), rep("B",500), rep("C",20), rep('D',100) ),
  value=c( rnorm(500, 10, 5), rnorm(500, 13, 1), rnorm(500, 18, 1), rnorm(20, 25, 4), rnorm(100, 12, 1) )
)

# 绘制图形
data %>%
  ggplot( aes(x=name, y=value, fill=name)) +
    geom_boxplot() +
    scale_fill_viridis(discrete = TRUE) +
    theme_ipsum() +
    theme(
      legend.position="none",
      plot.title = element_text(size=11)
    ) +
    ggtitle("Misleading Boxplot") +
    xlab("a")
```

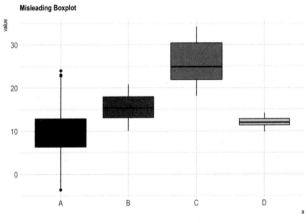

图 6.2　箱线图

上面的代码中首先创建了一个数据集，数据集中有两个变量，name 和 value，其中 name 是分类变量，value 是连续变量；然后使用 ggplot 绘制图形，使用代码 ggplot (aes(x=name, y=value, fill=name))将数据 x 映射为 name，将 y 映射为 value，箱线图的填充颜色使用 name 来映射，表示不同 name 的箱线图使用不同的颜色；然后使用 geom_boxplot 函数绘制箱线图。

后面的代码对图形进行一些调整。scale_fill_viridis 函数来自于包 viridis，表示使用的是 viridis 的配色，因为 name 是分类变量，所以这里设定该函数的 discrete 参数为 TRUE。

theme_ipsum 是一个主题函数，来自于 ggplot2 的拓展包 hrbrthemes。使用主题函数可以快速地对图形的细节进行调整，例如图形的字体、图形的排版等。使用合适的主题可以减少很多关于图形调整的工作量。然后使用 theme 函数对图形细节进行额外的调整，legend.position="none"表示不显示图例，因为不同的颜色表示不同 name，name 通过横坐标即可以知道，不需要图例来额外地表达这个信息；plot.title = element_text (size=11) 用于调整标题文字的大小。ggtitle 函数用于设置图形的标题。xlab 函数用于设置 x 轴的名称。

从绘制好的图形中可以看到，C 组的值相比于其他组的值是最高的，另外还可以发现，A 组和 D 组存在一些极端值。但是，关于数据的其他一些信息从图中则很难观察到。

这个时候如果使用的数据量不是太大，在箱线图上添加扰动点可以使图形更具洞察力。下面的代码在上面的图形中增加了扰动点，如图 6.3 所示。

```
# 绘制图形
data %>%
  ggplot( aes(x=name, y=value, fill=name)) +
    geom_boxplot() +
    scale_fill_viridis(discrete = TRUE) +
    geom_jitter(color="red", size=0.5, alpha=0.5) +
    theme_ipsum() +
    theme(
      legend.position="none",
      plot.title = element_text(size=11)
    ) +
    ggtitle("A boxplot with jitter") +
    xlab("")
```

上面的代码为箱线图增加了扰动点，并且增加扰动点的方式非常简单，这也是使用 ggplot 的一个优势——对图形的修改非常简单。在箱线图中增加扰动点只需要添加一个新的几何变换，添加的代码为 geom_jitter。在这里设置了一些扰动点的参数，color 用于设置点的颜色，size 用于设置点的大小，alpha 用于设置点的透明度。

从绘制好的图形中可以观察到出现了一些新模式。与组 C 相比，其他组具有更大的样本量，这是一个无法直接从箱线图中获取的信息。此外，看起来组 B 有一个双峰分布（bimodal distribution），即 B 组的数据点分为 2 组：y=18 和 y=13。

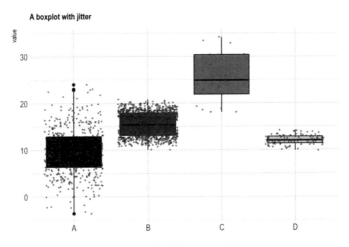

图 6.3　在箱线图上添加扰动点

如果样本量较大，添加扰动点并不是一个合适的选择，因为扰动点会重叠，使得数字无法解释。此时可以选择小提琴图，它描述了每组数据的分布。下面的代码绘制了一幅小提琴图，如图 6.4 所示。

```
# 计算不同 name 分组的样本量
sample_size = data %>% group_by(name) %>% summarize(num=n())

# 绘制图形
data %>%
  left_join(sample_size) %>%
  mutate(myaxis = paste0(name, "\n", "n=", num)) %>%
  ggplot( aes(x=myaxis, y=value, fill=name)) +
    geom_violin(width=1.4) +
    geom_boxplot(width=0.1, color="grey", alpha=0.2) +
    scale_fill_viridis(discrete = TRUE) +
    theme_ipsum() +
    theme(
      legend.position="none",
      plot.title = element_text(size=11)
    ) +
    ggtitle("A boxplot with jitter") +
    xlab("")
## Joining, by = "name"
## Warning: position_dodge requires non-overlapping x intervals
```

在上面的代码中，首先对数据进行了处理，这里使用 group_by 函数对数据进行了汇总，计算出每一个类别的样本量，并赋值给一个新的变量 sample_size；然后使用 left_join 函数对 data 数据集和 sampel_size 数据进行了左连接，然后使用 mutate 函数生成了一个新的变量 myaxis。后面的绘制图形的代码与上文是相似的，需要注意的是，这里首先使用了 geom_violin 函数，表示绘制小提琴图；然后使用 geom_boxplot 函数在绘制的小提琴图基础之上添加了箱线图。

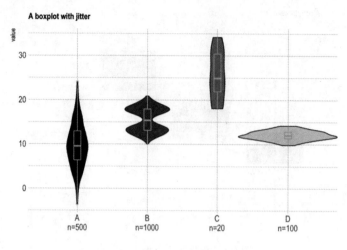

图 6.4　小提琴图

从图 6.4 中可以很清楚地看出这些组具有不同的分布，B 组的双峰分布变得非常明显。与箱线图相比小提琴图是一种显示分布信息的有效方式，对比而言，箱线图并不能很好地显示数据的分布。

在图 6.4 中，每个组的样本大小在 x 轴上显示，样本大小显示在组名称下方。这是一种很好的做法，数据量表明 C 组并不具有代表性。但是，有时更好的选择是在图形中显示数据点本身，此时一个很好的选择是显示原始数据的半小提琴图。下面的代码绘制了显示数据的半小提琴图，如图 6.5 所示。

```
# 创建一个新的图层，用于绘制半边的小提琴图
geom_flat_violin <- function(mapping = NULL, data = NULL, stat = "ydensity",
                    position = "dodge", trim = TRUE, scale = "area",
                    show.legend = NA, inherit.aes = TRUE, ...) {
  layer(
    data = data,
    mapping = mapping,
    stat = stat,
    geom = GeomFlatViolin,
    position = position,
    show.legend = show.legend,
    inherit.aes = inherit.aes,
    params = list(
      trim = trim,
      scale = scale,
      ...
    )
  )
}

# 一个新的统计变换
GeomFlatViolin <-
  ggproto("GeomFlatViolin", Geom,
      setup_data = function(data, params) {
```

```r
              data$width <- data$width %||%
                params$width %||% (resolution(data$x, FALSE) * 0.9)

              #ymin、ymax、xmin 和 xmax 为每个组定义边界矩形
              data %>%
                group_by(group) %>%
                mutate(ymin = min(y),
                       ymax = max(y),
                       xmin = x,
                       xmax = x + width / 2)
            },

            draw_group = function(data, panel_scales, coord) {
              # 找到路线的起点
              data <- transform(data, xminv = x,
                                xmaxv = x + violinwidth * (xmax - x))

              # 确保已正确排序以绘制轮廓
              newdata <- rbind(plyr::arrange(transform(data, x = xminv), y),
                               plyr::arrange(transform(data, x = xmaxv), -y))

              # 将第一个点和最后一个点设置为相同
              newdata <- rbind(newdata, newdata[1,])

              ggplot2:::ggname("geom_flat_violin", GeomPolygon$draw_panel(newdata, panel_scales, coord))
            },

            draw_key = draw_key_polygon,

            default_aes = aes(weight = 1, colour = "grey20", fill = "white", size = 0.5,
                              alpha = NA, linetype = "solid"),

            required_aes = c("x", "y")
)


# 绘制图形
data %>%
  sample_frac(0.5) %>%
  ggplot(aes(x = name, y = value, fill = name)) +
    geom_flat_violin(scale = "count", trim = FALSE, width=2) +
    scale_fill_viridis(discrete = TRUE) +
    geom_dotplot(binaxis = "y", dotsize = 0.8, stackdir = "down", binwidth = 0.3, position = position_nudge(-0.025)) +
    theme_ipsum() +
    theme(
      legend.position = "none"
    ) +
    ylab("value")
```

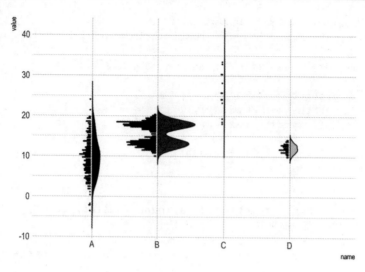

图 6.5 显示数据的半小提琴图

上面这个图形的绘制比较复杂。其中，geom_flat_violin 函数定义了一个新的图层，用于绘制半边的小提琴图，GeomFlatViolin 表示一个新的统计变换，它会在 geom_flat_violin 函数中调用。下面的代码绘制了简单的半小提琴图，首先使用 sample_frac 函数对数据集进行抽样，抽样的比例为 50%，然后调用 geom_flat_violin 函数绘制半边的小提琴图，如图 6.6 所示。

```
data %>% # 绘制图形
  sample_frac(0.5) %>%
  ggplot(aes(x = name, y = value, fill = name)) +
    geom_flat_violin(scale = "count", trim = FALSE, width=2)
```

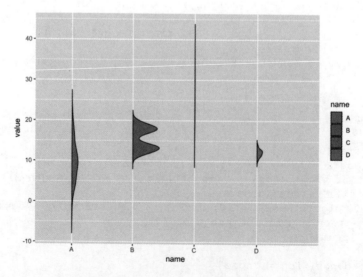

图 6.6 简单的半小提琴图

在绘制了半小提琴图之后，在半小提琴图的左边添加点图，以显示数据的原始情况，如图 6.7 所示。

```
data %>%                                # 绘制图形
  sample_frac(0.5) %>%
  ggplot(aes(x = name, y = value, fill = name)) +
    geom_flat_violin(scale = "count", trim = FALSE, width=2) +
    scale_fill_viridis(discrete = TRUE) +
    geom_dotplot(binaxis = "y", dotsize = 0.8, stackdir = "down", binwidth
= 0.3, position = position_nudge(-0.025)) +
    theme_ipsum() +                     # 设置主题
    theme(
      legend.position = "none"
    ) +
    ylab("value")
```

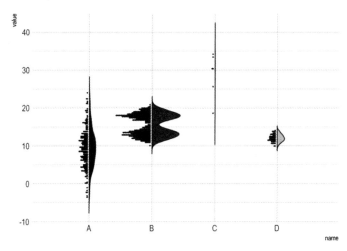

图 6.7　在半小提琴图的左边添加点图

上面的代码中，使用 geom_dotplot 函数绘制点图，并对很多参数进行设置，binaxis 用于指定点在数据轴的方向，dotsize 用于指定数据点的大小，stackdir 用于指定从哪个方向进行叠加点，binwidth 的含义与直方图中的含义是一样的， position 用于调整点图的偏移情况。

通过上面的代码，绘制出了数据的半小提琴图。

总而言之，箱线图是了解数据整体分布的一个方式，并且它可以非常好地识别出极端值。

箱线图极端值的判定标准是基于四分位数和四分位间距的。四分位数具有一定的稳定性，多达 25% 的数据可以任意变远而不会对四分位数造成很大的干扰。因此，极端值不会影响箱线图的数据形状。下面的代码绘制了一幅带有极端值的箱线图，如图 6.8 所示。

```
data <- data.frame(                     # 创建数据框
  name=c( rep("A",500), rep("B",500), rep("B",500), rep("C",20), rep('D',
100) ),
```

```
    value=c( rnorm(500, 10, 5), rnorm(500, 13, 1), rnorm(500, 18, 1), rnorm(20,
    25, 4), rnorm(100, 12, 1) )
)

# 绘制图形
data %>%
  ggplot( aes(x=name, y=value, fill=name)) +
    geom_boxplot() +
    scale_fill_viridis(discrete = TRUE) +
    theme_ipsum() +
    theme(
      legend.position="none",
      plot.title = element_text(size=11)
    ) +
    ggtitle("Extreme value") +
    xlab("")
```

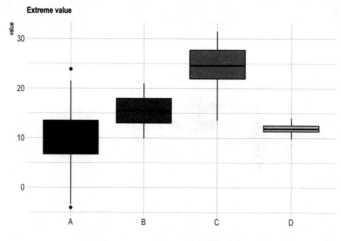

图 6.8  带有极端值的箱线图

从图 6.8 中可以看到，箱线图之外有一些数据点，这些数据点可以被认为是极端值。

上面的例子中提到，从箱线图中没有办法很好地观察到数据的分布，并且没有办法知道数据中的样本量，添加扰动点可以解决这些问题。下面介绍另外一种解决此问题的方法，即通过设置 varwidth=T 调整框的宽度，可以使箱线图的宽度与所包含的数据量成正比。下面的代码调整了箱线图的宽度，使得样本的数量和箱子的宽度成正比，如图 6.9 所示。

```
data <- data.frame(                                        # 创建数据框
  name=c( rep("A",500), rep("B",500), rep("B",500), rep("C",20), rep('D',
  100) ),
  value=c( rnorm(500, 10, 5), rnorm(500, 13, 1), rnorm(500, 18, 1), rnorm(20,
  25, 4), rnorm(100, 12, 1) )
)

# 绘制图形
data %>%
  ggplot( aes(x=name, y=value, fill=name)) +
```

```
  geom_boxplot(varwidth=T) +
  scale_fill_viridis(discrete = TRUE) +
  theme_ipsum() +
  theme(
    legend.position="none",
    plot.title = element_text(size=11)
  ) +
  ggtitle("varwidth=T") +
  xlab("")
```

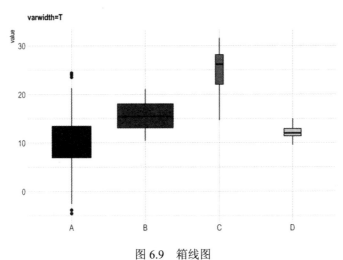

图 6.9　箱线图

上面的代码对 varwidth 参数进行了调整。如果参数设置为 varwidth=TRUE，则表示箱线图方框的宽度与组中观察到的数据量的平方根成比例。从图 6.9 中可以看到，B 组的数据量最多，而 C 组的数据量最少。

箱线图存在一些变体，下面的代码绘制了箱线图的一个变体——塔夫特箱线图（Tufte's Box Plot），如图 6.10 所示。

```
# 加载包
library(ggthemes)
library(ggplot2)

# 绘制图形
data %>%
  ggplot( aes(x=name, y=value, fill=name)) +
  geom_tufteboxplot() +
  scale_fill_viridis(discrete = TRUE) +
  theme(
    legend.position="none",
    plot.title = element_text(size=11)
  ) +
  ggtitle("Tufte's Box Plot") +
  xlab("")+theme_tufte()                        # 设置图形的主题
```

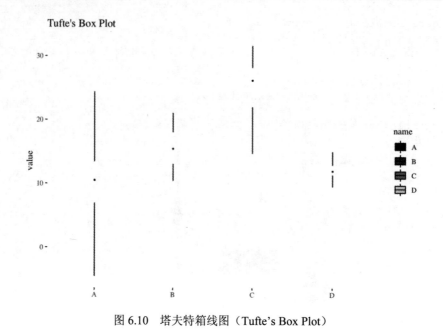

图 6.10　塔夫特箱线图（Tufte's Box Plot）

其中的点表示中位数，点周围的间隙表示的是四分位间距，点周围的线条表示的是最大值和最小值的范围。上文是对箱线图一个总的介绍，接下来从基础的箱线图开始介绍箱线图的绘制。

## 6.1.1　绘制基础箱线图

在 ggplot2 包中使用 geom_boxplot 函数绘制箱线图。在绘制箱线图的时候需要注意调整箱线图的分组顺序，因为排序后的箱线图能更加清晰明确地展示信息。此外，显示抖动点是避免隐藏底层分布的好方法。

箱线图可以调整的参数很多，包括 outlier.colour、outlier.shape、outlier.size，这几个参数分别用于修改极端值点的颜色、极端值点的形状、极端值的点的大小。notch 参数设定为逻辑值，如果为真，则绘制一个缺口箱线图。关于缺口的注意事项是，如果用箱线图比较多组数据，如果两组之间没有重叠，则两组的中位数会显著不同。

使用 geom_boxplot 函数绘制箱线图的时候必须为 y 轴指定连续变量，为 x 轴（一个组）指定分类变量。

下面的代码绘制了简单的箱线图，如图 6.11 所示。

```
# 加载包
library(ggplot2)

# 使用 mtcars 数据集

# 创建箱线图
```

```
ggplot(mtcars, aes(x=as.factor(cyl), y=mpg)) +
   geom_boxplot(fill="slateblue", alpha=0.2) +
   xlab("cyl")
```

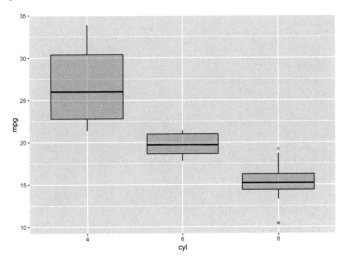

图 6.11 基础箱线图

在上面的代码中，使用的数据集是 mtcars，数据来源于 1974 年美国的《汽车趋势》杂志，包括 32 辆汽车（1973 年—1974 年车型）的油耗、设计和性能的 10 个方面。绘制图形首先还是使用 ggplot 函数指定需要使用的数据集，以及对应的映射关系，需要注意的是 x 对应的应该是分类变量，而 y 对应的应该是连续变量。然后使用 geom_boxplot 函数指定绘制的图形为箱线图，并且定义箱线图的填充颜色为 slateblue，透明度 alpha 为 0.2。通过这样的方式可以绘制一个基础的箱线图。接下来将介绍关于箱线图的调整和扩展。

## 6.1.2 调整参数

也就是说，如果希望比较不同组箱线图的中位数，则设置缺口参数可以更加方便地进行比较。

下面的代码对缺口进行了设置，如图 6.12 所示。

```
#加载包
library(ggplot2)

# 使用 mpg 数据集

# geom_boxplot 为自定义外观提出了几个参数
ggplot(mpg, aes(x=class, y=hwy)) +
   geom_boxplot(

      # 调整颜色
      color="black",
```

```
                fill="red",
                alpha=0.2,
                
                # 设置是否有缺口
                notch=TRUE,
                notchwidth = 0.8,
                
                # 极端值的情况
                outlier.colour="black",
                outlier.fill="red",
                outlier.size=3
                
)
## notch went outside hinges. Try setting notch=FALSE.
## notch went outside hinges. Try setting notch=FALSE.
```

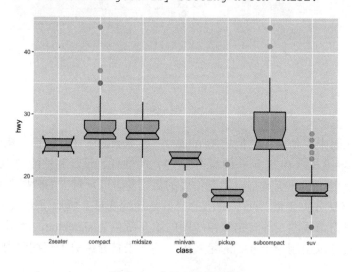

图 6.12 有缺口的箱线图

上面的代码中使用了 mpg 数据集，并且在绘制箱线图的时候，设置参数 color='black'，也就是箱线图的线条为黑色；fill='red' 指的是箱线图的填充颜色为红色；然后调整 nothc=TRUE，用于设置箱线图的缺口，notchwidth 参数用于调整缺口的大小；最后调整的是关于极端值的参数，其中 outlier.colour 和 outlier.fill 调整了极端值的颜色，outlier.size 调整了极端值的大小。

从图 6.12 中可以非常清楚地观察到不同组别之间的中位数大小。比较不同组的中位数，另一种更好的方式是对箱线图的组别顺序进行调整，这样可以更加方便地观察中位数。

### 6.1.3　调整箱线图组别的顺序

重新排序图表中的组可能很困难。解决方案之一是使用 sort 函数或对输入数据集使用 arrange 函数进行排序。

下面的代码解释了如何重新排序数据中的因素水平,其基于 2 个虚拟的数据集。

```
# 加载包
library(ggplot2)
library(dplyr)

# 创建数据集
data <- data.frame(
  name=c("north","south","south-east","north-west","south-west","north-east","west","east"),
  val=sample(seq(1,10), 8 )
)
data
##     name val
## 1  north   4
## 2  south   1
## 3 south-east  10
## 4 north-west   8
## 5 south-west   3
## 6 north-east   6
## 7   west   5
## 8   east   2
```

上面的代码中创建了一个数据集,该数据集中有两个变量,即 name 和 val。其中,name 是分类变量,一共有 8 个不同的值。对数据的因子水平进行处理时使用到的包是 forcars,该包是从 tidyverse 包中特别提出来处理 R 中因子数据的,它提供了一套能够解决与因子相关问题的方法,其中 fct_reorder 函数允许根据数据的值重新排序因子。下面的代码对图形进行了排序。

```
# 加载包
library(forcats)

# 按照另一列的值重新排序:
data %>%
  mutate(name = fct_reorder(name, val)) %>%
  ggplot( aes(x=name, y=val)) +
    geom_bar(stat="identity", fill="#f68060", alpha=.6, width=.4) +
    coord_flip() +
    xlab("") +
    theme_bw()
```

上面的代码中首先使用 mutate 函数对 name 变量进行处理,即使用 fct_reorder 函数根据不同 name 对应的 val 的大小进行排序,然后使用排序之后的数据绘制条形图,如图 6.13 所示,从图中可以看到,条形图的值是按照从大到小进行排序的。如果希望的是升序排序,则需要加入 desc 函数。下面的代码对条形图的值进行了升序排序,如图 6.14 所示。

```
# 绘制图形
data %>%
  mutate(name = fct_reorder(name, desc(val))) %>%
  ggplot( aes(x=name, y=val)) +
    geom_bar(stat="identity", fill="#f68060", alpha=.6, width=.4) +
    coord_flip() +
```

```
xlab("") +
theme_bw()
```

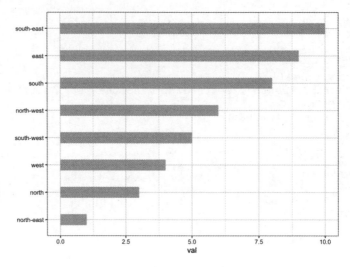

图 6.13　排序后的条形图

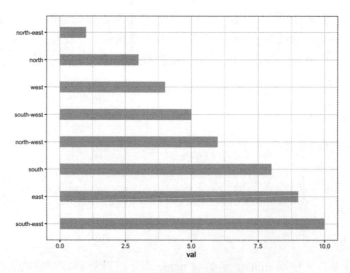

图 6.14　升序排序的条形图

上面的代码中同样对 name 变量的因子顺序进行了排序，这里使用了 desc 函数，表示根据 val 的值进行升序排序，然后绘制条形图。从图 6.14 可以观察到，图形的顺序是升序排列的。

如果每个因子级别有多个值，fct_reorder 函数则可以指定要应用的函数来确定顺序，默认使用中位数，但也可以使用其他函数。下面的代码对图形使用中位数进行排序，如图 6.15 所示。

```
# 使用中位数进行排序，然后绘制图形
mpg %>%
  mutate(class = fct_reorder(class, hwy, .fun='median')) %>%
  ggplot( aes(x=reorder(class, hwy), y=hwy, fill=class)) +
    geom_boxplot() +
    xlab("class") +
    theme(legend.position="none") +
    xlab("")
```

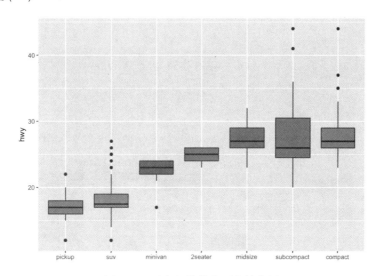

图 6.15　用中位数排序后的箱线图

上面的代码绘制了排序后的箱线图，首先依然是对数据的因子进行排序。代码"fct_reorder(class, hwy, .fun='median')"表示对 class 变量按照 hwy 的中位数的大小进行排序。从图 6.15 可以看到，箱线图根据中位数的大小进行了排序。当然，也可以使用平均值或者其他的一些统计指标进行排序。下面的代码根据不同箱线图的数据量的大小进行排序，如图 6.16 所示。

```
# 使用每组的观察次数
mpg %>%
  mutate(class = fct_reorder(class, hwy, .fun='length' )) %>%
  ggplot( aes(x=class, y=hwy, fill=class)) +
    geom_boxplot() +
    xlab("class") +
    theme(legend.position="none") +
    xlab("") +
    xlab("")
```

根据数据量大小进行排序的箱线图的代码与根据中位数进行排序的代码非常相似，只是将 fct_reorder 函数中的.fun 参数改为了.fun='length'。length 函数用于计算向量的长度，这里可以用于计算不同类别中数据的长度，也就是数据量的大小。

最后一个常见的操作是为因子的级别提供特定的顺序，可以使用 fct_relevel 函数执行此操作。下面的代码手动设置了因子的顺序，如图 6.17 所示。

```
# 自定义顺序,然后排序
p <- data %>%
  mutate(name = fct_relevel(name,
         "north", "north-east", "east",
         "south-east", "south", "south-west",
         "west", "north-west")) %>%
  ggplot( aes(x=name, y=val)) +
    geom_bar(stat="identity") +
    xlab("")
p
```

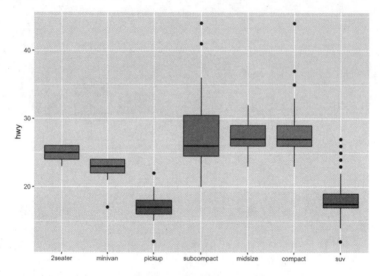

图 6.16　根据数据量大小排序的箱线图

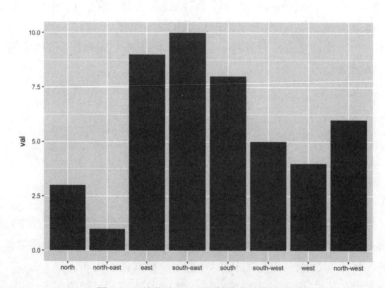

图 6.17　按指定因子顺序排序的条形图

上面的代码使用直接指定因子顺序的方式自定义了图形的顺序，这种方式也经常使用到。需要注意的是，还有另外一种方式可以实现对图形的排序。

即可以使用 dplyr 包的 mutate 函数创建新变量或修改现有变量，也可以使用它来重新创建具有特定顺序的因子。

下面的代码使用上文创建的数据集作为示例，绘制了一幅排序后的棒棒糖图，如图 6.18 所示。

```
data %>%
  arrange(val) %>%            # 首先按 val 变量排序数据集，但不排序因子级别
  mutate(name=factor(name, levels=name)) %>%
  ggplot( aes(x=name, y=val)) +
    geom_segment( aes(xend=name, yend=0)) +
    geom_point( size=4, color="orange") +
    coord_flip() +
    theme_bw() +
    xlab("")
```

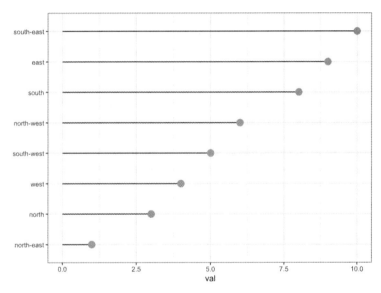

图 6.18 排序后的棒棒糖图

在上面的代码中，首先使用 arrange 函数对数据集根据 val 变量进行排序，然后使用 mutate 函数对因子的顺序进行设置，最后绘制棒棒糖图，棒棒糖图和条形图的含义是一样的。从图 6.18 中可以看到，图形根据 val 值的大小进行了排序。使用这种方法，如果希望图形是升序排序的，则只需要在对数据进行排序的时候使用升序排序即可。同样，还可以使用自定义的排序方式。下面的代码手动指定了因子类型，然后绘制出指定顺序的棒棒糖图，如图 6.19 所示。

```
data %>%                      # 使用自定义的方式进行排序，然后绘制图形
  arrange(val) %>%
```

```
  mutate(name = factor(name, levels=c("north", "north-east", "east",
"south-east", "south", "south-west", "west", "north-west"))) %>%
  ggplot( aes(x=name, y=val)) +
  geom_segment( aes(xend=name, yend=0)) +
  geom_point( size=4, color="orange") +
  theme_bw() +coord_flip()+
  xlab("")
```

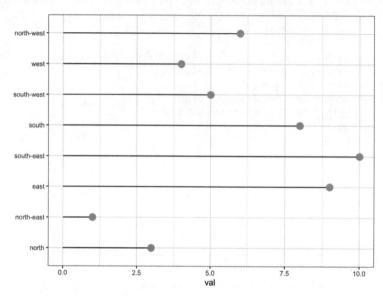

图6.19 指定顺序的棒棒糖图

上面的代码使用了自定义的因子水平,同样,首先需要对数据集进行排序,然后使用factor函数调整变量的因子水平,最后绘制棒棒糖图。从图6.19中可以看到,图形的排序顺序和因子的排序水平是一致的。

下面介绍第三种调整图形顺序的方法,即使用 scale_x_discrete 函数调整坐标轴的顺序,从而调整箱线图的顺序,例如从c("0.5","1","2")调整到c("2","0.5","1")。下面的代码通过调整坐标轴的方式调整了箱线图的顺序,如图6.20所示。

```
mpg %>%                           # 通过调整坐标轴的方式进行排序
  ggplot( aes(x=class, y=hwy, fill=class)) +
  geom_boxplot() +
  xlab("class") +
  theme(legend.position="none") +
  xlab("") +
  xlab("") + scale_x_discrete(limit = c("pickup","suv","minivan",
"2seater","subcompact","midsize","compact"))
```

上面的代码中没有对数据集进行任何处理,只是在绘制图形的代码最后加上了scale_x_discrete(limit = c("pickup","suv","minivan","2seater","subcompact","midsize","compact"))。这行代码指定了坐标轴的顺序,其中pickup为第一组箱线图,compact为第二组箱线图。需要注意的是,scale_x_discrete 函数用于调整分类变量的坐标轴,scale_x_continuous 函数用于调整连续变量的坐标轴。

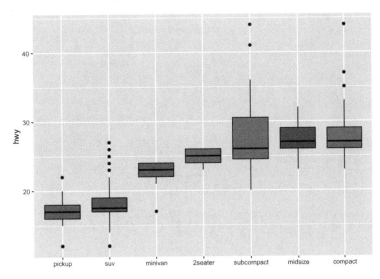

图 6.20　通过调整坐标轴的顺序排序箱线图

### 6.1.4　调整颜色

箱线图总结了连续变量的分布，在绘制箱线图的过程中，可以调整箱线图的颜色以使箱线图更具表现力。可以使用以下函数更改箱线图的颜色。

- scale_color_manual 和 scale_fill_manual 函数：使用自定义颜色。
- scale_color_brewer 和 scale_fill_brewer 函数：使用 RColor_Brewer 包中的调色板。
- scale_color_*和 scale_fill_*：使用调色函数。

下面的例子说明了箱线图中最常用的颜色的调整方式。首先使用参数调整箱线图的颜色，如图 6.21 所示。

```
# 加载包
library(ggplot2)

# 使用的是 mtcars 数据集

# 调整颜色
ggplot(mpg, aes(x=class, y=hwy)) +
    geom_boxplot(color="red", fill="orange", alpha=0.2)
```

上面的代码通过颜色参数调整了箱线图的颜色。其中，使用参数 color='red'指定了箱线图的线条颜色为红色，使用 fill='orange'指定了箱线图的填充颜色为橘色。

下面的代码将一个变量映射到颜色，如图 6.22 所示。

```
# 为每个组设置不同的颜色
ggplot(mpg, aes(x=class, y=hwy, fill=class)) +
```

```
geom_boxplot(alpha=0.3) +
theme(legend.position="none")
```

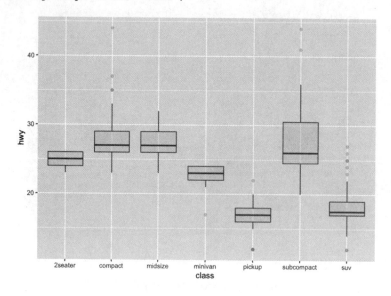

图 6.21　调整颜色后的箱线图

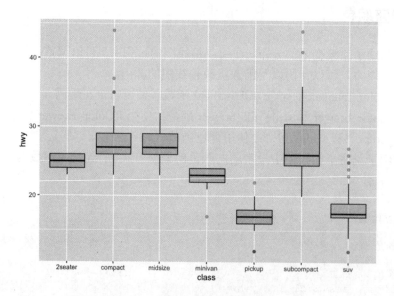

图 6.22　自动分配颜色的箱线图

上面的代码通过将数据中的 class 变量映射到 fill 参数，使不同的 class 对应的箱线图颜色也会不一样。通过这样的方式进行颜色调整，在绘图的过程中代码会自动调整不同组的颜色。也就是说，并不能确定某一个组别具体是什么颜色。

如果希望人为地指定不同的分组是不同的颜色，则需要使用 scale_fill_manual 函数。

下面的代码指定了不同分组的颜色，如图 6.23 所示。

```
# 使用 scale_fill_manual 函数调整颜色
ggplot(mpg, aes(x=class, y=hwy, fill=class)) +
   geom_boxplot(alpha=0.3) +
   theme(legend.position="none")+
  scale_fill_manual(values = c(1,2,3,4,5,6,7))
```

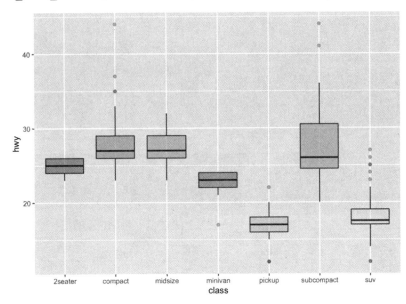

图 6.23　手动指定颜色的箱线图

上面的代码使用了 scale_fill_manual 函数手动指定了箱线图中每一个组别的颜色，因为图形中的箱线图一共有 7 个组别，因此 scale_fill_manual 函数中的 value 参数也设置了一个长度为 7 的向量，其中每一个数字都表示了一种颜色。数字与颜色的对应关系如图 6.24 所示。

除了可以通过数字表示颜色，另外还有两种方式也可以表示颜色，即使用颜色的英文来表示颜色和使用十六进制代码来表示颜色。颜色的十六进制代码如图 6.25 所示。

十六进制颜色代码由 RGB 参数转换而来，前 2 个数字代表红色（R）的值，后 4 个数字依次代表绿色（G）和蓝色（B）的值，其取值范围为 00～FF。由于十六进制颜色的代码非常多，本书没有将所有的代码列出来，这些内容在互联网上可以非常容易地找到，如果需要直接进行查找即可。下面的代码使用十六进制颜色代码进行了颜色设置，如图 6.27 所示。

```
# 通过十六进制代码调整颜色
ggplot(mpg, aes(x=class, y=hwy, fill=class)) +
    geom_boxplot(alpha=0.3) +
    theme(legend.position="none")+
  scale_fill_manual(values = c("#FFB6C1","#8B008B","#0000FF","#FF8C00",
"#FFD700","#556B2F","#F5F5DC"))
```

上面的代码使用十六进制颜色代码设置了浅红色（LightPink）、深洋红色（DarkMagenta）、纯蓝（Blue）、深橙色（DarkOrange）、金（Gold）、橄榄土褐色（OliveDrab）和米色（Beige）共 7 种颜色。

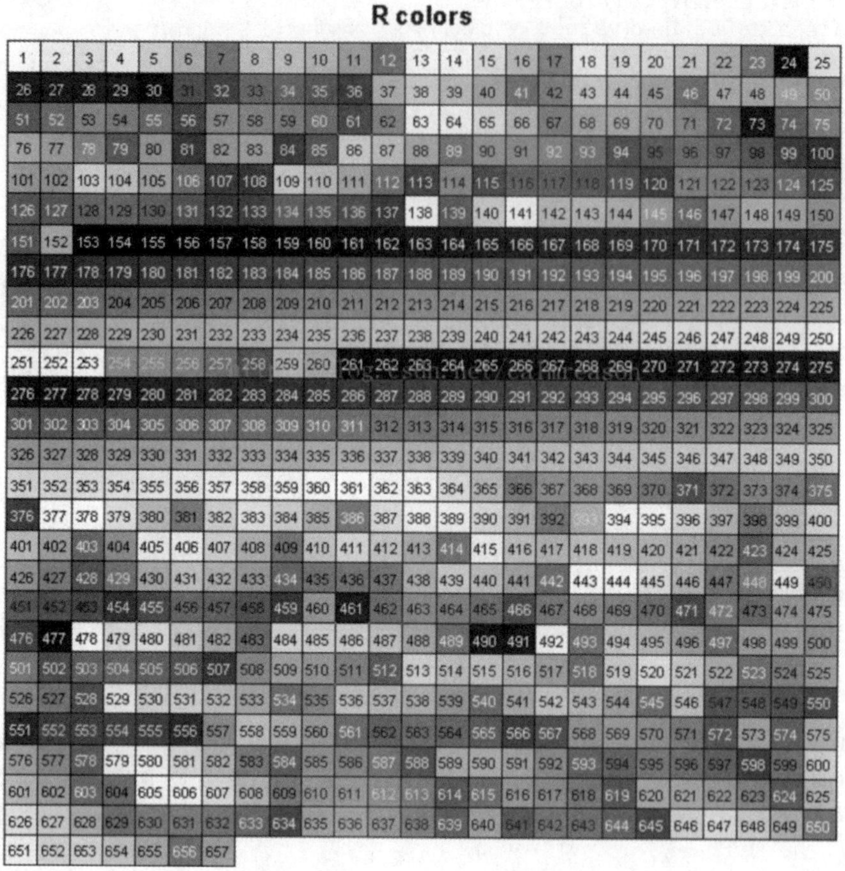

图 6.24　数字与颜色的对应关系

| 颜色 | 英文代码 | 颜色名称 | 十六进制 | RGB |
| --- | --- | --- | --- | --- |
|  | LightPink | 浅粉红 | #FFB6C1 | 255,182,193 |
|  | Pink | 粉红 | #FFC0CB | 255,192,203 |
|  | Crimson | 猩红 | #DC143C | 220,20,60 |
|  | LavenderBlush | 脸红的淡紫色 | #FFF0F5 | 255,240,245 |
|  | PaleVioletRed | 苍白的紫罗兰红色 | #DB7093 | 219,112,147 |
|  | HotPink | 热情的粉红 | #FF69B4 | 255,105,180 |
|  | DeepPink | 深粉色 | #FF1493 | 255,20,147 |
|  | MediumVioletRed | 适中的紫罗兰红色 | #C71585 | 199,21,133 |
|  | Orchid | 兰花的紫色 | #DA70D6 | 218,112,214 |

图 6.25　颜色的十六进制代码

第 6 章 分类变量和连续变量的图形绘制

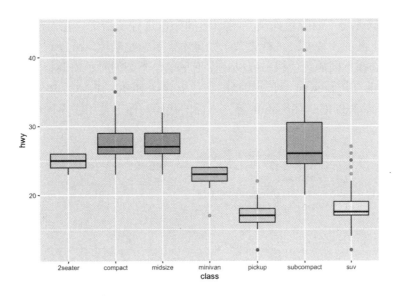

图 6.26 使用十六进制颜色代码指定颜色的箱线图

通过颜色对应的英文名称同样可以设置图形颜色。下面的代码便使用英文名指定了颜色，如图 6.27 所示。

```
# 通过颜色单词调整颜色
ggplot(mpg, aes(x=class, y=hwy, fill=class)) +
   geom_boxplot(alpha=0.3) +
   theme(legend.position="none")+
  scale_fill_manual(values = c("LightPink","DarkMagenta","Blue","DarkOrange",
"Gold","OliveDrab","Beige"))
```

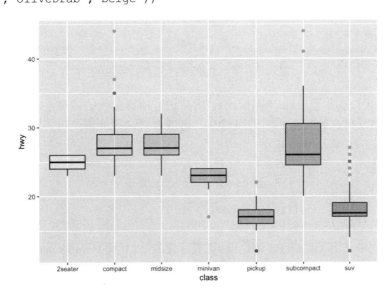

图 6.27 通过颜色单词指定颜色的箱线图

上面的代码使用不同颜色的英文对图形的颜色进行了指定。在对颜色进行调整的时候，可以使用上面的 3 种方式进行设置。如果不需要指定颜色，可以直接对图形的整体配色进行调整，选择不同的调色板，可以让图形呈现出不同的颜色。调整图形的调色板所使用的函数是 scale_fill_brewer，可以选择的调色板包括 BrBG、PiYG、PRGn、PuOr、RdBu、RdGy、RdYlBu、RdYlGn、Spectral 等。下面的代码对图形使用了不同的配色，绘图结果如图 6.28 所示。

```
# 绘制图形并且去除图例，设置 BuPu 配色
ggplot(mpg, aes(x=class, y=hwy, fill=class)) +
    geom_boxplot(alpha=0.3) +
    theme(legend.position="none") +
    scale_fill_brewer(palette="BuPu")
```

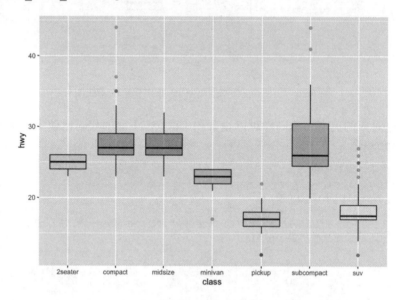

图 6.28　使用 BuPu 调色板的箱线图

上面的代码中使用了 scale_fill_brewer 函数进行图形配色的调整，这里选择的调色板是 BuPu。如果觉得这种配色并不是很满意，可以多尝试几种调色板。下面的代码使用了 YlGnBu 调色板，如图 6.29 所示。

```
# 绘制图形，选择 YlGnBu 配色
ggplot(mpg, aes(x=class, y=hwy, fill=class)) +
    geom_boxplot(alpha=0.3) +
    theme(legend.position="none") +
    scale_fill_brewer(palette="YlGnBu")
```

上面的代码中使用了 YlGnBu 调色板。需要注意的是，代码 theme(legend.position= "none") 的含义是不显示图形的图例。更多图形参数的相关内容会在后面的章节中进行讲解。

RColorBrewer 包是用 R 管理颜色的重要工具，它提供了多种调色板，如图 6.30 所示。

第 6 章　分类变量和连续变量的图形绘制

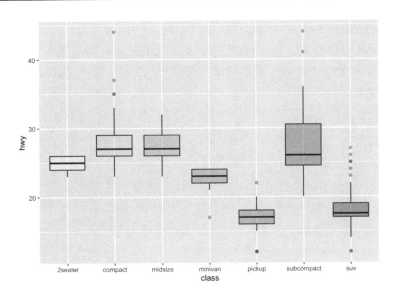

图 6.29　使用 YlGnBu 调色板的箱线图

RcolorBrewer 包的调色板有 3 个特点：
- 顺序调色板适用于从低到高的有序数据，浅色为低数据值，深色为高数据值。
- 不同的调色板都强调数据范围两端的临界值和极值，颜色具有对比色调。
- 定性调色板用于强调组别之间的视觉差异，定性方案最适合表示名义或分类数据。

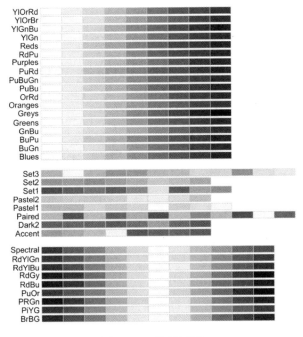

图 6.30　不同的配色

另外，scale_color_*和 scale_fill_*族函数中有一些函数可以用于配色的调整，例如 scale_colour_excel 函数是关于 Excel 的配色，scale_color_grey 函数是关于灰色调的配色。下面的代码使用了 scale_fill_grey 函数用于调整图形的颜色，如图 6.31 所示。

```
# 使用配色函数
ggplot(mpg, aes(x=class, y=hwy, fill=class)) +
   geom_boxplot(alpha=0.3) +
   theme(legend.position="none") +
  scale_fill_grey()
```

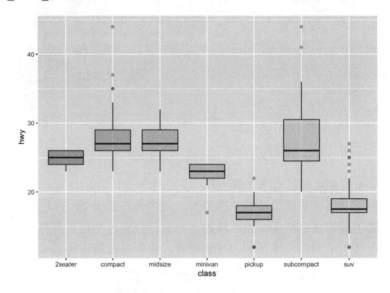

图 6.31　使用函数 scale_fill_grey 调整箱线图的颜色

从图 6.31 中可以看出，图形整体呈现出一种灰色调。当然，还有很多其他的配色可以选择。使用这样的配色函数调整图形在绘制图形的过程中也是非常方便的一种选择。

如果在分析的过程中希望侧重于研究某个特定群组，则可以在箱线图中突出显示这个组的数据。下面的代码首先使用 mutate 函数创建一个新列，用于描述是否需要突出显示某一组，然后使用 scale_fill_manual 函数和 scale_alpha_manual 函数实现突出的效果，如图 6.32 所示。

```
# 加载包
library(ggplot2)
library(dplyr)
library(hrbrthemes)

# 使用 mpg 数据集
mpg %>%
  
  # 添加一个名为 type 的列，用于描述是否要突出显示组
  mutate( type=ifelse(class=="subcompact","Highlighted","Normal")) %>%
```

```
# 构建箱线图并设置 fill 参数
ggplot( aes(x=class, y=hwy, fill=type, alpha=type)) +
  geom_boxplot() +
  scale_fill_manual(values=c("red", "grey")) +
  scale_alpha_manual(values=c(1,0.1)) +
  theme_ipsum() +
  theme(legend.position = "none") +
  xlab("")
```

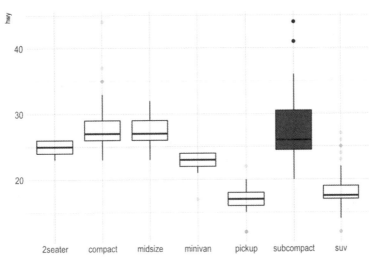

图 6.32　突出显示某一组的箱线图

上面的代码首先创建了一个新的变量,用这个变量来表示某一个组别是否需要被突出显示;然后在绘制图形的过程中使用 ggplot 函数来描述数据的映射,其中 alpha 参数和 fill 参数指定为新的变量(这个变量用于描述某一个组别是否需要突出显示);接着调用 geom_boxplot 函数绘制箱线图;接下来的代码是绘制突出某一组的关键代码,使用 scale_fill_manual 函数指定不同组别之间的颜色,并且使用 scale_alpha_manual 函数指定不同组别的之间的透明度。将不需要突出显示的箱线图的透明度调高一点,最后显示的效果就会是那些我们希望突出显示的组别会比较明显。这样就实现了所需要的效果。

## 6.1.5　构建分组箱线图

如果需要构建分组的箱线图,可以将分类变量映射到 fill 参数,这样可以通过不同的颜色来表示不同的分组。下面的代码可视化了 7 大组(称为 A 到 G)和 2 个子组(称为 low 和 high)的箱线图,如图 6.33 所示。

```
# 加载包
library(ggplot2)
```

```
# 创建一个数据框
variety=rep(LETTERS[1:7], each=40)
treatment=rep(c("high","low"),each=20)
note=seq(1:280)+sample(1:150, 280, replace=T)
data=data.frame(variety, treatment , note)

# 分组箱线图
ggplot(data, aes(x=variety, y=note, fill=treatment)) +
    geom_boxplot()
```

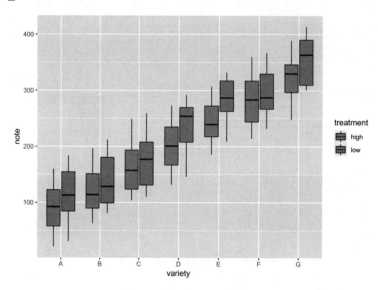

图6.33 多组箱线图

上面的代码中创建了一个数据集，数据集中包括两个分类变量 variety 和 treatment，以及一个连续变量 note。然后在绘图的过程中调整参数 fill=treatment，则代码会使用不同的颜色来表示 treatment 变量对应值的箱线图。除了这种方式，还有另外一种方法绘制分组的箱线图，即使用分面来绘制图形。下面的代码使用了分面的方式来绘制图形，如图6.34所示。

```
# 绘制分组的箱线图
p1 <- ggplot(data, aes(x=variety, y=note, fill=treatment)) +
    geom_boxplot() +
    facet_wrap(~treatment)
p1
```

创建分面指的是根据某种规则创建多幅图形，分面会将各个分组的图形单独绘制出来。构建分面的函数是 facet_wrap。上面的代码中，~treatment 表示根据 treatment 变量来分组。

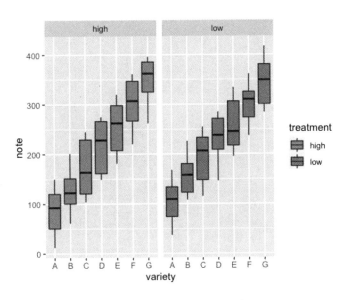

图 6.34 使用分面绘制的箱线图

## 6.1.6 调整箱线图的宽度

箱线图隐藏了数据的样本量大小,因此数据量相差非常大的两组数据的箱线图可能是一样的。解决此问题的一种方法是构建宽度与样本大小成比例的箱线图。

下面的代码修改了 varwidth 参数,使得箱线图的图宽度与样本量大小成比例,并且还将精确的样本大小添加到 x 轴标签中,如图 6.35 所示。

```
# 加载包
library(ggplot2)

# 创建
names <- c(rep("A", 20) , rep("B", 5) , rep("C", 30), rep("D", 100))
value <- c( sample(2:5, 20 , replace=T) , sample(4:10, 5 , replace=T),
sample(1:7, 30 , replace=T), sample(3:8, 100 , replace=T) )
data <- data.frame(names,value)

# 准备标签数据
my_xlab <- paste(levels(data$names),"\n(N=",table(data$names),")",sep="")

# plot
ggplot(data, aes(x=names, y=value, fill=names)) +
    geom_boxplot(varwidth = TRUE, alpha=0.2) +
    theme(legend.position="none") +
    scale_x_discrete(labels=my_xlab)
```

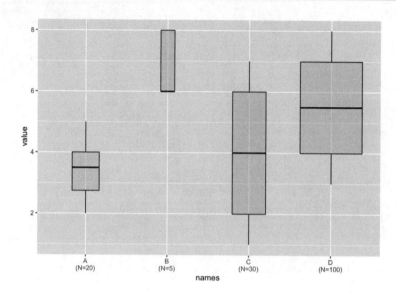

图 6.35 宽度与样本量大小成比例的箱线图

在上面的代码中首先创建了一个数据集,数据集中有两个变量,分别为 names 和 value,然后使用该数据集绘制图形。在绘制箱线图的过程中,在 geom_boxplot 函数中设置 varwidth=TRUE,这样使得箱线图的宽会与样本量的平方成比例。从图 6.35 中可以看到,数据量大的箱子多会宽一点,数据量比较少的箱子显得比较细。

上面的代码中,还使用 scale_x_discrete 函数调整了坐标轴的标签,显示出了不同箱子的数据量大小。

## 6.1.7 构建连续变量的箱线图

如果想研究两个连续变量之间的关系,通常可以绘制散点图,另外,还可以先对连续变量进行分箱,然后再来创建分箱后数据的箱线图。

下面的代码绘制了分箱后数据的箱线图,如图 6.36 所示。

```
# 加载包
library(ggplot2)
library(dplyr)
library(hrbrthemes)

# 使用 diamonds 数据集绘制图形
p <- diamonds %>%

  # 创建一个名为 bin 的新变量
  mutate( bin=cut_width(carat, width=0.5, boundary=0) ) %>%

  # 绘制图形
  ggplot( aes(x=bin, y=price) ) +
```

```
    geom_boxplot(fill="#69b3a2") +
    theme_ipsum() +
    xlab("Carat")
p
```

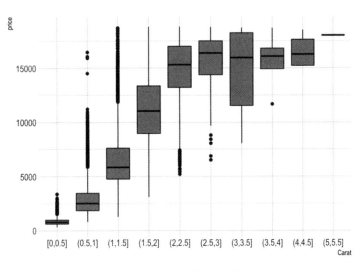

图 6.36 分箱后数据的箱线图

在上面的代码中,首先对 diamonds 数据集进行了处理,即对数据集中的 carat 变量以 0.5 的宽度进行分箱,并创建了一个新的变量 bin,这个变量是 carat 变量分箱之后的结果,然后将变量 bin 提供给 ggplot()函数的 x 参数进一步绘制箱线图。其实,绘制两个连续变量的箱线图,本质就是先对连续变量进行分箱,然后绘制箱线图的方法与上文所介绍的一样。

## 6.1.8 添加平均值

ggplot2 包允许使用 stat_summary 函数显示箱线图中每个组的平均值。下面的代码在绘制箱线图的同时,在箱线图中添加了数据的平均值,并且将平均值用点来表示,如图 6.37 所示。

```
# 加载包
library(ggplot2)

# 创建一个数据集
names=c(rep("A", 20) , rep("B", 8) , rep("C", 30), rep("D", 80))
value=c( sample(2:5, 20 , replace=T) , sample(4:10, 8 , replace=T),
sample(1:7, 30 , replace=T), sample(3:8, 80 , replace=T) )
data=data.frame(names,value)

# 绘制图形
p <- ggplot(data, aes(x=names, y=value, fill=names)) +
    geom_boxplot(alpha=0.7) +
```

```
    stat_summary(fun.y=mean, geom="point", shape=20, size=4, color="red",
fill="red") +
    theme(legend.position="none") +
    scale_fill_brewer(palette="Set1")
p
```

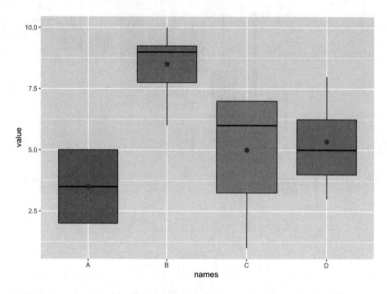

图 6.37  添加了数据平均值的箱线图

在上面的代码中，使用了一个新的函数 stat_summary 函数，该函数用于在箱线图中添加平均值。在这个函数中，设置 fun.y=mean 便表示计算数据的平均值。当然，还可以计算其他统计量，例如将 mean 改为 sd，则表示计算数据的标准差。另外，geom='point'表示平均值使用点来表示，shape 用于指定点的形状，size 用于指定点的大小，color 和 fill 用于指定点的颜色。

## 6.1.9  添加抖动点

ggplot2 可以轻松地在箱子顶部添加抖动点。由于箱线图无法直接观察到数据的分布，而添加抖动点可以弥补这个缺点。但是需要注意的是，如果数据量比较大，抖动点可能会覆盖，这时需要设置好图形的透明度。添加抖动点的函数是 geom_jitter，在绘制好箱线图的之后添加这个函数，即可在箱线图中添加扰动点。下面的代码便在箱线图中添加了扰动点，如图 6.38 所示。

```
# 加载包
library(tidyverse)
library(hrbrthemes)
library(viridis)
```

```
# 绘制图形
iris %>%
  ggplot( aes(x=Species, y=Sepal.Length, fill=Species)) +
    geom_boxplot() +
    scale_fill_viridis(discrete = TRUE, alpha=0.6) +
    geom_jitter(color="black", size=0.4, alpha=0.9) +
    theme_ipsum() +
    theme(
      legend.position="none",
      plot.title = element_text(size=11)
    ) +
    ggtitle("A boxplot with jitter") +
    xlab("")
```

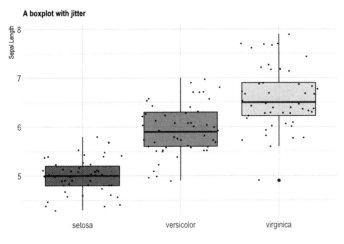

图 6.38　在箱线图中添加了扰动点

上面的代码中使用了 iris 数据集，scale_fill_viridis 函数用于调整箱线图中不同分组颜色的配色；geom_jitter 函数用于添加抖动点，其中参数 color 用于描述抖动点的颜色，size 用于指定抖动点的大小，alpha 用于指定抖动点的透明度；theme_ipsum 函数用于设置图形主题；theme 函数用于调整图形的细节，其中，legend.position="none"的含义是不显示图形的图例，代码 plot.title = element_text(size=11)表示调整图形中文字的大小；最后使用了 ggtitle 函数对图形进行命名。

箱线图是一种用于比较多组数据范围的常用图形，但是箱线图也有其缺陷，其不能很好地观察到数据的具体分布情况。小提琴图是箱线图的一个拓展，并且很好地弥补了箱线图的缺点。接下来的 6.2 节将详细介绍小提琴图。

## 6.2　小 提 琴 图

小提琴图类似于箱线图，但小提琴图显示了数据的分布情况。

小提琴图允许可视化一组或多组连续变量的分布，每个"小提琴"代表一个组或一个变量，小提琴图的形状代表变量的密度估计，因此小提琴图非常适用于大型数据集。

下面的例子分析了人们如何看待概率，例如分析"极有可能"这个短语被认为有多大的概率，每一个人的理解都不一样，有些人认为等价于 99%的可能性，有些人则认为是 80%的概率。下面的代码便绘制了不同词汇对应概率大小的小提琴图，如图 6.39 所示。

```
# 加载包
library(tidyverse)
library(hrbrthemes)
library(viridis)

# 从 github 中获取数据
data <- read.table("https://raw.githubusercontent.com/zonination/
perceptions/master/probly.csv", header=TRUE, sep=",")
data <- data %>%
  gather(key="text", value="value") %>%
  mutate(text = gsub("\\.", " ",text)) %>%
  mutate(value = round(as.numeric(value),0)) %>%
  filter(text %in% c("Almost Certainly","Very Good Chance","We Believe",
"Likely","About Even", "Little Chance", "Chances Are Slight", "Almost No
Chance"))

# 绘制图形
data %>%
  mutate(text = fct_reorder(text, value)) %>%
  ggplot( aes(x=text, y=value, fill=text, color=text)) +
    geom_violin(width=2.1, size=0.2) +
    scale_fill_viridis(discrete=TRUE) +
    scale_color_viridis(discrete=TRUE) +
    theme_ipsum() +
    theme(
      legend.position="none"
    ) +
    coord_flip() +
    xlab("") +
    ylab("Assigned Probability (%)")
## Warning: position_dodge requires non-overlapping x intervals
```

在上面的代码中，首先使用 read.table 函数获取数据集，然后使用 gather 函数将原始数据从宽格式转变为长格式。然后对数据集中的 test 变量进行了处理，将 text 变量中的"\."字符全部删除；对 value 变量进行了处理，将 value 变量转变为连续变量，其中，round 函数用于截取数字中小数点的位数，这里表示只保留 value 变量的整数部分。最后使用 filter 函数对数据集进行筛选，筛选出经常出现的词汇。

在绘制图形之前，对数据的 text 变量根据 value 的大小进行了排序，然后使用 geom_violin 函数绘制小提琴图，其中参数 width 表示图形中小提琴的宽度，size 表示小提琴图的大小。

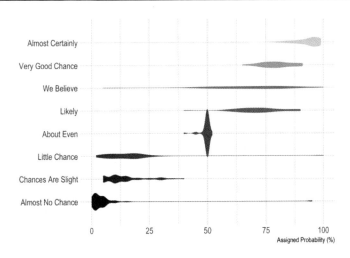

图 6.39　不同词汇对应概率大小的小提琴图

从绘制的图形中（如图 6.39 所示）可以清楚地观察到，大家对于 We Believe 这个词语其背后可能性大小的理解存在很大的差异，有些人认为这个词语对应的概率很大，但是有些人则认为这个词语对应的概率并不大。另外，大家理解比较一致的词语是 About Even，大部分人都认为这个词语对应的概率约为 50%。

相比而言，如果绘制的图形是箱线图，虽然也可以了解到不同词语之间概率波动的范围，但是小提琴图可以更直观地了解到数据的分布情况。

小提琴图是一种强大的数据可视化技术，因为它可以比较不同组的分布情况。因此当数据量巨大的时候，小提琴特别适应。而对于小型数据集，带有抖动点的箱线图可能是更好的选择，因为带抖动点的箱线图显示了所有的数据信息。

如果变量已分组，可以像绘制分组箱线图一样构建分组的小提琴图。下面的代码绘制了分组的小提琴图，如图 6.40 所示。

```
# 从 github 中获取数据
data <- read.table("https://raw.githubusercontent.com/holtzy/data_to_viz/
master/Example_dataset/10_OneNumSevCatSubgroupsSevObs.csv", header=T, sep=
",") %>%
  mutate(tip = round(tip/total_bill*100, 1))

# 对数据进行计算、转换，然后绘制图形
data %>%
  mutate(day = fct_reorder(day, tip)) %>%
  mutate(day = factor(day, levels=c("Thur", "Fri", "Sat", "Sun"))) %>%
  ggplot(aes(fill=sex, y=tip, x=day)) +
    geom_violin(position="dodge", alpha=0.5, outlier.colour="transparent") +
    scale_fill_viridis(discrete=T, name="") +
    theme_ipsum() +
    xlab("") +
    ylab("Tip (%)") +
    ylim(0,40)
```

```
## Warning: Ignoring unknown parameters: outlier.colour
## Warning: Removed 2 rows containing non-finite values (stat_ydensity).
```

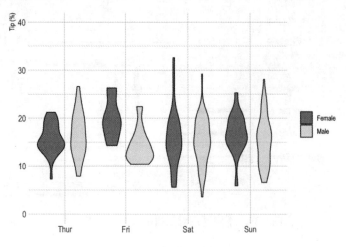

图 6.40 分组的小提琴图

绘制分组的小提琴图和绘制分组的箱线图的方法非常相似，在调用绘制小提琴图的函数 geom_violin 时，将分组指定为 fill 参数即可绘制出分组的小提琴图。在上面的代码中，前面的部分依然是对数据的处理（数据的处理是数据探索与可视化过程中必不可少的一个过程），这里将 day 变量的因子水平进行了重新定义。然后开始绘制小提琴图，ylim 函数用于指定 y 坐标轴的范围，这里设置为 0 到 40。小提琴图是非常好的一种数据可视化手段，接下来会从基础的小提琴图开始绘制。

## 6.2.1 绘制基础的小提琴图

绘制小提琴图的函数是 geom_violin，需要注意的是，默认情况下参数 trim 会被设置为 TRUE，此时小提琴的尾部会被修剪；如果将 trim 设置为 FALSE，则小提琴的尾部不会被修剪。下面的代码绘制了基础的小提琴图，如图 6.41 所示。

```
# 加载包
library(ggplot2)

# 创建数据集
data <- data.frame(
  name=c( rep("A",500), rep("B",500), rep("B",500), rep("C",20), rep('D',100) ),
  value=c( rnorm(500, 10, 5), rnorm(500, 13, 1), rnorm(500, 18, 1), rnorm(20, 25, 4), rnorm(100, 12, 1) )
)

# 绘制小提琴图
# 设置 fill=name 允许自动为每个组指定一种颜色
```

```
p <- ggplot(data, aes(x=name, y=value, fill=name)) +
  geom_violin()

p
```

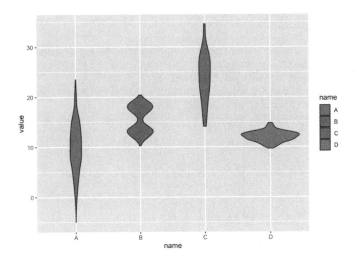

图 6.41　基础的小提琴图

在绘制小提琴图的时候，ggplot 函数期望输入的数据格式是长格式。这里输入的数据需要两列，一列是分类变量，数据的类型是 factor 类型；另一列是连续变量，数据的类型是数值型。

## 6.2.2　绘制水平的小提琴图

在小提琴图的组别比较多时，可以调用 coord_flip 函数翻转 x 轴和 y 轴，从而获得图表的水平版本。下面的代码绘制了水平的小提琴图，如图 6.42 所示。

```
# 加载包=
library(ggplot2)
library(dplyr)
library(tidyr)
library(forcats)
library(hrbrthemes)
library(viridis)

# 从github中获取数据
data <- read.table("https://raw.githubusercontent.com/zonination/
perceptions/master/probly.csv", header=TRUE, sep=",")

# 数据是宽格式的，需要将数据转换为长格式
data <- data %>%
  gather(key="text", value="value") %>%
  mutate(text = gsub("\\.", " ",text)) %>%
```

```
  mutate(value = round(as.numeric(value),0)) %>%
  filter(text %in% c("Almost Certainly","Very Good Chance","We Believe",
"Likely","About Even", "Little Chance", "Chances Are Slight", "Almost No
Chance"))

# 绘制图形
p <- data %>%
  mutate(text = fct_reorder(text, value)) %>% # Reorder data
  ggplot( aes(x=text, y=value, fill=text, color=text)) +
    geom_violin(width=2.1, size=0.2) +
    scale_fill_viridis(discrete=TRUE) +
    scale_color_viridis(discrete=TRUE) +
    theme_ipsum() +
    theme(
      legend.position="none"
    ) +
    coord_flip() + # This switch X and Y axis and allows to get the horizontal
version
    xlab("") +
    ylab("Assigned Probability (%)")

p

## Warning: position_dodge requires non-overlapping x intervals
```

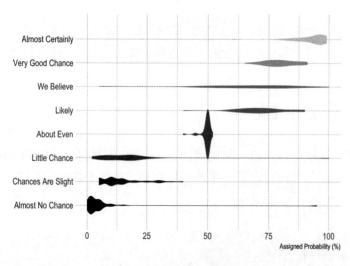

图6.42　水平的小提琴图

绘制小提琴图的过程和绘制基础箱线图的过程是一样的，首先使用 ggplot 函数设置数据和对应的变量映射，然后调用 geom_violin 函数绘制小提琴图，并使用 scale_fill_viridis 函数调整小提琴图填充颜色的配色，使用 scale_color_viridis 函数调整小提琴图线条的配色，使用 theme_ipsum 函数设置主题，使用 theme 函数修改图形的细节，legend.position="none"表示不显示图例，然后使用 corrd_flip 函数来翻转 x 轴和 y 轴。

从绘制好的图形中可以看到，图形的 x 轴和 y 轴发生了对调，这样的调整使得在比较小提琴图组别的时候可以更加轻松，并且可以使展示图形更加美观。

## 6.2.3 在小提琴图中添加箱线图

在小提琴图中包含一个箱线图可以方便地查看数据的分布以及数据的统计汇总，可以更好地了解数据的中位数以及四分位数。构建小提琴图使用的依然是 geom_violin 函数，然后使用 geom_boxplot 函数在小提琴图中添加箱线图。需要注意的是，在 geom_boxplot 函数中要设置合适的 width 参数，这个参数用于控制箱线图的宽度，如果希望将箱线图放在小提琴图的内部，则需要将 width 参数设置小一些。

此外，请注意一个小技巧，就是在 x 轴上显示每个组的样本大小。下面的代码绘制了一幅小提琴图，并且在小提琴图中添加了箱线图，如图 6.43 所示。

```
# 加载包
library(ggplot2)
library(dplyr)
library(hrbrthemes)
library(viridis)

# 创建一个数据集
data <- data.frame(
  name=c( rep("A",500), rep("B",500), rep("B",500), rep("C",20), rep('D',100) ),
  value=c( rnorm(500, 10, 5), rnorm(500, 13, 1), rnorm(500, 18, 1), rnorm(20, 25, 4), rnorm(100, 12, 1) )
)

# 计算不同分组的样本量
sample_size = data %>% group_by(name) %>% summarize(num=n())

# 绘制图形
data %>%
  left_join(sample_size) %>%
  mutate(myaxis = paste0(name, "\n", "n=", num)) %>%
  ggplot( aes(x=myaxis, y=value, fill=name)) +
    geom_violin(width=1.4) +
    geom_boxplot(width=0.1, color="grey", alpha=0.2) +
    scale_fill_viridis(discrete = TRUE) +
    theme_ipsum() +
    theme(
      legend.position="none",
      plot.title = element_text(size=11)
    ) +
    ggtitle("A Violin wrapping a boxplot") +
    xlab("")
## Joining, by = "name"
## Warning: position_dodge requires non-overlapping x intervals
```

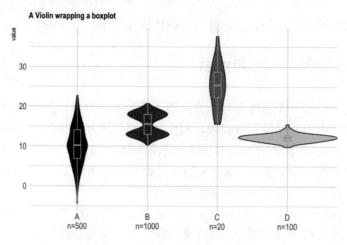

图 6.43 在小提琴图中绘制箱线图

上面的代码中,首先创建了一个数据集,然后分别计算不同分组的样本量,生成了一个新的变量用于记录每个分组的样本量,最后开始绘制图形。在绘制好小提琴图之后,继续绘制箱线图,便可以将箱线图添加到小提琴图当中。需要注意的是在使用 geom_boxplot 函数的时候,将 width 参数设置为 0.1,这样会使得箱线图比较窄,从而将箱线图放在小提琴的内部。

## 6.3 棒棒糖图

棒棒糖图(Lollipop Plot)本质上是一个条形图,用于显示连续变量和分类变量之间的关系,其线条长度就是条形图的高度。下面的代码绘制了 2017 年前 20 大地区出口某种商品数量的棒棒糖图,如图 6.44 所示。

```
# 加载包
library(tidyverse)
library(hrbrthemes)
library(kableExtra)
##
## Attaching package: 'kableExtra'
## The following object is masked from 'package:dplyr':
##
##     group_rows
# devtools::install_github("thomasp85/patchwork")
library(patchwork)

# 从 github 中获取数据
data <- read.table("https://raw.githubusercontent.com/holtzy/data_to_viz/master/Example_dataset/7_OneCatOneNum.csv", header=TRUE, sep=",")

# 绘制图形
```

```
data %>%
  filter(!is.na(Value)) %>%
  arrange(Value) %>%
  tail(20) %>%
  mutate(Country=factor(Country, Country)) %>%
  ggplot(aes(x=Country, y=Value)) +
    geom_segment( aes(x=Country ,xend=Country, y=0, yend=Value), color=
"grey") +
    geom_point(size=3, color="#69b3a2") +
    coord_flip() +
    theme_ipsum() +
    theme(
      panel.grid.minor.y = element_blank(),
      panel.grid.major.y = element_blank(),
      legend.position="none"
    ) +
    xlab("") +
    ylab("
```

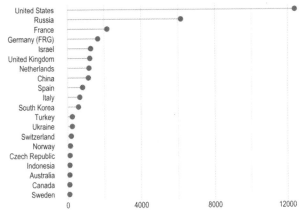

图 6.44　出口某种商品数量的棒棒糖图

图 6.44 中棒棒糖的线条越长，表示对应的数值越大。在上面的代码中，首先是使用 read.table 函数通过数据的链接读取数据，然后使用 filter 函数筛选出变量 Value 值不为空的行，接着对 Value 变量进行了排序，选取排序后的数据集的最后 20 条数据，然后使用 mutate 函数对 Country 变量重新设置了因子类型。在对数据处理完成后，使用 geom_segment 函数绘制棒棒糖图的线条，其中 aes(x=Country, xend=Country, y=0, yend=Value) 表示对每一个组别绘制一个线条，从底部连接到组别中 Value 值的位置，然后使用了 geom_point 函数在线条的尾部添加一个点，到这里，棒棒糖图就绘制好了，最后使用 coord_flip 函数将 x 轴和 y 轴翻转。

棒棒糖图的使用场景和条形图完全一样，然而棒棒糖图更加具有吸引力，并且能够更好地传达信息。如果条形图中有几个相同高度的条形的时候，条形图会出现莫尔效应，然而棒棒糖图却能够很好地避免这种情况出现。

下面的代码同时绘制了条形图和棒棒糖图，如图 6.45 所示。

```r
don <- data.frame(                          # 构造一个数据集
  group = LETTERS[1:20],
  val = 20 + rnorm(20)
)
# 绘制图形
p1 <- don %>%
  arrange(val) %>%
  mutate(group=factor(group, group)) %>%
  ggplot( aes(x=group, y=val) ) +
    geom_bar(stat="identity", fill="#69b3a2") +
    coord_flip() +
    theme_ipsum() +
    theme(
      panel.grid.minor.y = element_blank(),
      panel.grid.major.y = element_blank(),
      legend.position="none"
    ) +
    xlab("") +
    ylab("")
# 绘制图形
p2 <- don %>%
  arrange(val) %>%
  mutate(group=factor(group, group)) %>%
  ggplot( aes(x=group, y=val) ) +
    geom_segment( aes(x=group ,xend=group, y=0, yend=val), color="grey") +
    geom_point(size=3, color="#69b3a2") +
    coord_flip() +
    theme_ipsum() +
    theme(
      panel.grid.minor.y = element_blank(),
      panel.grid.major.y = element_blank(),
      legend.position="none"
    ) +
    xlab("") +
    ylab("")

p1 + p2                                     # 将两幅图形进行合并
```

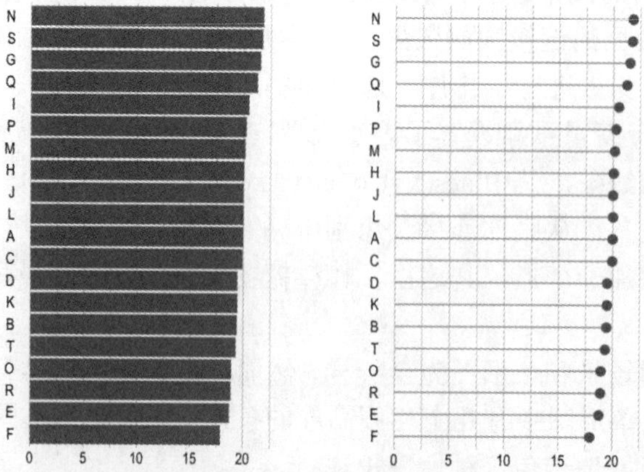

图6.45 条形图和棒棒糖图

从图 6.45 中的条形图中可以看到，图形出现了莫尔效应，而右边的图形则更加美观，并且能够更加清晰地表达数据中的信息。因此，在绘制多组别的条形图的时候，一个更好的选择是绘制棒棒棒糖图。

克利夫兰点图（Cleveland Dotplot）是一个棒棒糖图的变体，其允许比较每个组中 2 个连续变量的值。也可以使用分组或堆栈条形图来可视化这种数据，但是克利夫兰点图能更加清晰地表达数据，而且更容易阅读。下面的代码绘制了一幅克利夫兰点图，如图 6.46 所示。

```
# 创建数据集
value1 <- abs(rnorm(26))*2
don <- data.frame(
  x=LETTERS[1:26],
  value1=value1,
  value2=value1+1+rnorm(26, sd=1)
) %>%
  rowwise() %>%                              # 对数据集进行处理
  mutate( mymean = mean(c(value1,value2) )) %>%
  arrange(mymean) %>%
  mutate(x=factor(x, x))


# 进行绘图
ggplot(don) +
  geom_segment( aes(x=x, xend=x, y=value1, yend=value2), color="grey") +
  geom_point( aes(x=x, y=value1), color=rgb(0.2,0.7,0.1,0.8), size=3 ) +
  geom_point( aes(x=x, y=value2), color=rgb(0.7,0.2,0.1,0.8), size=3 ) +
  coord_flip()+
  theme_ipsum() +
  theme(
    legend.position = "none",
    panel.border = element_blank(),
  ) +
  xlab("") +
  ylab("Value of Y")
```

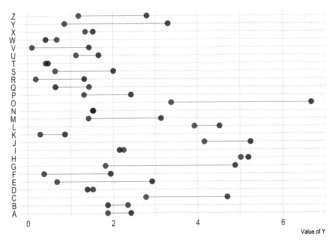

图 6.46　克利夫兰点图

在上面的代码中,首先创建了一份数据集,包括一个分类变量和两个连续变量。在绘图的代码中,首先使用 geom_segment 函数对每个组别绘制一条线条,这个线条从 value1 的值开始,到 value2 的值结束,然后使用了两个 geom_point 函数分别在线条的两端绘制两组点。到这里克利夫兰点图就已经绘制好了。后面的代码对图形进行了调节,使用 coord_flip 函数将图形进行翻转,使用 theme_ipsum 函数对图形的主题进行了设置。

绘制克利夫兰点图的关键是绘制线条,线条的两端分别代表数据中两个变量的值。绘制好线条之后,在线条的两端添加散点图即可绘制出克里夫兰点图。

需要注意的是,克利夫兰点图(Cleveland Dotplot)也称为哑铃图。

对于下面列举的两种情况,克利夫兰点图是一个很好的工具:
- 可视化两个时间点之间的相对位置(如增长和下降)。
- 比较两个类别之间的距离。

ggalt 包中有一个专门的函数用于绘制克利夫兰点图,即 geom_dumbbell 函数。在绘制克利夫兰点图的时候,Y 变量应该是一个因子变量,并且因子变量的水平应该与图中出现的顺序相同。

下面的代码使用 geom_dumbbell 函数绘制了哑铃图,如图 6.47 所示。

```r
# devtools::install_github("hrbrmstr/ggalt")
library(ggplot2)
library(ggalt)

# 从链接中获取数据
health <- read.csv("https://raw.githubusercontent.com/selva86/datasets/master/health.csv")
# 对哑铃图的排序进行调整
health$Area <- factor(health$Area, levels=as.character(health$Area))

# health$Area <- factor(health$Area)
gg <- ggplot(health, aes(x=pct_2013, xend=pct_2014, y=Area, group=Area)) +
    geom_dumbbell(color="#a3c4dc",
                  size=0.75,
                  point.colour.l="#0e668b") +         # 绘图
    scale_x_continuous(label=scales::percent) +       # 对坐标轴进行设置
    labs(x=NULL,                                      # 对标签进行设置
         y=NULL,
         title="Dumbbell Chart",
         subtitle="Pct Change: 2013 vs 2014",
         caption="Source: https://github.com/hrbrmstr/ggalt") +
    # 对主题进行设置
    theme(plot.title = element_text(hjust=0.5, face="bold"),
          plot.background=element_rect(fill="#f7f7f7"),
          panel.background=element_rect(fill="#f7f7f7"),
          panel.grid.minor=element_blank(),
          panel.grid.major.y=element_blank(),
```

```
                    panel.grid.major.x=element_line(),
                    axis.ticks=element_blank(),
                    legend.position="top",
                    panel.border=element_blank())+theme_ipsum()
## Warning: Ignoring unknown parameters: point.colour.l
plot(gg)
```

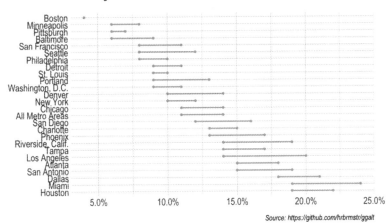

图 6.47 哑铃图

在上面的代码中,首先通过数据链接读取了数据集,然后设置了分类变量的因子水平。在绘图的代码中,首先使用 ggplot 函数指定了数据的映射,其中 aes(x=pct_2013, xend=pct_2014, y=Area, group=Area)表示将 pct_2013 变量和 pct_2014 变量分别作为哑铃图的两端,也就是说,哑铃图线条两端的值分别对应这两个变量。定义好数据的映射之后,使用 geom_dumbbell 函数即可绘制出哑铃图。后面的代码都是对图形的一些调整。

## 6.3.1 绘制分组的棒棒糖图

棒棒糖图是非常强大的可视化图形,如果数据集中包含了 3~7 组数据,则使用棒棒糖图可以很好地进行可视化展示。下面的代码绘制了分组的棒棒糖图,如图 6.48 所示。

```
#  创建数据集
value1 <- abs(rnorm(6))*2
don <- data.frame(
  x=LETTERS[1:24],
  val=c( value1, value1+1+rnorm(6, 14,1) ,value1+1+rnorm(6, sd=1),value1+1+rnorm(6, 12, 1) ),
  grp=rep(c("grp1", "grp2", "grp3", "grp4"), each=6)
  ) %>%
```

```
  arrange(val) %>%
  mutate(x=factor(x, x))

# 绘图，然后对参数进行调整
ggplot(don) +
  geom_segment( aes(x=x, xend=x, y=0, yend=val), color="grey") +
  geom_point( aes(x=x, y=val, color=grp), size=3 ) +
  coord_flip()+
  theme_ipsum() +
  theme(
    legend.position = "none",
    panel.border = element_blank(),
    panel.spacing = unit(0.1, "lines"),
    strip.text.x = element_text(size = 8)
  ) +
  xlab("") +
  ylab("Value of Y") +
  facet_wrap(~grp, ncol=1, scale="free_y")
```

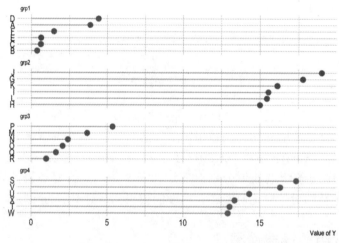

图 6.48　分组棒棒糖图

上面的代码中实现了分组的棒棒糖图，实现的方式非常简单，只需要在调用 geom_point 函数的时候将分组变量映射为 color 参数即可。

绘制棒棒糖图的时候需要注意以下几点：

- 如果分类变量的级别没有明显的顺序，最好的选择是按照其值排序图形。
- 如果每组有超过 2 个的值，不要使用棒棒糖图，而是使用其他类型的图形，如点图（boxplot）或小提琴图。

点图非常类似棒棒糖图，但点图没有线条，其更强调相对于实际值的排序以及数据之间的距离。下面的代码绘制了一幅点图，如图 6.49 所示。

```
library(ggplot2)
library(scales)
##
## Attaching package: 'scales'
## The following object is masked from 'package:viridis':
##
##     viridis_pal
## The following object is masked from 'package:purrr':
##
##     discard
## The following object is masked from 'package:readr':
##
##     col_factor
# 使用 mpg 数据集进行绘图，然后对数据集进行处理
cty_mpg <- mpg %>% group_by(manufacturer) %>% summarise(mileage = mean(cty))

colnames(cty_mpg) <- c("make", "mileage")         # 改变列名
cty_mpg <- cty_mpg %>% arrange(mileage)           # 对数据集进行排序
# 对因子变量进行处理
cty_mpg$make <- factor(cty_mpg$make, levels = cty_mpg$make)
head(cty_mpg, 4)
## # A tibble: 4 x 2
##   make         mileage
##   <fct>          <dbl>
## 1 lincoln         11.3
## 2 land rover      11.5
## 3 dodge           13.1
## 4 mercury         13.2
# 绘制图形
ggplot(cty_mpg, aes(x=make, y=mileage)) +
  geom_point(col="red", size=3) +                 # 添加数据点
  geom_segment(aes(x=make,
                   xend=make,
                   y=0,
                   yend=max(mileage)),
               linetype="dashed",
               size=0.1) +                        # 添加虚线
  labs(title="Dot Plot",
       subtitle="Make Vs Avg. Mileage",
       caption="source: mpg") +
  coord_flip() +theme_classic()
```

上面的代码首先对数据使用 group_by 函数进行分组聚合，计算出 manufacturer 变量的不同值对应的 cty 变量的平均值；然后对 group_by 的结果进行重命名，接着使用 arrange 函数对数据集进行了排序；最后对 make 变量的因子顺序进行重新设置。

数据处理好之后开始画图，首先使用 geom_point 函数添加点，设定好点的颜色和点的大小；然后使用 geom_segment 函数添加线段，这里添加的线段是虚线，每一组的线段都是从 0 到 mileage 的最大值。在这种情况下，数据点并不在线段的末尾，添加虚线也是为了辅助图形的阅读，不添加也可以。

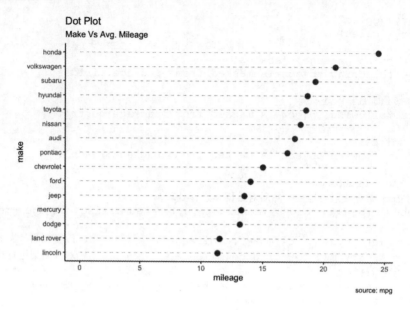

图 6.49　点图

从绘制出的图形中可以看到,点图和棒棒糖图很类似,只不过点图没有设置线条。点图表达的含义与条形图和棒棒糖图是一致的,点的高度等同于条形图的高度,点图和条形图都是用于显示连续变量和分类变量之间的关系。

在图形中添加标签能够更加准确的表达数据信息,下面的代码便在点图中添加了标签,用于显示不同分类变量对应的值,如图 6.50 所示。

```
library(ggplot2)

data(mtcars)
mtcars$`car name` <- rownames(mtcars)        # 创建一个新的列,记录数据集的行名
# 对 mpg 变量标准化
mtcars$mpg_z <- round((mtcars$mpg - mean(mtcars$mpg))/sd(mtcars$mpg), 2)
# 生成一个新变量
mtcars$mpg_type <- ifelse(mtcars$mpg_z < 0, "below", "above")
mtcars <- mtcars %>% arrange(mpg_z)           # 对数据集进行排序
mtcars$`car name` <- factor(mtcars$`car name`, levels = mtcars$`car name`)


# 绘制图形
ggplot(mtcars, aes(x=`car name`, y=mpg_z, label=mpg_z)) +
  geom_point(aes(col=mpg_type), size=6)  + # stat='identity',
  scale_color_manual(name="Mileage",
                     labels = c("Above Average", "Below Average"),
                     values = c("above"="green", "below"="black")) +
  geom_text(color="white", size=2) +
```

```
labs(title="Diverging Dot Plot",
     subtitle="Normalized mileage from 'mtcars': Dotplot") +
ylim(-2.5, 2.5) +
coord_flip()+theme_bw()
```

上面的代码分为两个部分,第一部分是数据的处理,第二部分是绘图,使用的数据集是 mycars。在上面的代码中,首先对数据集生成了两个新的变量,用于储存数据集的行名和 mpg 变量标准化之后的结果。然后使用 ifelse 函数进行判断,代码 ifelse(mtcars$mpg_z < 0, "below", "above")表示对 mtcars 数据集的 mpg_z 变量进行判断,如果其值小于 0,则返回 below,否则返回 above,并将返回的结果赋给 mpg_type 变量。接下来根据 mpg_z 变量对数据进行排序,并且对 car name 变量的因子顺序进行了重新设置。

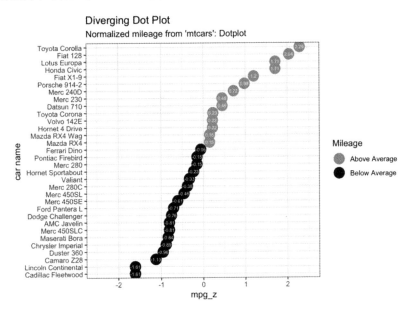

图 6.50　添加标签的点图

然后开始绘制,首先使用ggplot函数设置数据和定义数据的映射;然后使用geom_point 函数添加点,需要注意的是这里没有使用 geom_segment 函数来添加线段;然后使用 scale_color_manual 函数对不同的组别设置了颜色,使用 geom_text 函数设定了本文的颜色和文本字体的大小,使用 labs 函数设置了标题和子标题,使用 ylim 函数设置了 y 轴的范围,使用 coord_flip 函数翻转了 x 轴和 y 轴,使用 theme_bw 函数对图形的主题进行了设置。

棒棒糖图所传达的信息与条形图和点图相同,只是棒棒糖图和点图看起来更现代。下面的代码使用在前面点图示例中的数据来画一个棒棒糖图,如图 6.51 所示。

```
# 加载包
library(ggplot2)
```

```
# 绘制图形
ggplot(mtcars, aes(x=`car name`, y=mpg_z, label=mpg_z)) +
  geom_point(stat='identity', fill="black", size=6)  +
  geom_segment(aes(y = 0,
                   x = `car name`,
                   yend = mpg_z,
                   xend = `car name`),
               color = "black") +
  geom_text(color="white", size=2) +
  labs(title="Lollipop Chart",
       subtitle="Normalized mileage from 'mtcars': Lollipop") +
  ylim(-2.5, 2.5) +
  coord_flip() + theme_bw(
```

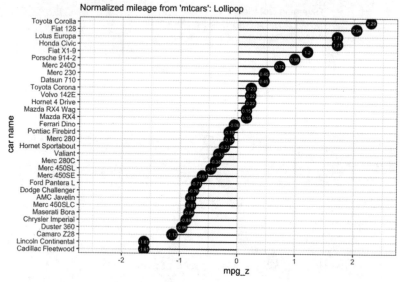

图 6.51　线条从 0 开始的棒棒糖图

从图 6.51 中可以观察到，线条从 0 的位置延伸到数据点的位置。如果将上面代码中 geom_segment 函数中的参数 y=0 改为 y=max (mpg_z)，则线段的起始位置将从 0 变为 mpg_z 变量的最大值的位置，如图 6.52 所示。

```
# 绘制图形
ggplot(mtcars, aes(x='car name', y=mpg_z, label=mpg_z)) +
  geom_point(stat='identity', fill="black", size=6) +
  geom_segment(aes(y = max(mpg_z),
                   x = 'car name',
                   yend = mpg_z,
                   xend = 'car name'),
               color = "black") +
  geom_text(color="white", size=2) +
  labs(title="Lollipop Chart",
```

```
        subtitle="Normalized mileage from 'mtcars': Lollipop") +
ylim(-2.5, 2.5) +
coord_flip() + theme_bw()
```

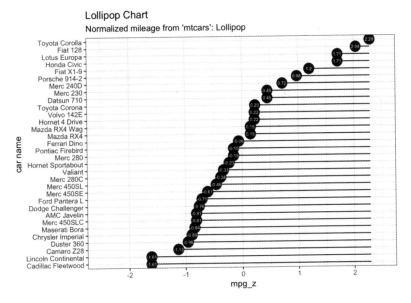

图 6.52　改变起始位置的棒棒糖图

通过上面的代码可知，修改 y 参数可以调整线段的起始点的位置。同理，如果将 y = max(mpg_z)改成 y = min(mpg_z)，则棒棒糖图中的线条将会从左侧开始。

坡度图是棒棒糖图的一种变体，它是比较 2 个时间点之间位置的绝佳方法。目前，没有内置函数可以用来构建坡度图。下面的代码绘制了坡度图，所使用的数据表示不同地区的 GDP 情况，如图 6.53 所示。

```
# 加载包
library(ggplot2)
library(scales)


# 数据准备
df <- read.csv("https://raw.githubusercontent.com/selva86/datasets/
master/gdppercap.csv")
colnames(df) <- c("continent", "1952", "1957")
left_label <- paste(df$continent, round(df$`1952`),sep=", ")
right_label <- paste(df$continent, round(df$`1957`),sep=", ")
df$class <- ifelse((df$`1957` - df$`1952`) < 0, "red", "green")

# 绘制图形
p <- ggplot(df) + geom_segment(aes(x=1, xend=2, y=`1952`, yend=`1957`,
col=class), size=.75, show.legend=F) +
                  geom_vline(xintercept=1, linetype="dashed", size=.1) +
```

```
                geom_vline(xintercept=2, linetype="dashed", size=.1) +
                scale_color_manual(labels = c("Up", "Down"),
                                # 设置线条的颜色
                                values = c("green"="green", "red"="black")) +
                labs(x="", y="Mean GdpPerCap") +              # 坐标轴标签
                # 设置坐标轴标签的范围
                xlim(.5, 2.5) + ylim(0,(1.1*max(df$`1952`, df$`1957`))))

# 添加文本
p <- p + geom_text(label=left_label, y=df$`1952`, x=rep(1, NROW(df)),
    hjust=1.1, size=3.5)
p <- p + geom_text(label=right_label, y=df$`1957`, x=rep(2, NROW(df)),
    hjust=-0.1, size=3.5)
p <- p + geom_text(label="Time 1", x=1, y=1.1*(max(df$`1952`, df$`1957`)),
    hjust=1.2, size=5)                                        # 添加标题
p <- p + geom_text(label="Time 2", x=2, y=1.1*(max(df$`1952`, df$`1957`)),
    hjust=-0.1, size=5)                                       # 添加标题

p + theme(panel.background = element_blank(),
          panel.grid = element_blank(),
          axis.ticks = element_blank(),
          axis.text.x = element_blank(),
          panel.border = element_blank(),
          plot.margin = unit(c(1,2,1,2), "cm")) +theme_classic()
```

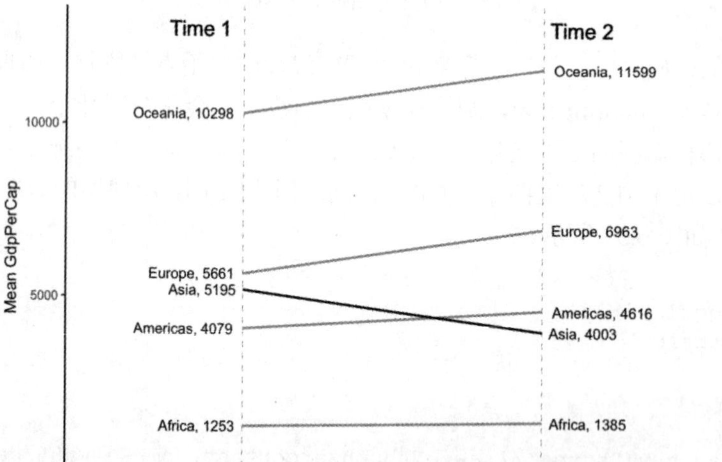

图 6.53 坡度图

上面的代码中，首先使用 read.csv 函数读取链接中的数据，然后对数据进行了基本的处理，并对数据集进行了重命名。然后将变量 continent 和变量 1952、变量 continent 和变量 1957 这两组变量通过字符串合并的方式生成两个新的变量，分别为 left_label 和 right_label，这两个变量在后面的代码中会作为图形中的标签。在 df 数据集中生成了一个新的变量 class，

这个变量的值通过 ifelse 函数进行计算，如果(df$ '1957'- df$'1952')小于 0，则 class 对应的值为 red，否则为 green。数据处理好之后便开始绘图。绘制图形的关键函数是 geom_segment，使用这个函数绘制坡度的线条，起始点的位置是(1,1952)，末尾点的位置是(2,1957)；然后使用 geom_vline 函数添加了两条垂直线，线条的位置分别是 x=1 和 x=2 所对应的的位置，参数 linetype="dashed"表示线条的类型为虚线，size 参数用于调整线条的粗细。到这里，坡度图就已经绘制好了。后面的代码对图形的展示进行了调整，其中使用 scale_color_manual 函数对图形的颜色进行了调整，使用 labs 函数对坐标轴名称进行了设置，使用 xlim 和 ylim 函数对坐标轴的范围进行了调整，使用 geom_text 函数对图形添加了标签，最后使用 theme 函数对图形的细节进行了调整。

上文的图形绘制都比较复杂，接下来将介绍基础棒棒糖图的绘制。

## 6.3.2 绘制基础棒棒糖图

一个棒棒糖图是通过散点图和线条来构建的。通常而言，以下两种输入格式可用于构建棒棒糖图：

- 两个数值，如散点图。
- 一个数值和一个分类变量，如条形图。

在任何情况下，棒棒糖图是使用 geom_point 函数添加点，使用 geom_segment 函数添加线条。geom_segment 可以在点(x, y)和(xend, yend)之间绘制一条直线。另外，稍微提一下，使用 geom_curve 函数可以绘制一条曲线。

下面的代码首先创建了两个连续变量，然后使用所创建的变量来绘制棒棒糖图，如图 6.54 所示。

```
# 加载包
library(ggplot2)

# 创建数据集
data <- data.frame(x=seq(1,30), y=abs(rnorm(30)))

# 绘制图形
ggplot(data, aes(x=x, y=y)) +
  geom_point() +
  geom_segment( aes(x=x, xend=x, y=0, yend=y))
```

上面的代码中首先创建了一个数据集，该数据集包含两个变量，第一个变量 x 是使用 seq 函数创建的一个从 1 到 30 的向量，第二个变量 y 包含 30 个正态分布的值，其中 abs 函数用于对数据取绝对值。

创建好数据之后，开始构建棒棒糖图。在绘制棒棒糖图的过程中，首先使用 geom_point 函数创建了散点图，然后使用 geom_segment 函数添加线段，线段从(x,0)开始，到(x,y)结束。

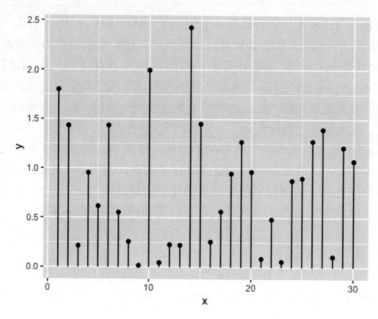

图 6.54　通过两个连续变量绘制棒棒糖图

下面的代码绘制了一幅关于一个连续变量和一个分类变量的棒棒糖图，如图 6.55 所示。代码的实现方式与上一个例子是一样的，但需要注意的是，x 轴也可以表示分类变量。当 x 轴变量是分类变量的时候，棒棒糖图是条形图的一个很好的替代，特别是当条形图的组别非常多的时候。

```
#   加载包
library(ggplot2)

#   创建数据集
data <- data.frame(
  x=LETTERS[1:26],
  y=abs(rnorm(26))
)

#   绘制图形
ggplot(data, aes(x=x, y=y)) +
  geom_point() +
  geom_segment( aes(x=x, xend=x, y=0, yend=y))
```

上面的代码中同样先创建了一个数据集，数据集的第一个变量 x 为 26 个字母，第二个变量 y 表示的是从正态分布中生成了 26 个值，并对这 26 个值取了绝对值，然后绘图的代码与绘制图 6.54 的代码是一样的。通过这样的方式，便绘制出了分类变量和连续变量的棒棒糖图。

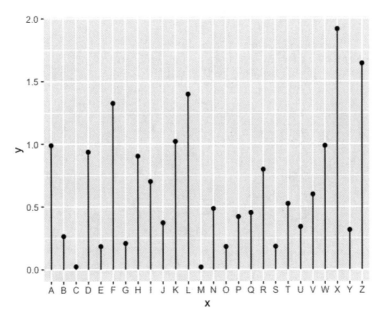

图 6.55 一个连续变量和一个分类变量棒棒糖图

### 6.3.3 棒棒糖图参数的调节

棒棒糖图的构成包括一个数据点和一条线段,因此散点图的参数都可以在这里进行调整,具体如下。

- size:点的大小。
- color:点的颜色。
- alpha:点的透明度。
- fill:点的填充颜色。
- shape:点的形状,如图 6.56 所示。

下面的代码使用了与图 6.55 一样的数据集,在绘制基础棒棒糖图的基础之上对图形中的点进行了调整,如图 6.57 所示。

```
# 加载包
library(tidyverse)

# 创建数据集
data <- data.frame(
  x=LETTERS[1:26],
  y=abs(rnorm(26))
)
```

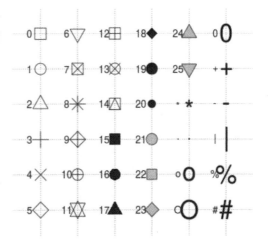

图 6.56 点的形状

```
# 绘制图形
ggplot(data, aes(x=x, y=y)) +
  geom_segment( aes(x=x, xend=x, y=0, yend=y)) +
  geom_point( size=5, color="red", fill='green', alpha=0.7, shape=21,
    stroke=2)  #
```

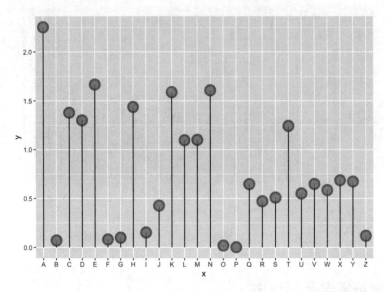

图 6.57　调整点样式后的棒棒糖图

上面的代码在绘制图形的过程中，对点的参数进行了调整，首先使用 size 参数设置了点的大小，使用 color 和 fill 参数设置了点的线条颜色和点的内部的填充颜色，使用 alpha 参数调整了点的透明度，使用 shape 参数调整了点的形状，使用 stroke 参数在点的外围加上一个圈，stroke 参数的值越大，则圈越大。

棒棒糖图中的线条是使用 geom_segment 函数构建的，该函数也可以自定义很多参数，如 size、color 及 linetype。其中 linetype 用于调整线条的种类，其值可以是 dotted、dashed、dotdash 等，其详细设置如图 6.58 所示。

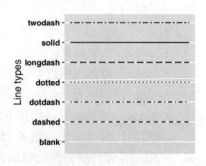

图 6.58　线条种类

下面的代码对棒棒糖图的线条进行了调整，如图 6.59 所示。

```
# 加载包
library(ggplot2)

# 创建数据集
data <- data.frame(
  x=LETTERS[1:26],
```

```
    y=abs(rnorm(26))
)

# 绘制图形
ggplot(data, aes(x=x, y=y)) +
  geom_segment( aes(x=x, xend=x, y=0, yend=y) , size=1, color="grey",
linetype="dotdash" ) + geom_point()
```

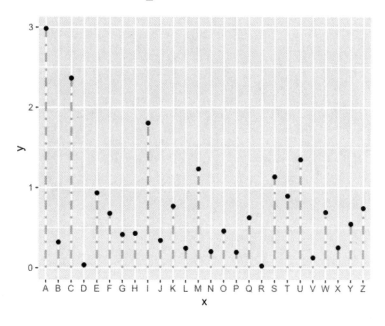

图 6.59 调整线条样式后的棒棒糖图

上面的代码在使用 geom_segment 函数进行绘图的时候,对参数进行了设置,使用 size 参数设置了线条的大小,使用 color 参数设定了线条的颜色,使用 linetype 参数设置了线条的种类。

除了上面的参数设置外,还可以使用 theme 函数自定义图表的一般外观。另外,还可以使用主题函数,例如使用 hrbrthemes 包中的 theme_ipsum 函数设置主题。下面的代码对图形的一般外观进行了调整,如图 6.60 所示。

```
# 加载包
library(ggplot2)

# 创建数据集
data <- data.frame(
  x=LETTERS[1:26],
  y=abs(rnorm(26))
)

# 绘制图形
ggplot(data, aes(x=x, y=y)) +
  geom_segment( aes(x=x, xend=x, y=0, yend=y), color="grey") +
```

```
  geom_point( color="orange", size=4) +
  theme_light() +
  theme(
    panel.grid.major.x = element_blank(),
    panel.border = element_blank(),
  ) +
  xlab("") +
  ylab("Value of Y")
```

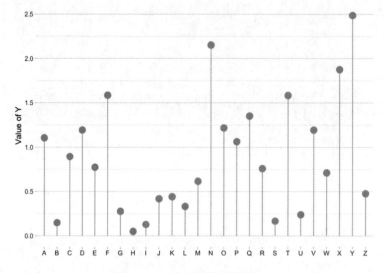

图 6.60　调整外观后的棒棒糖图

上面的代码使用 theme 函数对图形的外观进行了调整，其中参数 panel.grid.major.x 用于调整图形中的 y 轴网格线，这里的设置是取消了 y 轴的网格线；panel.border 参数用于调整图形的边框，这里取消了图形的边框。图形的各个方面都可以通过 theme 函数进行调整，如图形的标题、图形的坐标轴和图形的图例等，其详细的参数设置可以查看 theme 函数的文档。

如果图形中存在长标签，则更加合适的方法是将图形翻转，这样的话图形将更容易阅读。可以使用 coord_flip 函数轻松实现图形的翻转。下面的代码翻转了图形，如图 6.61 所示。

```
# 加载包
library(ggplot2)

# 创建数据集
data <- data.frame(
  x=LETTERS[1:26],
  y=abs(rnorm(26))
)

# 绘制图形，然后将图形翻转
ggplot(data, aes(x=x, y=y)) +
  geom_segment( aes(x=x, xend=x, y=0, yend=y), color="skyblue") +
```

```
geom_point( color="red", size=4, alpha=0.6) +
theme_light() +
coord_flip() +
theme(
  panel.grid.major.y = element_blank(),
  panel.border = element_blank(),
  axis.ticks.y = element_blank()
)
```

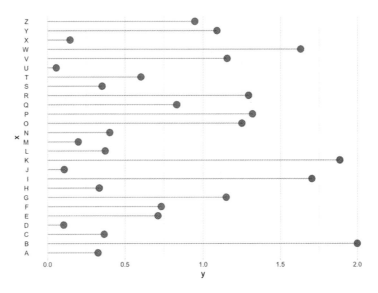

图 6.61　坐标轴翻转的棒棒糖图

从图 6.61 中可观察到，坐标轴 x 和坐标轴 y 被翻转。

最后，还可以修改图标的线条，如果感兴趣的数据中存在特定阈值，则可以通过调整棒棒糖图中线条的起始点来更深入地了解棒棒糖图。要调整棒棒糖图的线条起点，只需更改 geom_segment 函数中的 y 参数即可。下面的代码调整了棒棒糖图线条的起点，如图 6.62 所示。

```
# 加载包
library(ggplot2)

# 创建数据集
data <- data.frame(
  x=LETTERS[1:26],
  y=abs(rnorm(26))
)

# 改变基线
ggplot(data, aes(x=x, y=y)) +
  geom_segment( aes(x=x, xend=x, y=1, yend=y), color="grey") +
  geom_point( color="red", size=4) +
  theme_light() +
  theme(
```

```
      panel.grid.major.x = element_blank(),
      panel.border = element_blank(),
      axis.ticks.x = element_blank()
    ) +
  xlab("") +
  ylab("Value of Y")
```

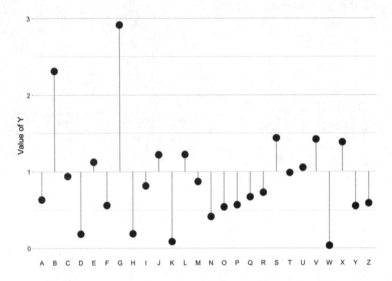

图 6.62　调整线条起点后的棒棒糖图

图 6.62 中线条的起点都是从 1 开始,这是因为在调用 geom_segment 函数的时候,参数 y 设置为 1。

### 6.3.4　添加标注

标注是数据可视化的关键,可以帮助读者专注于图形想要传达的主要信息。如果对图形中一个或几个组特别感兴趣,那么可以在图形中突出显示这些组的数据,要做到这一点,可以用 ifelse 函数来更改 size、color、alpha 或其他任何图形参数。此外,直接在图表上添加文本注释也可以让图形变得更具洞察力。下面的代码在绘制棒棒糖图的时候突出了图形的某一部分,并且添加了文本注释,如图 6.63 所示。

```
# 加载包
library(ggplot2)
library(dplyr)
library(hrbrthemes)

# 创建数据集
set.seed(1000)
data <- data.frame(
  x=LETTERS[1:26],
  y=abs(rnorm(26))
```

```
)

# 对数据集进行重新排序
data <- data %>%
  arrange(y) %>%
  mutate(x=factor(x,x))

# 绘制图形
p <- ggplot(data, aes(x=x, y=y)) +
  geom_segment( aes(x=x, xend=x, y=0, yend=y ), color=ifelse(data$x %in%
c("A","D"), "orange", "grey"), size=ifelse(data$x %in% c("A","D"), 1.3,
0.7) ) +
  geom_point( color=ifelse(data$x %in% c("A","D"), "orange", "grey"),
size=ifelse(data$x %in% c("A","D"), 5, 2) ) +
  theme_ipsum() +
  coord_flip() +
  theme(
    legend.position="none"
  ) +
  xlab("") +
  ylab("Value of Y") +
  ggtitle("How did groups A and D perform?")

# 添加注释
p + annotate("text", x=grep("D", data$x), y=data$y[which(data$x=="D")]*1.2,
         label="Group D ",
         color="orange", size=4 , angle=0, fontface="bold", hjust=0) +
  
  annotate("text", x = grep("A", data$x), y = data$y[which(data$x=="A")]*1.2,
         label = paste("Group A is not too bad\n (val=",data$y[which
(data$x=="A")] %>% round(2),")",sep="" ) ,
         color="orange", size=4 , angle=0, fontface="bold",hjust=0)
```

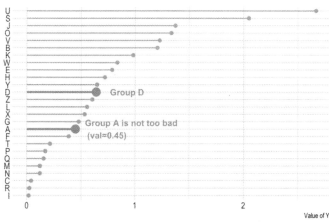

图 6.63 添加文本注释和设置突出显示后的棒棒糖图

图 6.63 对某些线条进行了突出显示,并且添加了注释,这样会使得图形变得更加清

晰，更方便读者进行阅读。在上面的代码中，首先创建了一个数据集，数据集包含两个变量 x 和 y，其中 x 变量为分类变量，y 为连续变量；然后对数据集根据 y 的大小进行排序，并对分类变量的因子顺序进行了设定。

需要注意的是，在调用 geom_segment 函数的时候，代码 color=ifelse(data$x %in% c("A","D"), "orange", "grey")和 size=ifelse(data$x %in% c("A","D"),1.3,0.7)的作用是对图形进行突出显示，其中代码 color=ifelse(data$x %in% c("A","D"),"orange","grey")表示如果 x 变量为 A 或者 D，则将颜色设置为 red，否则设置为 grey；代码 size=ifelse(data$x %in% c("A","D"), 1.3, 0.7)则表示如果 x 变量为 A 或者 D，则将线条的大小设置为 1.3，否则设置为 0.7。通过这样的方式，使得 A 和 D 这两组图形通过颜色和大小跟其他组的图形区别开来。annotate 函数用于添加标签，其第一个参数 text 表示要添加的内容是文本，x 和 y 这两个参数用于指定标签添加的位置，label 参数用于指定需要添加的文本，color 参数用于指定标签的颜色，size 参数用于指定标签的大小，angle 参数用于指定标签的角度。更多关于 annotate 函数的使用方式，在后文会详细介绍。

## 6.4 条形图

条形图是最常见图形类型之一，它显示了连续变量和分类变量之间的关系，分类变量的值表示为一个条形，条形的大小表示其对应连续变量的数值。

下面的代码绘制了 2017 年前 20 大出口商出口某种商品数量的条形图，如图 6.64 所示。

```
# 加载包
library(tidyverse)
library(hrbrthemes)
library(kableExtra)
options(knitr.table.format = "html")

# 从 github 中获取数据
data <- read.table("https://raw.githubusercontent.com/holtzy/data_to_viz/
master/Example_dataset/7_OneCatOneNum.csv", header=TRUE, sep=",")

# 绘制条形图
data %>%
  filter(!is.na(Value)) %>%
  arrange(Value) %>%
  tail(20) %>%
  mutate(Country=factor(Country, Country)) %>%
  ggplot( aes(x=Country, y=Value) ) +
    geom_bar(stat="identity", fill="#69b3a2") + # ,
    coord_flip() +
    theme_ipsum() +
    theme(
      panel.grid.minor.y = element_blank(),
```

```
    panel.grid.major.y = element_blank(),
    legend.position="none"
  ) +
  xlab("") +


  ylab("")
```

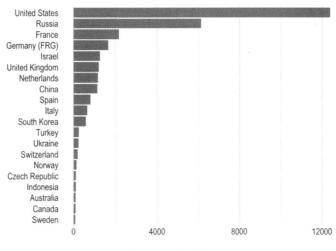

图 6.64 条形图

上面的代码绘制了条形图，使用的函数是 geom_bar。需要注意的是，在使用 ggplot 函数定义数据映射的时候，x 对应的是分类变量，y 对应的是连续变量。然后加上代码 geom_bar(stat="identity")，即可绘制出条形图。

条形图显示了连续变量和分类变量之间的关系，在图 6.64 中，国家/地区都是分类变量，销售商品的数量是连续变量。

条形图也可以显示不同的组别。下面的代码绘制了分组的条形图，如图 6.65 所示。

```
# 加载包
library(tidyverse)
library(hrbrthemes)
library(babynames)
library(viridis)

#使用babynames 数据集进行绘图，对 babynames 数据集进行处理
data <- babynames %>%
  filter(name %in% c("Ashley", "Amanda", "Jessica",    "Patricia", "Linda",
"Deborah",   "Dorothy", "Betty", "Helen")) %>%
  filter(sex=='F')

#  绘制分组的条形图
data %>%
  filter(name %in% c("Ashley", "Patricia", "Betty", "Helen")) %>%
  filter(year %in% c(1920, 1960, 2000)) %>%
  mutate(year=as.factor(year)) %>%
```

```
ggplot( aes(x=year, y=n, fill=name)) +
  geom_bar(stat="identity", position="dodge") + #
  scale_fill_viridis(discrete=TRUE, name="") +
  theme_ipsum() +
```

ylab("Number of baby")

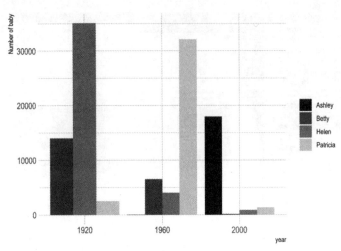

图 6.65  分组的条形图

绘制分组的条形图和绘制分组的箱线图类似，将 name 变量传递给 fill 参数，则可以绘制出分组的条形图，不同的 name 对应着不同的颜色。从图 6.65 中可以看到，1920 年 Helen 这个名字使用最多，而在 1960 年 Patricia 这个名字使用最多，在 2000 年 Ashley 这个名字使用最多。需要注意的是使用 geom_bar 函数绘制分组条形图的时候，要设置参数 position="dodge"。如果没有设置这个参数，则会绘制堆叠条形图。下面的代码便绘制了堆叠条形图，如图 6.66 所示。

```
#    绘制堆叠的条形图
data %>%
  filter(name %in% c("Ashley", "Patricia", "Betty", "Helen")) %>%
  filter(year %in% c(1920, 1960, 2000)) %>%
  mutate(year=as.factor(year)) %>%
  ggplot( aes(x=year, y=n, fill=name)) +
  geom_bar(stat="identity", width = 0.5) +
  scale_fill_viridis(discrete=TRUE, name="") +
  theme_ipsum() +
  ylab("Number of baby")
```

如果有许多组，也可以考虑圆形条形图。圆形条形图被用来比较非常多组的条形图，其详细介绍见 6.5 节。

需要注意的是不要将条形图与直方图混淆，直方图只有一个连续变量作为输入并显示连续变量的分布。

在绘制条形图的时候，如果分类变量的级别没有明显的顺序，最好按照其值的大小来排序条形。如果数据中每组有几个值，则不要使用条形图，而使用其他类型的图形则更为合适，如箱线图或小提琴图。

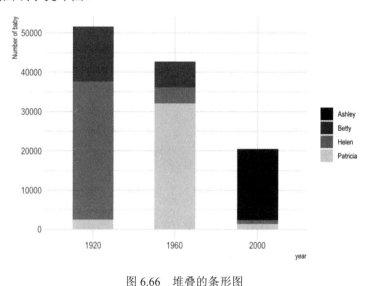

图 6.66　堆叠的条形图

## 6.4.1　绘制基础条形图

绘制条形图的函数是 geom_bar，但如果仅提供连续的 x 变量（并且没有 y 变量），geom_bar 函数会尝试从数据中生成直方图。为了使 geom_bar 函数创建条形图而不是直方图，需要设置参数 stat="identity"，同时在 aes 中提供 x 和 y，并且 x 是分类变量、y 是连续变量。如果只有一个分类变量，想对这个分类变量的计数结果绘制条形图，则不需要设置 stat="identity"。

下面的代码绘制了条形图，如图 6.67 所示。

```
# 加载包
library(ggplot2)

# C 创建数据集
data <- data.frame(
  name=c("A","B","C","D","E") ,
  value=c(3,12,5,18,45)
  )

# 绘制条形图
ggplot(data, aes(x=name, y=value)) +
  geom_bar(stat="identity")
```

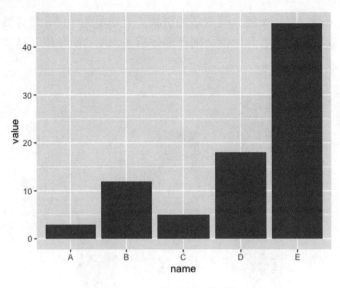

图 6.67 一幅简单的条形图

上面的代码绘制了一幅最简单的条形图,其中 x 对应的是分类变量,y 对应的是连续变量。调用 geom_bar 函数时,设置参数 stat="identity",表示不需要对数据进行计数。下面的代码从一个分类变量直接创建了条形图,如图 6.68 所示。

```
data <- data.frame(name = c(rep("A",3),rep("B",12),rep("C",5),rep("D",18),
    rep("E",45)))                              # 创建数据集

ggplot(data, aes(x=name)) +                    # 绘制图形
  geom_bar()
```

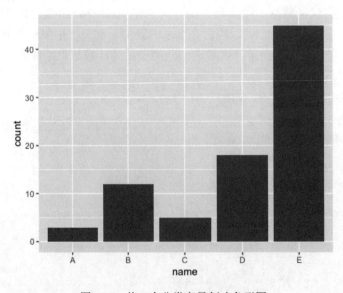

图 6.68 从一个分类变量创建条形图

在上面的代码中，绘制条形图的时候只设置了一个分类变量作为 x，并且在调用 geom_bar 函数的时候没有设置任何参数。需要注意的是，图 6.67 所使用的数据集和图 6.68 所使用的数据集虽然含义是一样的，但是数据的表现形式不一样。上面的代码中，数据集只有一个变量 name，其中 A 出现了 3 次，而对应图 6.67 中数据集变量 name 中的 A 值为 3。

因此在绘制条形图的时候，需要先区分数据的形式，然后再以正确的方法绘制图形。

下面的代码对条形图的颜色进行了调整，如图 6.69 所示。

```
# Libraries
library(ggplot2)

# 1. 绘制图形，并且调整颜色
ggplot(mtcars, aes(x=as.factor(cyl) )) +
  geom_bar(color="blue", fill=rgb(0.1,0.4,0.5,0.7) )
```

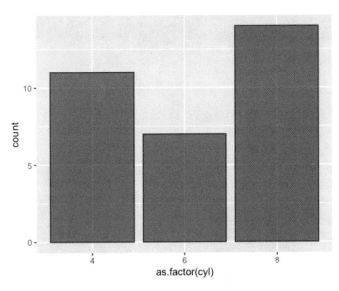

图 6.69　直接设置条形图的颜色

上面的代码通过 color 参数和 fill 参数直接设置图形的颜色，这是第一种调整条形图颜色的方式。下面的代码使用了 scale_fill_hue 函数来调整图形的颜色，如图 6.70 所示。

```
# 2. 使用 scale_fill_hue 函数调整颜色
ggplot(mtcars, aes(x=as.factor(cyl), fill=as.factor(cyl) )) +
  geom_bar( ) +
  scale_fill_hue(c = 40) +
  theme(legend.position="none")
```

第二种方式使用了 scale_fill_hue 函数来调整图形的配色。下面的代码通过 scale_fill_brewer 函数调整图形的配色，如图 6.71 所示。

```
# 3. 使用 scale_fill_brewer 函数调整颜色
ggplot(mtcars, aes(x=as.factor(cyl), fill=as.factor(cyl) )) +
  geom_bar( ) +
  scale_fill_brewer(palette = "Set1") +
  theme(legend.position="none")
```

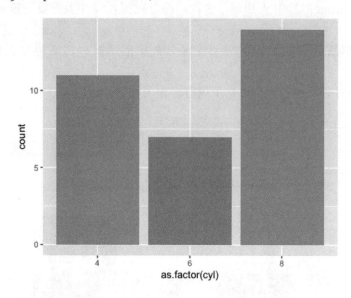

图 6.70　使用 scale_fill_hue 函数调整条形图的颜色

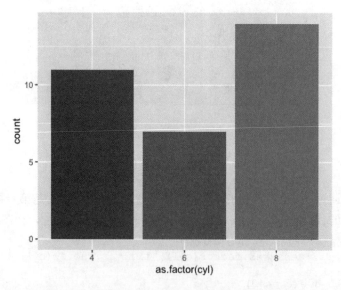

图 6.71　使用 scale_fill_brewer 函数调整条形图的配色

第三种方式使用了 scale_fill_brewer 函数来调整图形的配色，有很多种配色可以选择，因此在绘制图形的时候，可以多尝试几种配色来进行绘图。下面的代码使用了配色函数

scale_fill_grey 函数来调整图形的颜色，如图 6.72 所示。

```
# 4. 使用 scale_fill_grey 函数调整颜色
ggplot(mtcars, aes(x=as.factor(cyl), fill=as.factor(cyl) )) +
  geom_bar( ) +
  scale_fill_grey(start = 0.25, end = 0.75) +
  theme(legend.position="none")
```

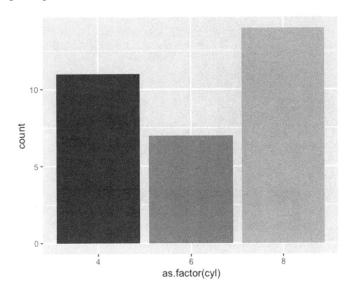

图 6.72　使用 scale_fill_grey 函数调整条形图的颜色

第四种方式使用了 scale_fill_grey 函数将图形调整为灰色调，还有其他很多类似的函数可以来调整图形的配色。另外还可以手动指定不同组的图形颜色，下面的代码便手动指定了条形图中的颜色，如图 6.73 所示。

```
# 5. 使用 scale_fill_manual 调整颜色
ggplot(mtcars, aes(x=as.factor(cyl), fill=as.factor(cyl) )) +
  geom_bar( ) +
  scale_fill_manual(values = c("DarkMagenta", "Turquoise", "Yellow") ) +
  theme(legend.position="none")
```

第五种方式使用了 scale_fill_manual 函数将图形分别指定为深洋红色、绿宝石和纯黄。以上是几种关于颜色调整的方法。

有时候将条形图水平放置可以更好地展示图形，此时可以使用 coord_flip 函数很容易地将图形进行翻转。下面的代码将条形图进行了翻转，如图 6.74 所示。

```
# 加载 ggplot2 包
library(ggplot2)

# 创建数据集
data <- data.frame(
  name=c("A","B","C","D","E") ,
  value=c(3,12,5,18,45)
```

)

```
# 绘制条形图
ggplot(data, aes(x=name, y=value)) +
  geom_bar(stat = "identity") +
  coord_flip()+theme_ipsum()
```

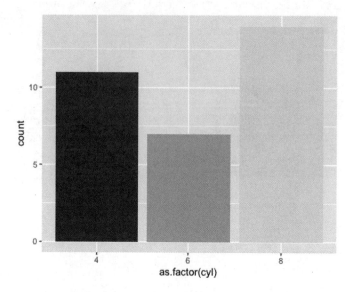

图 6.73  手动指定条形图的颜色

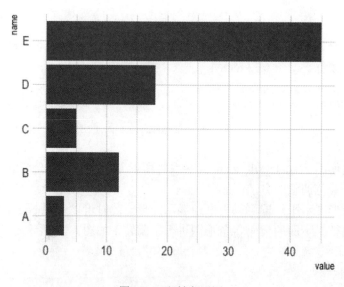

图 6.74  翻转条形图

上面的代码中,使用 geom_bar 函数绘制好图形之后,使用 coord_flip 函数将图形进行了翻转。

## 6.4.2 改变条形图宽度

geom_bar 函数的 width 参数允许控制条形图的宽度,其宽度范围在 0 到 1 之间。下面的代码调整了条形图的宽度,如图 6.75 所示。

```
# 加载包
library(ggplot2)

# 创建数据集
data <- data.frame(
  name=c("A","B","C","D","E") ,
  value=c(3,12,5,18,45)
  )

# 绘制条形图
ggplot(data, aes(x=name, y=value)) +
  geom_bar(stat = "identity", width=0.2) +theme_ipsum()
```

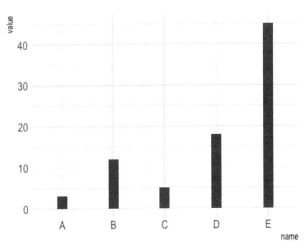

图 6.75　调整了宽度的条形图

上面的代码中,将 width 参数设置为了 0.2。从图 6.75 中可以观察到,条形图的宽度变得非常窄。

## 6.4.3 添加误差棒

误差棒可以概括地展示数据的精确程度。如果条形图所使用的数据是聚合的结果(如几个数据点的平均值),则可能需要显示误差线。

要了解如何构建误差棒,首先需要了解如何使用 R 语言构建基本条形图,然后只需使用 geom_errorbar 函数添加一个额外的图层。

geom_errorbar 函数至少需要 3 个参数，ymin 和 ymax 分别表示误差棒的底部和顶部的位置；x 表示 x 轴上的位置。

注意：必须在构建图表之前计算误差棒的下限和上限，并在输入数据的列中提供。

下面的代码在条形图中添加了误差棒，如图 6.76 所示。

```
# 加载包
library(ggplot2)

# 创建数据集
data <- data.frame(
  name=letters[1:5],
  value=sample(seq(4,15),5),
  sd=c(1,0.2,3,2,4)
)

# 添加误差棒
ggplot(data) +
    geom_bar( aes(x=name, y=value), stat="identity", fill="skyblue", alpha=0.7) +
    geom_errorbar( aes(x=name, ymin=value-sd, ymax=value+sd), width=0.4, colour="red", alpha=0.9, size=1.3)
```

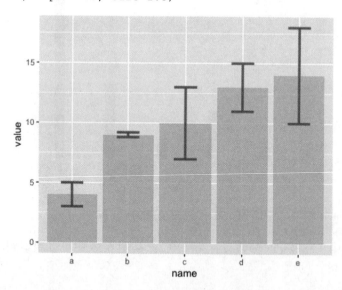

图 6.76　添加误差棒的条形图

上面的代码中，首先使用 geom_bar 函数绘制出了条形图，然后再使用 geom_errorbar 函数添加误差棒，在参数的设置中，x=name 用于指定误差棒在 x 轴的位置，ymin 用于指定误差棒的下限，ymax 用于指定误差棒的上限，width 用于指定误差棒的宽度，color 用于指定误差棒的颜色，alpha 用于指定透明度，而 size 用于指定误差棒的大小。

另外，可以修改误差棒的类型，如 geom_linerange 函数可以使用线条来表示误差，geom_pointrange 函数可以使用线条和点来表示误差，geom_crossbar 函数可以使用矩形的形式表示误差。下面的代码使用一个矩形来表示误差棒，如图 6.77 所示。

```
# 加载包
library(ggplot2)

# 创建数据集
data <- data.frame(
  name=letters[1:5],
  value=sample(seq(4,15),5),
  sd=c(1,0.2,3,2,4)
)

# 矩形
ggplot(data) +
  geom_bar( aes(x=name, y=value), stat="identity", fill="skyblue", alpha=0.5) +
  geom_crossbar( aes(x=name, y=value, ymin=value-sd, ymax=value+sd), width=0.4, colour="orange", alpha=0.9, size=1.3)
```

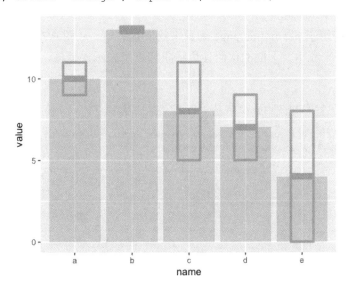

图 6.77 设置误差棒的类型为矩形

上面的代码使用了 geom_crossbar 函数来绘制误差棒，从图 6.78 中可以观察到，图形中的误差通过矩形来表示。下面的代码使用了一个线条来表示图形的误差棒，如图 6.78 所示。

```
# 线条
ggplot(data) +
  geom_bar( aes(x=name, y=value), stat="identity", fill="skyblue", alpha=0.5) +
  geom_linerange( aes(x=name, ymin=value-sd, ymax=value+sd), colour="orange", alpha=0.9, size=1.3)
```

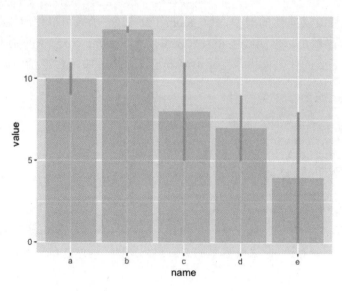

图 6.78　使用线条来表示误差棒

上面的代码使用了 geom_linerange 函数来绘制误差棒，从图 6.78 中可以观察到，条形图的误差通过线条来表示。下面的代码使用线条和点来表示误差棒，如图 6.79 所示。

```
#　线条 + 点
ggplot(data) +
  geom_bar( aes(x=name, y=value), stat="identity", fill="skyblue", alpha=0.5) +
  geom_pointrange( aes(x=name, y=value, ymin=value-sd, ymax=value+sd), colour="orange", alpha=0.9, size=1.3)
```

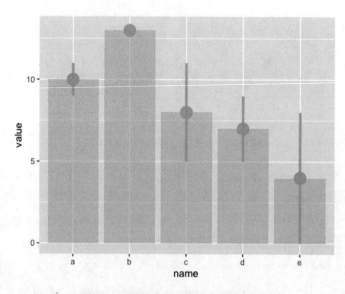

图 6.79　使用线条和点来表示误差棒

上面的代码使用了 geom_pointrange 函数绘制误差棒，从图 6.79 中可以观察到，条形图中误差通过点和线条来表示。

标准差、标准误差和置信区间是三种不同类型的值，都可以用于表示误差，但是这三种指标有时候会给出非常不同的结果，这些差异会极大地影响最后的结论。下面的分别使用标准差、标准误差和置信区间区间来绘制误差棒。如图 6.80 所示为使用标准差绘制的误差棒。

```
# 加载包
library(ggplot2)
library(dplyr)

# 数据
data <- iris %>% select(Species, Sepal.Length)

# 计算均值、标准差等
my_sum <- data %>%
  group_by(Species) %>%
  summarise( 
    n=n(),
    mean=mean(Sepal.Length),
    sd=sd(Sepal.Length)
  ) %>%
  mutate( se=sd/sqrt(n))  %>%
  mutate( ic=se * qt((1-0.05)/2 + .5, n-1))

# 标准差
ggplot(my_sum) +
  geom_bar( aes(x=Species, y=mean), stat="identity", fill="forestgreen", alpha=0.5) +
  geom_errorbar( aes(x=Species, ymin=mean-sd, ymax=mean+sd), width=0.4, colour="orange", alpha=0.9, size=1.5) +
  ggtitle("using standard deviation")
```

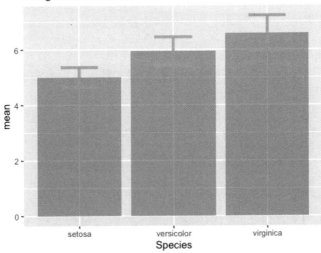

图 6.80　使用标准差绘制的误差棒

上面的代码中,首先对数据集计算了关于数据的标注差、标准误差和置信区间,然后使用标准差的结果来绘制误差棒,从图 6.80 中可以看到,误差棒的范围比较宽。下面的代码使用标准误差来绘制误差棒,如图 6.81 所示。

```
# 标准误差
ggplot(my_sum) +
  geom_bar( aes(x=Species, y=mean), stat="identity", fill="forestgreen", alpha=0.5) +
  geom_errorbar( aes(x=Species, ymin=mean-se, ymax=mean+se), width=0.4, colour="orange", alpha=0.9, size=1.5) +
  ggtitle("using standard error")
```

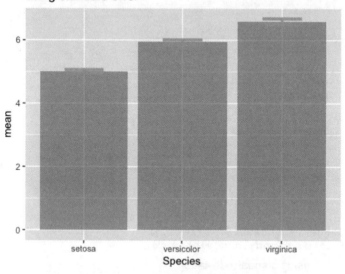

图 6.81　使用标准误差绘制的误差棒

上面的代码使用了标准误差的结果来绘制误差棒,从图 6.81 中可以看到,误差棒的范围非常窄。下面的代码使用了置信区间来绘制误差棒,如图 6.82 所示。

```
# 置信区间
ggplot(my_sum) +
  geom_bar( aes(x=Species, y=mean), stat="identity", fill="forestgreen", alpha=0.5) +
  geom_errorbar( aes(x=Species, ymin=mean-ic, ymax=mean+ic), width=0.4, colour="orange", alpha=0.9, size=1.5) +
  ggtitle("using confidence interval")
```

上面的代码使用了置信区间的结果来表示误差棒,从图 6.82 中可以看到,误差棒的结果与图 6.81 相比,范围稍微宽了一些。这三种误差有一定的区别,因此首先需要了解其是如何计算出来的,然后在绘图的过程中选择合适的方法来进行绘图。

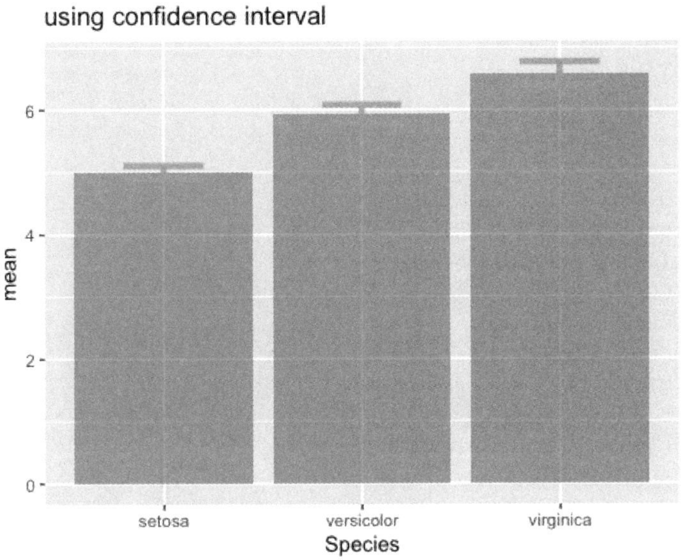

图 6.82　使用置信区间绘制的误差棒

## 6.5　圆形条形图

圆形条形图非常"引人注目",并且其能比长条形图更好地利用图形空间。但圆形条形图本质上还是条形图,只不过其显示为一个圆而不是线条。圆形条形图比较复杂,在绘制之前需要充分了解条形图的工作原理。

下面的代码绘制了 2017 年 20 个地区出口某商品数量的圆形条形图,如图 6.83 所示。

```
# 加载包
library(tidyverse)
library(hrbrthemes)
library(kableExtra)
options(knitr.table.format = "html")
library(viridis)

# 从github中获取数据
data <- read.table("https://raw.githubusercontent.com/holtzy/data_to_viz/
master/Example_dataset/7_OneCatOneNum.csv", header=TRUE, sep=",")

# 对数据进行排序
tmp <- data %>%
  filter(!is.na(Value)) %>%
  arrange(desc(Value)) %>%
  mutate(Country=factor(Country, Country))
```

```
empty_bar=10

# 添加线段
to_add = matrix(NA, empty_bar, ncol(tmp))
colnames(to_add) = colnames(tmp)
tmp=rbind(tmp, to_add)
tmp$id=seq(1, nrow(tmp))

#获取每个标签的名称和 y 位置
label_tmp=tmp
number_of_bar=nrow(label_tmp)
angle= 90 - 360 * (label_tmp$id-0.5) /number_of_bar
label_tmp$hjust<-ifelse( angle < -90, 1, 0)
label_tmp$angle<-ifelse(angle < -90, angle+180, angle)
label_tmp$Country <- gsub("United States", "US", label_tmp$Country)
label_tmp$Country <- paste(label_tmp$Country, " (", label_tmp$Value,")",
sep="")

# 绘制图形
# 注意, id 是一个因子。如果 x 是数值型的，则在第一个栏之间有一些空格
ggplot(tmp, aes(x=as.factor(id), y=Value)) +
  geom_bar(stat="identity", fill=alpha("#69b3a2", 0.8)) +
  ylim(-7000,13000) +
  theme_minimal() +
  theme(
    axis.text = element_blank(),
    axis.title = element_blank(),
    panel.grid = element_blank(),
    plot.margin = unit(rep(-1,4), "cm")
  ) +
  coord_polar(start = 0) +
  geom_text(data=label_tmp, aes(x=id, y=Value+200, label=Country ), color=
"black", fontface="bold",alpha=0.6, size=2.5, angle= label_tmp$angle,
hjust=label_tmp$hjust, inherit.aes = FALSE ) +
  geom_text( aes(x=24, y=8000, label="Who sells more weapons?"), color=
"black", inherit.aes = FALSE)
## Warning: Removed 10 rows containing missing values (position_stack).
## Warning: Removed 10 rows containing missing values (geom_text).
```

上面的代码绘制了圆形条形图，绘制圆形条形图的关键函数是 theme、coord_polar 以及 ylim，前两个函数分别对图形的坐标系进行调整，将条形图转换成圆的形状，ylim 函数调整了圆形条形图内圈的大小。其他代码和绘制条形图代码并没有差异。图 6.83 没有显示 y 刻度，因为每个条形都写有精确的数值。

圆形条形图很容易吸引人的眼球，但却很难分辨每个条形尺寸之间的差异。因此，圆形条形图只有在显示大量条形的时候才有意义。

第 6 章 分类变量和连续变量的图形绘制

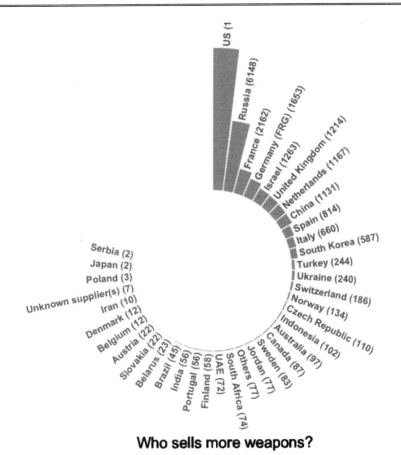

图 6.83 某商品数量的圆形条形图

通常而言，圆形条形图通过分组变量的设置可以让图形变得更加具有表现力。下面的代码绘制了分组的圆形条形图，如图 6.84 所示。

```
# 创建数据集
data=data.frame(
  individual=paste( "Mister ", seq(1,60), sep=""),
  group=c( rep('A', 10), rep('B', 30), rep('C', 14), rep('D', 6)) ,
  value=sample( seq(10,100), 60, replace=T)
)
data = data %>% arrange(group, value)


empty_bar=3
to_add = data.frame( matrix(NA, empty_bar*nlevels(data$group), ncol(data)) )
colnames(to_add) = colnames(data)
to_add$group=rep(levels(data$group), each=empty_bar)
data=rbind(data, to_add)
data=data %>% arrange(group)
data$id=seq(1, nrow(data))
```

```r
# 获取每个标签的名称和y位置
label_data=data
number_of_bar=nrow(label_data)
angle= 90 - 360 * (label_data$id-0.5) /number_of_bar
label_data$hjust<-ifelse( angle < -90, 1, 0)
label_data$angle<-ifelse(angle < -90, angle+180, angle)

# 对数据进行处理
base_data=data %>%
  group_by(group) %>%
  summarize(start=min(id), end=max(id) - empty_bar) %>%
  rowwise() %>%
  mutate(title=mean(c(start, end)))

# 对数据进行处理
grid_data = base_data
grid_data$end = grid_data$end[ c( nrow(grid_data), 1:nrow(grid_data)-1)] + 1
grid_data$start = grid_data$start - 1
grid_data=grid_data[-1,]

# 绘制图形
p = ggplot(data, aes(x=as.factor(id), y=value, fill=group)) +
  geom_bar(aes(x=as.factor(id), y=value, fill=group), stat="identity", alpha=0.5) +
  geom_segment(data=grid_data, aes(x = end, y = 80, xend = start, yend = 80), colour = "grey", alpha=1, size=0.3 , inherit.aes = FALSE ) +
  geom_segment(data=grid_data, aes(x = end, y = 60, xend = start, yend = 60), colour = "grey", alpha=1, size=0.3 , inherit.aes = FALSE ) +
  geom_segment(data=grid_data, aes(x = end, y = 40, xend = start, yend = 40), colour = "grey", alpha=1, size=0.3 , inherit.aes = FALSE ) +
  geom_segment(data=grid_data, aes(x = end, y = 20, xend = start, yend = 20), colour = "grey", alpha=1, size=0.3 , inherit.aes = FALSE ) +

# 添加文本
  annotate("text", x = rep(max(data$id),4), y = c(20, 40, 60, 80), label = c("20", "40", "60", "80") , color="grey", size=3 , angle=0, fontface="bold", hjust=1) +

  geom_bar(aes(x=as.factor(id), y=value, fill=group), stat="identity", alpha=0.5) +
  ylim(-100,120) +
  theme_minimal() +
  theme(
    legend.position = "none",
    axis.text = element_blank(),
    axis.title = element_blank(),
    panel.grid = element_blank(),
    plot.margin = unit(rep(-1,4), "cm")
  ) +
  coord_polar() +
  geom_text(data=label_data, aes(x=id, y=value+10, label=individual, hjust=hjust), color="black", fontface="bold",alpha=0.6, size=2.5, angle= label_data$angle, inherit.aes = FALSE ) +
```

```
# 添加基线信息
  geom_segment(data=base_data, aes(x = start, y = -5, xend = end, yend =
-5), colour = "black", alpha=0.8, size=0.6 , inherit.aes = FALSE ) +
  geom_text(data=base_data, aes(x = title, y = -18, label=group), hjust=
c(1,1,0,0), colour = "black", alpha=0.8, size=4, fontface="bold", inherit.
aes = FALSE)

p
## Warning: Removed 12 rows containing missing values (position_stack).

## Warning: Removed 12 rows containing missing values (position_stack).
## Warning: Removed 12 rows containing missing values (geom_text).
```

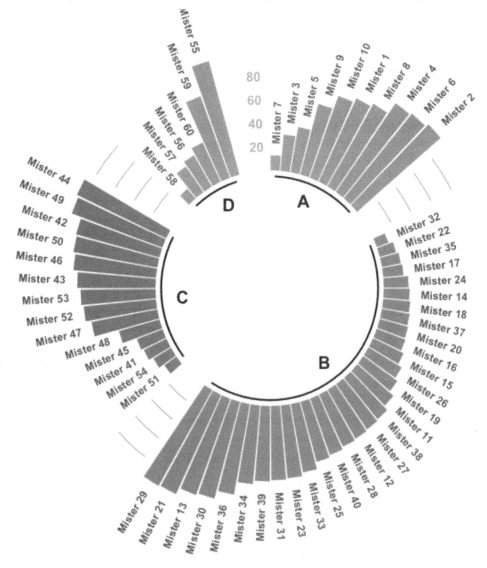

图 6.84 分组的圆形条形图

上面的代码中，首先创建了数据集，然后对数据集进行了一系列的处理，接着开始绘制圆形条形图，绘制的方式和上文相似，这里将分组变量 group 映射到 fill 参数，使用不同的颜色表示不同的分组，并且使用了 geom_segement 函数在圆形条形图中添加线段，使用了 annotate 函数对圆形条形图添加注释。

除了可以绘制分组圆形条形图之外，还可以绘制堆叠圆形条形图。下面的代码绘制了一幅堆叠的圆形条形图，如图 6.85 所示。

```r
library(tidyverse)
library(viridis)
# 创建数据集
data <- data.frame(
  individual=paste( "Mister ", seq(1,60), sep=""),
  group=c( rep('A', 10), rep('B', 30), rep('C', 14), rep('D', 6)) , value1=
sample( seq(10,100), 60, replace=T), value2=sample( seq(10,100), 60, replace=T),
value3=sample( seq(10,100), 60, replace=T)
)

# 转换整洁格式的数据（长格式）
data <- data %>% gather(key = "observation", value="value", -c(1,2))
empty_bar <- 2
nObsType <- nlevels(as.factor(data$observation))
to_add <- data.frame( matrix(NA, empty_bar*nlevels(data$group)*nObsType,
ncol(data)) )
colnames(to_add) <- colnames(data)
to_add$group <- rep(levels(data$group), each=empty_bar*nObsType )
data <- rbind(data, to_add)
data <- data %>% arrange(group, individual)
data$id <- rep( seq(1, nrow(data)/nObsType) , each=nObsType)

# 获取每个标签的名称和 y 位置
label_data <- data %>% group_by(id, individual) %>% summarize(tot=sum(value))
## Warning: Factor `individual` contains implicit NA, consider using
## `forcats::fct_explicit_na`
number_of_bar <- nrow(label_data)
angle <- 90 - 360 * (label_data$id-0.5) /number_of_bar
label_data$hjust <- ifelse( angle < -90, 1, 0)
label_data$angle <- ifelse(angle < -90, angle+180, angle)

# 数据准备
base_data <- data %>%
  group_by(group) %>%
  summarize(start=min(id), end=max(id) - empty_bar) %>% rowwise() %>%
  mutate(title=mean(c(start, end)))

# 网格数据准备
grid_data <- base_data
grid_data$end <- grid_data$end[ c( nrow(grid_data), 1:nrow(grid_data)-1)] + 1
```

```r
grid_data$start <- grid_data$start - 1
grid_data <- grid_data[-1,]

# 绘制图形
p <- ggplot(data) +
  
  # 添加叠加条
  geom_bar(aes(x=as.factor(id),y=value,fill=observation),stat="identity",
alpha=0.5) +
  # scale_fill_viridis(discrete=TRUE) +
  scale_fill_manual(values = c(1,2,3))+
  
  geom_segment(data=grid_data, aes(x = end, y = 0, xend = start, yend = 0),
colour = "grey", alpha=1, size=0.3 , inherit.aes = FALSE ) +
  geom_segment(data=grid_data, aes(x = end, y = 50, xend = start, yend =
50), colour = "grey", alpha=1, size=0.3 , inherit.aes = FALSE ) +
  geom_segment(data=grid_data, aes(x = end, y = 100, xend = start, yend =
100), colour = "grey", alpha=1, size=0.3 , inherit.aes = FALSE ) +
  geom_segment(data=grid_data, aes(x = end, y = 150, xend = start, yend =
150), colour = "grey", alpha=1, size=0.3 , inherit.aes = FALSE ) +
  geom_segment(data=grid_data, aes(x = end, y = 200, xend = start, yend =
200), colour = "grey", alpha=1, size=0.3 , inherit.aes = FALSE ) +
  
# 添加文本信息
  ggplot2::annotate("text", x = rep(max(data$id),5), y = c(0, 50, 100, 150,
200), label = c("0", "50", "100", "150", "200") , color="grey", size=4,
angle=0, fontface="bold", hjust=1) +
  ylim(-150,max(label_data$tot, na.rm=T)) + theme_minimal() +
  theme(
    legend.position = "none", axis.text = element_blank(), axis.title =
element_blank(), panel.grid = element_blank(), plot.margin = unit(rep
(-1,4), "cm")
  )+ coord_polar() +
  
  #在每个条的顶部添加标签
  geom_text(data=label_data, aes(x=id, y=tot+10, label=individual, hjust=
hjust), color="black",
           fontface="bold",alpha=0.6, size=5, angle= label_data$angle,
inherit.aes = FALSE ) +
  
  #添加基线信息
  geom_segment(data=base_data, aes(x = start, y = -5, xend = end, yend =
-5), colour = "black", alpha=0.8, size=0.6 , inherit.aes = FALSE ) +
  geom_text(data=base_data, aes(x = title, y = -18, label=group), hjust=
c(1,1,0,0), colour = "black", alpha=0.8, size=4, fontface="bold", inherit.
aes = FALSE)
p
```

上面的代码绘制了堆叠的圆形条形图, 这个图形在数据中分组比较多的时候比较适用。堆叠的圆形条形图比较紧凑，能够在有限的图形中表达比较多的信息，并且整个图形非常美观。

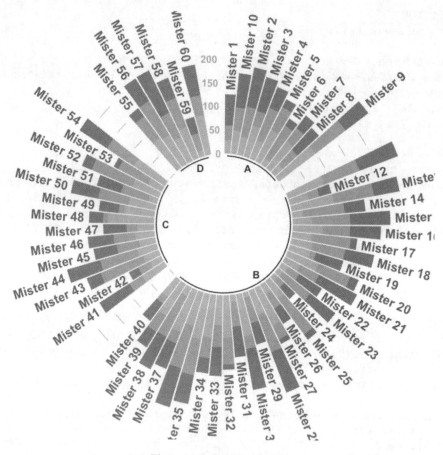

图 6.85　堆叠的圆形条形图

在绘制圆形条形图的时候经常会犯一些比较常见的错误，如将圆形条形图内部的圆圈设置得很小。需要注意的是，内圈的比例必须要很大，否则图形将变得非常不协调。下面的代码绘制的圆形条形图内圈便非常小，如图 6.86 所示。

```
# 创建数据集
data=data.frame(
  individual=paste( "Mister ", seq(1,30), sep=""),
  group=c( rep('A', 10), rep('C', 14), rep('D', 6)) ,
  value=sample( seq(10,100), 30, replace=T)
)
data = data %>% arrange(group, value)


empty_bar=1
```

```
to_add = data.frame( matrix(NA, empty_bar*nlevels(data$group), ncol(data)) )
colnames(to_add) = colnames(data)
to_add$group=rep(levels(data$group), each=empty_bar)
data=rbind(data, to_add)
data=data %>% arrange(group)
data$id=seq(1, nrow(data))

# 获取每个标签的名称和 y 位置
label_data=data
number_of_bar=nrow(label_data)
angle= 90 - 360 * (label_data$id-0.5) /number_of_bar
label_data$hjust<-ifelse( angle < -90, 1, 0)
label_data$angle<-ifelse(angle < -90, angle+180, angle)


# 绘制图形
p = ggplot(data, aes(x=as.factor(id), y=value, fill=group)) +
  geom_bar(aes(x=as.factor(id), y=value, fill=group), stat="identity", alpha=0.5) +
  ylim(-10,120) +
  theme_minimal() +
  theme(
    legend.position = "none",
    axis.text = element_blank(),
    axis.title = element_blank(),
    panel.grid = element_blank(),
    plot.margin = unit(rep(-1,4), "cm")
  ) +
  coord_polar() +
  geom_text(data=label_data, aes(x=id, y=value+10, label=individual, hjust=hjust), color="black", fontface="bold",alpha=0.6, size=2.5, angle= label_data$angle, inherit.aes = FALSE )

p
## Warning: Removed 3 rows containing missing values (position_stack).
## Warning: Removed 3 rows containing missing values (geom_text).
```

上面的代码中绘制了一个内圈非常小的圆形条形图，从图 6.86 可以观察到，图形变得很不协调。如果将内圈设置得比较大则不会出现这种情况。

需要注意的是，当条形图有多个组别的时候，圆形条形图才比较合适。另外，如果分类变量的级别没有明显的顺序，最好的方式是先将分类变量根据其值进行排序，然后再绘制图形。

绘制圆形条形图比较复杂，其中涉及很多数据的转换，其实数据可视化的过程中也包含了大量的数据探索和数据处理的过程。下面将介绍基础的圆形条形图的绘制。

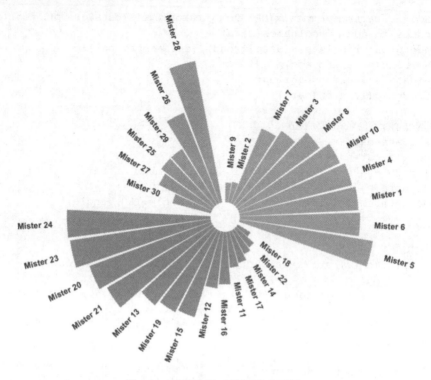

图 6.86　内圈非常小的圆形条形图

## 6.5.1　绘制基础圆形条形图

绘制圆形条形图的输入数据集与条形图相同。

绘制圆形条形图的函数依然是 geom_bar 函数，只不过还需要调用 coord_polar 函数将坐标系从笛卡儿坐标转变成为极坐标，然后需要调用 ylim 函数控制内圆的大小。下面的代码绘制了一幅基础的圆形条形图，如图 6.87 所示。

```
# 加载包
library(tidyverse)

# 创建数据集
data <- data.frame(
  id=seq(1,60),
  individual=paste( "Mister ", seq(1,60), sep=""),
  value=sample( seq(10,100), 60, replace=T)
)

# 绘制图形
p <- ggplot(data, aes(x=as.factor(id), y=value)) +

  # 设置颜色为蓝色
```

```
  geom_bar(stat="identity", fill=alpha("blue", 0.3)) +
# 设置坐标系为极坐标而不是笛卡儿坐标
coord_polar()+

# 负值控制内圆的大小，正值用于调整圆形条形图的大小（正值越大，图形越小。如果正值为无
  穷大，那么图形就变成一个点了）
ylim(-100,120) +

# 自定义主题：没有轴标题和没有笛卡儿坐标网格
theme_minimal() +
theme(
  axis.text = element_blank(),
  axis.title = element_blank(),
  panel.grid = element_blank(),
  plot.margin = unit(rep(-2,4), "cm")          # 删除了不必要的边际图形
)

p
```

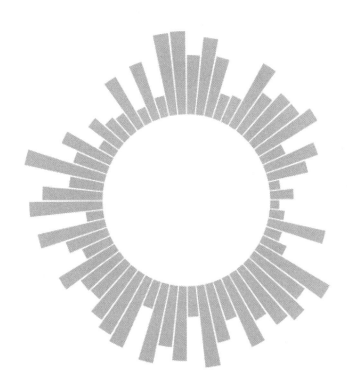

图 6.87　基础的圆形条形图

上面的代码中，一开始的代码和绘制普通的条形图相似，然后调用 coord_polar 函数将坐标轴从笛卡儿坐标转换为极坐标，并且需要调用 ylim 函数调整内圆的大小，此时便可以绘制出基础的条形图。但此时的图形还有很多的问题，还需要调整的部分包括坐标轴、图形边框等。

到这里，一个基本的圆形条形图就完成了。然后更进一步，要为圆形条形图加上标签，

让图形更加直观，方便读者更加深入地了解图形所表达的信息。

## 6.5.2 添加标签

下面为每个条形添加标签，以便深入了解图形所表达的信息。建议在每个条形图的顶部添加标签，标签与圆形条形图中心部分有相同的角度。下面的代码为圆形条形图添加了标签，如图6.88所示。

```
# 加载包
library(tidyverse)

# 创建数据集
data <- data.frame(
  id=seq(1,60),
  individual=paste( "Mister ", seq(1,60), sep=""),
  value=sample( seq(10,100), 60, replace=T)
)


# 获取每个标签的名称和y位置
label_data <- data

# 计算标签的角度
number_of_bar <- nrow(label_data)
angle <-  90 - 360 * (label_data$id-0.5) /number_of_bar

# 计算标签的对齐方式：右对齐或左对齐
# 如果在左边，标签当前的角度< -90
label_data$hjust<-ifelse( angle < -90, 1, 0)

# 通过翻转角度使它们可读
label_data$angle<-ifelse(angle < -90, angle+180, angle)



# 绘制图形
p <- ggplot(data, aes(x=as.factor(id), y=value)) +
  
  # 添加带有蓝色的条形图
  geom_bar(stat="identity", fill=alpha("skyblue", 0.7)) +
  
  # 负值控制内圆的大小，正值调整圆形条形图的大小
  ylim(-100,120) +
  
  # 自定义主题：没有轴标题和没有笛卡儿坐标网格
  theme_minimal() +
  theme(
    axis.text = element_blank(),
    axis.title = element_blank(),
    panel.grid = element_blank(),
```

```
    plot.margin = unit(rep(-1,4), "cm")        # 调整页边距使排序标签不被截断
) +

# 设置坐标系为极坐标而不是笛卡儿坐标
coord_polar(start = 0) +

# 使用之前创建的 label_data dataframe 添加标签
geom_text(data=label_data, aes(x=id, y=value+10, label=individual, hjust=
hjust), color="black", fontface="bold",alpha=0.6, size=2.5, angle= label_
data$angle, inherit.aes = FALSE )

p
```

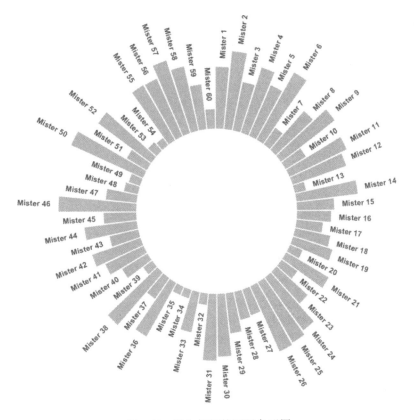

图 6.88  添加标签的圆形条形图

上面的代码首先生成添加标签的位置数据，然后使用 geom_text 函数为数据集添加标签。

## 6.5.3  圆形条形图的更多调整

在 6.5.1 节中介绍了基础圆形条形图的绘制，下面对圆形条形图进行调整，首先在圆形条形图的圆圈中添加间隙，如图 6.89 所示。

```r
# 加载包
library(tidyverse)

# 创建数据集
data <- data.frame(
  individual=paste( "Mister ", seq(1,60), sep=""),
  value=sample( seq(10,100), 60, replace=T)
)


empty_bar <- 10

# 向初始数据集添加行
to_add <- matrix(NA, empty_bar, ncol(data))
colnames(to_add) <- colnames(data)
data <- rbind(data, to_add)
data$id <- seq(1, nrow(data))

# 计算标签的角度和对齐方式
label_data <- data
number_of_bar <- nrow(label_data)
angle <- 90 - 360 * (label_data$id-0.5) /number_of_bar
label_data$hjust <- ifelse( angle < -90, 1, 0)
label_data$angle <- ifelse(angle < -90, angle+180, angle)

# 绘制图形
p <- ggplot(data, aes(x=as.factor(id), y=value)) +
  geom_bar(stat="identity", fill=alpha("green", 0.3)) +
  ylim(-100,120) +
  theme_minimal() +
  theme(
    axis.text = element_blank(),
    axis.title = element_blank(),
    panel.grid = element_blank(),
    plot.margin = unit(rep(-1,4), "cm")
  ) +
  coord_polar(start = 0) +
  geom_text(data=label_data, aes(x=id, y=value+10, label=individual, hjust=hjust), color="black", fontface="bold",alpha=0.6, size=2.5, angle= label_data$angle, inherit.aes = FALSE )

p
## Warning: Removed 10 rows containing missing values (position_stack).
## Warning: Removed 10 rows containing missing values (geom_text).
```

上面的代码绘制了带有间隙的圆形条形图,从图 6.89 中可以观察到,图形的圆圈并不是连接起来的,而是存在一个间隙。上面的代码中,首先在数据框的末尾添加了几个空行,然后再建立了一个圆形的条形图,这样圆形条形图的圆圈中便有了一个断点。

如果希望绘制堆叠圆形条形图,同样可以实现,具体方法参见图 6.85 对应的代码。

第 6 章　分类变量和连续变量的图形绘制

图 6.89　带有间隙的圆形条形图

图 6.89 绘制了带有间隙的圆形条形图，其实更加常用的是绘制组别之间带有间隙的圆形条形图。组别之间带有间隙的圆形条形图更具洞察力，可以快速比较不同组别中的数据。下面的代码绘制了组别之间带有间隙的圆形条形图，如图 6.90 所示。

```
# 加载包
library(tidyverse)

#  创建数据集
data <- data.frame(
  individual=paste( "Mister ", seq(1,60), sep=""),
  group=c( rep('A', 10), rep('B', 30), rep('C', 14), rep('D', 6)) ,
  value=sample( seq(10,100), 60, replace=T)
)


empty_bar <- 4
to_add <- data.frame( matrix(NA, empty_bar*nlevels(data$group), ncol(data)) )
colnames(to_add) <- colnames(data)
to_add$group <- rep(levels(data$group), each=empty_bar)
data <- rbind(data, to_add)
data <- data %>% arrange(group)
data$id <- seq(1, nrow(data))

# 获取每个标签的名称和 y 位置
label_data <- data
number_of_bar <- nrow(label_data)
angle <- 90 - 360 * (label_data$id-0.5) /number_of_bar
```

```
label_data$hjust <- ifelse( angle < -90, 1, 0)
label_data$angle <- ifelse(angle < -90, angle+180, angle)

# 绘制图形
p <- ggplot(data, aes(x=as.factor(id), y=value, fill=group)) +
  geom_bar(stat="identity", alpha=0.5) +
  ylim(-100,120) +
  theme_minimal() +
  theme(
    legend.position = "none",
    axis.text = element_blank(),
    axis.title = element_blank(),
    panel.grid = element_blank(),
    plot.margin = unit(rep(-1,4), "cm")
  ) +
  coord_polar() +
  geom_text(data=label_data, aes(x=id, y=value+10, label=individual, hjust=hjust), color="black", fontface="bold",alpha=0.6, size=2.5, angle= label_data$angle, inherit.aes = FALSE )

p
## Warning: Removed 16 rows containing missing values (position_stack).
## Warning: Removed 16 rows containing missing values (geom_text).
```

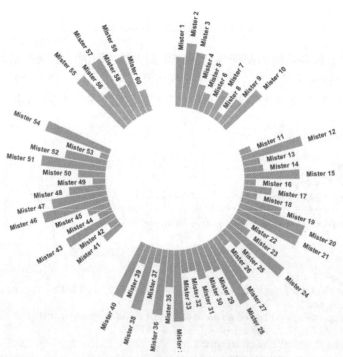

图 6.90 组别之间带有间隙的圆形条形图

上面的代码绘制了组别之间带有间隙的圆形条形图，其实现方式是在不同组别的数据下面添加空值，然后再绘制圆形条形图。

当然，对于圆形条形图还可以添加更多的设定，这些设定可以让图形更加美观，更加具有表现力。下面的代码对圆形条形图进行了更多的调整，如图 6.91 所示。

```
# 加载包
library(tidyverse)

# 创建数据集
data <- data.frame(
  individual=paste( "Mister ", seq(1,60), sep=""),
  group=c( rep('A', 10), rep('B', 30), rep('C', 14), rep('D', 6)) ,
  value=sample( seq(10,100), 60, replace=T)
)

empty_bar <- 3
to_add <- data.frame( matrix(NA, empty_bar*nlevels(data$group), ncol(data)) )
colnames(to_add) <- colnames(data)
to_add$group <- rep(levels(data$group), each=empty_bar)
data <- rbind(data, to_add)
data <- data %>% arrange(group)
data$id <- seq(1, nrow(data))

# 获取每个标签的名称和 y 位置
label_data <- data
number_of_bar <- nrow(label_data)
angle <- 90 - 360 * (label_data$id-0.5) /number_of_bar
label_data$hjust <- ifelse( angle < -90, 1, 0)
label_data$angle <- ifelse(angle < -90, angle+180, angle)

# 线段数据准备
base_data <- data %>%
  group_by(group) %>%
  summarize(start=min(id), end=max(id) - empty_bar) %>%
  rowwise() %>%
  mutate(title=mean(c(start, end)))

# 网格数据准备
grid_data <- base_data
grid_data$end <- grid_data$end[ c( nrow(grid_data), 1:nrow(grid_data)-1)] + 1
grid_data$start <- grid_data$start - 1
grid_data <- grid_data[-1,]

# 绘制图形
p <- ggplot(data, aes(x=as.factor(id), y=value, fill=group)) +
  
  geom_bar(aes(x=as.factor(id), y=value, fill=group), stat="identity", alpha=0.5) +
  geom_segment(data=grid_data, aes(x = end, y = 80, xend = start, yend = 80), colour = "grey", alpha=1, size=0.3 , inherit.aes = FALSE ) +
  geom_segment(data=grid_data, aes(x = end, y = 60, xend = start, yend = 60), colour = "grey", alpha=1, size=0.3 , inherit.aes = FALSE ) +
  geom_segment(data=grid_data, aes(x = end, y = 40, xend = start, yend = 40), colour = "grey", alpha=1, size=0.3 , inherit.aes = FALSE ) +
  geom_segment(data=grid_data, aes(x = end, y = 20, xend = start, yend =
```

```
20), colour = "grey", alpha=1, size=0.3 , inherit.aes = FALSE ) +

  annotate("text", x = rep(max(data$id),4), y = c(20, 40, 60, 80), label
= c("20", "40", "60", "80") , color="grey", size=3 , angle=0, fontface=
"bold", hjust=1) +

  geom_bar(aes(x=as.factor(id), y=value, fill=group), stat="identity",
alpha=0.5) +
  ylim(-100,120) +
  theme_minimal() +
  theme(
    legend.position = "none",
    axis.text = element_blank(),
    axis.title = element_blank(),
    panel.grid = element_blank(),
    plot.margin = unit(rep(-1,4), "cm")
  ) +
  coord_polar() +
  geom_text(data=label_data, aes(x=id, y=value+10, label=individual, hjust=
hjust), color="black", fontface="bold",alpha=0.6, size=2.5, angle= label_
data$angle, inherit.aes = FALSE ) +

  # 添加线段的信息
  geom_segment(data=base_data, aes(x = start, y = -5, xend = end, yend =
-5), colour = "black", alpha=0.8, size=0.6 , inherit.aes = FALSE ) +
  geom_text(data=base_data, aes(x = title, y = -18, label=group), hjust=
c(1,1,0,0), colour = "black", alpha=0.8, size=4, fontface="bold", inherit.
aes = FALSE)

p
```

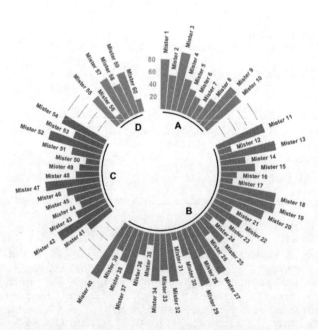

图 6.91　添加更多自定义设置的圆形条形图

上面的代码绘制了更多带有自定义设置的圆形条形图，添加了组名（A、B、C和D），还添加一个比例来帮助比较条形的大小。虽然代码有点长，但是整个图形还是非常令人印象深刻。

## 6.6 饼　　图

饼图是一个分为扇区的圆圈，每个扇区代表整体的一部分，它通常用于显示百分比，其中扇区的总和等于100%。问题是人类在阅读角度方面非常糟糕，如在相邻的饼图中，尝试确定哪个组最大或对饼图按值排序是很困难的，因此需要小心使用饼图，尽可能地使用其他图形来替代饼图，例如使用条形图、棒棒糖图等。

下面的代码绘制了一个饼图，如图6.92所示。

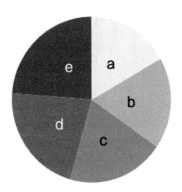

图 6.92　饼图

```
# 加载包
library(tidyverse)
library(hrbrthemes)
library(viridis)
library(patchwork)

# 创建三个数据框
data1 <- data.frame( name=letters[1:5], value=c(17,18,20,22,24) )
data2 <- data.frame( name=letters[1:5], value=c(20,18,21,20,20) )
data3 <- data.frame( name=letters[1:5], value=c(24,23,21,19,18) )

# 绘制图形
plot_pie <- function(data, vec){

ggplot(data, aes(x="name", y=value, fill=name)) +
  geom_bar(width = 1, stat = "identity") +
  coord_polar("y", start=0, direction = -1) +
  scale_fill_viridis(discrete = TRUE, direction=-1) +
  geom_text(aes(y = vec, label = rev(name), size=4, color=c( "white",
rep("black", 4)))) +
  scale_color_manual(values=c("black", "white")) +
  theme_ipsum() +
  theme(
    legend.position="none",
    plot.title = element_text(size=14),
    panel.grid = element_blank(),
    axis.text = element_blank(),
    legend.margin=unit(0, "null")
  ) +
  xlab("") +
  ylab("")
```

}
plot_pie(data1, c(10,35,55,75,93))
```

从图 6.92 中可以观察到,想要比较饼图中不同扇形区域的大小是一件比较困难的事情。

下面绘制多个饼图,再一次尝试了解多个图形中哪个组具有最大的值,如图 6.93 所示。

```
a <- plot_pie(data1, c(10,35,55,75,93))
## Warning: `legend.margin` must be specified using `margin()`. For the old
## behavior use legend.spacing
b <- plot_pie(data2, c(10,35,53,75,93))
## Warning: `legend.margin` must be specified using `margin()`. For the old
## behavior use legend.spacing
c <- plot_pie(data3, c(10,29,50,75,93))
## Warning: `legend.margin` must be specified using `margin()`. For the old
## behavior use legend.spacing
a + b + c
```

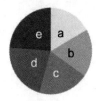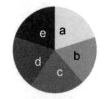

图 6.93　同时绘制三幅饼图

上面的代码绘制了三幅饼图,但是这三幅饼图所呈现出来的效果非常让人困惑,因为这三幅图形似乎是一样的,图形之间很难进行比较。因为人类在阅读角度方面非常糟糕,在相差并不是非常大的时候,有时很难区分哪个扇形面积是比较大的,这也是不建议使用饼图的原因。下面使用条形图来展示完全相同的数据,如图 6.94 所示。

```
# 创建一个绘制条形图的函数
plot_bar <- function(data){
  ggplot(data, aes(x=name, y=value, fill=name)) +
    geom_bar( stat = "identity") +
    scale_fill_viridis(discrete = TRUE, direction=-1) +
    scale_color_manual(values=c("black", "white")) +
    theme_ipsum() +
    theme(
      legend.position="none",
      plot.title = element_text(size=14),
      panel.grid = element_blank(),
    ) +
    ylim(0,25) +
    xlab("") +
    ylab("")
```
```

```
}

# 绘制三幅条形图
a <- plot_bar(data1)
b <- plot_bar(data2)
c <- plot_bar(data3)

# 将图形合并到一起
a + b + c
```

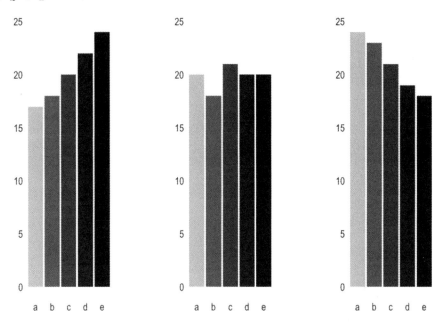

图 6.94 使用条形图表现饼图中的数据

上面的代码使用图 6.93 的数据绘制了三幅条形图。正如图 6.94 所示，图 6.93 中的三幅饼图之间其实存在着巨大的差异，然而这些信息从饼图中却没有办法被观察到，因此条形图是饼图的最佳替代品。如果要显示许多值，还可以考虑棒棒糖图，下面的代码便绘制了一幅基础的棒棒糖图，如图 6.95 所示。

```
ggplot(data1, aes(x=name, y=value)) +
  geom_point() +
  geom_segment( aes(x=name, xend=name, y=0, yend=value))
```

需要创建饼图的另一种可能性是想要描述整体是如何构成的，此时可以使用树形图替代。下面的代码绘制了一幅树形图，如图 6.96 所示。

```
# 加载包
library(treemap)

# 创建数据集
```

```
group <- c(rep("group-1",4),rep("group-2",2),rep("group-3",3))
subgroup <- paste("subgroup" , c(1,2,3,4,1,2,1,2,3), sep="-")
value <- c(13,5,22,12,11,7,3,1,23)
data <- data.frame(group,subgroup,value)

# 自定义标签
treemap(data, index=c("group","subgroup"),    vSize="value", type="index",

    fontsize.labels=c(15,12),                 #标签的大小
    fontcolor.labels=c("white","orange"),     # 标签的颜色
    # 标签的字体：1,2,3,4 for normal, bold, italic, bold-italic...
    fontface.labels=c(2,1),
    bg.labels=c("transparent"),               # 标签的背景颜色
    align.labels=list(
        c("center", "center"),
        c("right", "bottom")
        ),                                    # 标签的位置
    # 介于0和1之间的数字，它决定了标签之间重叠的容忍度。0表示较低级别的标签不打印，
      如果较高级别的标签重叠，1表示始终打印。中间值，例如默认值0.5，表示如果其他标签
      的重叠面积不超过其面积的0.5倍，则打印较低级别的标签
    overlap.labels=0.5,
    inflate.labels=F,                         # 如果是，当矩形变大时，标签变大

)
```

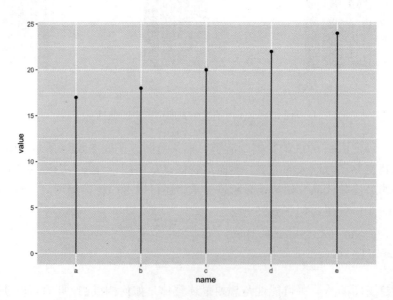

图6.95　一幅基础的棒棒糖图

上面的代码创建了树形图，树形图描述了整体与部分的关系。从图6.96中可以观察到，三个大组group-1、group-2和group-3中，group-1所占的比例最大。然后在group-1组中有4个子组，即subgroup-1、subgroup-2、subgroup-3和subgroup-4，其中subgroup-3

子组所占比例最大。因此,使用树形图可以非常好地描绘出整体与部分之间的关系。

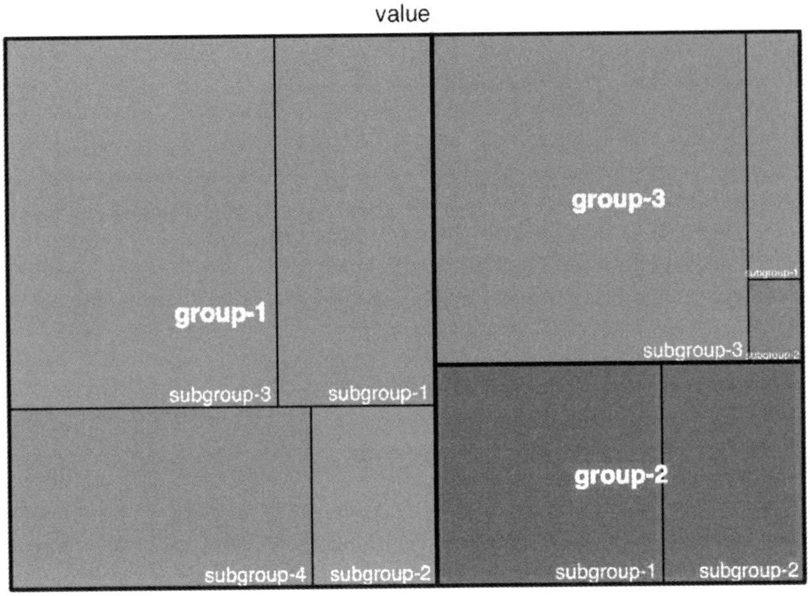

图 6.96　树形图

## 6.6.1　绘制基础饼图

ggplot2 包中并没有直接绘制饼图的函数。使用 ggplot2 包创建饼图的诀窍是建立一个条形图并用 coord_polar 函数将条形图变成饼图,但使用 R 语言的基础函数 pie 来绘制饼图会更加方便。

下面的代码绘制了一幅基础的饼图,如图 6.97 所示。

```
# 加载包
library(ggplot2)

# 创建数据集
data <- data.frame(
  group=LETTERS[1:5],
  value=c(13,7,9,21,2)
)

# 绘制饼图
ggplot(data, aes(x="", y=value, fill=group)) +
  geom_bar(stat="identity", width=1) +
  coord_polar("y", start=0)
```

由图 6.97 可知,这个时候饼图还保留了坐标轴,而坐标轴对于饼图没有任何意义,因此还需要进行一些细节调整。

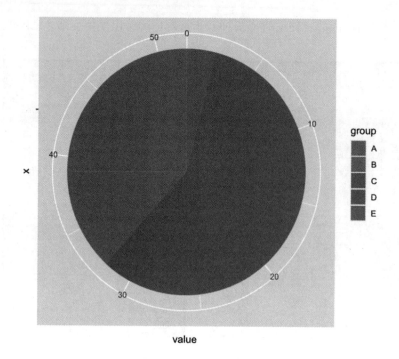

图 6.97 饼图

## 6.6.2 调整细节

基础的饼图看起来似乎比较糟糕,因此我们还需要:
- 删除无用的数字标签。
- 删除网格和灰色背景。

下面的代码对图形进行了调整,使其更加美观,如图 6.98 所示。

```
# 加载包
library(ggplot2)

# 创建数据集
data <- data.frame(
  group=LETTERS[1:5],
  value=c(13,7,9,21,2)
)

# 绘制饼图
ggplot(data, aes(x="", y=value, fill=group)) +
  geom_bar(stat="identity", width=1, color="white") +
  coord_polar("y", start=0) +
  
  theme_void()                    # 删除背景、网格及数字标签
```

# 第 6 章 分类变量和连续变量的图形绘制

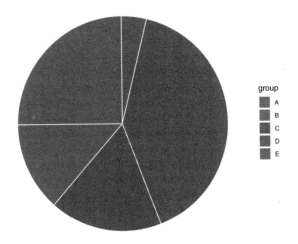

图 6.98 调整细节后的饼图

从图 6.98 中可以看到，图形中没有了无用的数字标签，也删除了网格和灰色背景，变得更加简洁美观。实现的方式是调用 theme_void 函数，这个函数可以删除背景、网格和数字标签。接下来还可以为饼图添加标签。

## 6.6.3 添加标签

在饼图中添加标签，首先需要计算出用于添加标签的合适的位置，这也是比较棘手的部分。下面的代码在饼图中添加了标签，用于显示不同组别的名称，如图 6.99 所示。

```
# 加载包
library(ggplot2)
library(dplyr)

# 创建数据集
data <- data.frame(
  group=LETTERS[1:5],
  value=c(13,7,9,21,2)
)

# 计算标签的位置
data <- data %>%
  arrange(desc(group)) %>%
  mutate(prop = value / sum(data$value) *100) %>%
  mutate(ypos = cumsum(prop)- 0.5*prop )

# 绘制图形
ggplot(data, aes(x="", y=prop, fill=group)) +
  geom_bar(stat="identity", width=1, color="white") +
```

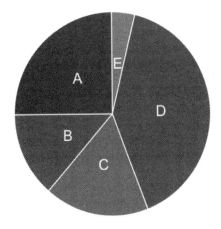

图 6.99 添加标签后的饼图

```
coord_polar("y", start=0) +
theme_void() +
theme(legend.position="none") +
geom_text(aes(y = ypos, label = group), color = "white", size=6) +
scale_fill_brewer(palette="Set1")
```

## 6.7 甜甜圈图

甜甜圈图是分为扇区的环，每个扇区代表整体的一部分。甜甜圈图与饼图非常接近，因此甜甜圈图也有与饼图一样的问题，因此同样并不推荐绘制甜甜圈图来对数据进行可视化。

ggplot2 包中并没有绘制甜甜圈图的函数，但是可以使用下面的方法来进行绘制：
（1）准备数据。
（2）使用 geom_rect 函数绘制堆叠的条形图。
（3）使用 coord_polar 函数将堆叠的条形图转换成为甜甜圈图。

下面的代码绘制了一幅甜甜圈图，如图 6.100 所示。

```
# 加载包
library(ggplot2)

# 创建数据集
data <- data.frame(
  category=c("A", "B", "C"),
  count=c(10, 60, 30)
)

# 计算百分比
data$fraction = data$count / sum(data$count)

# 计算累计百分比（每个矩形的顶部）
data$ymax = cumsum(data$fraction)

# 计算每个矩形的底部
data$ymin = c(0, head(data$ymax, n=-1))

# 绘制图形
ggplot(data, aes(ymax=ymax, ymin=ymin, xmax=4, xmin=3, fill=category)) +
    geom_rect() +
    coord_polar(theta="y") + # 可以试着去掉这些代码，以理解图表最初是如何构建的
    xlim(c(2, 4))
```

从图 6.100 中可以观察到，图形依然保留了坐标轴、网格线等，因此需要进行更多细节的调整，包括：

- 使用 theme_void 函数删除不必要的背景、坐标轴及标签等。
- 使用更好的调色板。

- 不要使用图例，直接向组添加标签。

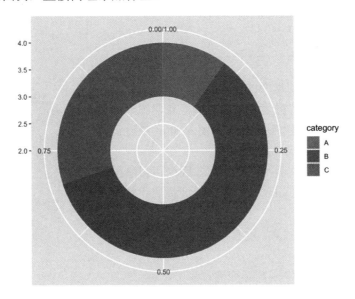

图 6.100　甜甜圈图

下面的代码对甜甜圈图进行了调整，如图 6.101 所示。

```
# 加载包
library(ggplot2)

# 创建数据
data <- data.frame(
  category=c("A", "B", "C"),
  count=c(10, 60, 30)
)

# 计算百分比
data$fraction <- data$count / sum(data$count)

# 计算累计百分比（每个矩形的顶部）
data$ymax <- cumsum(data$fraction)

# 计算每个矩形的底部
data$ymin <- c(0, head(data$ymax, n=-1))

# 计算标签位置
data$labelPosition <- (data$ymax + data$ymin) / 2

# 生成标签
data$label <- paste0(data$category, "\n value: ", data$count)

# 绘制图形
ggplot(data, aes(ymax=ymax, ymin=ymin, xmax=4, xmin=3, fill=category)) +
```

```
  geom_rect() +
  geom_label( x=3.5, aes(y=labelPosition, label=label), size=6) +
  scale_fill_brewer(palette=4) +
  coord_polar(theta="y") +
  xlim(c(2, 4)) +
  theme_void() +
  theme(legend.position = "none")
```

上面的代码删除了图形中的坐标轴和网格线,并且添加了标签,这样的调整使得读者能够更好地获取图形的信息。从图 6.101 中可以观察到,相比于图 6.100,经过调整后的图形有更好的表现效果。

另外,还可以调整甜甜圈图的厚度。因为甜甜圈图只是堆叠的矩形,因此调整 xlim 参数便可以调整甜甜圈图内圆环的大小。

- 如果 xlim 左边界很大,没有空圆圈,则会得到一个饼图。
- 如果 xlim 比较小,则圆环变薄。

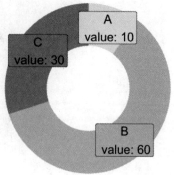

图 6.101 调整细节后的甜甜圈图

下面的代码调整了甜甜圈图的厚度,如图 6.102 所示。

```
# 加载包
library(ggplot2)

# 创建数据集
data <- data.frame(
  category=c("A", "B", "C"),
  count=c(10, 60, 30)
)

# 计算百分比
data$fraction <- data$count / sum(data$count)

# 计算累计百分比(每个矩形的顶部)
data$ymax <- cumsum(data$fraction)

# 计算每个矩形的底部
data$ymin <- c(0, head(data$ymax, n=-1))

# 计算标签位置
data$labelPosition <- (data$ymax + data$ymin) / 2

# 生成标签
data$label <- paste0(data$category, "\n value: ", data$count)

# 绘制图形
ggplot(data, aes(ymax=ymax, ymin=ymin, xmax=4, xmin=3, fill=category)) +
  geom_rect() +
  geom_text( x=2, aes(y=labelPosition, label=label, color=category),
size=6) +                              #这里控制 x 标签位置(内/外)
```

```
scale_fill_brewer(palette=18) +
scale_color_brewer(palette=18) +
coord_polar(theta="y") +
xlim(c(0, 4)) +
theme_void() +
theme(legend.position = "none")
```

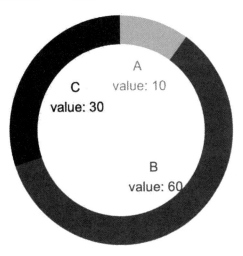

图 6.102  调整厚度后的甜甜圈图

上面的代码调整了甜甜圈图的厚度，从图 6.102 可以观察到，甜甜圈的厚度变小了。

# 第 7 章 高维图形绘制

在前面的章节中，介绍了单个变量相关图形的绘制与两个变量相关图形的绘制，但是在数据可视化的问题中，所涉及的变量往往可能有多个，经常会遇到高维数据可视化的问题。高维数据的可视化是一件比较困难的事情，因为平面通常只能展示二维数据，因此对于高维数据的可视化往往会采取一些特殊的方法。例如绘制三维图形，可以使用三维散点图来绘制，三维散点图新加了一个坐标轴来表示第三维的数据；还可以使用气泡图，通过二维图形中点的大小来表示第三维的数据。高维图形多种多样，包括流型图、树状图、圆形包装图、树形图等，不同的图形都有不一样的使用场景。本章将会对高维图形进行介绍。

## 7.1 气 泡 图

气泡图本质上是一个散点图，它会将第三个连续变量映射为数据点的大小，因为不同大小的点非常像气泡，因此被称为气泡图。使用 ggplot 包绘制气泡图使用的函数是 geom_point 函数，其绘制方法与散点图的绘制方法是一样的，区别是气泡图需要将第三维的连续变量设置为 size 参数。

因此绘制气泡图的数据集中需要 3 个连续变量作为输入，一个表示 x 轴，一个表示 y 轴，一个表示点的大小（size）。

下面的代码使用 gapminder 数据集绘制气泡图，gapminder 数据集提供了 100 多个地区人的平均预期寿命、人均 GDP 和人口规模的信息，该数据集可通过 gapminder 包获得，如图 7.1 所示。

```
# 加载包
library(tidyverse)
## ── Attaching packages ─────────────────────────────────── tidyverse 1.2.1 ──
## ✔ ggplot2 3.2.1.9000     ✔ purrr   0.3.2
## ✔ tibble  2.1.3          ✔ dplyr   0.8.3
## ✔ tidyr   1.0.0          ✔ stringr 1.4.0
## ✔ readr   1.3.1          ✔ forcats 0.4.0
## ── Conflicts ────────────────────────────────────── tidyverse_conflicts() ──
## ✖ dplyr::filter() masks stats::filter()
## ✖ dplyr::lag()    masks stats::lag()
library(hrbrthemes)
## NOTE: Either Arial Narrow or Roboto Condensed fonts are required to use
```

```
##         these themes.
##         Please use hrbrthemes::import_roboto_condensed() to install Roboto
           Condensed and
##         if Arial Narrow is not on your system, please see http://bit.ly/
           arialnarrow
library(viridis)
## Loading required package: viridisLite
library(gridExtra)
##
## Attaching package: 'gridExtra'
## The following object is masked from 'package:dplyr':
##
##     combine
library(ggrepel)
library(plotly)
##
## Attaching package: 'plotly'
## The following object is masked from 'package:ggplot2':
##
##     last_plot
## The following object is masked from 'package:stats':
##
##     filter
## The following object is masked from 'package:graphics':
##
##     layout
# 数据集在 gapminder 包中提供
library(gapminder)
data <- gapminder %>% filter(year=="2002") %>% dplyr::select(-year)

# 显示气泡图
data %>%
  mutate(pop=pop/1000000) %>%
  arrange(desc(pop)) %>%
  mutate(country = factor(country, country)) %>%
  ggplot( aes(x=gdpPercap, y=lifeExp, size = pop, color = continent)) +
    geom_point(alpha=0.7) +
    scale_size(range = c(1, 19), name="Population (M)") +
    scale_color_viridis(discrete=TRUE, guide=FALSE) +
    theme_ipsum() +
    theme(legend.position="bottom")
```

上面的代码首先加载了相关的包，然后对数据集进行筛选，因为数据集中包含不同年份的数据，代码中筛选了数据集中年份为 2002 年的数据。然后将人口数量除以 1 000 000，这样做是为了避免人口的数字太大。接下来对 pop 变量进行排序，并且设置 country 变量的因子顺序。

数据处理好之后便开始绘制气泡图，将 gdpPercap 变量设置为 x 轴，将 lifeExp 变量设置为 y 轴，将 size 参数设置为 pop 变量，将 color 参数设置为 continent 变量，然后使用 geom_point 函数绘制散点图。

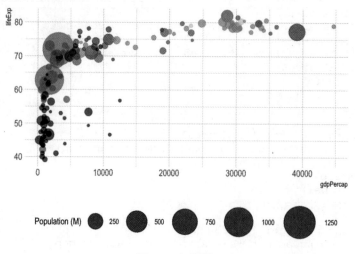

图 7.1　气泡图

之后的代码对图形的细节进行了调整，使用 scale_size 函数调整数据点大小的范围为 (1,19)，并设置图形的名称为 Population (M)；然后使用 scale_color_viridis 函数对图形颜色进行调整，其中参数 guide=FALSE 表示不显示颜色的图例；接下来使用 theme 函数，调整参数 legend.position="bottom"，即将图例放在图形的下方，该参数的可选值包括 none、left、right、bottom 和 top，其中 none 表示不显示图例。

从图 7.1 中可以观察到，人均 GDP 和预期寿命之间的关系非常明显：富裕国家长寿，当人均 GDP 达到 10 000 美元时具有阈值效应，也就是说当人均 GDP 超过 10 000 美元的时候，寿命的变化则不再明显。可以使用经典的散点图检测 GDP 和人均寿命的关系，但是气泡大小允许使用第三维信息来细化结果。

最后一个变量比 x 轴和 y 轴上的变量更难以解释。实际上，人们很难解释面积，但是从图形中可以看出，似乎人口数量和 GDP 与寿命并没有明显的关系。

图 7.1 可以让人们理解人均 GDP 和预期寿命之间的关系。添加标签可以突出图形中的一些信息，这也是使图形具有洞察力的关键步骤。下面的代码为气泡图添加了标签，如图 7.2 所示。

```
#  数据准备
tmp <- data %>%
 mutate(
   annotation = case_when(
     gdpPercap > 5000 & lifeExp < 60 ~ "yes",
     lifeExp < 30 ~ "yes",
     gdpPercap > 40000 ~ "yes"
     )
 ) %>%
mutate(pop=pop/1000000) %>%
  arrange(desc(pop)) %>%
  mutate(country = factor(country, country))
```

```
# 绘制图形
ggplot( tmp, aes(x=gdpPercap, y=lifeExp, size = pop, color = continent)) +
    geom_point(alpha=0.7) +
    scale_size(range = c(1, 19), name="Population (M)") +
    scale_color_viridis(discrete=TRUE) +
    theme_ipsum() +
    theme(legend.position="none") +
    geom_text_repel(data=tmp %>% filter(annotation=="yes"), aes(label=country), size=4 )
```

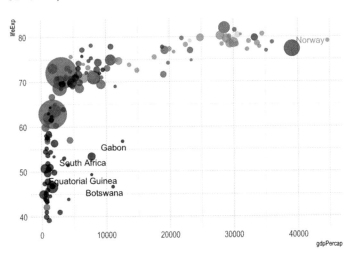

图 7.2 添加标签后的气泡图

上面的代码中,首先生成了一个新的变量 annotation,用来标记哪些数据需要添加标签,这里筛选数据的规则是将 gdpPercap>5000 并且 lifeExp<60、lifeExp<30 和 gdpPercap>40000 的数据添加标签。

数据处理好之后开始绘制气泡图。添加标签的是 geom_text_repel 函数,这个函数来自 ggrepel 包,ggrepel 包是一个用于解决标签问题的包。geom_text_repel 函数的第一个参数需要添加标签的数据集,label 参数用于指定需要添加的标签文本。

气泡图的绘制需要注意 x 轴和 y 轴变量之间的关系,比 x 轴变量或者 y 轴变量与气泡大小所代表的变量的关系要更加明显。因此,选择合适的变量来表示气泡的大小是一件很关键的事情。在做这种图表之前,多尝试几种它们之间的组合是一个好习惯。下面的代码绘制了两幅图形,分别使用不同变量来表示气泡图的大小,如图 7.3 所示。

```
p2 <- data %>%                              # 绘制图形
    mutate(pop=pop/1000000) %>%
    arrange(desc(pop)) %>%
    mutate(country = factor(country, country)) %>%
    ggplot( aes(x=gdpPercap, y=pop, size = lifeExp, color = continent)) +
    geom_point(alpha=0.7) +
    scale_color_viridis(discrete=TRUE) +
    scale_y_log10() +
    theme_ipsum() +
```

```
    theme(legend.position="none")

p3 <- data %>%                                    # 数据处理
  mutate(pop=pop/1000000) %>%
  arrange(desc(pop)) %>%
  mutate(country = factor(country, country)) %>%
  # 绘制图形
  ggplot( aes(x=lifeExp, y=pop, size = gdpPercap, color = continent)) +
    geom_point(alpha=0.7) +
    scale_color_viridis(discrete=TRUE) +
    scale_y_log10() +
    theme_ipsum() +
    theme(legend.position="none")

grid.arrange(p2,p3, ncol=2)                        # p2 + p3 合并图形
```

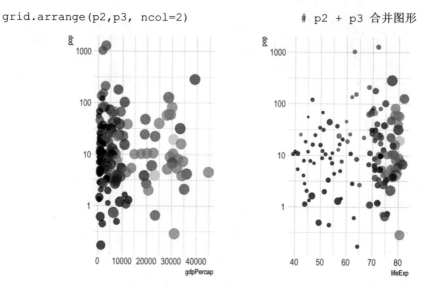

图 7.3 不同变量映射的气泡图

上面的代码中，第一幅图形的代码将 gdpPercap 变量映射到 x，将 pop 变量映射到 y，将 lifeExp 变量映射到 size；第二幅图形中，将 lifeExp 变量映射到 x，将 pop 变量映射到 y，将 gdpPercap 变量映射到 size。从图 7.3 可以观察到，左边图形的气泡大小变化不大，并且比较难以看出数据之间的关系。但是从右边的气泡图可以观察到，图形中有明显的趋势，lifeExp 变量的值越大，气泡点越大，说明 gdpPercap 变量和 lifeExp 变量之间存在着某种相关性。

虽然两幅图所使用的数据是一样的，但是从图形中获取的信息却不一样，因此在绘制气泡图的时候，需要将合适的变量映射到 size 参数。

## 7.1.1 绘制基础气泡图

气泡图是一个散点图，其中添加了第三维数据，附加的连续变量的值通过点的尺寸来

表示。通常使用 geom_point 函数来构建气泡图，并且必须提供三个变量：x、y 和 size。

下面的代码绘制了一幅气泡图，气泡图中显示了世界不同地区人的预期寿命（y）和人均 GDP（x）之间的关系，每个国家的人口（size）通过点的大小来表示，如图 7.4 所示。

```
# 加载包
library(ggplot2)
library(dplyr)

# 获取数据集，并对数据进行筛选
library(gapminder)
data <- gapminder %>% filter(year=="2002") %>% dplyr::select(-year)

# 绘制气泡图
ggplot(data, aes(x=gdpPercap, y=lifeExp, size = pop)) +
    geom_point()
```

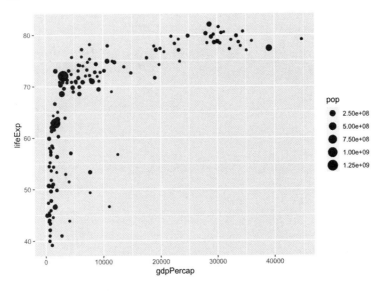

图 7.4　基础气泡图

上面的代码首先筛选了数据集，然后绘制了气泡图。可以看到，图形的代码非常简单，与绘制散点图的代码是一样的，只不过添加了 size 参数。从图 7.4 中可以看到，不同的点有不同的大小，数据点的大小代表了 pop 变量的值。

## 7.1.2　控制气泡的大小

图 7.4 有很多地方可以进一步优化，其中需要改进的第一处是调整气泡的大小。scale_size 函数允许使用 range 参数设置最小点和最大点的大小，还可以自定义图例名称。需要注意的是，圆圈经常重叠，为避免在图表图层顶部放置大圆圈，必须重新排序数据集。另外，绘制气泡图常常用到的函数还包括 scale_radius、scale_size 和 scale_size_area 等。下面

的代码调整了气泡的大小,如图 7.5 所示。

```
# 加载包
library(ggplot2)
library(dplyr)

# 获取数据集
library(gapminder)
data <- gapminder %>% filter(year=="2002") %>% dplyr::select(-year)

# 绘制气泡图
data %>%
  arrange(desc(pop)) %>%
  mutate(country = factor(country, country)) %>%
  ggplot(aes(x=gdpPercap, y=lifeExp, size = pop)) +
    geom_point(alpha=0.5) +
    scale_size(range = c(.1, 24), name="Population (M)")
```

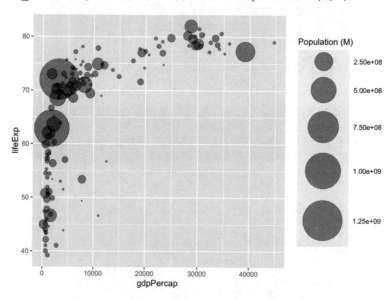

图 7.5 调整气泡大小后的气泡图

上面的代码首先对数据集通过 pop 变量进行排序,然后对 country 变量的因子顺序进行设置。数据处理好之后开始绘图,这里在绘制散点图的时候设置了 alpha 参数,用于避免数据点被覆盖;然后使用 scale_size 函数设置了气泡点的大小范围,从 0.1 到 24,并且将气泡点的图例名称通过 name 参数改为 Population (M)。从图 7.5 中可以看到,气泡的大小差异明显变大了,并且气泡之间避免了被覆盖的情况。

### 7.1.3 设置颜色

如果数据集中还有一个变量,则可以将这个变量映射到颜色参数,这样可以使用气泡图来表达第四维度的数据。在下面的代码中，将不同的地区设置为不同的颜色，如图 7.6 所示。

```
# 加载包
library(ggplot2)
library(dplyr)

#   获取数据集
library(gapminder)
data <- gapminder %>% filter(year=="2007") %>% dplyr::select(-year)

# 绘制气泡图
data %>%
  arrange(desc(pop)) %>%
  mutate(country = factor(country, country)) %>%
  ggplot(aes(x=gdpPercap, y=lifeExp, size=pop, color=continent)) +
    geom_point(alpha=0.5) +
    scale_size(range = c(.1, 24), name="Population (M)")
```

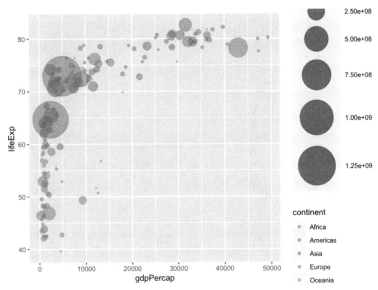

图 7.6　四维气泡图

将一个新的维度添加到图形中实现起来非常简单，只需要将变量映射为 color 参数即可。从图 7.6 中可以看到，不同的地区被设置成不同的颜色。

## 7.1.4　调整更多的细节

7.1.2 节和 7.1.3 节对气泡图进行了许多调整。为了使气泡图更有表现力，可以进一步进行调整，包括：
- 使用 viridis 包设置更漂亮的调色板。

- 使用 hrbrthemes 包的 theme_ipsum 函数设置图形主题。
- 使用 xlab 和 ylab 设置坐标轴的标签。

下面的代码绘制了更加美观、更具表现力的图形，如图 7.7 所示。

```
# 加载包
library(ggplot2)
library(dplyr)
library(hrbrthemes)
library(viridis)

# 获取数据集
library(gapminder)
data <- gapminder %>% filter(year=="2007") %>% dplyr::select(-year)

# 绘制气泡图
data %>%
  arrange(desc(pop)) %>%
  mutate(country = factor(country, country)) %>%
  ggplot(aes(x=gdpPercap, y=lifeExp, size=pop, fill=continent)) +
    geom_point(alpha=0.5, shape=21, color="black") +
    scale_size(range = c(.1, 24), name="Population (M)") +
    scale_fill_viridis(discrete=TRUE, guide=FALSE, option="A") +
    theme_ipsum() +
#   theme(legend.position="bottom") +
    ylab("Life Expectancy") +
    xlab("Gdp per Capita") +
  theme(legend.position = "none")
```

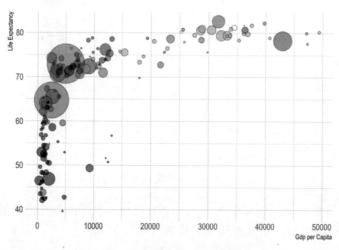

图 7.7 调整更多细节后的气泡图

上面的代码对气泡进行了更多的调整。首先将 continent 变量映射为 fill 参数，然后设置 shape 参数为 21；接着使用 scale_fill_viridis 函数调整了图形的配色，并且取消了关于颜色的图例；然后使用 theme_ipsum 函数设置了图形主题，并使用 theme 函数取消了图形关于气泡大小的图例；最后使用 ylab 和 xlab 设置了图形的坐标轴名称。

从图 7.7 中可以观察到，相比于图 7.5 和图 7.6，图 7.7 更加美观，能够更加清晰地展现出数据之间的关系。

## 7.1.5 绘制动态图

交互式图形是一种更好的图形表现形式，这种图形允许读者和图形进行互动，还可以通过选择感兴趣的区域进行缩放，将光标悬停在圆圈上还可以获取有关数据的更多信息。plotly 包是一个专门用于绘制交互式图形的包，使用这个包可以非常轻松地绘制出交互式图形。对于使用 ggplot2 绘图的用户而言，并不需要额外学习 plotly 包的使用方法，而只需要使用 plotly 包中的 ggplotly 函数，便可以将任何 ggplot2 图表对象转变成一个可以交互的图形。下面的代码绘制了一幅交互式气泡图，如图 7.8 所示。

```
# 加载包
library(ggplot2)
library(dplyr)
library(plotly)
library(viridis)
library(hrbrthemes)

# 获取数据集
library(gapminder)
data <- gapminder %>% filter(year=="2007") %>% dplyr::select(-year)

# 对数据进行处理
p <- data %>%
  mutate(gdpPercap=round(gdpPercap,0)) %>%
  mutate(pop=round(pop/1000000,2)) %>%
  mutate(lifeExp=round(lifeExp,1)) %>%

  # 对数据进行排序
  arrange(desc(pop)) %>%
  mutate(country = factor(country, country)) %>%

  # 准备文本
  mutate(text = paste("Country: ", country, "\nPopulation (M): ", pop, "\nLife Expectancy: ", lifeExp, "\nGdp per capita: ", gdpPercap, sep="")) %>%

  # 绘制图形
  ggplot( aes(x=gdpPercap, y=lifeExp, size = pop, color = continent, text=text)) +
    geom_point(alpha=0.7) +
    scale_size(range = c(1.4, 19), name="Population (M)") +
    scale_color_viridis(discrete=TRUE, guide=FALSE) +
    theme_ipsum() +
    theme(legend.position="none")

# 将图形转变成为交互式图形
pp <- ggplotly(p)
pp
```

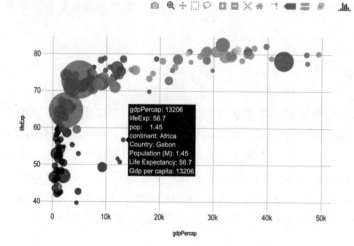

图 7.8 交互式气泡图

上面的代码中,绘制气泡图的代码与图 7.8 是一样的,绘制交互式图形的代码在最后面,即使用了 ggplotly 函数将绘制好的气泡图转变成交互式图形。从图 7.8 中可以看到,在交互式图形中,将光标移动到图形上,会显示图形的相关信息。

## 7.2 三维散点图

使用 R 语言可以绘制 3D 图形。但是绘制 3D 图形通常是一种不好的做法,应该尽量避免。3D 图形虽然很受欢迎,但在大多数情况下,人们很难快速准确地理解图形中想要表达的信息。特别是 3D 条形图和 3D 饼图,这些图形都有非常糟糕的表现效果,最好避免使用。下面的代码绘制了一幅三维散点图,如图 7.9 所示。

```
# 构建一个创建数据集的函数
moxbuller = function(n) {
   u = runif(n)
   v = runif(n)
   x = cos(2*pi*u)*sqrt(-2*log(v))
   y = sin(2*pi*v)*sqrt(-2*log(u))
   r = list(x=x, y=y)
   return(r)
}
r = moxbuller(50000)                    # 创建数据集
par(bg="black")                         # 绘图
par(mar=c(0,0,0,0))
plot(r$x,r$y, pch=".", col="red", cex=1.2)
```

上面的代码使用 plot 函数绘制了一幅三维散点图,虽然图形视觉效果看起来似乎非常好,但是很难从图形中获取有效的数据信息。

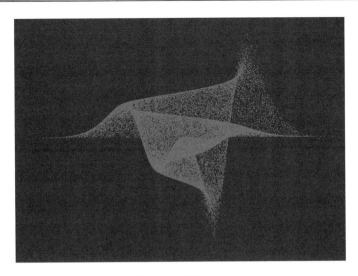

图 7.9 三维散点图

另外，rgl 包是一个很好的绘制三维图形的工具。rgl 包会自动构建交互式图表，缩放和旋转可以使图表更具洞察力。构建三维散点图需要一个包含 3 个连续变量的数据集，每个数据变量都在轴上使用。下面的代码使用了 rgl 包中的 plot3d 函数绘制了一幅三维散点图，使用的数据集是 iris。

```
library(rgl)
plot3d(x = iris$Sepal.Length, y = iris$Sepal.Width, z =iris$Petal.Length)
```

上面的代码使用 plot3d 函数绘制三维散点图与 plot 函数的使用方式非常接近。

绘制三维散点图还可以使用其他包，包括 plot3d 和 scatterplot3d 等。下面的代码使用 plot3d 包中的 scatter3d 函数绘制了一幅三维散点图，如图 7.10 所示。

```
# 加载包
  library(plot3d)
# 绘制三维图形
    scatter3D(x = iris$Sepal.Length, y = iris$Sepal.Width, z =iris$Petal.Length,
    pch = 16, cex = 1.5, xlab = "Education", ylab = "Income",
    zlab = "Seniority", theta = 60, d = 2,clab = c("Income"),
    colkey = list(length = 0.5, width = 0.5, cex.clab = 0.75,
    dist = -.08, side.clab = 3)
    ,main = "Reltionship Between Income , Education and Seniority")
```

下面的代码使用 scatterplot3d 包中的 scatterplot3d 函数来绘制三维散点图，如图 7.11 所示。

```
# 使用 plot3d 绘制三维散点图
scatterplot3d::scatterplot3d(x = iris$Sepal.Length, y = iris$Sepal.Width,
z =iris$Petal.Length)
```

通常而言，绘制三维散点图并不是一个很好的选择，应该避免绘制这样的图形。

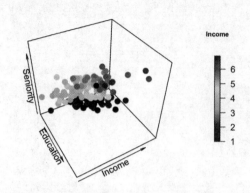

图 7.10　使用 plot3d 包绘制的三维散点图

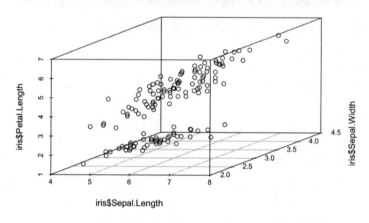

图 7.11　使用 scatterplot3d 包绘制的三维散点图

## 7.3　流　型　图

流型图（Streamgraph）是一种堆叠的面积图，它显示某个连续变量（y 轴）跟随另一个连续变量（x 轴）的演变。流型图中的区域通常围绕中心轴显示，并且图形的边缘是圆形，给人以流动的感觉。

在 R 语言中构建流型图相对比较简单，可以使用 streamgraph 包。下面的代码绘制了一幅流型图，显示了 1880 年至 2015 年间美国婴儿名称使用频率的变化情况，如图 7.12 所示。

```
# 加载包
library(tidyverse)
library(babynames)
library(streamgraph)
```

```
# 获取数据
data <- babynames %>%
  filter(name %in% c("Ashley", "Amanda", "Jessica",    "Patricia", "Linda",
"Deborah",   "Dorothy", "Betty", "Helen")) %>%
  filter(sex=="F")

# 绘制图形
data %>%
  streamgraph(key="name", value="n", date="year") %>%
  sg_fill_brewer("BuPu")
```

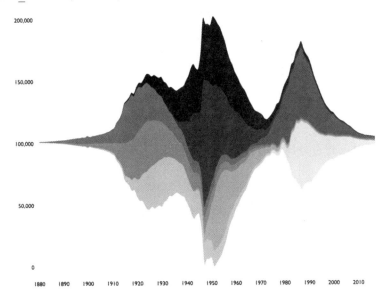

图 7.12　流型图

上面的代码绘制了一幅交互式流型图，将光标放到图形中可以显示出图形的具体数值。

流型图可以很好地研究数据整体的相对比例，当以交互模式显示时，流型图变得非常有用：突出显示组可以直接了解其演变。

然而流型图并不能很好地显示单个组的图形信息，并且每个时间点的数据都很难去比较其他组的数据。要获得更准确但不太吸引人的结果，可以使用分面的折线图或面积图，而不是使用流型图。

下面的代码将流型图的 y 轴设置为从 0 开始，如图 7.13 所示。

```
# 绘制图形
data %>%
  streamgraph(key="name", value="n", date="year", offset="zero") %>%
  sg_fill_brewer("BuPu")
```

上面的代码将流型图的 y 轴设置为从 0 开始，设置的方式是调整参数 offset，将其设置为 zero。

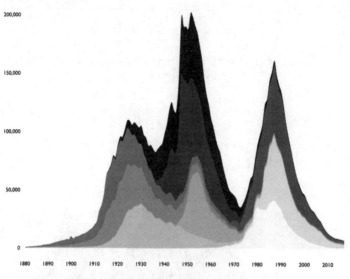

图 7.13　将流型图的 y 轴设置为从 0 开始

另外，还可以创建百分比流型图，图形显示每个组的比例而不是其绝对值。下面的代码绘制了百分比流型图，图形中婴儿名字的总数不再显示，因此观察每个时期最流行的名字变得更加容易，如图 7.14 所示。

```
# 绘制图形
data %>%
  streamgraph(key="name", value="n", date="year", offset="expand") %>%
  sg_fill_brewer("BuPu")
```

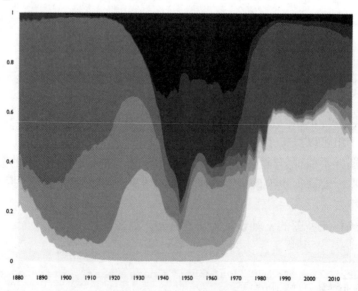

图 7.14　百分比流型图

上面的代码绘制了百分比流型图，绘制的方式是设置 offset ="expand"。当数据中有明确的模式时,使用流型图来绘制图形非常合适。如果每个组的比例在整个时间范围内保持大致相同,则流型图将不再合适,因为很难识别流型图中比较小的变化。因此,在绘制流型图的时候,首先要判断所用的数据集是否适合。

## 7.3.1 绘制基础流型图

使用 streamgraph 包中的 streamgraph 函数可以非常方便地绘制出流型图。绘制流型图的时候,输入数据需要以下 3 个变量。

- x 轴的连续变量:通常是时间变量。
- y 轴的连续变量:我们正在研究的变量。
- 分类变量:表示分组,每个组将绘制为不同的形状。

需要将这 3 个变量输入 streamgraph 函数才能绘制出流型图。

下面的代码绘制了一幅基础的流型图,如图 7.15 所示。

```
# 加载包
library(streamgraph)

#   创建数据集
data <- data.frame(
  year=rep(seq(1990,2016) , each=10),
  name=rep(letters[1:10] , 27),
  value=sample( seq(0,1,0.0001) , 270)
)

# 绘制流型图
pp <- streamgraph(data, key="name", value="value", date="year") # height="300px", width="1000px"
pp
```

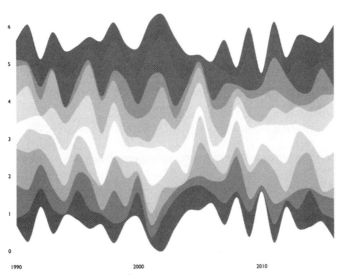

图 7.15 基础流型图

上面的代码首先创建了一个数据集，数据集中包含 3 个变量，即 year、name 和 value。其中，value 表示数值型的变量，year 表示时间，name 表示分组。

数据准备好之后，使用 streamgraph 函数绘制流型图，将 name 变量映射到 key 参数，将 value 变量映射到 value 参数，将 year 变量映射到 date 参数，然后便可以绘制出基础的流型图。

### 7.3.2 调整流型图的偏移

通过 offset 参数可以调整流型图的偏移，包括以下 3 种方式。
- silhouette：流型图显示在水平轴的两侧。
- zero：流型图显示在坐标轴为 0 的位置。
- expand：相当于百分比堆积面积图，流型图完整高度用于显示百分比。

下面分别使用这三种方式绘制流型图，首先将 offset 参数设置为 silhouette，如图 7.16 所示。

```
# 加载包
library(streamgraph)

# 创建数据集
data <- data.frame(
  year=rep(seq(1990,2016) , each=10),
  name=rep(letters[1:10] , 27),
  value=sample( seq(0,1,0.0001) , 270)
)

# 绘制图形
p1 <- streamgraph(data, key="name", value="value", date="year" ,
    offset="silhouette"
    )
p1
```

从图 7.16 中可以观察到，流型图显示在水平轴的两侧。

下面的代码将 offset 参数设置为 zero，流型图将显示在 0 行的顶部。若将 offset 参数设置为 expand，则图形将显示为百分比流型图。

```
# 绘制图形
p2 <- streamgraph(data, key="name", value="value", date="year" ,
    offset="zero",
    width="400px", height="300px"
    )
# 绘制图形
p3 <- streamgraph(data, key="name", value="value", date="year" ,
    offset="expand",
    width="400px", height="300px"
    )
```

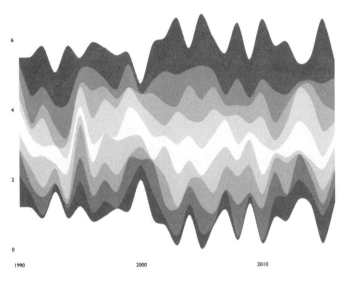

图 7.16　流型图

## 7.3.3　调整流型图的形状与颜色

流型图具有圆形的弧度，给人一种良好的流动感。另外，可以使用 streamgraph 函数中的 interpolate 参数调整流型图的线条形状。下面的代码调整了流型图的线条形状，如图 7.17 所示。

```
# 加载包
library(streamgraph)

# 创建数据集
data <- data.frame(
  year=rep(seq(1990,2016) , each=10),
  name=rep(letters[1:10] , 27),
  value=sample( seq(0,1,0.0001) , 270)
)
# 绘制图形
p3 <- streamgraph(data, key="name", value="value", date="year", interpolate="step" ,
    width="400px", height="300px"
    )

p3
```

上面的代码将流型图的 interpolate 参数设置为了 step。从图 7.17 中可以看到，流型图的线条变成了矩形形状。

另外，如果对流型图的颜色不满意，可以使用 streamgraph 包中的 sg_fill_brewer 函数来调整图形的颜色。

```
# 加载包
library(streamgraph)

# Create data:
data <- data.frame(
  year=rep(seq(1990,2016) , each=10),
  name=rep(letters[1:10] , 27),
  value=sample( seq(0,1,0.0001) , 270)
)

# 绘制图形，设置图形配色
p1 <- streamgraph(data, key="name", value="value", date="year",
    width="400px", height="300px"
    ) %>%
  sg_fill_brewer(palette = "Blues")
```

上面的代码中使用 sg_fill_brewer 函数来调整图形的颜色，通过设置 palette 参数为 Blues，使图形的色调呈现出蓝色。

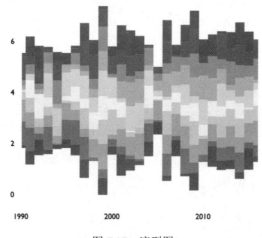

图 7.17　流型图

## 7.4　相关矩阵图

相关矩阵图更多地用于探索数据的而不是解释数据，因此在数据探索的过程中往往会绘制整个数据集的相关矩阵图。

相关矩阵图允许分析数据集中每对连续变量之间的关系，并通过散点图或表示相关性的符号（气泡、线、数字等）来进行可视化，相关矩阵图的对角线通常使用直方图或密度图表示每个变量分布情况。因此，使用相关矩阵图可以直接观察数据集中每一对连续变量之间的关系，并且能够了解到每一个变量的分布情况。

但需要注意的是，当需要显示超过 10 个变量之间关系的时候，相关矩阵图会变得非常难以阅读。另外，在绘制散点图和直方图时需要注意的问题，在绘制相关矩阵图的时候同样需要注意。

GGally 包中的 ggpairs 函数可以构建相关矩阵图。在图形中，每对连续变量的散点图绘制在图的左侧，数据间的相关性显示在右侧，对角线上显示数据的分布。下面的代码使用 ggpairs 函数绘制一幅相关矩阵图，如图 7.18 所示。

```
# 绘制数据集的整体图形，以评估变量的分布和相关性
library(GGally)
##
## Attaching package: 'GGally'
## The following object is masked from 'package:dplyr':
##
##     nasa
# 创建数据集
data <- data.frame( var1 = 1:100 + rnorm(100,sd=20), v2 = 1:100 + rnorm
(100,sd=27), v3 = rep(1, 100) + rnorm(100, sd = 1))
data$v4 = data$var1 ** 2
data$v5 = -(data$var1 ** 2)

# 检查相关系数(如散点图)、分布和显示相关系数
ggpairs(data, title="correlogram with ggpairs()")
```

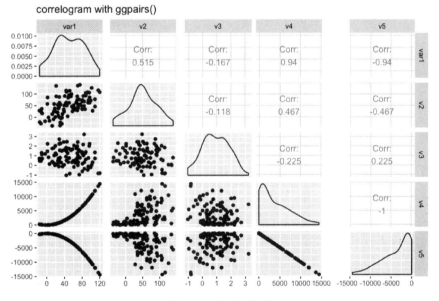

图 7.18　相关矩阵图

通过上面的代码可知，绘制相关矩阵图非常简单，将数据集传入 ggpairs 函数即可。需要注意的是，数据集应该是数据框的格式，并且数据集中的变量需要是连续变量。

如果数据集中包含分类变量，则还可以绘制出分组的相关矩阵图。下面的代码绘制分组的相关矩阵图，如图 7.19 所示。

```
# 加载包
library(GGally)

# 获取数据
data(flea)
# 绘制图形
ggpairs(flea, columns = 2:4, ggplot2::aes(colour=species))
```

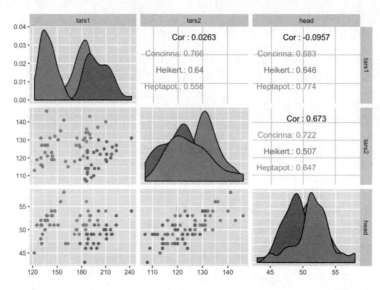

图 7.19　分组的相关矩阵图

从图 7.19 中可以观察到，左边的散点图中有三种不同的颜色，每一种颜色表示一种分组。在对角线上有三组密度图，分别表示变量在不同分组情况下的密度分布，在右上角的相关性图形中，可以看到图形中包含数据集整体的相关性，以及在不同分组情况下数据的相关性。

在上面的代码中，依然使用的是 ggpairs 函数，参数 flea 表示数据集，参数 colums 用于选取绘制相关矩阵图所使用的变量，这里表示绘制数据集中第 2 列到第 4 列之间的相关矩阵图。ggplot2::aes(colour=species)表示将 species 设置为颜色分组。

相关矩阵图在默认情况下，左边的图形是数据间的散点图，对角线的图形是数据的分布图，右边显示出数据的相关性。如果有必要，可以更改相关矩阵图中每个部分的图形类型，可以通过 upper 和 lower 参数完成。下面的代码改变了图形的类型，如图 7.20 所示。

```
# 加载包
library(GGally)

# 获取数据集
data(tips, package = "reshape")
ggpairs(                                    # 绘制图形
  tips[, c(1,2,7)],
  upper = list(continuous = "density", combo = "box_no_facet"),
```

```
    lower = list(continuous = "points", combo = "dot_no_facet")
)
```

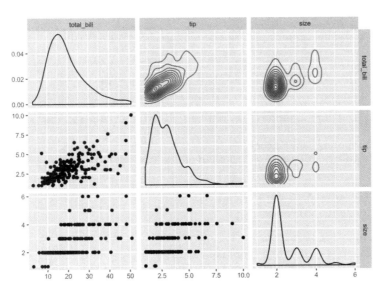

图 7.20　改变图形类型后的相关矩阵图

从图 7.20 中可以看到，相关矩阵图中右上角的图形变成了密度图。另外，可以设置的图形有很多，例如添加模型的拟合曲线、箱线图或密度图等。

## 7.5　树　状　图

树状图（或树图）是一种网络结构图，它由一个根节点构成，产生了由边或分支连接的几个节点，层次结构的最后一个节点称为叶子。有两种类型的树状图，一类是分层数据集所构建的树状图，例如 CEO 管理经理、经理管理员工的结构就是一种树状图；另一类是聚类结果构建的树状图。

在以下示例中，使用分层数据集构建一幅树状图，其中 CEO 是根节点，它管理着 2 名经理，经理管理着 8 名员工，如图 7.21 所示。

```
# 加载包
library(ggraph)
library(igraph)
##
## Attaching package: 'igraph'
## The following object is masked from 'package:plotly':
##
##     groups
## The following objects are masked from 'package:dplyr':
##
```

```
##     as_data_frame, groups, union
## The following objects are masked from 'package:purrr':
##
##     compose, simplify
## The following object is masked from 'package:tidyr':
##
##     crossing
## The following object is masked from 'package:tibble':
##
##     as_data_frame
## The following objects are masked from 'package:stats':
##
##     decompose, spectrum
## The following object is masked from 'package:base':
##
##     union
library(tidyverse)
library(dendextend)
##
## ---------------------
## Welcome to dendextend version 1.12.0
## Type citation('dendextend') for how to cite the package.
##
## Type browseVignettes(package = 'dendextend') for the package vignette.
## The github page is: https://github.com/talgalili/dendextend/
##
## Suggestions and bug-reports can be submitted at: https://github.com/
   talgalili/dendextend/issues
## Or contact: <tal.galili@gmail.com>
##
##  To suppress this message use:  suppressPackageStartupMessages(library
    (dendextend))
## ---------------------
##
## Attaching package: 'dendextend'
## The following object is masked from 'package:stats':
##
##     cutree
library(colormap)
library(kableExtra)
##
## Attaching package: 'kableExtra'
## The following object is masked from 'package:dplyr':
##
##     group_rows
options(knitr.table.format = "html")

# 创建一个数据集
data=data.frame(
  level1="CEO",
  level2=c( rep("boss1",4), rep("boss2",4)),
  level3=paste0("mister_", letters[1:8])
)

# 转换为边列表
```

```
edges_level1_2 = data %>% select(level1, level2) %>% unique %>% rename
(from=level1, to=level2)
edges_level2_3 = data %>% select(level2, level3) %>% unique %>% rename
(from=level2, to=level3)
edge_list=rbind(edges_level1_2, edges_level2_3)

# 绘制数据
mygraph <- graph_from_data_frame( edge_list )
ggraph(mygraph, layout = 'dendrogram', circular = FALSE) +
  geom_edge_diagonal() +
  geom_node_point(color="#69b3a2", size=3) +
  geom_node_text(
    aes( label=c("CEO", "Manager", "Manager", LETTERS[8:1]) ),
    hjust=c(1,0.5, 0.5, rep(0,8)),
    nudge_y = c(-.02, 0, 0, rep(.02,8)),
    nudge_x = c(0, .3, .3, rep(0,8))
  ) +
  theme_void() +
  coord_flip() +
  scale_y_reverse()
```

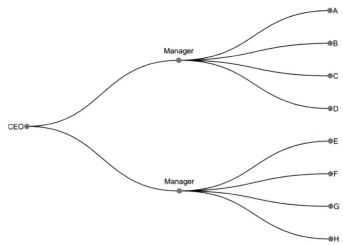

图 7.21  分层数据集构建的树状图

图 7.21 所示的树状图很好地表现出了这种层级关系。下面介绍另外一类树状图，其是对聚类结果的可视化展示。

下面的代码首先计算出不同城市的距离，在这种情况下，距离可以用来表示数据间的一个相似性。表 7.1 所示为数据集的相关系数。

```
# 加载数据
data <- read.table("https://raw.githubusercontent.com/holtzy/data_to_viz/
master/Example_dataset/13_AdjacencyUndirecterWeighted.csv", header=T, row.
names="Cities.", sep=",") %>% as.matrix
colnames(data) <- gsub("\\.", " ", colnames(data))

# 显示数据集
```

```
tmp <- data %>% as.data.frame() %>% select(1,3,6) %>% .[c(1,3,6),]
tmp[is.na(tmp)] <- "-"
tmp %>% kable() %>%
  kable_styling(bootstrap_options = "striped", full_width = F)
```

表 7.1　数据集的相关系数

|         | Berlin | Cairo | Caracas |
|---------|--------|-------|---------|
| Berlin  | •      | 1795  | 5247    |
| Cairo   | 1795   | •     | 6338    |
| Caracas | 5247   | 6338  | •       |

可以进一步对这组数据进行层次聚类分析。这种统计方法一般都是试图建立一个具有层次结构的集群，层次聚类试图对彼此接近的样本进行分组，并且最后聚类的结果可以看作是树状图。下面的代码将聚类的结果通过树状图进行展示，如图 7.22 所示。

```
# 进行层次聚类分析
dend <- as.dist(data) %>%
  hclust(method="ward.D") %>%
  as.dendrogram()

# 不同集群显示出不同的颜色
leafcolor <- colormap(colormap = colormaps$viridis, nshades = 5, format = "hex", alpha = 1, reverse = FALSE)
par(mar=c(1,1,1,7))
dend %>%
  set("labels_col", value = leafcolor, k=5) %>%
  set("branches_k_color", value = leafcolor, k = 5) %>%
  plot(horiz=TRUE, axes=FALSE)
```

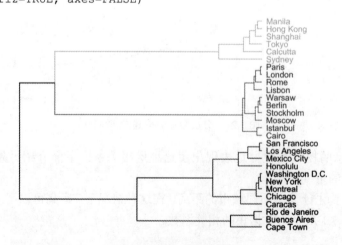

图 7.22　聚类结果树状图

从图 7.22 中可以观察到，同一地理区域的城市往往聚集在一起，例如黄色聚类所对应的大部分是亚洲城市。需要注意的是，树状图提供了更多信息，例如悉尼与加尔各答的距离比加尔各答与东京的距离遥远，这可以从代表距离的分支大小推断出来。

## 7.5.1 绘制基础树状图

使用 ggraph 包可以非常轻松地绘制树状图，这个包的图形语法与 ggplot2 包类似。绘制树状图通常会考虑以下两种输入格式。
- 边列表：这个列表包括两列，第一列表示连接的起点，第二列表示连接的终点。
- 嵌套数据框：每一行是从根到叶的一条路径。数据包含与层次结构中的级别数一样多的列。

边列表是绘制树状图最方便的格式，使用这种数据格式绘制图形非常方便。绘制树状图首先使用 graph_from_data_frame 函数将输入的数据框转换为 igraph 图形对象，然后使用 ggraph 函数绘制树状图，并设置参数 layout="dendrogram"，然后调用 geom_edge_diagonal 函数绘制图形。下面的代码绘制了一幅基本的树状图，如图 7.23 所示。

```
# 加载包
library(ggraph)
library(igraph)
library(tidyverse)

# 创建一个边列表数据框，给出数据层次结构
d1 <- data.frame(from="origin", to=paste("group", seq(1,5), sep=""))
d2 <- data.frame(from=rep(d1$to, each=5), to=paste("subgroup", seq(1,25), sep="_"))
edges <- rbind(d1, d2)

# 创建一个图形对象
mygraph <- graph_from_data_frame( edges )

# 绘制图形
ggraph(mygraph, layout = 'dendrogram', circular = FALSE) +
  geom_edge_diagonal() +
  geom_node_point() +
  theme_void()
```

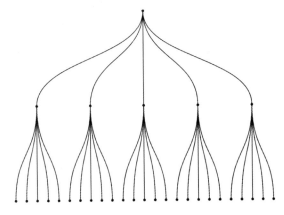

图 7.23　使用边列表数据框绘制的树状图

上面的代码使用第一种格式的数据绘制了一幅树状图。另一种常见的格式是嵌套数据集。如果使用嵌套数据集绘制树状图，首先需要将数据转换为边列表数据，然后再绘制图形。下面的代码显示了如何轻松地将嵌套数据集转换为边列表数据，完成后再次使用上面的代码绘制树状图，如图7.24所示。

```r
# 加载包
library(ggraph)
library(igraph)
library(tidyverse)

# 创建数据集
data <- data.frame(
  level1="CEO",
  level2=c( rep("boss1",4), rep("boss2",4)),
  level3=paste0("mister_", letters[1:8])
)
data %>% head(3)
##   level1 level2  level3
## 1    CEO  boss1 mister_a
## 2    CEO  boss1 mister_b
## 3    CEO  boss1 mister_c
# 转换为边列表
edges_level1_2 <- data %>% select(level1, level2) %>% unique %>% rename(from=level1, to=level2)
edges_level2_3 <- data %>% select(level2, level3) %>% unique %>% rename(from=level2, to=level3)
edge_list=rbind(edges_level1_2, edges_level2_3)

#绘制图形
mygraph <- graph_from_data_frame( edge_list )
ggraph(mygraph, layout = 'dendrogram', circular = FALSE) +
  geom_edge_diagonal() +
  geom_node_point() +
  theme_void()
```

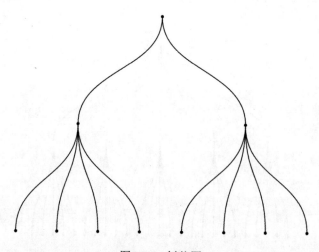

图7.24　树状图

这里使用的是第二种类型的数据进行绘制。遇到这样格式的数据，需要先对数据进行转换，然后再进行图形的绘制。

## 7.5.2 绘制圆形树状图

ggraph 包可以绘制圆形树状图，这种图形在树状图分支比较多的时候非常有用。但是其绘制起来稍微有一些困难，其标签调整也有点棘手。下面的代码绘制了一幅圆形树状图，如图 7.25 所示。

```
# 加载包
library(ggraph)
library(igraph)
library(tidyverse)
library(RColorBrewer)
# 创建一个数据框，给出数据的层次结构
d1=data.frame(from="origin", to=paste("group", seq(1,10), sep=""))
d2=data.frame(from=rep(d1$to, each=10), to=paste("subgroup", seq(1,100), sep="_"))
edges=rbind(d1, d2)

# 创建一个顶点数据
vertices = data.frame(
  name = unique(c(as.character(edges$from), as.character(edges$to))) ,
  value = runif(111)
)
# 设置颜色
vertices$group = edges$from[ match( vertices$name, edges$to ) ]


# 添加的标签的信息：角度、水平调整和潜在的翻转
# 计算标签的角度
vertices$id=NA
myleaves=which(is.na( match(vertices$name, edges$from) ))
nleaves=length(myleaves)
vertices$id[ myleaves ] = seq(1:nleaves)
vertices$angle= 90 - 360 * vertices$id / nleaves

# 计算标签的对齐方式
# 如果在左边，且标签当前的角度< -90
vertices$hjust<-ifelse( vertices$angle < -90, 1, 0)

# 翻转角度
vertices$angle<-ifelse(vertices$angle < -90, vertices$angle+180, vertices$angle)

# 创建一个图形对象
mygraph <- graph_from_data_frame( edges, vertices=vertices )

# 绘制图形
ggraph(mygraph, layout = 'dendrogram', circular = TRUE) +
  geom_edge_diagonal(colour="grey") +
```

```
    scale_edge_colour_distiller(palette = "RdPu") +
    geom_node_text(aes(x = x*1.15, y=y*1.15, filter = leaf, label=name, angle
= angle, hjust=hjust, colour=group), size=2.7, alpha=1) +
    geom_node_point(aes(filter = leaf, x = x*1.07, y=y*1.07, colour=group,
size=value, alpha=0.2)) +
    scale_colour_manual(values= rep( brewer.pal(9,"Paired") , 30)) +
    scale_size_continuous( range = c(0.1,10) ) +
    theme_void() +
    theme(
      legend.position="none",
      plot.margin=unit(c(0,0,0,0),"cm"),
    ) +
    expand_limits(x = c(-1.3, 1.3), y = c(-1.3, 1.3))
```

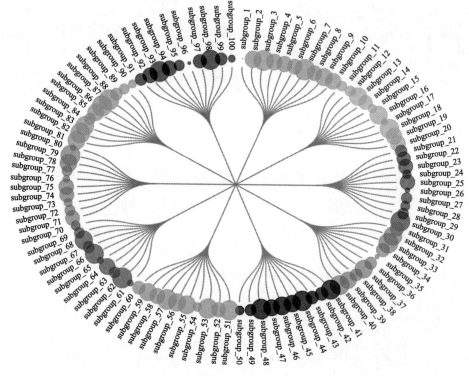

图 7.25 圆形树状图

### 7.5.3 绘制聚类结果的树状图

层次聚类是数据科学中的常见任务，可以使用 R 语言中的 hclust 函数构建聚类模型。聚类模型允许通过相似性对样本进行分组，并且可以将聚类结果可视化为树状图，处理步骤如下：

（1）输入数据集是矩阵形式，其中每行代表的是样本，每列代表的是变量。

（2）在进行聚类之前，需要提供样本之间的距离或者相似性度量。数据集的距离或者相似性度量，可以使用 dist 或 cor 函数计算，具体方法取决于具体情况。

（3）使用 hclust 函数构建层次聚类。

（4）使用 plot 函数直接显示聚类结果。

下面的代码绘制了一幅聚类结果的树状图，如图 7.26 所示。

```
# 创建一个数据集
data <- matrix( sample(seq(1,2000),200), ncol = 10 )
rownames(data) <- paste0("sample_" , seq(1,20))
colnames(data) <- paste0("variable",seq(1,10))

# 计算距离
dist <- dist(data[ , c(4:8)] , diag=TRUE)

# 层次聚类
hc <- hclust(dist)

# 绘制图形
plot(hc)
```

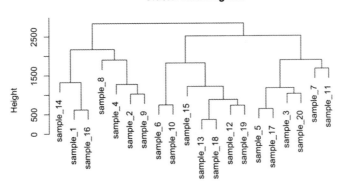

图 7.26　聚类结果树状图

上面的代码中，首先使用 dist 函数计算了数据集第 4 个变量到第 8 个变量之间的相互距离，然后使用 hclust 函数对数据集进行聚类，最后使用 plot 函数将聚类的结果进行可视化。如果对聚类结果中某个特定的部分感兴趣，可以放大树状图的特定部分，实现方式是使用[[]]运算符选择感兴趣的组。下面的代码显示了聚类结果的一个部分，如图 7.27 所示。

```
# 将 dedrogram 存储在对象中
dhc <- as.dendrogram(hc)

# 设置保证金
par(mar=c(4,4,2,2))
```

```
# 绘制第二组
plot(dhc[[2]] , main= "zoom on a part of the dendrogram")
```

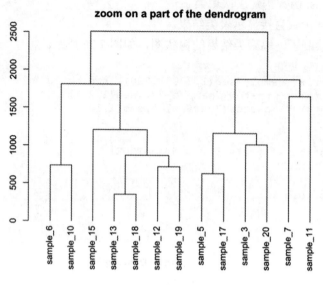

图7.27　放大树状图特定部分

上面的代码首先使用 as.dendrogram 将聚类的结果转换为 dendrogram 对象，然后使用 [[]] 运算符选取 dhc 对象的第二个部分进行绘图，最后图形所呈现的结果便是整个聚类图的第二部分。从图 7.29 中可以观察到，图形显示了整个树状图中根节点下的第二个分支的结果。

更进一步，可以为树状图中的叶子节点添加颜色。为叶子节点添加颜色，可以观察数据在聚类之后是否找到了预期的分组。在下面的例子中，展示了如何为叶子节点添加特定颜色，如图 7.28 所示。

```
# 构建数据集
sample <- paste(rep("sample_",24) , seq(1,24) , sep="")
specie <- c(rep("dicoccoides" , 8) , rep("dicoccum" , 8) , rep("durum" , 8))
treatment <- rep(c(rep("High",4 ) , rep("Low",4)),3)
data <- data.frame(sample,specie,treatment)
for (i in seq(1:5)){
  gene=sample(c(1:40) , 24 )
  data=cbind(data , gene)
  colnames(data)[ncol(data)]=paste("gene_",i,sep="")
}
data[data$treatment=="High" , c(4:8)]=data[data$treatment=="High" , c(4:8)]+100
data[data$specie=="durum" , c(4:8)]=data[data$specie=="durum" , c(4:8)]-30
rownames(data) <- data[,1]


# 计算样本间的欧氏距离
dist=dist(data[ , c(4:8)] , diag=TRUE)
```

```
# 层次聚类
hc <- hclust(dist)
dhc <- as.dendrogram(hc)

# 树的每一片叶子都有几个属性,如颜色、形状等
specific_leaf <- dhc[[1]][[1]][[1]]


# 改变叶子节点的属性
i=0
colLab<<-function(n){
    if(is.leaf(n)){

        # 选取当前的属性
        a=attributes(n)


        ligne=match(attributes(n)$label,data[,1])
        treatment=data[ligne,3];
if(treatment=="Low"){col_treatment="blue"};if(treatment=="High")
{col_treatment="red"}
        specie=data[ligne,2];
if(specie=="dicoccoides"){col_specie="red"};if(specie=="dicoccum")
{col_specie="Darkgreen"};if(specie=="durum"){col_specie="blue"}

        # 叶子属性修改
        attr(n,"nodePar")<-c(a$nodePar,list(cex=1.5,lab.cex=1,pch=20,col=
col_treatment,lab.col=col_specie,lab.font=1,lab.cex=1))
    }
    return(n)
}

# 设置参数
dL <- dendrapply(dhc, colLab)

# 绘制图形
plot(dL , main="structure of the population")
legend("topright",
     legend = c("High Nitrogen" , "Low Nitrogen" , "Durum" , "Dicoccoides" ,
"Dicoccum"),
     col = c("red", "blue" , "blue" , "red" , "Darkgreen"),
     pch = c(20,20,4,4,4), bty = "n",  pt.cex = 1.5, cex = 0.8 ,
     text.col = "black", horiz = FALSE, inset = c(0, 0.1))
```

从图 7.28 中可以观察到,树状图中的叶子节点被设置了颜色,并且所有的点都已正确分类,因为在不同枝干下面,叶节点的颜色都是一样的。

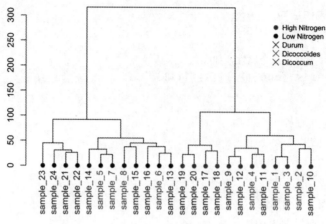

图 7.28　为叶子节点添加颜色后的树状图

### 7.5.4　更多调整

使用 dendextend 包能够对树状图进行更多的定制，例如在底部添加颜色、绘制面对面的树状图等。

在绘制好的基础图形之上，可以使用 dendextend 包中的 set 函数修改树状图中特定部分的属性，包括标签、节点、枝干的颜色、大小、种类等。

下面的代码首先绘制了一幅基础的树状图，如图 7.29 所示。

```
# 加载包
library(tidyverse)

# 数据集
head(mtcars)
##                    mpg cyl disp  hp drat    wt  qsec vs am gear carb
## Mazda RX4         21.0   6  160 110 3.90 2.620 16.46  0  1    4    4
## Mazda RX4 Wag     21.0   6  160 110 3.90 2.875 17.02  0  1    4    4
## Datsun 710        22.8   4  108  93 3.85 2.320 18.61  1  1    4    1
## Hornet 4 Drive    21.4   6  258 110 3.08 3.215 19.44  1  0    3    1
## Hornet Sportabout 18.7   8  360 175 3.15 3.440 17.02  0  0    3    2
## Valiant           18.1   6  225 105 2.76 3.460 20.22  1  0    3    1
# 使用三个变量进行聚类
mtcars %>%
  select(mpg, cyl, disp) %>%
  dist() %>%
  hclust() %>%
  as.dendrogram() -> dend

# 绘制图形
par(mar=c(7,3,1,1))         # 增加底边距离以得到完整的标签
plot(dend)
```

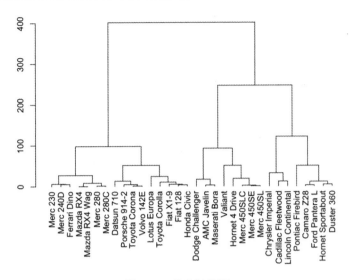

图 7.29 基础树状图

下面的代码使用 set 函数调整了树状图节点文本的颜色,并调整了枝干的粗细程度,如图 7.30 所示。

```
# 加载包
library(dendextend)

# 绘制图形
dend %>%
  # 自定义枝干
  set("branches_col", "black") %>% set("branches_lwd", 3) %>%
  # 自定义标签
  set("labels_col", "red") %>% set("labels_cex", 0.8) %>%
  plot()
```

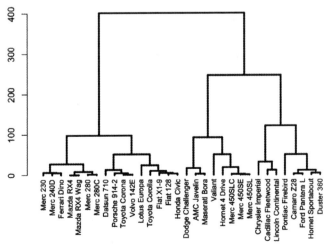

图 7.30 调整节点文本颜色和枝干粗细

上面的代码中，set("branches_col","black")表示将枝干的颜色设置为黑色，set("branches_lwd",3)表示将枝干的粗细程度设置为 3，set("labels_col","red")表示将叶子节点的标签设置为红色，set("labels_cex",0.8)表示将叶子节点标签的大小设置为 0.8。从图 7.30 中可以看出，树状图枝干线条变得更粗，并且最底下叶子节点的标签变成了红色。下面的代码对节点参数进行了调整，如图 7.31 所示。

```
#绘制图形
dend %>%
  set("nodes_pch", 3) %>%
  set("nodes_cex", 0.7) %>%
  set("nodes_col", "red") %>%
  plot()
```

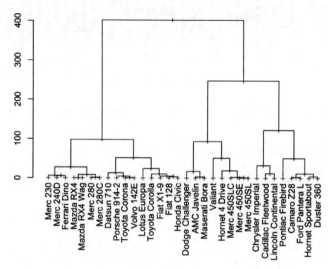

图 7.31　调整节点参数

上面的代码中，set("nodes_pch",3)表示将树状图中的节点通过"+"符号来表示，set("nodes_cex",0.7)表示设置节点的大小为 0.7，set("nodes_col","red")表示设置节点的颜色为红色。从图 7.31 中可以看到，节点变成了"+"符号，并且颜色变成了红色。下面的代码对叶子节点进行了调整，如图 7.32 所示。

```
# 绘制图形
dend %>%
  set("leaves_pch", 2) %>%
  set("leaves_cex", 0.7) %>%
  set("leaves_col", "skyblue") %>%
  plot()
```

上面的代码设置了叶子节点的形状、颜色和大小。从图 7.32 中可以看到，叶子节点的形状全部变成了三角形。

有时候在分析的过程中，对于树状图中的某一个集群比较感兴趣，这个时候突出显示某一个集群是比较好的选择。可以在树状图中为分支和标签添加颜色，以突出某一集群。

rect.dendrogram 函数甚至允许使用矩形突出显示一个或多个特定集群。下面的代码将树状图进行翻转，将不同的集群设置为不同的颜色，并且添加了一条垂直线，如图 7.33 所示。

```
# 不同的聚类设置不同的颜色
par(mar=c(1,1,1,7))
dend %>%
  set("labels_col", value = c("skyblue", "orange", "grey"), k=3) %>%
  set("branches_k_color", value = c("skyblue", "orange", "grey"), k = 3) %>%
  plot(horiz=TRUE, axes=FALSE)
abline(v = 350, lty = 2)
```

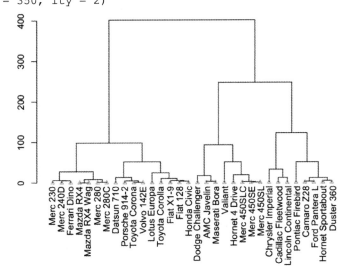

图 7.32　调整叶子结点

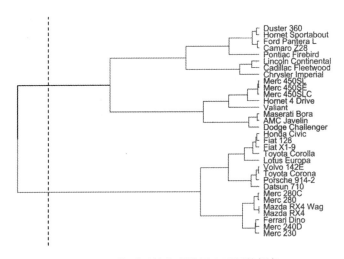

图 7.33　将不同的集群设置为不同的颜色

从图 7.33 中可以观察到，这里绘制了一幅水平的树状图，不同的集群通过蓝色、橘色和灰色这三种颜色区分开来。

下面为绘制的树状图添加一个矩形区域，如图 7.34 所示。

```
# 通过矩形包裹聚类集群
par(mar=c(9,1,1,1))
dend %>%
  set("labels_col", value = c("skyblue", "orange", "grey"), k=3) %>%
  set("branches_k_color", value = c("skyblue", "orange", "grey"), k = 3) %>%
  plot(axes=FALSE)
rect.dendrogram( dend, k=3, lty = 5, lwd = 0, x=1, col=rgb(0.1, 0.2, 0.4, 0.1) )
```

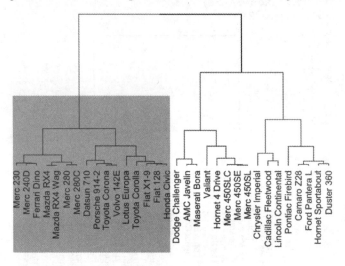

图 7.34　使用矩形突出显示一个集群

上面的代码对树状图中的集群设置了不同的颜色，并且使用矩形将一个集群包裹起来。从图 7.34 中可以看到，左边的集群被一个浅色的透明矩形包裹起来了，这样矩形便起到了突出显示的作用。

还可以在树状图中添加预期的分组，这样就可以比较聚类的结果和预期的聚类结果。

下面的代码使用 mtcars 的数据集来构建树状图，其中变量 am 是二进制变量，可以使用这个变量与聚类的结果进行对比，观察聚类的结果与这个变量的结果是否一致，如图 7.35 所示。

```
# 创建一个颜色向量，如果 am 是 0，则为深绿色；如果是 1，则为绿色
my_colors <- ifelse(mtcars$am==0, "forestgreen", "green")

# 绘制图形
par(mar=c(10,1,1,1))
dend %>%
  set("labels_col", value = c("skyblue", "orange", "grey"), k=3) %>%
  set("branches_k_color", value = c("skyblue", "orange", "grey"), k = 3) %>%
  set("leaves_pch", 19) %>%
  set("nodes_cex", 0.7) %>%
  plot(axes=FALSE)
```

```
# 添加颜色
colored_bars(colors = my_colors, dend = dend, rowLabels = "am")
```

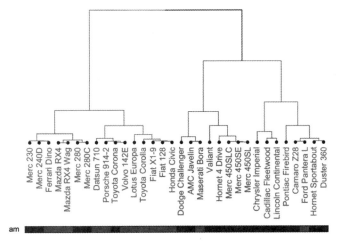

图 7.35 树状图

上面的代码中，使用 colored_bars 函数添加了一个颜色条，用于比较叶子节点的聚类结果是不是与预期的结果一致。从图 7.35 中可以看到，聚类的结果与预期的结果并不一致，因为在同一个聚类的结果中，颜色条中存在两种颜色。通过这种方式，可以很容易地比较聚类的结果与预期结果的差距。

更加高级的树状图用法还有很多，例如使用 tanglegram 函数比较两个树状图。在进行聚类分析的时候，使用这种图形可以比较两种不同的聚类方法的结果的差异。下面的代码绘制了两幅树状图，如图 7.36 所示。

```
# 使用两种不同的聚类方法绘制两个树状图
d1 <- USArrests %>% dist() %>% hclust( method="average" ) %>% as.dendrogram()
d2 <- USArrests %>% dist() %>% hclust( method="complete" ) %>% as.
dendrogram()

# 绘制图形
dl <- dendlist(
  d1 %>%
    set("labels_col", value = c("skyblue", "orange", "grey"), k=3) %>%
    set("branches_lty", 1) %>%
    set("branches_k_color", value = c("skyblue", "orange", "grey"), k = 3),
  d2 %>%
    set("labels_col", value = c("skyblue", "orange", "grey"), k=3) %>%
    set("branches_lty", 1) %>%
    set("branches_k_color", value = c("skyblue", "orange", "grey"), k = 3)
)

# 将图形合并
tanglegram(dl,
           common_subtrees_color_lines = FALSE, highlight_distinct_edges = TRUE, highlight_branches_lwd=FALSE,
```

```
               margin_inner=7,
               lwd=2
)
```

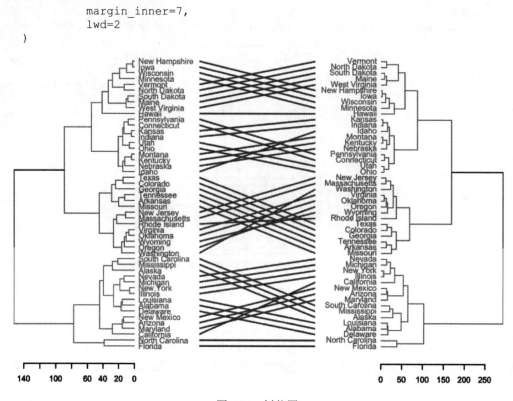

图 7.36 树状图

上面的代码中,使用两种方法进行了聚类,并且绘制了两个树状图。从图 7.36 中可以看到两种聚类结果是一样的,虽然两幅树状图并不完全一样,但是在一幅树状图中的某个叶节点如果属于某一个类别,在另外一幅树状图中该叶节点同样属于此类别。这样的图形在比较多种聚类方法的时候非常有用。

## 7.6 圆形包装图

圆形包装图(Circular Packing)允许可视化分层组织,它相当于树状图,即树状图的每个节点在圆形包装图中表示为圆形,树状图的子节点在圆形包装图中表示为圆形内部的圆形,其中每个圆的大小可以与特定值成比例。

下面的代码绘制了一副圆形包装图,显示了世界人口在 200 多个国家或地区的分布情况,如图 7.37 所示。其中世界分为大陆(组)、区域(子组)和国家,即国家被视为叶子,位于分支的末端。

```
# 加载包
library(tidyverse)
```

```
library(hrbrthemes)
library(circlepackeR)
# devtools::install_github("jeromefroe/circlepackeR")
# 从数据集中获取数据集
data <- read.table("https://raw.githubusercontent.com/holtzy/data_to_viz/
master/Example_dataset/11_SevCatOneNumNestedOneObsPerGroup.csv", header=
T, sep=";")
data[ which(data$value==-1),"value"] <- 1
colnames(data) <- c("Continent", "Region", "Country", "Pop")

# 删除一些有问题的行
data <- data %>% filter(Continent!="") %>% droplevels()

# 改变格式
library(data.tree)
data$pathString <- paste("world", data$Continent, data$Region, data$
Country, sep = "/")
population <- as.Node(data)

# 自定义颜色范围的最小值和最大值
circlepackeR(population, size = "Pop", color_min = "hsl(56,80%,80%)",
color_max = "hsl(341,30%,40%)")
```

从图 7.37 中可以看到，亚洲地区的人口是最多的，其次是美洲。使用圆形包装图可以非常清晰地显示出不同层级的数量差异。

但需要注意的是，如果需要精确比较不同组的值，建议不要使用圆形包装图。实际上，人眼很难将一个区域翻译成一个准确的数字。如果需要准确地了解数据，更好的选择是使用条形图或棒棒糖图。

但是，圆形包装图非常清楚地显示了整体与局部之间的关系，它使用空间结构来表示数据，使得其阅读效率低于树状图，但是层次结构比树状图更加清晰。下面的代码绘制了一个多层次的圆形包装图，如图 7.38 所示。

```
# 加载包
library(ggraph)
library(igraph)
library(viridis)

# 给出层次结构的数据框架
edges=flare$edges
vertices = flare$vertices
mygraph <- graph_from_data_frame( edges, vertices=vertices )

# 增加一个因子
ggraph(mygraph, layout = 'circlepack', weight="size") +
  geom_node_circle(aes(fill = as.factor(depth), color = as.factor(depth) )) +
  scale_fill_manual(values=c("0" = "white", "1" = "white", "2" = magma
(4)[2], "3" = magma(4)[3], "4"=magma(4)[4])) +
  scale_color_manual( values=c("0" = "white", "1" = "white", "2" = "black", "3"
= "black", "4"="black") ) +
  theme_void() +
  theme(legend.position="FALSE")
```

上面的代码中删除了最外层的圆，这样的调整改善了图形的外观。另外，如果仅显示一个级别的层次结构，则圆形包装图等同于条形图，区别是它不是将值显示为条形，而是使用圆圈。

需要注意的是，如果层次结构中有多个级别，建议使用交互式图形，因为在图形中添加太多的标签会让图形变得不可读。

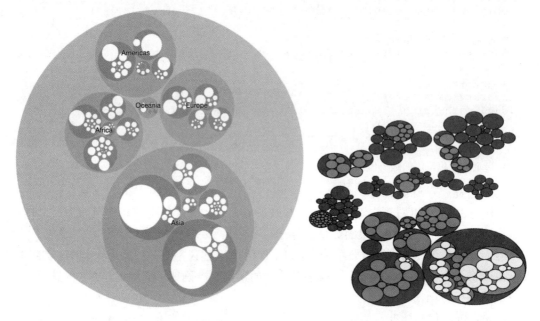

图 7.37　圆形包装图　　　　　　　　图 7.38　多层次的圆形包装图

## 7.6.1　具有一个层次的圆形包装图

下面介绍如何构建仅具有一个层次结构的基本圆形包装图表。一个层次的圆形包装图通过圆圈表示数据集的每个实体或个体，圆圈的大小取决于提供的值。

一个层次的圆形包装图类似于一个条形图，但是使用的是圆形大小而不是条形长度；它也有点像气泡图，但 x 和 y 位置没有任何含义；它还是树状图的圆形版本。下面的代码绘制了只有一个层次结构的圆形包装图，如图 7.39 所示。

```
# 加载包
library(packcircles)
library(ggplot2)

# 创建数据集
data <- data.frame(group=paste("Group", letters[1:20]), value=sample(seq
(1,100),20))
```

```r
# 创建布局
# 给出了圆心(x 和 y)和半径，与值成比例
packing <- circleProgressiveLayout(data$value, sizetype='area')

# 生成数据框
data <- cbind(data, packing)
dat.gg <- circleLayoutVertices(packing, npoints=50)

#绘制图形
ggplot() +
  geom_polygon(data = dat.gg, aes(x, y, group = id, fill=as.factor(id)),
colour = "black", alpha = 0.6) +

  # 添加文本
  geom_text(data = data, aes(x, y, size=value, label = group)) +
  scale_size_continuous(range = c(1,4)) +

  # 设置主题
  theme_void() +
  theme(legend.position="none") +
  coord_equal()
```

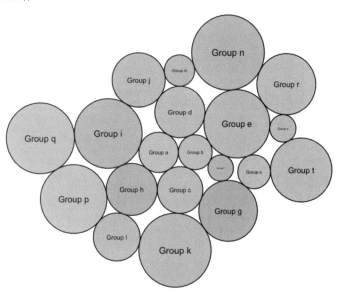

图 7.39　一个层次的圆形包装图

## 7.6.2　调整颜色

下面介绍使用 viridis 包来调整圆形包装图颜色的方法。viridis 包有 5 种配色方式，如图 7.40 所示。

设置不同配色的函数分别是 viridis、magma、inferno、plasma 和 cividis。

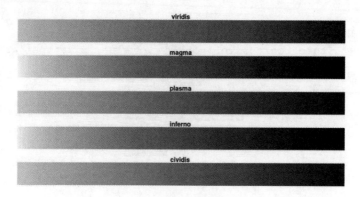

图 7.40　配色

下面的代码在绘制圆形包装图的过程中,调整了图形的配色,如图 7.41 所示。

```
# 加载包
library(packcircles)
library(ggplot2)
library(viridis)

# 创建数据集
data <- data.frame(group=paste("Group", letters[1:20]), value=sample(seq(1,100),20))

# 生成的布局
packing <- circleProgressiveLayout(data$value, sizetype='area')
data <- cbind(data, packing)
dat.gg <- circleLayoutVertices(packing, npoints=50)

# 基本的颜色定制
ggplot() +
  geom_polygon(data = dat.gg, aes(x, y, group = id, fill=as.factor(id)), colour = "black", alpha = 0.6) +
  scale_fill_manual(values = magma(nrow(data))) +
  geom_text(data = data, aes(x, y, size=value, label = group)) +
  scale_size_continuous(range = c(1,4)) +
  theme_void() +
  theme(legend.position="none") +
  coord_equal()
```

上面的代码使用 magma 函数来对不同的分组设置不同的颜色。从图 7.41 中可以观察到,圆圈越大颜色越深。

还可以将某一个变量映射到颜色参数,根据数据值使得图形的颜色更亮或更暗。下面的代码通过将 value 变量映射到 fill 参数来调整图形的颜色,如图 7.42 所示。

```
#这里重复了 51 次每个值,因为用 50 行创建了多边形
dat.gg$value <- rep(data$value, each=51)

# 绘制图形
ggplot() +
  # 添加气泡
```

```
geom_polygon(data = dat.gg, aes(x, y, group = id, fill=value), colour =
"black", alpha = 0.6) +
scale_fill_distiller(palette = "BuPu", direction = 1 ) +

# 在每个气泡的中心添加文本并控制其大小
geom_text(data = data, aes(x, y, size=value, label = group)) +
scale_size_continuous(range = c(1,4)) +

# 设置主题
theme_void()  +
theme(legend.position="none") +
coord_equal()
```

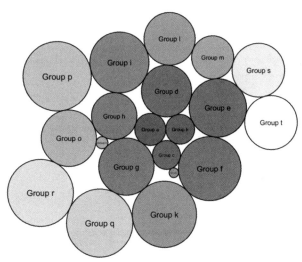

图 7.41　调整圆形包装图的配色

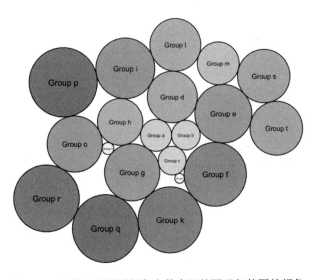

图 7.42　将变量映射到颜色参数来调整圆形包装图的颜色

上面的代码通过将一个变量映射到颜色参数来调整图形的颜色，这样图形会根据对应变量的不同，将圆圈设置为不同的颜色。theme_void 函数删除了坐标轴与坐标轴网格，代码 theme(legend.position="none") 删除了图形中的图例。从图 7.42 中可以看到，圆越大，颜色也越深，但是整体的颜色与图 7.42 还是有区别的。

还可以通过 theme 函数调整图形的背景。下面的代码调整了图形的背景，如图 7.43 所示。

```
ggplot() +

  # 创建一个气泡
  geom_polygon(data = dat.gg, aes(x, y, group = id, fill=value), colour =
"grey", alpha = 0.6, size=.5) +
  scale_fill_distiller(palette = "Spectral", direction = 1 ) +

  # 添加文本
  geom_label(data = data, aes(x, y, size=value, label = group)) +
  scale_size_continuous(range = c(1,4)) +

  # 设置主题
  theme_void()  +
  theme(
    legend.position="none",
    plot.background = element_rect(fill="black"),
    plot.title = element_text(color="white")
  ) +
  coord_equal() +
  ggtitle("black backgroud")
```

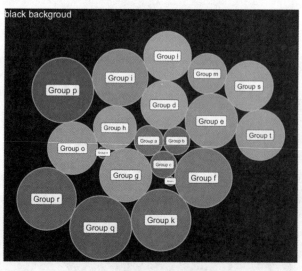

图 7.43  调整圆形包装图的背景

上面的代码中，legend.position="none" 表示删除图形的图例，plot.background = element_rect(fill="black") 表示将图形的背景设置为黑色，plot.title = element_text(color="white") 表示将图形中文本设置为白色。

从图 7.43 中可以看到，整个图形的背景变成了黑色，标题的文本变成了白色。通过黑白对比，图形显得非常醒目。

### 7.6.3 调整圆形之间的距离

前面介绍了制作单层圆形包装图的基本过程，接下来在每个气泡之间添加一些空间，使图形变得更美观。实现的方式就是调整 radius 变量的数值，只需将它乘以 0 以下的数字即可。下面的代码调整了圆形包装图中不同气泡的间隔，如图 7.44 所示。

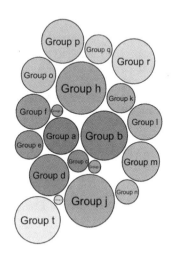

图 7.44　调整圆形包装图之间的距离

```
# 加载包
library(packcircles)
library(ggplot2)
library(viridis)

# 创建数据集
data <- data.frame(group=paste("Group", letters
[1:20]), value=sample(seq
(1,100),20))

# 初始化布局
packing <- circleProgressiveLayout(data$value, sizetype='area')
packing$radius <- 0.95*packing$radius
data <- cbind(data, packing)
dat.gg <- circleLayoutVertices(packing, npoints=50)

# 绘制图形
ggplot() +
  geom_polygon(data = dat.gg, aes(x, y, group = id, fill=id), colour = "black", alpha = 0.6) +
  scale_fill_viridis() +
  geom_text(data = data, aes(x, y, size=value, label = group), color="black") +
  theme_void() +
  theme(legend.position="none")+
  coord_equal()
```

上面的代码调整了圆形包装图中圆形的间隔。从图 7.44 中可以看到图形中圆形之间不再紧挨着，而是出现了一定的间隔。实现的方式是使用 circleProgressiveLayout 函数对数据集进行处理，修改了其返回的数据集 packing 中 radius 变量的大小，调整的代码是"packing$radius <- 0.95*packing$radius"。其他代码与上文绘制图形的代码是一样的。如果是乘以一个更小的值，则圆形之间的距离会变得更大。

### 7.6.4 绘制多层次的圆形包装图

如果数据集是多层次结构，则可以绘制多层次的圆形包装图。圆形包装图可以表示数据的层次结构：最大的圆形（层次结构的原点）包含几个大圆形（级别 1 的节点），大圆形包含较小的圆形（级别 2），以此类推，最后一个级别称为叶子。

使用 ggraph 包可以很轻松地绘制出多层次的圆形包装图，方法是首先通过 igraph 包的 graph_from_data_frame 函数将数据集转换为图形对象，然后使用 ggraph 包提供 geom_node_circle 函数构建图形。下面的代码绘制了一幅多层次的圆形包装图，如图 7.45 所示。

```
# 加载包
library(ggraph)
library(igraph)
library(tidyverse)

# 创建一个给出层次结构的数据集
edges <- flare$edges

head(edges)
##                       from                                              to
## 1 flare.analytics.cluster         flare.analytics.cluster.AgglomerativeCluster
## 2 flare.analytics.cluster         flare.analytics.cluster.CommunityStructure
## 3 flare.analytics.cluster         flare.analytics.cluster.HierarchicalCluster
## 4 flare.analytics.cluster         flare.analytics.cluster.MergeEdge
## 5 flare.analytics.graph           flare.analytics.graph.BetweennessCentrality
## 6 flare.analytics.graph           flare.analytics.graph.LinkDistance
# 通常关联另一个数据集，给出数据集中每个节点的信息
vertices <- flare$vertices
 vertices %>% head(3)
##                                              name size          shortName
## 1 flare.analytics.cluster.AgglomerativeCluster    3938 AgglomerativeCluster
## 2 flare.analytics.cluster.CommunityStructure      3812 CommunityStructure
## 3 flare.analytics.cluster.HierarchicalCluster     6714 HierarchicalCluster
# 然后必须使用 igraph 库创建一个 graph 对象
mygraph <- graph_from_data_frame( edges, vertices=vertices )

# 绘制图形
ggraph(mygraph, layout = 'circlepack') +
  geom_node_circle() +
  theme_void()
```

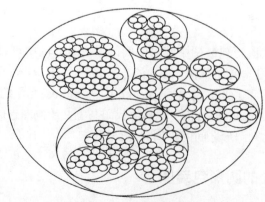

图 7.45　多层次的圆形包装图

从图 7.45 中可以看到，圆通过一层一层嵌套包裹起来，很清晰地体现了数据中的不同层次。在代码中，vertice 数据集记录了数据的不同层次，从输出的数据中可以看到，数据集分为两列。然后使用 graph_from_data_frame 函数将数据集转换为图形对象并使用 geom_node_circle 函数绘制圆形包装图。

ggraph 包允许将一种表示形式轻松地转换为另一种表示形式。实际上，有几种类型图表的表示都适用于分层数据，如树状图（可以是圆形）、旭日图或网络图。下面的代码对图形进行了转换，如图 7.46 所示。

```
# 绘制图形
ggraph(mygraph, layout='dendrogram', circular=TRUE) +
  geom_edge_diagonal() +
  theme_void() +
  theme(legend.position="none")
```

图 7.46 圆形树状图

上面的代码将圆形包装图转换为了圆形的树状图。如果有需要，还可以非常快速地转换为其他图形，例如网络图。

## 7.6.5 调整细节

圆形大小与变量成比例，将连续变量映射到圆形大小可以向图表添加额外的信息层。下面的代码所使用的数据集是 vertices，其中有一列变量为 size，可以用圆形的大小来表示 size 变量，如图 7.47 所示。

```
# 加载包
library(ggraph)
library(igraph)
library(tidyverse)
library(viridis)
```

```
# 创建一个层次结构的数据集
edges <- flare$edges
vertices <- flare$vertices
mygraph <- graph_from_data_frame( edges, vertices=vertices )

# 控制每个圆的大小
ggraph(mygraph, layout = 'circlepack', weight="size") +
  geom_node_circle() +
  theme_void()
```

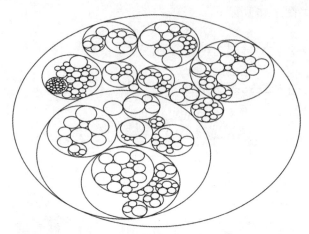

图 7.47 圆形包装图

上面的代码将 weight 参数指定为 size 变量，通过这样的方式将图形包装图中的圆形大小与变量 size 联系起来。

另外，为圆形包装图添加颜色绝对有意义。添加颜色的第一种方式是将变量映射到颜色参数，使图形中每个节点都有一个颜色，不同的等级可以显示不同的颜色。

也可以使用调色板来选择不同的配色。下面的代码使用了 RColorBrewer 调色板来绘制图形，如图 7.48 所示。

```
#  颜色取决于深度
p <- ggraph(mygraph, layout = 'circlepack', weight="size") +
  geom_node_circle(aes(fill = depth)) +
  theme_void() +
  theme(legend.position="FALSE")
p
```

上面的代码中，在绘制图形的时候将 depth 变量映射到 fill 参数。从图 7.48 中可以看到，不同层级的圆形呈现出不同的颜色，整个图形呈现出蓝色色调，图形中不同层级的颜色差异并不是很大。下面使用另外两种配色来绘制图形，首先使用 viridis 调色板，如图 7.49 所示。

```
# 调整调色板为 viridis
p + scale_fill_viridis()
```

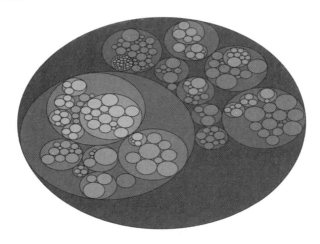

图 7.48　为圆形包装图添加配色

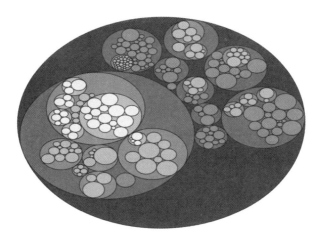

图 7.49　调整配色

上面的代码中，在绘制好图形之后，调用了 scale_fill_viridis 函数（即 viridis 调色板）。从图 7.49 中可以看到，层级越高的圆对应的颜色越深，层级越低的圆颜色更鲜艳。使用这种配色，不同层级的颜色差异更大，能够更好地阅读图形信息。下面的代码使用 scale_fill_distiller 函数调整了图形的配色，如图 7.50 所示。

```
# 使用 colorBrewer 包中的 RdPu 配色调整图形颜色
p + scale_fill_distiller(palette = "RdPu")
```

上面的代码中设置 palette = 'RdPu'，因此从图 7.50 中可以看到整个图形呈现出红色色调。

将颜色映射到不同层次之后，为了更好地了解图形，经常需要在圆形中添加标签。但是，只有当圆形数量不多时才能这样做，如果圆形数量太多，即使添加了标签，标签同样很难阅读。可以使用 geom_node_text 或 geom_node_label 函数来注释圆形包装图的叶子节点。下面的代码在图形中添加了标签，使得图形更加容易阅读，如图 7.51 所示。

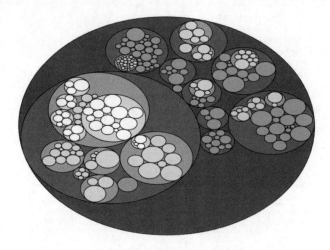

图 7.50　使用 scall_fill_distiller 函数调整图形颜色

```
# 创建数据集的子集
edges <- flare$edges %>%
  filter(to %in% from) %>%
  droplevels()
vertices <- flare$vertices %>%
  filter(name %in% c(edges$from, edges$to)) %>%
  droplevels()
vertices$size <- runif(nrow(vertices))

# 重建图形对象
mygraph <- graph_from_data_frame( edges, vertices=vertices )

# 绘制图形
ggraph(mygraph, layout = 'circlepack', weight="size" ) +
  geom_node_circle(aes(fill = depth)) +
  geom_node_text( aes(label=shortName, filter=leaf, fill=depth, size=size)) +
  theme_void() +
  theme(legend.position="FALSE") +
  scale_fill_viridis()
## Non-leaf weights ignored
## Warning: Ignoring unknown aesthetics: fill
```

上面的代码中使用了 geom_node_text 函数来添加圆形包装图的标签，从图 7.51 中可以看到，每一个子节点都被添加上了标签数据。下面的代码使用另外一种方式添加标签，如图 7.52 所示。

```
# 绘制图形
ggraph(mygraph, layout = 'circlepack', weight="size" ) +
  geom_node_circle(aes(fill = depth)) +
  geom_node_label( aes(label=shortName, filter=leaf, size=size)) +
  theme_void() +
  theme(legend.position="FALSE") +
  scale_fill_viridis()
## Non-leaf weights ignored
```

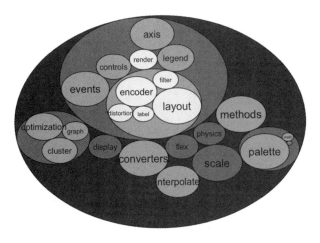

图 7.51　添加标签的圆形包装图 1

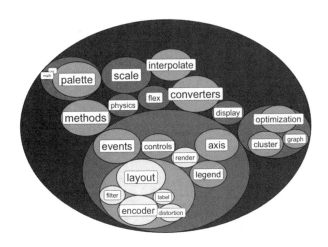

图 7.52　添加标签的圆形包装图 2

上面的代码中使用 geom_node_label 函数添加了图形的标签。从图 7.52 中可以看到，用 geom_node_label 函数添加的标签全部被一个白色背景的矩形包裹起来，可以更清晰地看到标签是什么，其比图 7.51 中所添加的标签更加容易阅读。

## 7.6.6　隐藏第一级

围绕整个圆形包装图的大圆（0 级，原点）通常可以删除掉，因为这个圆没有提供任何信息，并且没有最外层大圆的圆形包装图看起来更美观。

想要删除最外层的大圆，只需在 scale_fill_manual 函数和 scale_color_manual 函数中指定一个等于背景颜色的颜色即可。遵循相同的方法，还可以根据自己的需求删除圆形包装图中的其他层次结构。下面的代码隐藏了最外层的大圆，如图 7.53 所示。

```
# 加载包
library(ggraph)
library(igraph)
library(tidyverse)
library(viridis)

# 需要一个给出层次结构的数据集
edges=flare$edges
vertices = flare$vertices
mygraph <- graph_from_data_frame( edges, vertices=vertices )

# 隐藏第一层
ggraph(mygraph, layout = 'circlepack', weight="size") +
  geom_node_circle(aes(fill = as.factor(depth), color = as.factor(depth) )) +
  scale_fill_manual(values=c("0" = "white", "1" = viridis(4)[1], "2" =
viridis(4)[2], "3" = viridis(4)[3], "4"=viridis(4)[4])) +
  scale_color_manual( values=c("0" = "white", "1" = "black", "2" = "black",
"3" = "black", "4"="black") ) +
  theme_void() +
  theme(legend.position="FALSE")
```

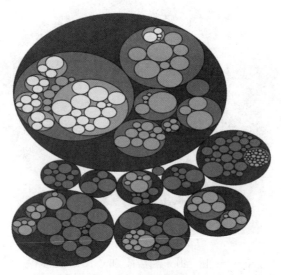

图 7.53  隐藏最外层圆后的圆形包装图

上面的代码删除了最外层的圆圈，达成这样效果的代码是"scale_fill_manual (values= c("0"="white", "1"="magma(4)[1]", "2"=magma (4)[2], "3"=magma(4)[3], "4"=magma(4)[4])"，表示第 0 层的圆使用白色进行填充，第 1 层～第 4 层的圆分别使用 magma(4)[1]、magma(4)[2]、magma(4)[3] 和 magma(4)[4] 对应的颜色进行填充，其中 magma(4)[1]、magma(4)[2]、magma(4)[3] 和 magma(4)[4] 对应的是一个十六进制的颜色代码，例如将 magma(4)[2] 在 R 语言中运行会输出 "#721F81FF"。代码 scale_color_manual(values=c("0"="white", "1"="black", "2"="black", "3"="black", "4"="black"))表示第 0 层的线条使用白色表示，第 1 层～第 4 层的线条使用黑色表示。

通过这样的设置,第 0 层的圆被设置为背景颜色——白色,因此在图形中不会被显示出来。从图 7.53 中看到的结果便是最外面的层级被删除掉了。下面的代码隐藏了两个层级,如图 7.54 所示。

```
# 隐藏两个层级
ggraph(mygraph, layout = 'circlepack', weight="size") +
  geom_node_circle(aes(fill = as.factor(depth), color = as.factor(depth) )) +
  scale_fill_manual(values=c("0" = "white", "1" = "white", "2" = magma
(4)[2], "3" = magma(4)[3], "4"=magma(4)[4])) +
  scale_color_manual( values=c("0" = "white", "1" = "white", "2" = "black",
"3" = "black", "4"="black") ) +
  theme_void() +
  theme(legend.position="FALSE")
```

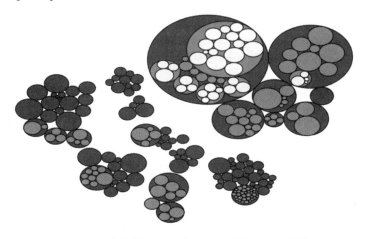

图 7.54　隐藏第 0 层和第 1 层圆后的圆形包装图

上面的代码中,首先删除了最外的两个层级的圆圈,达成这样效果的代码是"scale_fill_manual(values=c("0"="white", "1"="white", "2"=magma(4)[2], "3"=magma(4)[3], "4"=magma(4)[4]))",表示第 0 层的圆使用白色进行填充,第 1 层的圆同样使用白色进行填充,第 2 层~第 4 层的圆分别使用 magma(4)[2]、magma(4)[3] 和 magma(4)[4] 所代表的颜色来填充;代码"scale_color_manual(values=c("0"="white""1"="white", "2"="black", "3"="black", "4"="black"))"表示第 0 层的线条使用白色表示,第 1 层的线条同样使用白色表示,其他层级的线条则使用黑色来表示。

通过以上设置,第 0 层和第 1 层的图被设置为背景颜色——白色,因此在图形中不会被显示出来。从图 7.54 中看到的结果就是最外面的两个层级被删除掉了。

另外,还可以将标签添加到层次结构的特定级别。下面的代码在图形中添加了标签,如图 7.55 所示。

```
# 加载包
library(data.tree)
```

```
# 重塑数据
```

```
edges <-flare$edges
vertices <- flare$vertices

# 转换成tree格式
tree <- FromDataFrameNetwork(edges)

# 然后可以很容易得到每个节点的级别，并将其添加到初始数据框中
mylevels <- data.frame( name=tree$Get('name'), level=tree$Get("level") )
vertices <- vertices %>%
  left_join(., mylevels, by=c("name"="name"))
## Warning: Column `name` joining character vector and factor, coercing into
## character vector
vertices <- vertices %>%
  mutate(new_label=ifelse(level==2, shortName, NA))
mygraph <- graph_from_data_frame( edges, vertices=vertices )

# 绘制图形
ggraph(mygraph, layout = 'circlepack', weight="size") +
  geom_node_circle(aes(fill = as.factor(depth), color = as.factor(depth) )) +
  scale_fill_manual(values=c("0" = "white", "1" = viridis(4)[1], "2" =
viridis(4)[2], "3" = viridis(4)[3], "4"=viridis(4)[4])) +
  scale_color_manual( values=c("0" = "white", "1" = "black", "2" = "black",
"3" = "black", "4"="black") ) +
  geom_node_label( aes(label=new_label), size=4) +
  theme_void() +
  theme(legend.position="FALSE", plot.margin = unit(rep(0,4), "cm"))
## Warning: Removed 242 rows containing missing values (geom_label).
```

图7.55 将标签添加到特定级别

上面的代码对第三个层级的圆添加了标签。从图 7.55 中可以看到，只有第三个层级的圆被添加了标签，其他层级的圆都没有显示标签。单独添加某个层级的标签可以在圆比较多的时候避免标签过多而显示混乱。

## 7.7 树 形 图

树形图（Treemap）将分层的数据显示为一组嵌套的矩形，每一个矩形表示一部分数据。图形中矩形的大小与数据的层次有关。下面的代码描述了世界人口数据，世界可以划分为大陆、区域和国家三个层次，如图 7.56 所示。因此，在这一幅树形图中，图形通过矩形大小分成三个层次，并且矩形的大小对应着人口的数量。

```
# 加载包
library(tidyverse)
library(treemap)

# 获取数据集
data <- read.table("https://raw.githubusercontent.com/holtzy/data_to_viz/
master/Example_dataset/11_SevCatOneNumNestedOneObsPerGroup.csv",header=
T, sep=";")
data[ which(data$value==-1),"value"] <- 1
colnames(data) <- c("Continent", "Region", "Country", "Pop")

# 绘制图形
p <- treemap(data,

            # 数据集
            index=c("Continent", "Region", "Country"),
            vSize="Pop",
            type="index",

            # 主题
            title="",
            palette="Dark2",

            # 边界
            border.col=c("black", "grey", "grey"),
            border.lwds=c(1,0.5,0.1),

            # 标签
            fontsize.labels=c(0.7, 0.4, 0.3),
            fontcolor.labels=c("white", "white", "black"),
            fontface.labels=1,
            bg.labels=c("transparent"),
            align.labels=list( c("center", "center"), c("left", "top"),
c("right", "bottom")),
            overlap.labels=0.5#, inflate.labels=T

)
```

树形图理解起来和圆形包装图非常类似，只不过树形图是通过矩形来表示数据，而不是圆形。树形图中不同大小的矩形代表了不同层级的数据。从图 7.56 中可以观察到，图形的整体是一个矩形，矩形中包含了许许多多的子矩形。这就类似于圆形包装图，其是一个大圆，包含了许多嵌套的小圆。

图 7.56 树形图

树形图体现了整体是如何划分的，很好地显示出了数据中的层次结构。从树形图中很容易理解数据中的哪些组占比最大，并且非常容易理解整体如何在部分之间进行分配。树形图甚至可以在没有任何层次结构的情况下使用，这个时候树形图的含义与条形图一样。树形图的优势之一是有效地利用了空间，这使得树形图可用于表示大量数据。

电商中的商品品类数据非常适合使用树形图来进行展示，因为电商商品存在多级别的品类，例如衣服是一个大的品类，短袖是衣服品类下的子品类，男士 T 恤则又是短袖品类下的子品类，这样品类数据就会存在层次结构，最低级别的层次则是某一具体的商品。

## 7.7.1 绘制基础树形图

基础树形图的绘制非常简单，首先数据集需要两列，第一列表示数据的分组，第二列表示对应的值，然后使用 treemap 包中的 treemap 函数进行绘图即可。下面的代码绘制了基础树形图，如图 7.57 所示。

```
# 加载包
library(treemap)

# 创建数据集
group <- c("group-1","group-2","group-3")
value <- c(13,5,22)
data <- data.frame(group,value)

# 绘制图形
treemap(data,
        index="group",
```

```
        vSize="value"
)
```

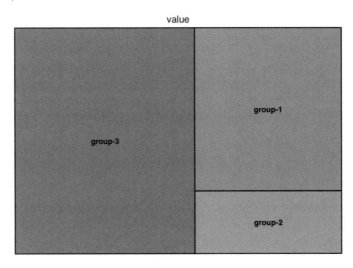

图 7.57　基础树形图

上面的代码首先创建了一个数据集，该数据集有两个变量，group 和 value，其中 group 是分类变量，value 是连续变量；然后使用 treemap 函数绘制树形图，将 group 变量映射到 index 参数，value 变量映射到 vSize 变量。从图 7.57 中可以看到，树形图只有一个层次，其中 group-3 组面积最大，对应的数据最大，这个时候树形图的含义和条形图是一样的。

## 7.7.2　绘制带有多个级别的树形图

下面的代码绘制了一个包含多个级别的树形图，数据中有 3 个小组，每个小组包含几个子组，每个子组都有一个对应的值，如图 7.58 所示。

```
# 加载包
library(treemap)

# 构建数据集
group <- c(rep("group-1",4),rep("group-2",2),rep("group-3",3))
subgroup <- paste("subgroup" , c(1,2,3,4,1,2,1,2,3), sep="-")
value <- c(13,5,22,12,11,7,3,1,23)
data <- data.frame(group,subgroup,value)

# 绘制图形
treemap(data,
        index=c("group","subgroup"),
        vSize="value",
        type="index"
)
```

上面的代码中，首先创建了一个数据集，该数据集包含三个变量，第一个变量是 group，第二个变量是 subgroup，第三个变量是 value，group 变量和 subgroup 变量分别表示组和子组。然后使用 treemap 函数绘制图形，要绘制包含多个级别的树形图，需要将多个层次的数据映射到 index 参数，对应的代码为 index=c("group", "subgroup")，表示将 group 和 subgroup 分别设置为组和子组。从图 7.58 中可以观察到，树形图绘制出了两个层次的数据。

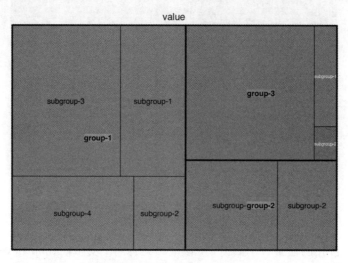

图 7.58　包含多个级别树形图

### 7.7.3　自定义树形图

在绘制了基础的树形图之后，可以对图形的细节进行进一步的调整。第一步是调整标签外观，例如可以将组标签设置为白色，将子组标签设置为橙色。下面的代码对树形图进行标签设置，如图 7.59 所示。

```
# 加载包
library(treemap)

# 创建数据集
group <- c(rep("group-1",4),rep("group-2",2),rep("group-3",3))
subgroup <- paste("subgroup" , c(1,2,3,4,1,2,1,2,3), sep="-")
value <- c(13,5,22,12,11,7,3,1,23)
data <- data.frame(group,subgroup,value)

# 自定义标签
treemap(data, index=c("group","subgroup"),    vSize="value", type="index",
    fontsize.labels=c(15,12),                 # 每个级别标签的大小
    fontcolor.labels=c("white","orange"),     # 标签的颜色
    # 标签字体，取值为 1、2、3、4，分别对应正常、粗体、斜体、粗体-斜体
    fontface.labels=c(2,1),
    bg.labels=c("transparent"),               # 标签背景的颜色
```

```
    align.labels=list(
        c("center", "center"),
        c("right", "bottom")
        ),                                    # 标签在矩形中的位置
    # n 为 0~1 之间的数,决定了标签之间重叠的容差。0 表示较低级别的标签不打印,1 表示
        始终打印。中间值,例如默认值 0.5,表示如果其他标签的重叠面积不超过其面积的 0.5
        倍,则打印较低级别的标签
    overlap.labels=0.5,
    inflate.labels=F,                          # 如果是,当矩形变大时,标签变大
)
```

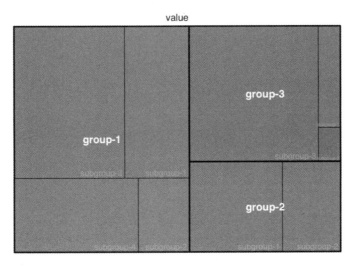

图 7.59 调整标签后的树形图

上面的代码对图形的标签进行了调整,包括标签的大小、位置以及颜色。从图 7.59 中可以观察到,组的标签被设置为白色,并被放置在矩形的下方。

另外,还可以使用 border.col 参数调整边框的颜色,使用 border.lwds 参数调整边框的宽度。可以为每个参数提供一个向量,从而分别调整组和子组。下面的代码调整了图形的边框,如图 7.60 所示。

```
# 自定义边框
treemap(data, index=c("group","subgroup"), vSize="value", type="index",
    border.col=c("black","white"),            # 边框的颜色
    border.lwds=c(7,2)                         # 边框的宽度

    )
```

上面的代码中 border.col=c("black","white")表示将图形中第一层级的边框设置为黑色,将第二层级的边框设置为白色;border.lwds 参数同时对两个层级边框的宽度进行了调整。从图 7.60 中可以观察到,第一层级的边框被设置为黑色,第二层级的边框被设置为白色,并且第一层级的边框比第二层级的边框更粗。下面的代码调整了树形图的颜色,如图 7.61

所示。

```
# 绘制图形
treemap(data, index=c("group","subgroup"), vSize="value",
    type="index",              # 给树形图上色
    palette = "Set1",          # 设置配色
    title="treemap",           # 设置标题
    fontsize.title=12,         # 标题的大小设置
)
```

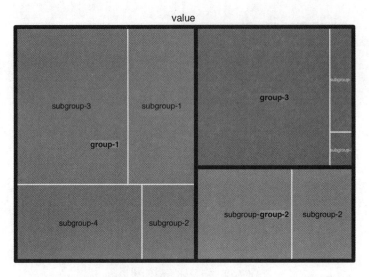

图 7.60 调整边框后的树形图

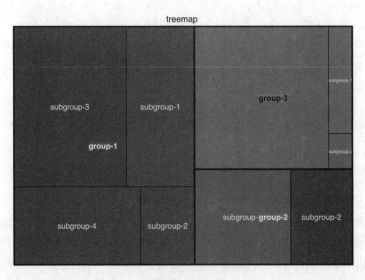

图 7.61 调整颜色后的树形图

上面的代码中，使用 palette 参数调整图形的配色为 Set1。从图 7.61 中可以观察到，group-1 组被设置为红色，group-2 组被设置为蓝色，group-3 组被设置为绿色，比较醒目。如果对图形的颜色不满意，还可以选择其他配色，包括 Accent、Dark2、Paired、Pastel1 等。在绘图的过程中，可以多尝试几种配色，以达到最好的图形效果。

# 第 8 章　其他图形绘制

在之前的章节中，介绍了大部分常用的统计图形，包括直方图、面积图、散点图、二维密度图、条形图、箱线图及小提琴图等。通常而言，在数据分析过程中，上述图形能够解决大部分的数据可视化任务。但是还有很多图形没有介绍到，这些图形在某些特殊的应用场景非常有用。例如，词云可以很好地对文本数据进行可视化展示，桑基图在对流量数据进行可视化的时候是非常有用的，还有交互式图形和动画，这两种图形能够极大地增加图形的表达力。在本章中，将会对更多种类的图形进行介绍。

## 8.1　和　弦　图

和弦图（Chord diagram）用于研究一组实体之间的流动，实体（节点）显示在圆周围并通过弧（链接）进行连接。在 R 语言中，circlize 包是构建和弦图的最佳选择。

和弦图比较少见，一般在论文期刊中会见到，特别是生物相关的期刊，例如《纽约时报》的"基因组特写"一文在 2007 年使用了这种类型的图表。

和弦图的名称来源于几何学中使用的术语，其也称为径向网络图，有时也可以称为圆形布局图。

下面的代码绘制从一个国家/地区迁移到另一个国家/地区人数的和弦图，如图 8.1 所示。

```
# 加载包
library(tidyverse)
library(viridis)
library(patchwork)
library(hrbrthemes)
library(circlize)
library(chorddiag)  #devtools::install_github("mattflor/chorddiag")

# 从 GitHub 中获取数据集
data <- read.table("https://raw.githubusercontent.com/holtzy/data_to_viz/master/Example_dataset/13_AdjacencyDirectedWeighted.csv", header=TRUE)

# 对数据集进行重命名
colnames(data) <- c("Africa", "East Asia", "Europe", "Latin Ame.",   "North Ame.",   "Oceania", "South Asia", "South East Asia", "Soviet Union", "West.Asia")
```

```
rownames(data) <- colnames(data)

# 将数据转换为长格式
data_long <- data %>%
  rownames_to_column %>%
  gather(key = 'key', value = 'value', -rowname)

# 调整参数
circos.clear()
circos.par(start.degree = 90, gap.degree = 4, track.margin = c(-0.1, 0.1),
points.overflow.warning = FALSE)
par(mar = rep(0, 4))

# 调整配色
mycolor <- viridis(10, alpha = 1, begin = 0, end = 1, option = "D")
mycolor <- mycolor[sample(1:10)]

# 绘制图形
chordDiagram(
  x = data_long,
  grid.col = mycolor,
  transparency = 0.25,
  directional = 1,
  direction.type = c("arrows", "diffHeight"),
  diffHeight  = -0.04,
  annotationTrack = "grid",
  annotationTrackHeight = c(0.05, 0.1),
  link.arr.type = "big.arrow",
  link.sort = TRUE,
  link.largest.ontop = TRUE)

# 添加文本和坐标轴
circos.trackPlotRegion(
  track.index = 1,
  bg.border = NA,
  panel.fun = function(x, y) {

    xlim = get.cell.meta.data("xlim")
    sector.index = get.cell.meta.data("sector.index")

    # 向扇形区域添加名称
    circos.text(
      x = mean(xlim),
      y = 3.2,
      labels = sector.index,
      facing = "bending",
      cex = 0.8
      )

    # 在轴上添加刻度
    circos.axis(
      h = "top",
      major.at = seq(from = 0, to = xlim[2], by = ifelse(test = xlim[2]>10, yes = 2, no = 1)),
```

```
        minor.ticks = 1,
        major.tick.percentage = 0.5,
        labels.niceFacing = FALSE)
    }
)
```

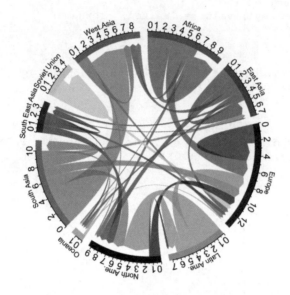

图 8.1　和弦图

上面的代码绘制出了不同地区人口流动的和弦图，图形是通过 circlize 包中的 chordDiagram 函数进行绘制的。从图 8.1 中可以看到，圆圈外面的圆形片段表示不同的地区，圆形内部的弧线表示人口流动的多少，弧线越粗表示数量越大。

和弦图在数据可视化中非常引人注目，其允许可视化几个实体之间的关系，因此在某些领域非常受欢迎。下面介绍和弦图的基本绘制方法。

## 8.1.1　绘制圆形图

绘制和弦图需要先绘制圆形图。圆形图由多个区域组成，每个区域代表一个因子的水平。绘制圆形图需要以下 3 个步骤：

（1）使用 circos.initialize 函数初始化图表，然后提供因子向量和用于 x 轴的变量。圆圈将分成与因子中存在的级别数一样多的区域，每个区域将与相应的 x 轴一样长。

（2）使用 circos.trackPlotRegion 函数构建区域。此时必须再次指定因子，并在需要时告诉 y 轴使用什么变量。

（3）为每个区域添加图表。

下面的代码绘制基础的圆形图，如图 8.2 所示。

```
# 加载包
library(circlize)
```

```
# 创建数据集
data = data.frame(
    factor = sample(letters[1:8], 1000, replace = TRUE),
    x = rnorm(1000),
    y = runif(1000)
    )

# 初始化图表,给出因子和 x 轴
circos.initialize( factors=data$factor, x=data$x )

# 构建区域
circos.trackPlotRegion(factors = data$factor, y = data$y, panel.fun = 
function(x, y) {
    circos.axis()
    })

# 添加点
circos.trackPoints(data$factor, data$x, data$y, col = "red", pch = 16, cex 
= 0.5)
```

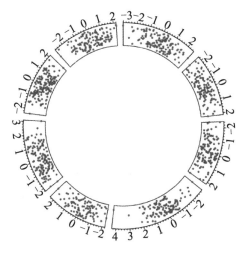

图 8.2 基础圆形图

上面的代码创建了一个数据集,该数据集包含 3 个变量,分别为 factor、x 和 y。其中,factor 是分类变量,x 和 y 是连续变量。

第 1 步使用 circos.initialize 函数初始化图表,提供因子向量和用于 x 轴的变量,上面的代码中,将 circos.initialize 函数的 factors 参数设置为 data$factor,x 参数设置为 data$x。

第 2 步使用 circos.trackPlotRegion 函数构建区域,此时必须再次指定因子,并在需要时告诉 y 轴使用什么变量。上面的代码中,将 circos.trackPlotRegion 函数的 factors 参数设置为 data$factor,将 y 参数设置为 data$y,panel.fun 参数用于指定图形的坐标轴。

第 3 步为每一个区域添加图表,这里使用 circos.trackPoints 函数构建散点图,将数据集中的 3 个变量分别作为参数传递到 circos.trackPoints 函数中。另外,使用参数 col 设置图形的颜色，pch 设置数据点的形状，cex 设置数据点的大小。

在绘制好基础图形之后，可以更进一步自定义圆形图，例如修改图的宽度、背景颜色及调整起始的角度等。下面的代码调整圆形图的更多细节，如图 8.3 所示。

```r
# 加载包
library(circlize)

# 创建数据集
data = data.frame(
    factor = sample(letters[1:8], 1000, replace = TRUE),
    x = rnorm(1000),
    y = runif(1000)
    )

# 图形定制
par(
  mar = c(1, 1, 1, 1),
  bg = rgb(0.4,0.1,0.7,0.05)                    # 背景颜色
)
circos.par("track.height" = 0.6)                # 高度，0.6=总高度的 60%

# 初始化图表，给出因子和 x 轴
circos.initialize( factors=data$factor, x=data$x )

# 构建区域
circos.trackPlotRegion(factors = data$factor, y = data$y, panel.fun = function(x, y) {
    circos.axis(
        h="top",                                # x 轴的内侧还是外侧
        labels=TRUE,                            # 是否显示标签
        major.tick=TRUE,                        # 是否显示 ticks
        labels.cex=0.5,                         # 标签的大小
        labels.font=1,                          # 标签的字体
        direction="outside",                    # ticks 在内部还是外部
        minor.ticks=4,
        major.tick.percentage=0.1,              # 刻度的大小，百分比表示
        lwd=2
        )
    })

# 添加点
circos.trackPoints(data$factor, data$x, data$y, col = "red", pch = 16, cex = 0.5)
```

从图 8.3 中可以看到，图形中圆环变宽了，并且线条被调整得更细，数据点的颜色被设置为红色。

接下来开始介绍和弦图的绘制。

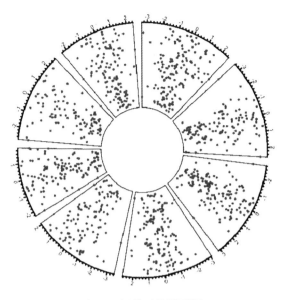

图 8.3　调整后的圆形图

## 8.1.2　绘制基础和弦图

使用 circlize 包可以非常容易地绘制出和弦图。和弦图是在节点之间添加弧以显示数据的流向。下面的代码绘制一幅基础的和弦图，如图 8.4 所示。

```
# 加载包
library(circlize)

# 创建数据集
set.seed(123)
data = data.frame(
    factor = sample(letters[1:8], 1000, replace = TRUE),
    x = rnorm(1000),
    y = runif(1000)
    )

# 初始化图形
par(mar = c(1, 1, 1, 1) )
circos.initialize(factors = data$factor, x = data$x )

# 构建区域
circos.trackPlotRegion(factors = data$factor, y=data$y , bg.col = rgb(0.1,0.1,seq(0,1,0.1),0.4) , bg.border = NA)

# 在一个点和另一个点之间添加连接
circos.link("a", 0, "b", 0, h = 0.4)

# 在点和区域之间添加连接
circos.link("e", 0, "g", c(-1,1), col = "green", lwd = 2, lty = 2, border=
```

```
"black" )

# 在一个区域和另一个区域之间添加连接
circos.link("c", c(-0.5, 0.5), "d", c(-0.5,0.5), col = "red", border =
"blue", h = 0.2)
```

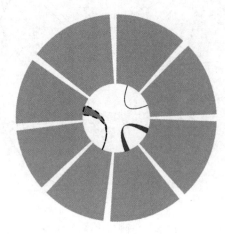

图 8.4　基础和弦图

上面的代码创建了一个数据集,该数据集包含 3 个变量,即 factory、x 和 y。其中 factory 是分类变量,x 和 y 是连续变量。

第一步还是使用 circos.initialize 函数初始化图形,第二步还是使用 circos.trackPlotRegion 函数构建区域,这两步与上文的圆形图的构建方式是一样的。然后添加连接,使用的函数是 circos.link。从图 8.4 中可以观察到,和弦图中一共添加了 3 条连接线。

事实上,使用 circos.link 函数一条一条地添加连接是一件非常烦琐的事情。circlize 包中的 chordDiagram 函数可以将邻接矩阵轻松地转换为和弦图。

邻接矩阵中所有的行表示连接中的起点,列表示连接中的终点,矩阵中的每个值都表示某一个指定流动强度的数值。

下面的代码使用 chordDiagram 函数绘制一幅和弦图,如图 8.5 所示。

```
# 创建邻接矩阵
numbers <- sample(c(1:1000), 100, replace = T)
data <- matrix( numbers, ncol=5)
rownames(data) <- paste0("orig-", seq(1,20))
colnames(data) <- paste0("dest-", seq(1,5))

data %>% head()
##          dest-1 dest-2 dest-3 dest-4 dest-5
## orig-1      305    202    552    138    519
## orig-2      833    767    598    202     37
## orig-3      594    744    867    342    744
## orig-4      808    499    496    266    843
## orig-5      295    671    981    722     50
## orig-6      142    753     70    696    894
```

```
# 加载包
library(circlize)

# 绘制图形
chordDiagram(data)
```

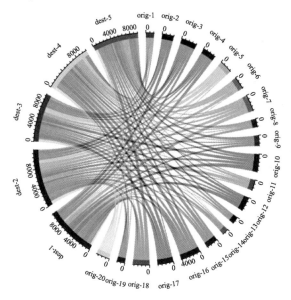

图 8.5 和弦图 1

上面的代码创建了一个邻接矩阵数据集,并对矩阵的行和列都重新命名。上面的代码输出了矩阵数据集的前几行,然后使用 chordDiagram 函数绘制和弦图。

有时候使用的数据集不是邻接矩阵,而是其他格式的数据集,则不能使用上文的代码进行绘制。存储流信息的另一种常见格式是边缘列表(也称为边列表),在边缘列表数据集中,所有连接都是逐个存储在 2 列数据中,数据列出每个连接的起点和终点。由于 chordDiagram 函数需要将邻接矩阵作为输入,因此需要使用 table 函数将边缘列表格式的数据转换为邻接矩阵格式的数据。下面的代码使用边缘列表格式的数据绘制和弦图,如图 8.6 所示。

```
# 创建边缘列表
origin <- paste0("orig ", sample(c(1:10), 20, replace = T))
destination <- paste0("dest ", sample(c(1:10), 20, replace = T))
data <- data.frame(origin, destination)

# 转换为邻接矩阵中的输入数据
adjacencyData <- with(data, table(origin, destination))

# 加载包
library(circlize)

# 绘制图形
chordDiagram(adjacencyData, transparency = 0.5)
```

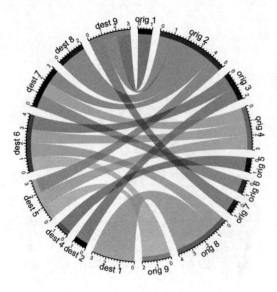

图 8.6 和弦图 2

上面的代码首先对数据集进行了处理,将边缘列表的数据格式转换为邻接矩阵格式。一般情况下,原始的数据集不会直接给出邻接矩阵,因此在绘图之前需要先要对数据集进行必要的处理。

## 8.1.3 调整细节

在绘制好和弦图之后可以对图形的细节进行调整。下面的代码使用 circos.link 函数来手动添加链接,并高度自定义图形,如图 8.7 所示。

```
# 加载包
library(circlize)
library(migest)
library(dplyr)

# 创建数据集
m <- data.frame(order = 1:6,
        country = c("Ausralia", "India", "China", "Japan", "Thailand", "Malaysia"),
        V3 = c(1, 150000, 90000, 180000, 15000, 10000),
        V4 = c(35000, 1, 10000, 12000, 25000, 8000),
        V5 = c(10000, 7000, 1, 40000, 5000, 4000),
        V6 = c(7000, 8000, 175000, 1, 11000, 18000),
        V7 = c(70000, 30000, 22000, 120000, 1, 40000),
        V8 = c(60000, 90000, 110000, 14000, 30000, 1),
        r = c(255,255,255,153,51,51),
        g = c(51, 153, 255, 255, 255, 255),
        b = c(51, 51, 51, 51, 51, 153),
        stringsAsFactors = FALSE)
df1 <- m[, c(1,2, 9:11)]
```

```r
m <- m[,-(1:2)]/1e04
m <- as.matrix(m[,c(1:6)])
dimnames(m) <- list(orig = df1$country, dest = df1$country)
# 排序数据集
df1 <- arrange(df1, order)
df1$country <- factor(df1$country, levels = df1$country)
m <- m[levels(df1$country),levels(df1$country)]


# 定义扇形范围及其颜色
df1$xmin <- 0
df1$xmax <- rowSums(m) + colSums(m)
n <- nrow(df1)
df1$rcol<-rgb(df1$r, df1$g, df1$b, max = 255)
df1$lcol<-rgb(df1$r, df1$g, df1$b, alpha=200, max = 255)

# 图形参数设置
par(mar=rep(0,4))
circos.clear()

# 基本的图形参数
circos.par(cell.padding=c(0,0,0,0), track.margin=c(0,0.15), start.degree
= 90, gap.degree =4)

circos.initialize(factors = df1$country, xlim = cbind(df1$xmin, df1$xmax))

# 绘制图形
circos.trackPlotRegion(ylim = c(0, 1), factors = df1$country, track.
height=0.1,
                panel.fun = function(x, y) {
                # 详细信息
                name = get.cell.meta.data("sector.index")
                i = get.cell.meta.data("sector.numeric.index")
                xlim = get.cell.meta.data("xlim")
                ylim = get.cell.meta.data("ylim")

                # 文本
                theta = circlize(mean(xlim), 1.3)[1, 1] %% 360
                dd <- ifelse(theta < 90 || theta > 270, "clockwise",
"reverse.clockwise")
                aa = c(1, 0.5)
                if(theta < 90 || theta > 270)  aa = c(0, 0.5)

                # 添加标签
                circos.text(x=mean(xlim), y=1.7, labels=name, facing
= dd, cex=0.6,  adj = aa)

                # 绘制主区域
                circos.rect(xleft=xlim[1], ybottom=ylim[1], xright=
xlim[2], ytop=ylim[2],
                        col = df1$rcol[i], border=df1$rcol[i])

                # 调整空白部分
```

```
                        circos.rect(xleft=xlim[1], ybottom=ylim[1], xright=
xlim[2]-rowSums(m)[i], ytop=ylim[1]+0.3,
                                col = "white", border = "white")
                        
                        # 添加白色的线
                        circos.rect(xleft=xlim[1], ybottom=0.3, xright=xlim[2],
ytop=0.32, col = "white", border = "white")
                        
                        # 绘制轴
                        circos.axis(labels.cex=0.6, direction = "outside",
major.at=seq(from=0,to=floor(df1$xmax)[i],by=5),
                                minor.ticks=1, labels.away.percentage = 0.15)
                })

# 在内部添加链接
# 向 df1 添加值，标记第一个链接的 x 位置

df1$sum1 <- colSums(m)
df1$sum2 <- numeric(n)

#  创建一个数据框
df2 <- cbind(as.data.frame(m),orig=rownames(m), stringsAsFactors=FALSE)
df2 <- reshape(df2, idvar="orig", varying=list(1:n), direction="long",
        timevar="dest", time=rownames(m),  v.names = "m")
df2 <- arrange(df2,desc(m))

# 只保留最大的部分以避免混乱
df2 <- subset(df2, m > quantile(m,0.6))

###绘制图形
for(k in 1:nrow(df2)){
    
    i<-match(df2$orig[k],df1$country)
    j<-match(df2$dest[k],df1$country)

# 绘制图形
circos.link(sector.index1=df1$country[i], point1=c(df1$sum1[i], df1$sum1[i]
+ abs(m[i, j])),
        sector.index2=df1$country[j], point2=c(df1$sum2[j], df1$sum2[j]
+ abs(m[i, j])),
            col = df1$lcol[i])

#更新 sum1 和 sum2，以便在绘制下一个链接时使用
df1$sum1[i] = df1$sum1[i] + abs(m[i, j])
df1$sum2[j] = df1$sum2[j] + abs(m[i, j])
}
```

上面的代码对图形进行了更多的修改。从图 8.7 中可以看到，图形的颜色被调整为鲜艳的色调，并且在圆环和连线之间添加了一个白色的圆环。

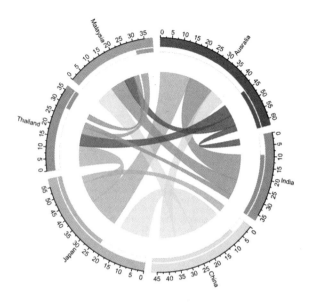

图 8.7　和弦图 3

## 8.2　桑　基　图

桑基图（Sankey Diagram）同样是一种显示流动数据的可视化技术，在桑基图中，几个实体(nodes)由矩形或文本表示，实体的连接用箭头或弧线表示,箭头或者弧线的宽度与流动的重要性或者某种数值成正比。

桑基图将视觉重点放在数据的流动性上，有助于确定哪个部分对整体流量有主要贡献。

桑基图由爱尔兰船长马修亨利菲内亚斯·里尔桑基于1898年第一次正式使用，船长使用这种图形显示了蒸汽发动机能量效率的变化。

尽管最初的桑基图仅用于显示一种类型的流（例如蒸汽），但为不同类型的流使用不同颜色可以为桑基图图增加更多的可能性。

著名的桑基图之一是 Charles Minard 绘制的1812年拿破仑俄国战役地图，这幅图将桑基图叠加在地理地图上。该图创建于1869年，因此实际上早于1898年的第一幅正式桑基图。

下面的代码绘制了一幅桑基图，显示出从一个国家（左）迁移到另一个国家（右）的人数，如图8.8所示。

```
# 加载包
library(tidyverse)
library(viridis)
library(patchwork)
```

```r
library(hrbrthemes)
library(circlize)

# 获取数据集
data <- read.table("https://raw.githubusercontent.com/holtzy/data_to_viz/
master/Example_dataset/13_AdjacencyDirectedWeighted.csv", header=TRUE)
# 加载包
library(networkD3)

# 将数据转变成为长数据
data_long <- data %>%
  rownames_to_column %>%
  gather(key = 'key', value = 'value', -rowname) %>%
  filter(value > 0)
colnames(data_long) <- c("source", "target", "value")
data_long$target <- paste(data_long$target, " ", sep="")

# 创建一个关于节点的数据框
nodes <- data.frame(name=c(as.character(data_long$source), as.character
(data_long$target)) %>% unique())

# 对于networkD3,必须使用id提供连接,而不是像在links dataframe中那样使用实名。
#   所以需要重新格式化它
data_long$IDsource=match(data_long$source, nodes$name)-1
data_long$IDtarget=match(data_long$target, nodes$name)-1

# 设置颜色
ColourScal ='d3.scaleOrdinal() .range(["#FDE725FF","#B4DE2CFF","#6DCD59FF",
"#35B779FF","#1F9E89FF","#26828EFF","#31688EFF","#3E4A89FF","#482878FF",
"#440154FF"])'

# 绘制图形
sankeyNetwork(Links = data_long, Nodes = nodes,
                Source = "IDsource", Target = "IDtarget",
                Value = "value", NodeID = "name",
                sinksRight=FALSE, colourScale=ColourScal, nodeWidth=40,
fontSize=13, nodePadding=20)
```

上面的代码绘制出了不同地区的人口流动桑基图。从图8.8中可以看到,图中不同的矩形表示不同的地区,矩形与矩形之间的连接表示人口流动的多少,连线越粗,表示流动人口越多。这样的图形能够非常清晰地观察人口的流动情况。

需要注意的是,与流量相关的数据都可以通过桑基图来展示,例如网络浏览相关的数据,使用桑基图可以很清楚地显示出网络流量在不同页面的变化情况。

在绘制桑基图的时候,有一些注意事项。首先,桑基图节点的位置非常重要,其次,桑基图的节点不能过多,太多的节点会使得图形过于混乱,难以理解,因此建议删除掉大多数不重要的弱连接。

桑基图展示了数据之间的流动情况,绘制桑基图的时候,输入的数据可以有两种不同的数据格式,分别为连接数据框和关联矩阵。

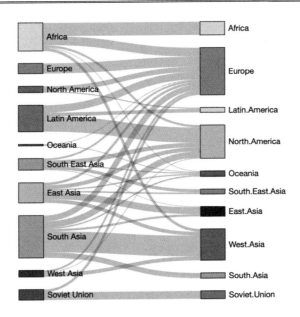

图 8.8 桑基图 1

连接数据框包含 3 列，分别表示连接的起点、终点及连接的权重。关联矩阵是一个方阵，其行和列分别表示连接的起点和终点，矩阵中的值表示权重。

连接数据框在数据中逐个列出所有连接，通常，数据中有一个 source 和一个 target 列，可以添加第 3 列，为每个连接提供更多信息，例如流的值。

下面的代码构建一个连接数据框并将其以桑基图形式展示，如图 8.9 所示。

```
# 加载包
library(networkD3)
library(dplyr)

# 创建数据框
links <- data.frame(
  source=c("group_A","group_A", "group_B", "group_C", "group_C", "group_E"),
  target=c("group_C","group_D", "group_E", "group_F", "group_G", "group_H"),
  value=c(2,3, 2, 3, 1, 3)
  )

# 创建一个关于节点的数据框
nodes <- data.frame(
  name=c(as.character(links$source),
  as.character(links$target)) %>% unique()
)
 nodes %>% head(3)
##       name
## 1 group_A
## 2 group_B
## 3 group_C
# 对于 networkD3，必须使用 id 提供连接，而不是像在 links dataframe 中那样使用实名。
  所以需要重新格式化它
```

```
links$IDsource <- match(links$source, nodes$name)-1
links$IDtarget <- match(links$target, nodes$name)-1

links %>% head(3)
##     source  target value IDsource IDtarget
## 1  group_A group_C     2        0        2
## 2  group_A group_D     3        0        4
## 3  group_B group_E     2        1        3
# 绘制图形
p <- sankeyNetwork(Links = links, Nodes = nodes,
          Source = "IDsource", Target = "IDtarget",
          Value = "value", NodeID = "name")
p
```

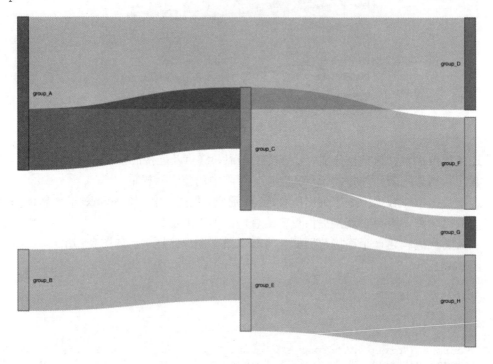

图8.9 桑基图2

上面的代码中，首先创建了一个数据集links，这个数据集包含3个变量，分别为source、target和value。source表示连接的起点，target表示连接的终点。

然后创建了一个nodes数据集，这个数据集记录了所有连接的节点名称。然后在数据集links中生成了两个新的变量IDsource和IDtarget，分别表示对应的source变量和target变量的值在nodes变量中的位置。

例如，在links数据集的输出结果中可以看到，第一行中source变量对应的值为group_A，对应IDsource变量的值为0。从nodes的输出结果中可以看到，group_A排在第一个，因此IDsource的值就等于1-1=0。第一行target变量的值为group_C，在nodes中的位置为第三个，因此IDtarget对应的值为3-1=2。

数据准备好之后，使用 sankeyNetwork 函数绘制桑基图，在代码中设置参数 Links=links，Nodes=nodes，Nodes 和 Links 是两个基本参数；Souce 参数表示数据中的起点，指定此参数为 IDsource 变量，同理，参数 Target 设定为 IDtarget 变量；Value 参数表示连接的值，设置为 value 变量；NodeID 参数用于指定所有节点的名称，设置为 name 变量。

运行代码，即可绘制出桑基图。如果数据集是关联矩阵，则需要先转换数据集，然后重新使用上面的代码绘制图形。

## 8.3 网 络 图

网络图用于显示一组实体之间的互相连接，每个实体由节点（Node）表示，节点之间的连接由边表示。网络图绘制是数学和计算机科学领域中的一个问题，其结合了几何图形理论和信息可视化的方法。

网络图通常应用于社交网络分析、语言学和生物信息学等领域，并且网络图是一个非常专业的图形。绘制一幅好的网络图是非常困难的，其中的关键要点便是指定合适的网络布局。其实网络图的布局属于一门专门的研究领域，这里仅列出常用的几种布局方式。

- 基于力的布局：这种布局在绘图过程中会根据力的系统连续移动顶点，从而修改顶点的初始位置。
- 正交布局：这种布局方式允许图形的边缘平行于布局的坐标轴。
- 树布局：这种布局方法适合类似于树结构的网络结构。
- 分层图的布局：这种布局方法适合有向无环图或几乎无环的图。
- 圆形布局：这种布局方法将图形的顶点放置在一个圆上。使用这种布局时，需要仔细选择围绕圆的顶点的顺序以减少交叉，并最好将相邻的顶点彼此靠近放置。

网络图有很多应用场景，在社交网络中，可以用网络图展示社交网络的结构；在生物领域，可以用网络图展示蛋白质结构的互作用图、代谢路径等。

R 语言中有 3 个包用来绘制网络图，其中 igraph 包可以用于数据准备和绘图，ggraph 包使用图形语法绘制网络图形，networkD3 包用来绘制交互性图形。下面的代码绘制了一幅交互式的网络图，展示了学者之间相互合作的关系，如果两个学者在同一出版物上至少合作发表过论文一次，则这两个学者会通过链接相连，如图 8.10 所示。

```
# 加载包
library(tidyverse)
library(viridis)
library(patchwork)
library(hrbrthemes)
library(ggraph)
library(igraph)
##
## Attaching package: 'igraph'
## The following object is masked from 'package:circlize':
```

```
## 
##     degree
## The following objects are masked from 'package:dplyr':
## 
##     as_data_frame, groups, union
## The following objects are masked from 'package:purrr':
## 
##     compose, simplify
## The following object is masked from 'package:tidyr':
## 
##     crossing
## The following object is masked from 'package:tibble':
## 
##     as_data_frame
## The following objects are masked from 'package:stats':
## 
##     decompose, spectrum
## The following object is masked from 'package:base':
## 
##     union
library(networkD3)

# 加载数据集
dataUU <- read.table("https://raw.githubusercontent.com/holtzy/data_to_viz/master/Example_dataset/13_AdjacencyUndirectedUnweighted.csv", header=TRUE)

# 以长格式转换邻接矩阵
connect <- dataUU %>%
  gather(key="to", value="value", -1) %>%
  na.omit()

# 计算连接数量
c( as.character(connect$from), as.character(connect$to)) %>%
  as.tibble() %>%
  group_by(value) %>%
  summarize(n=n()) -> coauth
## Warning: `as.tibble()` is deprecated, use `as_tibble()` (but mind the new semantics).
## This warning is displayed once per session.
colnames(coauth) <- c("name", "n")

# 生成 networkD3 格式的数据
graph=simpleNetwork(connect)

# 绘制图形
simpleNetwork(connect,
              Source = 1,              # 连接的起点列
              Target = 2,              # 连接的终点列
              height = 880,            # 高度
              width = 1980,
              linkDistance = 10,       # 节点之间的距离
              charge = -4,             # 表示节点斥力（负值）或吸引力（正值）的数值
              fontSize = 5,            # 节点名称的字体大小
```

```
    fontFamily = "serif",      # 节点名
    linkColour = "#666",        # 边的颜色,必须是整个图形的常用颜色
    nodeColour = "#69b3a2",    # 节点的颜色,必须是整个图形的常用颜色
    opacity = 0.9,              # 节点的模糊情况
    zoom = T                    # 是否能够放大
)
```

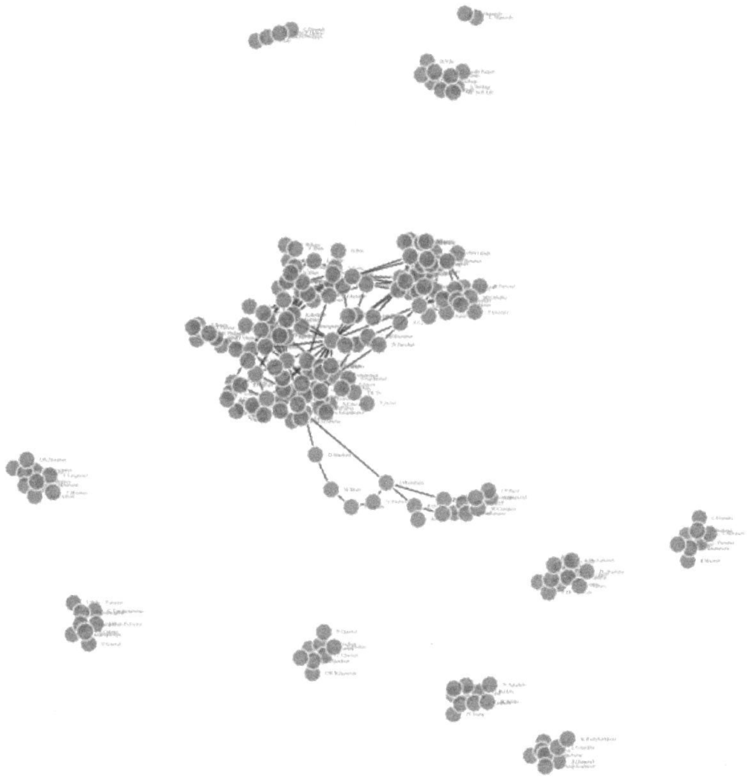

图 8.10 交互式网络图

上面的代码绘制了一幅交互式网络图,在交互式图形中可以使用鼠标对图形进行放大或者缩小,并且可以使用鼠标对图形的网络结构进行调整。

根据数据输入的特征,存在 4 种主要类型的网络图。第一种是没有方向和权重(Undirected and Unweighted)的网络图,也就是说图形中的连接没有方向和权重,如图 8.11 所示。

```
# 创建数据集
set.seed(2)
data=matrix(sample(0:1, 25, replace=TRUE), nrow=5)
data[lower.tri(data)] <- NA
colnames(data)=rownames(data)=LETTERS[1:5]

# 转换为 graph 格式
network=graph_from_adjacency_matrix(data)
```

```
# 绘制图形
ggraph(network) +
  geom_edge_link(edge_colour="black", edge_alpha=0.3, edge_width=0.2) +
  geom_node_point( color="#69b3a2", size=5) +
  geom_node_text( aes(label=name), repel = TRUE, size=8, color="#69b3a2") +
  theme_void() +
  theme(
    legend.position="none",
    plot.margin=unit(rep(1,4), "cm")
  )
## Using `nicely` as default layout
```

图 8.11 没有方向和权重的网络图

这种图形仅仅表现出节点之间是存在关联的。

第二种是无向但是有权重（Undirected and Weighted）的网络图，例如上文学者合作的网络图中，如果学者一起发表过科学论文，学者就会联系起来，网络图中的权重则是学者之间合作的时间，时间越长，网络图中的连线越粗。下面的代码绘制了无向但是有权重的网络图，如图 8.12 所示。

```
# 创建数据集
set.seed(1)
data=matrix(sample(0:3, 25, replace=TRUE), nrow=5)
data[lower.tri(data)] <- NA
colnames(data)=rownames(data)=LETTERS[1:5]

# 转换为 graph 格式
network=graph_from_adjacency_matrix(data, weighted = TRUE)

# 绘制图形
ggraph(network) +
  geom_edge_link( aes(edge_width=E(network)$weight), edge_colour="black",
  edge_alpha=0.3) +
  geom_node_point( color="#69b3a2", size=5) +
  geom_node_text( aes(label=name), repel = TRUE, size=8, color="#69b3a2") +
  theme_void() +
  theme(
```

```
    legend.position="none",
    plot.margin=unit(rep(1,4), "cm")
  )
## Using `nicely` as default layout
```

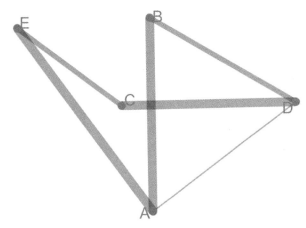

图 8.12　无向但有权重的网络图

从图 8.12 中可以看到，在这样的网络图中，节点之间的关系并没有先后顺序，但是不同节点之间的权重是不一样的。

第三种是有向无权重（Directed and Unweighted）的网络图。例如，微博上小明关注了我，但是我不一定也关注了小明，这个时候网络图的连接就仅仅从小明指向了我，并且连接是没有权重的，这种关系只是连接与不连接。下面的代码绘制了有向无权重的网络图，如图 8.13 所示。

```
# 创建数据集
set.seed(10)
data=matrix(sample(0:1, 25, replace=TRUE), nrow=5)
diag(data) = NA
colnames(data)=rownames(data)=LETTERS[1:5]

# 转换为 graph 格式
network=graph_from_adjacency_matrix(data)

# 绘制图形
ggraph(network) +
  geom_edge_link(edge_colour="black", edge_alpha=0.8, edge_width=0.2,
arrow = arrow(angle=20)) +
  geom_node_point( color="#69b3a2", size=3) +
  geom_node_text( aes(label=name), repel = TRUE, size=6, color="#69b3a2") +
  theme_void() +
  theme(
    legend.position="none",
    plot.margin=unit(rep(1,4), "cm")
  )
## Using `nicely` as default layout
```

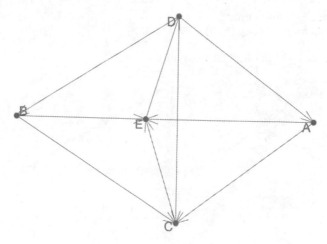

图 8.13 有向无权重的网络图

从图 8.13 中可以看到，网络图中的连接有了方向。这种网络图用于刻画节点之间的相互关系。

第四种是有向并且有权重（Directed and Weighted）的网络图。例如，绘制从一个地区到另外一个地区的人口迁移的网络图，这个时候网络图中的权重是迁移的人数，方向表示从什么地区迁移到什么地区。下面的代码绘制了有向并且有权重的网络图，如图 8.14 所示。

```
# 创建数据集
set.seed(10)
data=matrix(sample(0:3, 16, replace=TRUE), nrow=4)
diag(data) <- NA
colnames(data)=rownames(data)=LETTERS[1:4]

# 转换为 graph 格式
network=graph_from_adjacency_matrix(data, weighted=TRUE)

# 绘制图形
ggraph(network) +
  geom_edge_link(edge_colour="black", edge_alpha=0.3, aes(edge_width=E(network)$weight) , arrow=arrow()) +
  scale_edge_width(range=c(1,3)) +
  geom_node_point( color="#69b3a2", size=3) +
  geom_node_text( aes(label=name), repel = TRUE, size=6, color="#69b3a2") +
  theme_void() +
  theme(
    legend.position="none",
    plot.margin=unit(rep(1,4), "cm")
  )
## Using `nicely` as default layout
```

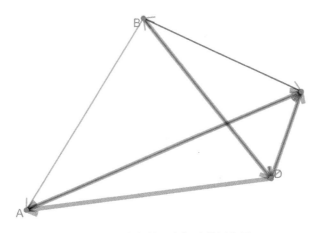

图 8.14 有向并且有权重的网络图

从图 8.14 中可以看到，当一个节点被多个节点指向的时候，箭头会被重叠覆盖掉。这个时候就很难清晰地观察到哪些节点之间有指向关系，对于这种数据，应该选择桑基图或者和弦图来进行可视化。

更进一步可以向节点添加信息，自定义每个节点的颜色、形状或大小，从而使得图形更具洞察力。调整网络图的布局，为每个节点找到最佳位置是一项非常棘手的工作，布局的设置会对输出产生很大的影响。目前已经有了几种网络布局算法，对于不同的数据，选择合适的算法进行绘图是至关重要的。

下面分别实现 3 种不同的布局方式。首先使用了 Fruchterman-Reingold 算法，这个算法是应用最广泛的算法之一，其可以减少网络布局中边的交叉，尽量保持网络图中边的长度一致。下面的代码中使用 Fruchterman-Reingold 布局算法绘制网络图，如图 8.15 所示。

```
# 获取数据集
dataUU <- read.table("https://raw.githubusercontent.com/holtzy/data_to_viz/
master/Example_dataset/13_AdjacencyUndirectedUnweighted.csv", header=TRUE)

# 以长格式转换邻接矩阵
connect <- dataUU %>%
  gather(key="to", value="value", -1) %>%
  na.omit()

# 计算连接数
c( as.character(connect$from), as.character(connect$to)) %>%
  as.tibble() %>%
  group_by(value) %>%
  summarize(n=n()) -> coauth
colnames(coauth) <- c("name", "n")

# 创建一个 graph 对象
mygraph <- graph_from_data_frame( connect, vertices = coauth )

# 绘制图形
```

```
ggraph(mygraph, layout="fr") +
  #geom_edge_density(edge_fill="#69b3a2") +
  geom_edge_link(edge_colour="black", edge_alpha=0.2, edge_width=0.3) +
  geom_node_point(aes(size=n, alpha=n)) +
  theme_void() +
  theme(
    legend.position="none",
    plot.margin=unit(rep(1,4), "cm")
  )
```

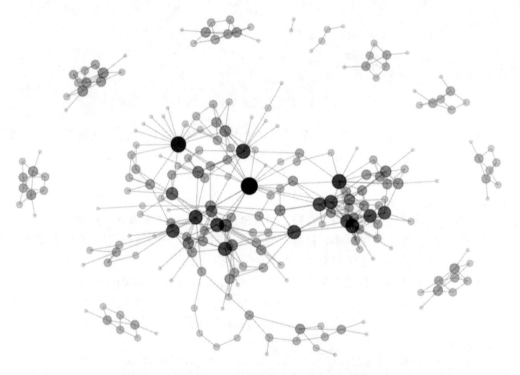

图 8.15　使用 Fruchterman-Reingold 算法绘制的网络图

上面的代码中，ggraph 函数中的 layout 参数用于指定使用何种布局算法，layout = "fr" 即表示使用的是 Fruchterman-Reingold 布局算法。

第二种是 DRL 算法，这种布局算法适合绘制真实世界的大型图形，如图 8.16 所示。

```
# 绘制图形
ggraph(mygraph, layout="drl") +
  #geom_edge_density(edge_fill="#69b3a2") +
  geom_edge_link(edge_colour="black", edge_alpha=0.2, edge_width=0.3) +
  geom_node_point(aes(size=n, alpha=n)) +
  theme_void() +
  theme(
    legend.position="none",
    plot.margin=unit(rep(1,4), "cm")
  )
```

图 8.16 使用 DRL 算法绘制的网络图

代码中设置此种布局的方法与上文一致，通过调整 layout 参数设置 drl 布局。从图 8.16 中可以看到，这样的布局方式会显得网络图比较稀疏。

第三种是随机分布（Randomly）布局，这种布局的网络图中，图形的节点都是随机分布的。下面的代码绘制了随机分布布局的网络图，如图 8.17 所示。

```
ggraph(mygraph, layout="igraph", algorithm="randomly") +
  #geom_edge_density(edge_fill="#69b3a2") +
  geom_edge_link(edge_colour="black", edge_alpha=0.2, edge_width=0.3) +
  geom_node_point(aes(size=n, alpha=n)) +
  theme_void() +
  theme(
    legend.position="none",
    plot.margin=unit(rep(1,4), "cm")
  )
```

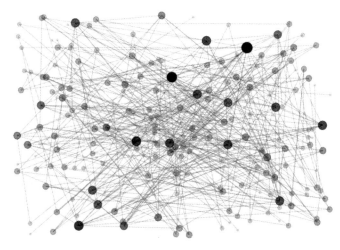

图 8.17 随机分布布局的网络图

从图8.17中可以看到，随机分布的网络图中，节点显得比较混乱，这样的图形是应该避免的，因为读者很难从混乱的图形中获取信息。

### 8.3.1 绘制基础网络图

本节介绍基础网络图的绘制。构建网络图总是很复杂，因为网络图的输入数据有许多不同的输入格式，如邻接矩阵、关联矩阵或边列表，此外，还需要知道尝试构建的网络是有向还是无向的，是有权重还是无权重的，然后再使用igraph包进行绘制。下面首先使用邻接矩阵格式的数据来绘制网络图，邻接矩阵是计算每对个体或者变量之间的相关性时得到的一种矩阵。例如图8.18所示的邻接矩阵,数据中有1个从E到C的连接，以及2个从C到E的连接，下面使用该邻接矩阵绘制基础的网络图。

默认情况下，使用igraph包将绘制一个有向无权重的网络图，如图8.19所示。

```
#加载包
library(igraph)

# 创建数据集
set.seed(10)
data <- matrix(sample(0:2, 25, replace=TRUE), nrow=5)
colnames(data) = rownames(data) = LETTERS[1:5]

# 创建 graph 对象
network <- graph_from_adjacency_matrix(data)

# 绘制图形
plot(network)
```

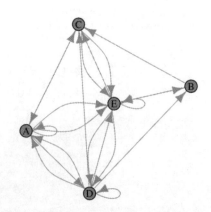

| | A | B | C | D | E |
|---|---|---|---|---|---|
| A | 1 | 0 | 1 | 1 | 2 |
| B | 0 | 0 | 1 | 0 | 1 |
| C | 1 | 0 | 0 | 0 | 2 |
| D | 2 | 1 | 1 | 1 | 1 |
| E | 0 | 1 | 1 | 2 | 1 |

图8.18 邻接矩阵　　　　　图8.19 使用邻接矩阵绘制的网络图

上面的代码首先创建了一个邻接矩阵，然后使用graph_from_adjacency_matrix函数将邻接矩阵转换为graph对象，最后使用plot函数将图形绘制出来。从图8.19中可以看到，绘制了一幅有向无权重的网络图。

相比于邻接矩阵，关联矩阵中行和列提供的实体（变量）不必相同，如图 8.20 所示。注意，默认情况下，图形对象是从行指向列。下面的代码根据关联矩阵绘制出一幅无向网络图，如图 8.21 所示。

```
# 加载包
library(igraph)

# 创建数据集
set.seed(1)
data <- matrix(sample(0:2, 15, replace=TRUE), nrow=3)
colnames(data) <- letters[1:5]
rownames(data) <- LETTERS[1:3]

# 创建 network 对象
network <- graph_from_incidence_matrix(data)

# 绘制图形
plot(network)
```

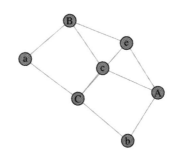

图 8.20　关联矩阵　　　　图 8.21　使用关联矩阵绘制的网络图

上面的代码中，首先创建了一个关联矩阵，然后使用 graph_from_incidence_matrix 函数将数据转换为 graph 对象，最后使用 plot 函数将网络图绘制出来。从图 8.21 中可以观察到，网络图没有方向，并且有一个节点与其他所有节点都不相交。

第三种数据格式是边列表，边列表有两列，每行表示原点（第一列）和目标（左列）之间的连接。下面的代码使用边列表数据集进行网络图的绘制，如图 8.22 所示。

```
# 创建数据集
links <- data.frame(
    source=c("A","A", "A", "A", "A","F", "B"),
    target=c("B","B", "C", "D", "F","A","E")
    )

# 创建一个 network 对象
network <- graph_from_data_frame(d=links, directed=F)
```

```
# 绘制图形
plot(network)
```

上面的代码中首先创建了一个边列表,然后使用 graph_from_data_frame 函数将数据集转换为一个 graph 对象,其中,参数 directed=F 表示绘制的图形是无向图,最后使用 plot 函数将网络图绘制出来。

还有一种数据格式可以用于绘制网络图,即文字连接列表,其是最不经常使用的一种数据格式。下面的代码使用文字连接列表数据格式来绘制网络图,如图 8.23 所示。

```
# 创建数据集
network <- graph_from_literal( A-B-C-D, E-A-E-A, D-C-A, D-A-D-C )

# 绘制图形
plot(network)
```

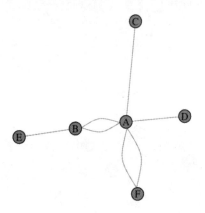

图 8.22　使用边列表绘制的网络图

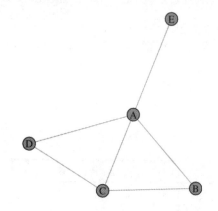

图 8.23　使用文字连接列表绘制的网络图

从上面的代码可以看到,文字连接列表的数据通过字母和"-"的方式来表示。这里使用 graph_from_literal 函数将数据转换为 graph 图形对象,然后使用 plot 函数绘制出图形。

## 8.3.2　调整网络图的参数

在绘制了基础的网络图之后,可以进一步调整网络图的参数,包括自定义图形的节点、图形的连接和图形的标签。下面的代码调整了网络图中节点的形状大小及颜色,如图 8.24 所示。

```
# 加载包
library(igraph)

# 创建数据集
set.seed(1)
data <- matrix(sample(0:1, 100, replace=TRUE, prob=c(0.8,0.2)), nc=10)
network <- graph_from_adjacency_matrix(data , mode='undirected', diag=F )
```

```
plot(network,
    vertex.color = rgb(0.8,0.2,0.2,0.9),     # 节点颜色
    vertex.frame.color = "Forestgreen",      #节点边框颜色
    vertex.shape=c("circle","square"),    # 节点形状:"none", "circle", "square",
                                            "csquare", "rectangle" "crectangle",
                                            "vrectangle", "pie", "raster",
                                            "sphere"
    vertex.size=c(15:24),                    # 节点大小(默认为15)
    vertex.size2=NA,                         # 节点的第二大小（例如，对于矩形）
)
```

上面的代码中，节点相关参数的都以 vertex.开头。从图 8.24 中可以观察到，不同的节点大小不一样，节点的形状被调整为圆形和正方形，节点的颜色被设置为红色。

如果希望调整节点的标签，则需要修改以 vertex.label.开头的参数。下面的代码修改了网络图中节点的标签，结果如图 8.25 所示。

```
plot(network,
    vertex.label=LETTERS[1:10],              # 用于标记节点的字符向量
    vertex.label.color=c("red","blue"),
    vertex.label.family="Times",       # 标签字体 (例如"Times"、"Helvetica")
    vertex.label.font=c(1,2,3,4),      # 字体:1 表示普通字体,2 表示粗体,3 表示斜体,
                                         4 表示粗体,5 表示符号
    vertex.label.cex=c(0.5,1,1.5),           #字体大小
    vertex.label.dist=0,                     # 标签到顶点的距离
    vertex.label.degree=0 ,                  # 标签相对于顶点的位置
)
```

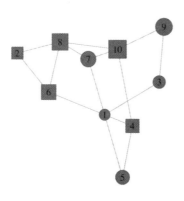
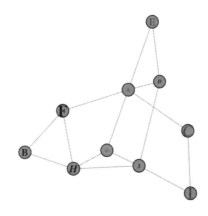

图 8.24　调整节点形状网络图　　　　图 8.25　调整节点标签

从图 8.25 中可以看到，不同的节点标签被设置为不同的颜色和大小。

另外，还可以调整网络图的边（即连线），通过修改 edge.开头的参数来完成。下面的代码对网络图的边进行了调整，如图 8.26 所示。

```
plot(network,
    edge.color=rep(c("red","pink"),5),   # 边的颜色
    edge.width=seq(1,10),                    # 边的宽度，默认为 1
```

```
    edge.arrow.size=1,                      # 箭头大小，默认为 1
    edge.arrow.width=1,                     # 箭头宽度，默认为 1
    edge.lty=c("solid") #线条种类：0 / "blank", 1 / "solid", 2 / "dashed",
                        3 / "dotted", 4 / "dotdash", 5 / "longdash", 6 /
                        "twodash"

)
```

从图 8.26 中可以观察到，不同节点连线的颜色和粗细都不一样。

通常而言，在绘制网络图的时候，节点、标签及网络图的边都需要进行调整。下面的代码调整了这三类参数，使得图形达到更好的表现效果，如图 8.27 所示。

```
par(bg="black")

plot(network,

    # === vertex
    vertex.color = rgb(0.8,0.4,0.3,0.8),    # 节点颜色
    vertex.frame.color = "white",           # 节点边界颜色
    vertex.shape="circle",
    # 节点形状："none"、"circle"、"square"、"csquare"、"rectangle"、"crectangle"、
      "vrectangle"、"pie"、"raster"、"sphere"
    vertex.size=14,                         # 节点大小
    vertex.size2=NA,                        # 节点的第二个大小(例如，对于矩形)

    # === vertex label
    vertex.label=LETTERS[1:10],             # 用于标记节点的字符向量
    vertex.label.color="white",
    vertex.label.family="Times",      # 标签字体系列(例如"Times"、"Helvetica")
    # 字体：1 表示普通字体，2 表示粗体，3 表示斜体，4 表示粗体，5 表示符号
    vertex.label.font=2,
    vertex.label.cex=1,                     # 字体大小
    vertex.label.dist=0,                    # 标签到顶点的距离
    vertex.label.degree=0 ,                 # 标签相对于顶点的位置

    # === Edge
    edge.color="white",                     # 边的颜色
    edge.width=4,                           # 边的宽度，默认为 1
    edge.arrow.size=1,                      # 箭头大小，默认为 1
    edge.arrow.width=1,                     # 箭头宽度，默认为 1
    #线条种类：0 / "blank", 1 / "solid", 2 / "dashed", 3 / "dotted", 4 /
      "dotdash", 5 / "longdash", 6 / "twodash"
    edge.lty="solid",
    edge.curved=0.3 ,                       # 边缘曲率，范围为 0~1
)
```

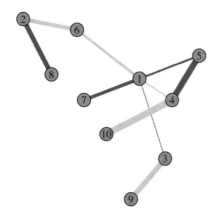 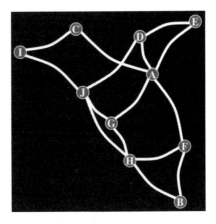

图 8.26  调整网络图的边　　　　图 8.27  调整后的网络图颜色

从图 8.27 中可以观察到，整个图形的背景颜色被设置为黑色，网络图中的节点被设置为红色，网络图的连线被设置为白色。

## 8.3.3　网络图布局

网络布局对于绘制网络图非常重要，网络布局算法是返回网络中每个节点坐标的算法。合适的网络布局算法能够使得图形更加清晰、美观。igraph 库提供了多种内置布局，包括 sphere、circle、random 和 fruchterman.reingold。

其中 sphere 是球面顶点的图形布局，可以将顶点按照顶点 ID 的顺序大致均匀地放置在球体上；circle 是圆形布局，是将顶点按照顶点 ID 的顺序大致均匀地放置在圆形的边上；random 是随机布局，这种情况下节点的位置会被随机放置；fruchterman.reingold 布局即 Fruchterman-Reingold 算法，是一种力导向的布局算法，是最常用的布局方式。

下面的代码中，分别使用 4 种布局方式对同样的数据绘制网络图，如图 8.28 所示。

```r
# 加载包
library(igraph)

# 创建数据集
data <- matrix(sample(0:1, 400, replace=TRUE, prob=c(0.8,0.2)), nrow=20)
network <- graph_from_adjacency_matrix(data , mode='undirected', diag=F)

# 使用不同的布局
par(mfrow=c(2,2), mar=c(1,1,1,1))
plot(network, layout=layout.sphere, main="sphere")
plot(network, layout=layout.circle, main="circle")
plot(network, layout=layout.random, main="random")
plot(network, layout=layout.fruchterman.reingold, main="fruchterman.reingold")
```

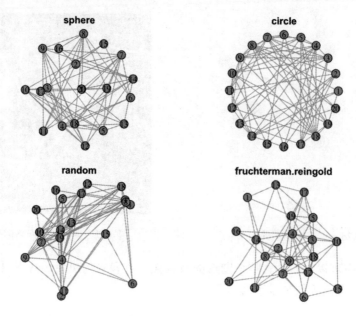

图 8.28　4 种布局的网络图

从图 8.28 中可以看到，左上的图形中，网络的结构与一个球体非常相似；从右上的图形中可以看到，网络图的节点分布在一个圆形的周围；从左下的图形中可以看到，网络图的结构是杂乱无章的；最后一幅图形使用的是 Fruchterman-Reingold 算法，这种算法能够有效地减少布局中边的交叉，与随机布局的网络图比较，第四幅图中的边交叉更少。

### 8.3.4　将变量映射到节点和链接特征

在绘制网络图的时候，可以将变量映射到节点或者链接中。例如一个有 10 人的网络，其中有成人、老人或年轻人，我们希望每个类别都有一种特定的颜色。下面的代码将节点根据年龄的 3 种类别设置了不同的颜色，如图 8.29 所示。

```
# 加载包
library(igraph)

# 创建数据集
links <- data.frame(
    source=c("A","A", "A", "A", "A","J", "B", "B", "C", "C", "D","I"),
    target=c("B","B", "C", "D", "J","A","E", "F", "G", "H", "I","I"),
    importance=(sample(1:4, 12, replace=T))
    )
nodes <- data.frame(
    name=LETTERS[1:10],
    carac=c( rep("young",3),rep("adult",2), rep("old",5))
    )

# 转换为 igraph 对象
```

```
network <- graph_from_data_frame(d=links, vertices=nodes, directed=F)

# 调色板上有 3 种颜色
library(RColorBrewer)
coul  <- brewer.pal(3, "Set1")

# 创建一个颜色向量
my_color <- coul[as.numeric(as.factor(V(network)$carac))]

# 绘制图形
plot(network, vertex.color=my_color)

# 添加一个图例
legend("bottomleft", legend=levels(as.factor(V(network)$carac))  , col = 
coul , bty = "n", pch=20 , pt.cex = 3, cex = 1.5, text.col=coul , horiz = 
FALSE, inset = c(0.1, 0.1))
```

上面的代码中，首先创建了一个数据集，这个数据集包含 3 列，即 source、target 和 importance；nodes 数据集记录了所有顶点的名称，并添加了一个新的变量 carac，用于表示顶点的分组；然后使用 graph_from_data_frame 函数将数据转换为 igraph 对象；接着使用 carac 变量生成一组颜色并存储到 my_color 变量，并且在绘制图形的时候设定参数 vertex.color = my_color，最后使用 legend 函数在图形的左下方添加图例。

从图 8.29 中可以看到，网络图的节点被设置为 3 种颜色，分别为蓝色、绿色和红色，左下角的图例显示出不同的颜色所对应的分组。

除了将变量映射到节点的颜色中，还可以将变量映射到网络图中的线段中，调整的方式与将变量映射到节点类似。遵循相同的原则，将其他变量映射到其他参数的实现方式也是类似的。

下面的代码中，将不同节点的重要性映射到网络图的连线中，如图 8.30 所示。

```
# 绘制图形
plot(network, vertex.color=my_color, edge.width=E(network)$importance*2 )

legend("bottomleft", legend=levels(as.factor(V(network)$carac))  , col = 
coul , bty = "n", pch=20 , pt.cex = 3, cex = 1.5, text.col=coul , horiz = 
FALSE, inset = c(0.1, 0.1))
```

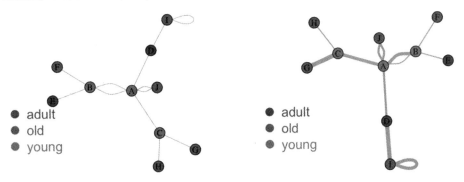

图 8.29　将节点设置为不同颜色　　图 8.30　将节点的重要性映射到网络图的连线中

上面的代码在绘图的时候通过设置 edge.width 参数调整网络图连线的粗细程度。其中函数 E 表示的是获取网络图中的边，E(network)$importance 表示不同边的权重（重要性），这里将 edge.width 设置为 E(network)$importance*2，代表用边的权重（重要性）表示连线粗细。

### 8.3.5　使用网络图可视化聚类结果

另外还可以使用网络图可视化聚类结果，首先需要计算数据集的相关矩阵或者相似性矩阵。计算的方式有很多种，可以使用 cor 函数计算数据集之间的相关系数，或者使用 dist 函数计算数据集之间的距离。下面的代码计算 mtcars 数据集的相关系数矩阵：

```
# 加载包
library(igraph)
```

```
# 制作相关矩阵
mat <- cor(t(mtcars[,c(1,3:6)]))
```

上面的代码中计算 mtcars 数据集中连续变量的相关系数矩阵，然后将相关系数矩阵可视化为网络图。数据集的每个变量都是一个节点，如果它们的相关性或距离达到阈值（下面的代码阈值为 0.995），则连接 2 个节点。

首先需要使用 graph_from_adjacency_matrix 函数从相关矩阵中创建 igraph 对象，然后使用 plot 函数进行绘图，结果如图 8.31 所示。

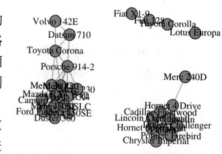

图 8.31　高度相关的节点聚集在一起

```
# 只保留高相关性
mat[mat<0.995] <- 0
```

```
# 从矩阵中创建一个 Igraph 对象
network <- graph_from_adjacency_matrix( mat, weighted=T, mode="undirected", diag=F)
```

```
#绘制基本图形
plot(network)
```

从图 8.31 中可以观察到，网络图中某些节点通过连接聚集在一起，这是因为数据中只有相关系数达到 0.99 才会形成连接，也就是说，只有高度相关的节点才会聚集在一起。

基本的图形绘制好了，然后可以进行更多的调整，以使图形有更好的可视化效果。可以根据需要自定义网络图的节点、连线、标签和背景。下面的代码通过 cyl 变量调整网络图中节点的颜色，节点的颜色对应于数据中变量 cyl 的值，除此之外还进行了更多的调整，如图 8.32 所示。

```
# 颜色调色板
library(RColorBrewer)
coul <- brewer.pal(nlevels(as.factor(mtcars$cyl)), "Set2")

# 将颜色映射到柱面
my_color <- coul[as.numeric(as.factor(mtcars$cyl))]

# 绘制图形
par(bg="grey13", mar=c(0,0,0,0))
set.seed(4)
plot(network,
    vertex.size=12,
    vertex.color=my_color,
    vertex.label.cex=0.7,
    vertex.label.color="white",
    vertex.frame.color="transparent"
    )

# 设置标题和图例
text(0,0,"Network Graph",col="white", cex=1.5)
legend(x=-0.2, y=-0.12,
      legend=paste( levels(as.factor(mtcars$cyl)), " cylinders", sep=""),
      col = coul ,
      bty = "n", pch=20 , pt.cex = 2, cex = 1,
      text.col="white" , horiz = F)
```

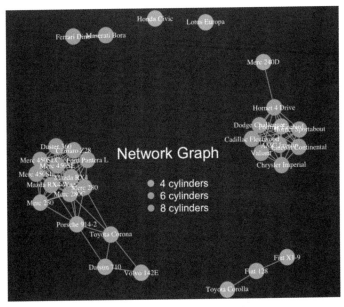

图 8.32 调整节点、标签并添加标题和图例

上面的代码调整了网络图节点的颜色，并且调整了节点的大小，网络图中节点的文字标签被设置为白色，并且整个图形的背景颜色被设置为黑色，最后在图形的中心添加了标题，在图形的下方添加了颜色的图例。从图 8.32 中可以看到，整个图形以黑色为背景，

文字通过白色来表示，不同的聚类中，节点的颜色大体是一致的。

另外，还可以调整网络图中的边。下面的代码对网络图的节点和边等进行了调整，如图 8.33 所示。

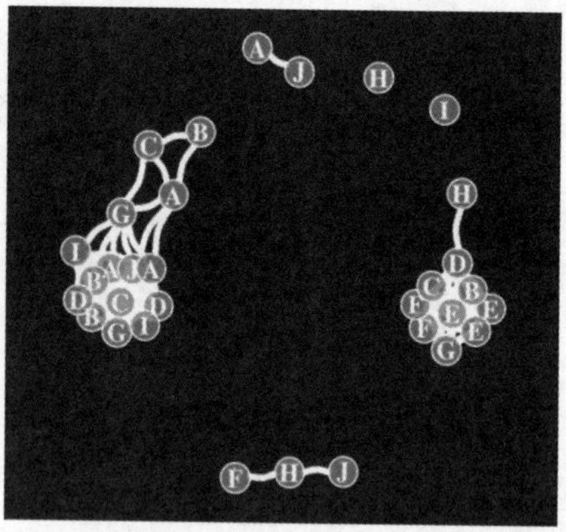

```
par(bg="black")
# 绘制图形
plot(network,
    
    # === vertex
    # 节点颜色
    vertex.color = rgb(0.8,0.4,0.3,0.8),
    # 节点边界颜色
    vertex.frame.color = "white",
    # 节点形状: "none", "circle", "square",
      "csquare", "rectangle", "crectangle", "vrectangle", "pie", "raster", "sphere"
    vertex.shape="circle",
    vertex.size=14,                          # 节点的大小
    vertex.size2=NA,
    
    # === vertex label
    vertex.label=LETTERS[1:10],              # 用于标记节点的字符向量
    vertex.label.color="white",
    vertex.label.family="Times",    # 标签字体系列(例如"Times"、"Helvetica")
    # 字体: 1 表示普通字体, 2 表示粗体, 3 表示斜体, 4 表示粗体, 5 表示符号
    vertex.label.font=2,
    vertex.label.cex=1,                      # 字体大小
    vertex.label.dist=0,                     # 标签到顶点的距离
    vertex.label.degree=0 ,                  # 标签相对于顶点的位置
    
    edge.color="white",                      # 边的颜色
    edge.width=4,                            # 边的宽度, 默认为 1
    edge.arrow.size=1,                       # 箭头大小, 默认为 1
    edge.arrow.width=1,                      # 箭头宽度, 默认为 1
    # 线条种类: 0 / "blank", 1 / "solid", 2 / "dashed", 3 / "dotted",
      4 / "dotdash", 5 / "longdash", 6 / "twodash"
    edge.lty="solid",
    # 边的曲率, 范围为 0~1 (FALSE 设置为 0, TRUE 设置为 0.5)
    edge.curved=0.3    ,
)
```

图 8.33　调整节点和连线

在图 8.33 中，网络图的背景颜色是黑色，节点的颜色是红色，并且连线的颜色被设置为白色。

## 8.4　旭　日　图

旭日图（Sunburst）也可以用于显示数据的分层结构，层次结构的起点由圆圈的中心

表示，结构中的每个级别由一个附加的圆圈表示，最后一级（叶子）位于圆的最外部。旭日图本质上是一个多级饼图，用于表示层次结构中每个级别的不同值的比例。

旭日图与树图非常相似，只不过旭日图使用了一个放射状布局。下面的代码通过旭日图显示不同地区人口的关系，如图 8.34 所示。其使用的数据集中，世界被划分为不同的大陆（组），大陆被划分为不同的区域（子组），区域被划分为各个国家。在这种树形结构中，国家被视为叶子，它们位于分支的末端。

```
# 加载包
library(tidyverse)
library(treemap)
library(sunburstR)

# 获取数据集
data <- read.table("https://raw.githubusercontent.com/holtzy/data_to_viz/
master/Example_dataset/11_SevCatOneNumNestedOneObsPerGroup.csv", header=T,
 sep=";")
data[ which(data$value==-1),"value"] <- 1
colnames(data) <- c("Continent", "Region", "Country", "Pop")

# 加载包
data <- data %>%
  filter(Continent != "") %>%
  mutate(path = paste(Continent, Region, Country, sep="-")) %>%
  dplyr::select(path, Pop)

# 绘制图形
p <- sunburst(data, legend=FALSE)
p
```

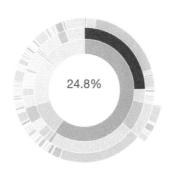

图 8.34　旭日图

上面的代码绘制的是一幅交互式的图形。交互式的方式使得这种图形能够很好地表达数据，将光标放到感兴趣的位置，可以快速地获取图形相关的信息。需要注意的是，在旭日图上显示标签非常困难，因此往往需要创建交互式的旭日图而不是绘制静态的旭日图，然后再添加标签。另外，旭日图通过圆环的大小表示数据，因此旭日图有与饼图和甜甜圈

图一样的缺点，即人眼在阅读时很难准确地判断出圆环的大小。另外需要注意，旭日图中相同的值，其外部部分比内部部分更大，这是因为同样的角度，离圆心越远，圆形周长越大，这也是一个会误导人的陷阱。

## 8.5 雷 达 图

雷达图（Radar）也称为蜘蛛网图，与条形图所表达的内容是一样的，都是显示连续变量和分类变量之间的关系。雷达图是在同一点开始的轴上表示 3 个或更多个定量变量的二维图表。雷达图的一个应用领域是质量管理，可以使用雷达图显示任何正在运行的程序的性能指标。雷达图还可以用于体育运动中，例如通过雷达图显示运动员各种能力的指标大小。

下面的例子中，首先考虑一下学生的考试成绩，学科包括数学、体育、统计等 10 个，成绩的值从 0 到 20 不等。雷达图为每个学科提供一个轴，通过雷达图的形状,可以查看学生在哪些学科中表现良好或表现不佳。下面的代码绘制了一幅雷达图，如图 8.35 所示。

```r
# 加载包
library(tidyverse)
library(viridis)
library(patchwork)
library(hrbrthemes)
library(fmsb)
library(colormap)

# 创建数据集
set.seed(1)
data <- as.data.frame(matrix( sample( 2:20 , 10 , replace=T) , ncol=10))
colnames(data) <- c("math", "english" , "biology" , "music" , "R-coding",
"data-viz" , "french" , "physic", "statistic", "sport" )

# 要使用 fmsb 包，必须在 dataframe 中添加两行：显示的最大值和最小值
data <- rbind(rep(20,10) , rep(0,10) , data)

# 自定义图形
par(mar=c(0,0,0,0))
radarchart( data, axistype=1,

  # 自定义多边形
  pcol=rgb(0.2,0.5,0.5,0.9) , pfcol=rgb(0.2,0.5,0.5,0.5) , plwd=4 ,

  # 自定义网格
  cglcol="grey", cglty=1, axislabcol="grey", caxislabels=seq(0,20,5),
cglwd=0.8,

  # 自定义标签
  vlcex=0.8
)
```

第 8 章 其他图形绘制

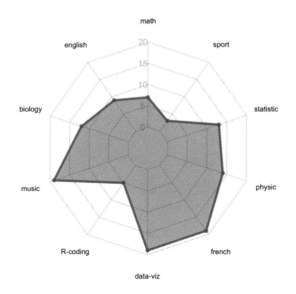

图 8.35　雷达图

上面的代码中，首先创建了一个关于学生成绩的数据集，然后使用 fmsb 包中的 radarchart 函数绘制雷达图。radarchart 函数中，pcol 参数用于调整数据点的颜色，pfcol 参数用于调整多边形的填充颜色，plwd 参数用于调整图形线条的宽度，参数 cglcol 用于调整网格线的颜色，cglty 参数用于调整网格线的类型，axislabcol 参数用于调整坐标轴标签和数字的颜色，caxislabels 参数用于设置中心轴的标签，cglwd 参数用于调整网格线的宽度，vlcex 参数用于调整字体的大小。

在图 8.35 中只绘制了一组数据，显示了一个学生的课程表现情况。通常情况下，需要对多组数据进行比较。下面的代码使用了两个学生的数据来绘制雷达图，如图 8.36 所示。

```
# 创建数据
set.seed(1)
data <-as.data.frame(matrix( c( sample( 2:20 , 10 , replace=T), sample( 2:9 ,
10 , replace=T)) , ncol=10, byrow=TRUE))
colnames(data) <- c("math" , "369rench369" , "biology" , "music" ,
"R-coding", "data-viz" , "369rench" , "physic", "statistic", "sport" )
data[2,2]=19

# 创建数据集
data <-rbind(rep(20,10) , rep(0,10) , data)

# 颜色
colors_border=c( rgb(0.2,0.5,0.5,0.9), rgb(0.8,0.2,0.5,0.9) )
colors_in=c( rgb(0.2,0.5,0.5,0.4), rgb(0.8,0.2,0.5,0.4) )

# 自定义图形
radarchart( data, axistype=1,
```

```
# 自定义多边形
pcol=colors_border , pfcol=colors_in , plwd=4, plty=1 ,

# 自定义网格
cglcol="grey", cglty=1, axislabcol="grey", caxislabels=seq(0,20,5),
cglwd=1.1,

# 自定义标签
vlcex=0.8
)

# 图例
legend(x=0.85, y=1, legend = c("A", "B"), bty = "n", pch=20 , col=colors_
border , text.col = "black", cex=0.9, pt.cex=1.6)
```

上面的代码中绘制了两组数据。从图 8.36 中可以看出，整体而言，A 的表现优于 B，但是 B 在运动、英语和 R 编程这些科目上比 A 要好。

需要注意的是，如果超过两个或三个组，使用分面来避免图形的混乱是一个好习惯。每个学生都有自己的雷达图，图形的阅读者可以更方便地理解特定个体的特征,并且可以通过雷达图形状的相似性找到具有相似特征的学生。下面的代码使用分面的方式绘制了多幅雷达图，如图 8.37 所示。

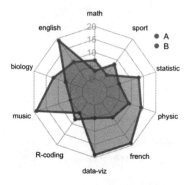

图 8.36 使用两组数据的雷达图

```
# 创建数据集
set.seed(1)
data <-as.data.frame(matrix( sample( 2:20 , 60 , replace=T) , ncol=10,
byrow=TRUE))
colnames(data) <- c("math" , "english" , "biology" , "music" , "R-coding",
"data-viz" , "french" , "physic", "statistic", "sport" )

data <-rbind(rep(20,10) , rep(0,10) , data)

# 设置颜色
colors_border=colormap(colormap=colormaps$viridis, nshades=6, alpha=1)
colors_in=colormap(colormap=colormaps$viridis, nshades=6, alpha=0.3)

# 标题
mytitle <- c("Max", "George", "Xue", "Tom", "Alice", "bob")

# 把屏幕分成 6 部分
par(mar=rep(0.8,4))
par(mfrow=c(2,3))

# 每个绘图的循环
for(i in 1:6){

    # 自定义图形
    radarchart( data[c(1,2,i+2),], axistype=1,
```

```
    # 自定义多边形
    pcol=colors_border[i] , pfcol=colors_in[i] , plwd=4, plty=1 ,

    # 自定义网格
    cglcol="grey", cglty=1, axislabcol="grey", caxislabels=seq(0,20,5),
cglwd=0.8,

    # 自定义标签
    vlcex=0.8,

    # 标题
    title=mytitle[i]
    )
}
```

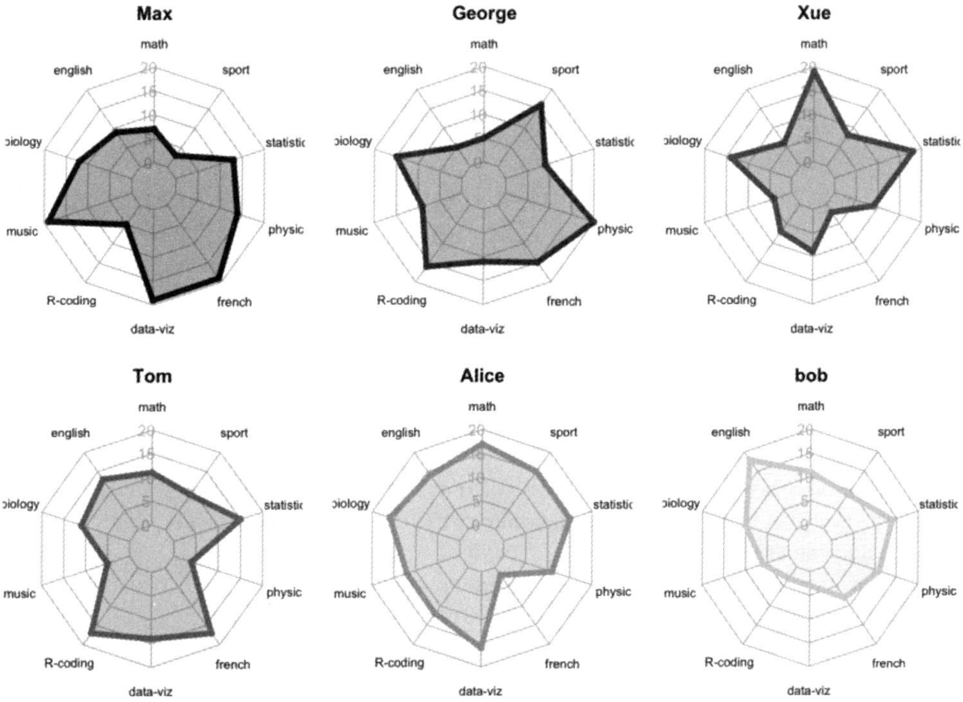

图 8.37 分面的雷达图

从图 8.37 中可以看到，通过分面的方式绘制了 6 幅雷达图。通过分面的方式绘制图形，能够有效地避免因多组雷达图绘制到同一幅图中所造成的混乱。

雷达图的表现形式很吸引人，但是雷达图的圆形布局让人对图形难以理解。通常而言，小提琴图或者棒棒糖图是雷达图很好的替代方案。下面的代码首先绘制了一个学生成绩的雷达图，如图 8.38 所示。

```
# 创建数据集
set.seed(1)
```

```r
data <-as.data.frame(matrix( sample( 2:20 , 10 , replace=T) , ncol=10))
colnames(data) <- c("Math" , "English" , "Biology" , "Music" , "R-coding",
"Data-viz" , "French" , "Physic", "Statistic", "Sport" )

data <-rbind(rep(20,10) , rep(0,10) , data)

# 自定义图形
par(mar=c(0,0,0,0))
p1 <- radarchart( data, axistype=1,

  #自定义多边形
  pcol=rgb(0.2,0.5,0.5,0.9) , pfcol=rgb(0.2,0.5,0.5,0.5) , plwd=4 ,

  # 自定义网格
  cglcol="grey", cglty=1, axislabcol="grey", caxislabels=seq(0,20,5),
cglwd=0.8,

  #自定义标签
  vlcex=1.3
)
```

从图 8.38 中可以看到，在雷达图中很难对结果进行直观的理解。例如，学生成绩最高分的是哪门学科，或者第二高分的是哪门学科，这些信息很难从雷达图中直接看出来，但是条形图或者棒棒糖图则能非常明显地体现出来。下面的代码使用了同样的数据绘制了一幅棒棒糖图，如图 8.39 所示。

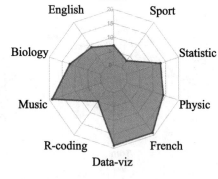

图 8.38　学生成绩雷达图

```r
# 棒棒糖图
data %>% slice(3) %>% t() %>% as.data.frame() %>% add_rownames() %>%
arrange(V1) %>% mutate(rowname=factor(rowname, rowname)) %>%
  ggplot( aes(x=rowname, y=V1)) +
    geom_segment( aes(x=rowname ,xend=rowname, y=0, yend=V1), color="grey") +
    geom_point(size=5, color="#69b3a2") +
    coord_flip() +
    theme_ipsum() +
    theme(
      panel.grid.minor.y = element_blank(),
      panel.grid.major.y = element_blank(),
      axis.text = element_text( size=48 ),
      legend.position="none"
    ) +
    ylim(0,20) +
    ylab("mark") +
    xlab("")
## Warning: Deprecated, use tibble::rownames_to_column() instead.
```

从图 8.39 中可以看到，成绩排名第一的是 French，第二是 Data-viz。

直方图或者小提琴图能够非常直观地对图形的数据进行比较，然而，这对于雷达图来说是一件很困难的事情。另外，阅读者在阅读雷达图的时候会关注雷达图的形状，这个时候很容易产生误解，因为雷达图的形状很大程度上取决于数据点的排序。下面的代码绘制了多幅雷达图，图形含义是一样的，但是图形的形状却有非常大的差别，如图 8.40 所示。

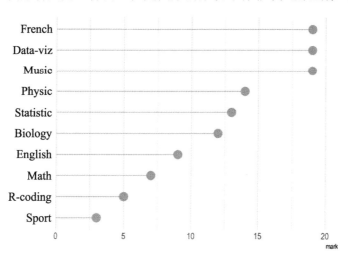

图 8.39　棒棒糖图

```
# 创建数据集
set.seed(7)
data <- as.data.frame(matrix( sample( 2:20 , 10 , replace=T) , ncol=10))
colnames(data) <- c("math" , "english" , "biology" , "music" , "R-coding",
"data-viz" , "french" , "physic", "statistic", "sport" )
data[1,1:3]=rep(19,3)
data[1,6:8]=rep(4,3)
data <- rbind(rep(20,10) , rep(0,10) , data)

# 改变顺序
data2 <- data[,sample(1:10,10, replace=FALSE)]
data3 <- data[,sample(1:10,10, replace=FALSE)]

# 自定义图形
par(mar=c(0,0,0,0))
par(mfrow=c(1,3))
radarchart( data, axistype=1, pcol=rgb(0.2,0.5,0.5,0.9) , pfcol=rgb(0.2,
0.5,0.5,0.5) , plwd=4 ,   cglcol="grey", cglty=1, axislabcol="grey",
caxislabels=seq(0,20,5), cglwd=0.8, vlcex=0.8  )
radarchart( data2, axistype=1, pcol=rgb(0.2,0.5,0.5,0.9) , pfcol=rgb(0.2,
0.5,0.5,0.5) , plwd=4 ,   cglcol="grey", cglty=1, axislabcol="grey",
caxislabels=seq(0,20,5), cglwd=0.8, vlcex=0.8  )
radarchart( data3, axistype=1, pcol=rgb(0.2,0.5,0.5,0.9) , pfcol=rgb(0.2,
0.5,0.5,0.5) , plwd=4 ,   cglcol="grey", cglty=1, axislabcol="grey",
caxislabels=seq(0,20,5), cglwd=0.8, vlcex=0.8  )
```

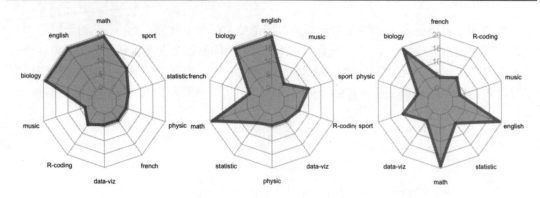

图 8.40 相同数据不同排序的雷达图

从图 8.40 中可以观察到，虽然使用的数据是一样的，但是 3 幅雷达图的形状却非常不一样，读者很容易将这 3 幅图形认为是 3 幅不同的图形，这也是雷达图容易让人产生误解的一个方面。因此，通常而言，使用雷达图对数据进行可视化并不是一个好的选择，可以使用直方图、棒棒糖图，或者哑铃图来替代。

### 8.5.1 绘制雷达图

绘制雷达图会使用到 fmsb 包。绘制图形所需数据的格式非常具体，数据每一行表示一条数据，每一列表示一个定量变量，数据的前两行将用来表示每个变量的最小值和最大值。当数据满足了对应格式的要求后，则可以使用 radarchart 函数来绘制雷达图。下面的代码绘制了一幅基础的雷达图，如图 8.41 所示。

```
# 加载包
library(fmsb)

# 创建数据集
data <- as.data.frame(matrix( sample( 2:20 , 10 , replace=T) , ncol=10))
colnames(data) <- c("math" , "english" , "biology" , "music" , "R-coding",
"data-viz" , "french" , "physic", "statistic", "sport" )

data <- rbind(rep(20,10) , rep(0,10) , data)

# 绘图
radarchart(data)
```

上面的代码绘制了一幅基础的雷达图，将数据传入 radarchart 函数即可绘制出雷达图。从图 8.41 中可以观察到雷达图中的网格线默认是虚线，数据的连线通过实线进行连接，图形没有任何填充颜色。在绘制好基础的雷达图之后还可以对图形进行自定义的设定，radarchart 函数中的参数包括以下几种。

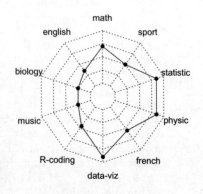

图 8.41 基础雷达图

- pcol：线条颜色。
- pfcol：填充颜色。
- plwd：线宽。
- cglcol：网格线的颜色。
- cglty：网格线类型。
- axislabcol：轴标签的颜色。
- caxislabels：要显示的轴标签矢量。
- cglwd：净宽度。
- vlcex：组标签大小。

下面的代码在绘制雷达图的过程中，调整了雷达图的相关参数，如图 8.42 所示。

```
# 加载包
library(fmsb)

# 创建数据集
data <- as.data.frame(matrix( sample( 2:20 , 10 , replace=T) , ncol=10))
colnames(data) <- c("math" , "english" , "biology" , "music" , "R-coding",
"data-viz" , "french" , "physic", "statistic", "sport" )


data <- rbind(rep(20,10) , rep(0,10) , data)



#  自定义图形
radarchart( data  , axistype=1 ,

    #自定义多边形
    pcol='yellow', pfcol=rgb(0.2,0.5,0.5,0.5) ,
plwd=4 ,

    #自定义网格
    cglcol="red", cglty=1, axislabcol="red",
caxislabels=seq(0,20,5), cglwd=0.8,

    #自定义标签
    vlcex=0.8
    )
```

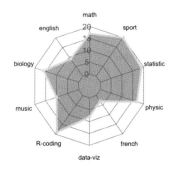

图 8.42 改变雷达图颜色

上面的代码对雷达图进行了自定义的设定。在图 8.42 中，雷达图的网格线被设置为红色，数据之间的连线被设置为黄色。

## 8.5.2 绘制多组雷达图

使用 fmsb 包中的 radarchart 函数可以方便地绘制多组雷达图，只需要数据集中包含多组的数据即可。但需要注意的是，不要在同一个雷达图上显示 3 组以上的数据，因为太多组的数据会造成雷达图图形混乱，使得图形变得无法阅读。下面的代码绘制了多组雷达图，如图 8.43 所示。

```
# 加载包
library(fmsb)

#创建数据集
set.seed(99)
data <- as.data.frame(matrix( sample( 0:20 , 15 , replace=F) , ncol=5))
colnames(data) <- c("math" , "english" , "biology" , "music" , "R-coding" )
rownames(data) <- paste("mister" , letters[1:3] , sep="-")


data <- rbind(rep(20,5) , rep(0,5) , data)

# 绘制图形
radarchart(data)
```

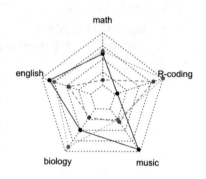

图 8.43 分组雷达图

上面的代码中,在构造数据的时候生成了两组成绩数据,使用 radarchart 函数绘制图形即可绘制出分组的雷达图。在图 8.43 中所示的两组雷达图中,其中一组的数据点是黑色,通过实线进行连接,另一组的数据点是红色,通过虚线进行连接。如果想要绘制更多组的雷达图,只需要准备好数据即可。

## 8.6 词　　云

词云(Wordcloud)是一种文本数据的可视化表示方式。文本数据通常在词云中通过单个单词表示,每个单词对应的值用字体大小或颜色显示。

词云这种图形很受一些媒体的欢迎,因为词云的表现形式的确非常吸引眼球。下面的代码显示了 Nekfeu(著名的法国说唱歌手)的一些歌曲中使用最频繁的单词,如图 8.44 所示。

```
# 加载包
library(tidyverse)
library(hrbrthemes)
library(tm)
## Loading required package: NLP
##
## Attaching package: 'NLP'
## The following object is masked from 'package:ggplot2':
##
##     annotate
library(proustr)

# 获取数据集
data <- read.table("https://raw.githubusercontent.com/holtzy/data_to_viz/
master/Example_dataset/14_SeveralIndepLists.csv", header=TRUE)
```

```
to_remove <- c("_|[0-9]|\\.|function|^id|script|var|div|null|typeof|opts
|if|^r$|undefined|false|loaded|true|settimeout|eval|else|artist")
data <- data %>% filter(!grepl(to_remove, word)) %>% filter(!word %in%
stopwords('fr')) %>% filter(!word %in% proust_stopwords()$word)

# 加载包
library(wordcloud2)

# 准备单词列表(最常用的 50 个单词)
mywords <- data %>%
  filter(artist=="nekfeu") %>%
  dplyr::select(word) %>%
  group_by(word) %>%
  summarize(freq=n()) %>%
  arrange(freq) %>%
  tail(30)

# 绘制图形
wordcloud2(mywords, minRotation = -pi/2, maxRotation = -pi/2,
      backgroundColor = "white", color="#69b3a2")
```

图 8.44　词云

上面的代码中，首先获取需要使用的数据集，然后对字符串数据进行处理。绘制词云所使用的 R 包是 wordcloud2，绘制词云的函数是 wordcloud2 函数。从图 8.44 中可以看到，词云图中显示了很多单词，不同单词的大小是不一样的，单词越大，表示出现的频率越高。

词云对于快速感知最突出的单词非常有用，因此被媒体广泛地应用，并为公众所熟知。然而，由于词云缺乏准确性，使其成为一种备受批评的传播信息的方式。说词云缺乏准确性，有两个主要的原因：首先，读者很难将单词的大小转换为准确的数值；另外，较长的单词在构造时看起来更大，因为它们由更多的字母组成，这就容易产生某种误解，使得词云的结果更不准确。一个好的解决方法是使用条形图或棒棒糖图代替词云显示数据。下面是使用相同数据绘制的棒棒糖图，如图 8.45 所示。

```
# 准备单词列表
data %>%
```

```
  filter(artist=="nekfeu") %>%
  dplyr::select(word) %>%
  group_by(word) %>%
  summarize(freq=n()) %>%
  arrange(freq) %>%
  tail(30) %>%
  mutate(word=factor(word, word)) %>%
  ggplot( aes(x=word, y=freq) ) +                    # 绘制图形
    geom_segment( aes(x=word ,xend=word, y=0, yend=freq), color="grey") +
    geom_point(size=3, color="#69b3a2") +
    coord_flip() +
    theme_ipsum() +
    theme(
      panel.grid.minor.y = element_blank(),
      panel.grid.major.y = element_blank(),
      legend.position="none"
    ) +
    xlab("")
```

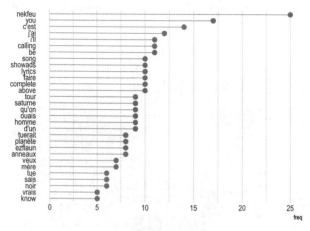

图 8.45 棒棒糖图

上面的代码使用与图 8.44 一样的数据绘制了一幅棒棒糖图。从图 8.45 中可以看到，在棒棒糖图中能够清晰地观察到每一个单词的具体频率数值，并且单词之间的频率大小可以非常容易地进行比较。

通常而言，词云并不是一个进行数据展示的好的方法。媒体广泛应用词云，是因为这种图形比较吸引眼球，而吸引眼球正是媒体所需要的。

词云的缺陷有两点，首先是人脑很难判断区域大小的准确数值，其次是在词云中，单词越长会显得单词越大，这会造成阅读者的误解。总而言之，除非有其他原因，否则最好避免使用词云这种图形来表示数据。

### 8.6.1 绘制词云

使用 wordcloud2 包的 wordcloud2 函数可以非常快速地绘制出词云图形，只需要准备

好满足格式的数据集，然后调用 wordcloud2 函数即可。绘制词云的数据集有两列，第一列是单词，第二列是单词的频率。下面使用了很少的代码便绘制了一幅词云，如图 8.46 所示。

```
# 加载包
library(wordcloud2)

# 查看数据集
head(demoFreq,3)
##            word freq
## oil         oil   85
## said       said   73
## prices   prices   48
# 绘制图形
wordcloud2(data=demoFreq, size=1.6)
```

图 8.46　基础词云

上面的代码中，使用了 demoFreq 数据集，这个数据集是 wordcloud2 包自带的一个数据集。从数据集的输出中可以看到，数据集包含了两列，第一列包含了各种单词，第二列是单词的频率。从图 8.46 中可以观察到，默认情况下，图形中不同的单词会显示出不同的颜色。另外，不同单词的大小表示了不同的单词频率。

### 8.6.2　调整颜色和背景颜色

如果希望对图形的颜色进行调整，则可以使用 color 参数更改单词的显示颜色。下面的代码调整了词云的颜色，将 color 参数设置为 random-dark，如图 8.47 所示。

```
# 加载包
library(wordcloud2)

# 调整配色
wordcloud2(demoFreq, size=1.6, color='random-dark')
```

图 8.47　调整配色后的词云

上面的代码中将 color 参数设置为 random-dark。从图 8.47 中可以看到，其与图 8.46 的颜色相比使用了不同的配色，对应单词的颜色发生了改变。下面的代码使用指定的颜色向量来调整词云的颜色，如图 8.48 所示。

```
# 或者是一个颜色向量，向量的长度必须与输入数据的长度相同
wordcloud2(demoFreq, size=1.6, color=rep_len( c("green","blue"), nrow
(demoFreq) )
```

图 8.48　指定颜色向量调整词云颜色

上面的代码中，将 color 参数设置为一个颜色向量，这个向量由两种颜色构成，分别为绿色和蓝色，向量的长度为数据集的行数。在图 8.48 中，整个图形的单词通过绿色和蓝色两种颜色来表示。

下面的代码设置了颜色参数，并且对词云的背景颜色进行了调整，如图 8.49 所示。

```
# 改变背景的颜色
wordcloud2(demoFreq, size=1.6, color='random-light', backgroundColor="black")
```

图 8.49　调整词云颜色及背景颜色

上面的代码中，color 参数设置为 random-light，然后设置 backgroundColor 参数为 black，表示将图形的背景设置为黑色。从图 8.49 中可以看到，图形使用了一种新的配色方式，并且图形的背景被设置为了黑色。

## 8.6.3　调整形状

除了可以调整词云图形的颜色之外，还可以调整词云的形状。可以使用 shape 参数自定义词云形状，可用的形状包括以下几种。

- circle：圆形。
- cardioid：心形。
- diamond：钻石形状。
- triangle-forward：朝前的三角形。
- triangle：三角形。
- pentagon：五边形。
- star：星形。

下面的代码使用了五边形来绘制词云图，如图 8.50 所示。

```
# 加载包
library(wordcloud2)

# 改变形状
wordcloud2(demoFreq, size = 0.7, shape = 'pentagon')
```

图 8.50　调整词云形状

上面的代码中，将 shape 参数设置为了 pentagon。从图 8.50 可以看出，词云的单词都被聚集在五边形的里面。

## 8.6.4　调整单词方向

还可以调整图形中单词的方向，可以使用 3 个参数旋转单词，分别是 minRotation、maxRotation 和 rotateRatio。下面的代码绘制了一幅调整单词角度的词云图，如图 8.51 所示。

```
# 加载包
library(wordcloud2)

# 词云
wordcloud2(demoFreq, size = 2.3, minRotation = -pi/3, maxRotation = -pi/6,
rotateRatio = 0.5)
```

上面的代码使用了 minRotation、maxRotation 和 rotateRatio 这 3 个参数调整词云中单词的角度。其中，minRotation 参数表示单词的最小旋转角度，maxRotation 表示单词的最大旋转角度，rotateRatio 表示单词的旋转概率（如果是 1，表示所有单词都调整角度）。从图 8.51 中可以看到，有一部分单词的角度发生了改变，有一部分单词的角度没有改变，并且单词的角度变化不完全一样。

图 8.51　调整单词角度

## 8.7　平　行　图

平行图（Parallel plot）允许在一组连续变量上比较几个单独变量，其中每个垂直条代表一个变量。下面的代码绘制了一幅 iris 数据集 4 个特征的平行图，如图 8.52 所示。iris 数据集包含了 150 条样本数据、4 个特征、3 个物种。

```
# 加载包
library(tidyverse)
library(hrbrthemes)
library(patchwork)
library(GGally)
##
## Attaching package: 'GGally'
## The following object is masked from 'package:dplyr':
##
##     nasa
library(viridis)

# 使用 iris 数据集
data <- iris

# 绘制图形
data %>%
  ggparcoord(
    columns = 1:4, groupColumn = 5, order = "anyClass",
    showPoints = TRUE,
    title = "Parallel Coordinate Plot for the Iris Data",
    alphaLines = 0.3
    ) +
  scale_color_viridis(discrete=TRUE) +
```

```
theme_ipsum()+
theme(
  plot.title = element_text(size=10)
)
```

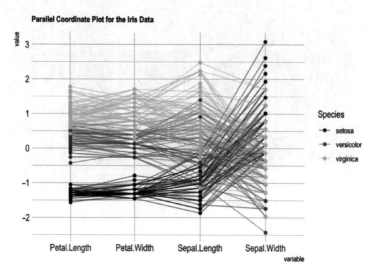

图 8.52　不同物种的 4 个特征的平行图

上面的代码使用 iris 数据集绘制了一幅平行图。从图 8.52 中可以看到，不同物种（Species）被设置为不同的颜色，并显示了不同物种的 4 个特征的区别，在 setosa 这一组中，Petal.Length 变量的值比较小，但是 Spepal.Width 的值却比较大。平行图很好地比较了 iris 数据集中不同分组下 4 个特征之间的关系。

下面的代码绘制了另外一幅平行图，如图 8.53 所示。这里使用的是 ggplot2 包中的 diamonds 数据集，比较了数据集中的 4 个变量，这些变量的单位不一样，例如有些单位是美元，有些单位是克拉。绘图之前需要先对数据进行处理。

```
set.seed(2)                             # 设置随机种子
diamonds %>%
  sample_n(10) %>%
    ggparcoord(
      columns = c(1,5:7),
      groupColumn = 2,
      #order = "anyClass",
      showPoints = TRUE, scale = "uniminmax",
      title = "Diamonds features",
      alphaLines = 0.3
    ) +
  scale_color_viridis(discrete=TRUE) +
  theme_ipsum()+
  theme(
    plot.title = element_text(size=10)
  )
```

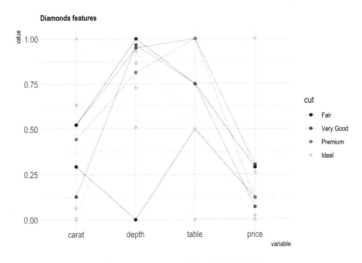

图 8.53　对变量分组后的平行图

上面的代码绘制了 diamonds 数据集中 carat、depth、table 和 price 这 4 个变量的平行图，数据根据 cut 变量进行分组。在 ggparcoord 函数中，showPoints = TRUE 表示在平行图中显示数据点，scale = "uniminmax"表示将数据缩放到 0～1 之间。在图 8.53 中，图形中的点被分成了 3 组，不同的组别用不同的颜色表示；图形的 y 轴的坐标范围为 0～1；如果切工（cut）为完美的（Ideal），这个时候钻石的 price 变量和 depth 变量的值会比较大，tbale 变量和 carat 变量的值会比较小。

对于不同量纲的数据进行转换处理，是比较单位不同的变量的关键步骤。下面的代码绘制对多种数据变换之后的平行图，如图 8.54 所示。

```
# 绘制图形
p1 <- data %>%
  ggparcoord(
    columns = 1:4, groupColumn = 5, order = "anyClass",
    showPoints = TRUE,
    title = "No scaling",
    alphaLines = 0.3
    ) +
  scale_color_viridis(discrete=TRUE) +scale_x_discrete(labels = c("SL",
'SW','PL','PW'))+
  theme_ipsum()+
  theme(
    legend.position="none",
    plot.title = element_text(size=10)
    ) +
  xlab("")

p2 <- data %>%
  ggparcoord(
    columns = 1:4, groupColumn = 5, order = "anyClass",
    scale="uniminmax",
    showPoints = TRUE,
```

```r
    title = "Standardize to Min = 0 and Max = 1",
    alphaLines = 0.3
    ) + 
  scale_color_viridis(discrete=TRUE) +scale_x_discrete(labels = c("SL",
'SW','PL','PW'))+
  theme_ipsum()+
  theme(
    legend.position="none",
    plot.title = element_text(size=10)
  ) +
  xlab("")


p3 <- data %>%
  ggparcoord(
    columns = 1:4, groupColumn = 5, order = "anyClass",
    scale="std",
    showPoints = TRUE,
    title = "Normalize univariately (substract mean & divide by sd)",
    alphaLines = 0.3
    ) + 
  scale_color_viridis(discrete=TRUE) +scale_x_discrete(labels = c("SL",
'SW','PL','PW'))+
  theme_ipsum()+
  theme(
    legend.position="none",
    plot.title = element_text(size=10)
  ) +
  xlab("")


p4 <- data %>%
  ggparcoord(
    columns = 1:4, groupColumn = 5, order = "anyClass",
    scale="center",
    showPoints = TRUE,
    title = "Standardize and center variables",
    alphaLines = 0.3
    ) + 
  scale_color_viridis(discrete=TRUE) +scale_x_discrete(labels = c("SL",
'SW','PL','PW'))+
  theme_ipsum()+
  theme(
    legend.position="none",
    plot.title = element_text(size=10)
  ) +
  xlab("")


p1 + p2 + p3 + p4 + plot_layout(ncol = 2)              # 将图形合并
```

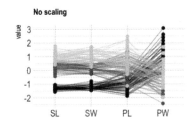 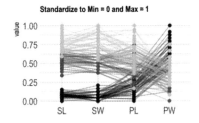

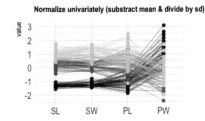 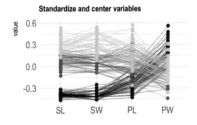

图 8.54　进行多种数据变换后的平行图

上面的代码中,第 1 幅图的数据并没有进行任何改变,第 2 幅图中将数据进行了归一化,归一化是指将数据概括到 0～1 的区间之内。归一化转换的公式如下:

$$X' = \frac{X - X_{\min}}{X_{\max} - X_{\min}}$$

第 3 幅图对数据进行了标准化,将数据减去其均值然后除以标准差。其公式如下:

$$\frac{X - p}{\sigma}$$

第 4 幅图对数据进行了中心化,中心化是指数据减去数据的平均值。

关于平行图更进一步的调整还包括轴顺序的调整。另外,优化垂直轴的顺序可以减少线条的交叉,线条的交叉越多,图形则越难以理解。下面的代码绘制了两幅平行图,第一幅图形是原始图,第二幅图形调整了坐标轴的顺序,如图 8.55 所示。

```
# 绘制图形
p1 <- data %>%
  ggparcoord(
    columns = 1:4, groupColumn = 5, order = c(1:4),
    showPoints = TRUE,
    title = "Original",
    alphaLines = 0.3
    ) +
  scale_color_viridis(discrete=TRUE) +scale_x_discrete(labels = c("SL",
'SW','PL','PW'))+
  theme_ipsum()+
  theme(
    legend.position="Default",
    plot.title = element_text(size=10)
```

```
  ) +
  xlab("")

p2 <- data %>%
  ggparcoord(
    columns = 1:4, groupColumn = 5, order = c(4,3,2,1),
    showPoints = TRUE,
    title = "Re-ordered",
    alphaLines = 0.3
    ) +
  scale_color_viridis(discrete=TRUE) +scale_x_discrete(labels = c('PW',
'PL','SW','SL'))+
  theme_ipsum()+
  theme(
    legend.position="none",
    plot.title = element_text(size=10)
  ) +
  xlab("")

p1 + p2                              # 将图形合并
```

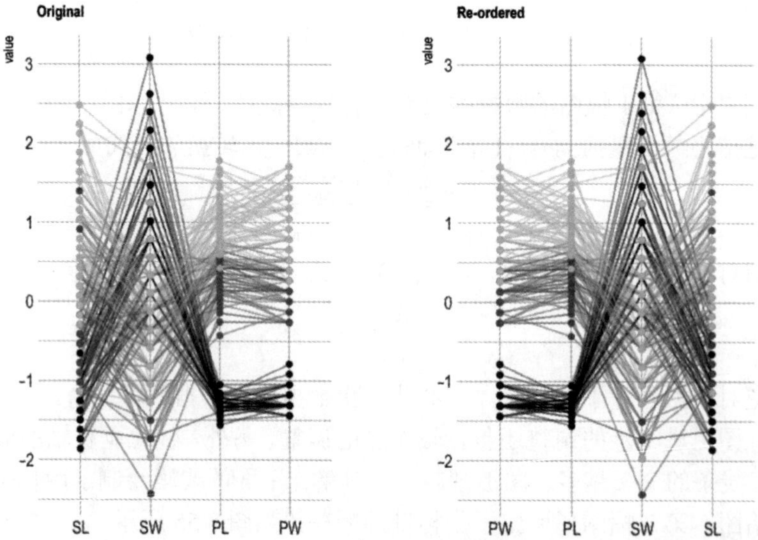

图 8.55 调整坐标轴的顺序

上面的代码中，第 1 幅图在使用 ggparcoord 函数绘图的时候调整 order 参数为 1∶4，表示按原始的顺序进行绘图；第 2 幅图将 order 参数设置为 4∶1，表示将原始的顺序倒转过来。从图 8.55 中可以看到，第 1 幅图坐标轴的顺序是 SL、SW、PL 和 PW；第 2 幅图坐标轴的顺序是 PW、PL、SW 和 SL。

如果对数据中某一特别的分组感兴趣，则可以对图形进行突出显示。平行图是线图，当线条过多的时候会重叠，使得图形难以阅读，对感兴趣的内容突出显示则可以解决这个问题。下面的代码对某一组别进行了突出显示，如图 8.56 所示。

```
# 绘制图形
data %>%
  ggparcoord(
    columns = 1:4, groupColumn = 5, order = "anyClass",
    showPoints = TRUE,
    title = "Original",
    alphaLines = 0.3
  ) +
  scale_color_manual(values=c( "red", "grey", "grey") ) +
  theme_ipsum()+
  theme(
    legend.position="Default",
    plot.title = element_text(size=10)
  ) +
  xlab("")
```

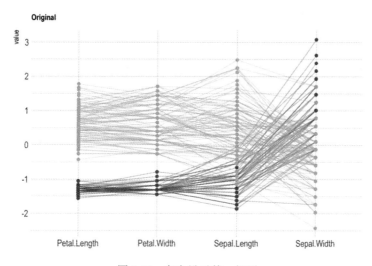

图 8.56 突出显示某一组别

上面的代码中使用 scale_color_manual 函数对不同组别的颜色进行了调整,3 个组别分别设置为红色、灰色和灰色。在图 8.56 中,有一个组别的线条通过红色来显示,相比于灰色,红色则显得更加突出,从而起到了突出某个部分的作用。

## 8.7.1 绘制基础平行图

使用 GGally 包的 ggparcoord 函数可以轻松地绘制平行图。在绘图之前,输入数据集必须具有多个连续变量,每个连续变量都用作图表上的垂直轴,通过 columns 参数可以选择使用哪些变量进行可视化,线段的不同颜色表示分类变量的不同值。下面的代码绘制了一幅基础的平行图,如图 8.57 所示。

```
# 加载包
library(GGally)
```

```
# 使用iris数据集
data <- iris

# 绘制图形
ggparcoord(data,
    columns = 1:4, groupColumn = 5
    )
```

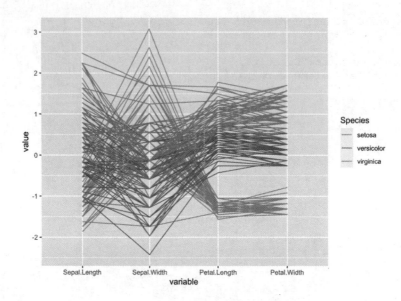

图 8.57　基础平行图

上面的代码使用的是 iris 数据集的前 4 列进行绘制，ggparcoord 函数的 groupColumn 参数用于指定颜色，groupColumn = 5 表示根据数据集的第 5 列也就是第 5 个变量调整颜色。从图 8.57 中可以看到，第五列的变量是 Species，不同的值对应图形中的线条被设置为了不同的颜色。

### 8.7.2　自定义颜色、主题和外观

在绘制好基础的平行图之后，可以对图形的更多细节进行自定义。可以使用不同的调色板、显示数据点及设置透明度等。下面的代码在 8.7.1 节代码的基础之上进行了一些调整，结果如图 8.58 所示。

```
# 加载包
library(hrbrthemes)
library(GGally)
library(viridis)

# 使用iris数据集绘图
data <- iris
```

```
# 绘制图形
ggparcoord(data,
    columns = 1:4, groupColumn = 5, order = "anyClass",
    showPoints = TRUE,
    title = "Parallel Plot",
    alphaLines = 0.3
    ) +
scale_color_viridis(discrete=TRUE) +
theme_ipsum()+
theme(
  plot.title = element_text(size=10),
  axis.text.x = element_text(size=8)
)
```

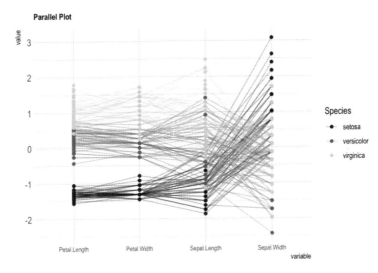

图 8.58　调整参数后的平行图

上面的代码中，order = "anyClass"表示图形中 x 轴变量的顺序通过随机的方式进行排序，showPoints =TRUE 表示显示数据点，title 参数设置图形的标题，alphaLines 参数调整图形中线条的透明度，scale_color_viridis 函数调整图形的配色，使用 theme_ipsum 函数对图形的主题进行设置，调整图形的外观，最后使用 theme 函数调整标题文字。相比图 8.57，图 8.58 更加美观。

## 8.8　时间序列图

时间序列旨在研究一个或多个变量随时间的演变规律。绘制时间序列图的时候，会涉及非常多时间数据的处理。处理时间数据的相关包是 lubridate 包，这个包提供了一套非常友好的处理时间数据的方法。另外，使用 dygraphs 包可以非常容易地绘制出交互式的时间序列图。

构建时间序列要求时间变量为 date 格式,因此绘制时间序列图的第一步是仔细检查数据的格式是否正确,即时间变量是否为 date 格式。使用 str 函数可以查看数据集中变量的数据类型。下面的代码查看 iris 数据集的变量类型:

```
str(iris)                                   # 查看数据集
## 'data.frame':    150 obs. of  5 variables:
##  $ Sepal.Length: num  5.1 4.9 4.7 4.6 5 5.4 4.6 5 4.4 4.9 ...
##  $ Sepal.Width : num  3.5 3 3.2 3.1 3.6 3.9 3.4 3.4 2.9 3.1 ...
##  $ Petal.Length: num  1.4 1.4 1.3 1.5 1.4 1.7 1.4 1.5 1.4 1.5 ...
##  $ Petal.Width : num  0.2 0.2 0.2 0.2 0.2 0.4 0.3 0.2 0.2 0.1 ...
##  $ Species     : Factor w/ 3 levels "setosa","versicolor",..: 1 1 1 1 1 1 1 1 1 1 ...
```

从上面的代码输出结果可以看到,数据集包含 4 个数值型变量(num)和一个因子型的变量(Factor)。下面的代码将字符串格式的数据使用 ymd 函数转换为时间格式的数据:

```
library(lubridate)
## 
## Attaching package: 'lubridate'
## The following object is masked _by_ '.GlobalEnv':
## 
##     origin
## The following object is masked from 'package:igraph':
## 
##     %--%
## The following object is masked from 'package:base':
## 
##     date
time <- c("2019-10-01","2019-11-01")         # 构建时间数据
str(ymd(time))
##  Date[1:2], format: "2019-10-01" "2019-11-01"
```

时间序列图本质上还是折线图,ggplot2 包的 ggplot2 函数会识别 date 格式,并自动使用特定类型的 x 轴。如果时间变量不是 date 格式,则不起作用。因此,在绘图的时候,首先需要检查数据的类型,如果数据不是日期格式,需要先使用 lubridate 包进行转换。下面的代码绘制了一幅时间序列图,如图 8.59 所示。

```
# 加载包
library(ggplot2)
library(dplyr)

# 创建数据集
data <- data.frame(
  day = as.Date("2017-06-14") - 0:364,
  value = runif(365) + seq(-140, 224)^2 / 10000
)

# 绘制图形
p <- ggplot(data, aes(x=day, y=value)) +
  geom_line() +
  xlab("")
p
```

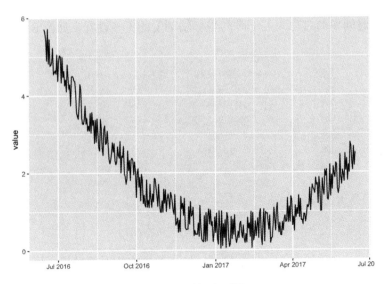

图 8.59 时间序列图

上面的代码首先创建了一个数据集,这个数据集包含两个变量,即 day 和 value,其中 day 是时间格式。后面绘图的方式和绘制折线图的方式是一样的。

另外,只要在绘图的时候将 x 对应的变量设置为时间格式,就可以使用 scale_x_date 函数设置 x 轴的显示格式。下面的代码调整了坐标轴时间的格式,如图 8.60 所示。

```
# 调整坐标轴
p+scale_x_date(date_labels = "%b")
```

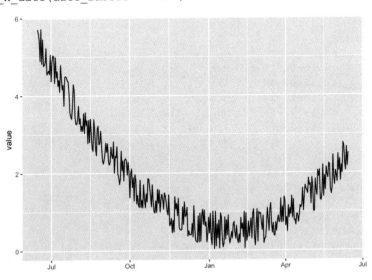

图 8.60 调整坐标轴时间的格式

上面的代码使用 scale_x_date 函数对 x 轴的坐标刻度进行了修改,参数 date_labels =

"%b"表示显示时间中的月份。关于时间坐标轴刻度的更多设置，如图 8.61 所示。

| Symbol | Meaning | Example |
|---|---|---|
| %d | day as a number (0-31) | 01-31 |
| %a | abbreviated weekday | Mon |
| %A | unabbreviated weekday | Monday |
| %m | month (00-12) | 00-12 |
| %b | abbreviated month | Jan |
| %B | unabbreviated month | January |
| %y | 2-digit year | 07 |
| %Y | 4-digit year | 2007 |

图 8.61  时间格式

使用 scale_x_date 函数的 limit 参数可以选择数据中的时间范围。下面的代码修改了图形的时间范围，如图 8.62 所示。

```
# 加载包
library(ggplot2)
library(dplyr)
library(hrbrthemes)

# 创建数据集
data <- data.frame(
  day = as.Date("2017-06-14") - 0:364,
  value = runif(365) + seq(-140, 224)^2 / 10000
)

summary(data)
##       day                 value
## Min.   :2016-06-15   Min.   :0.03986
## 1st Qu.:2016-09-14   1st Qu.:0.80121
## Median :2016-12-14   Median :1.31513
## Mean   :2016-12-14   Mean   :1.80249
## 3rd Qu.:2017-03-15   3rd Qu.:2.46150
## Max.   :2017-06-14   Max.   :5.69440
# 绘制图形
p <- ggplot(data, aes(x=day, y=value)) +
  geom_line( color="steelblue") +
  geom_point() +
  xlab("") +
  theme_ipsum() +
  theme(axis.text.x=element_text(angle=60, hjust=1)) +
  scale_x_date(limit=c(as.Date("2017-01-01"),as.Date("2017-02-11"))) +
  ylim(0,1.5)

p
## Warning: Removed 323 rows containing missing values (geom_path).
## Warning: Removed 323 rows containing missing values (geom_point).
```

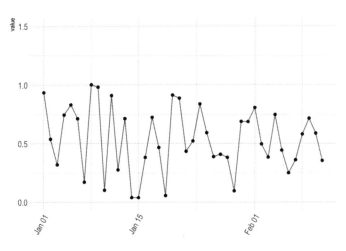

图 8.62　修改图形的时间范围

从 summary 的输出结果中可以看到，时间的最小值为 2016-06-15，最大值为 2017-06-14。通过代码 "scale_x_date(limit=c(as.Date("2017-01-01"),as.Date("2017-02-11")))"，选取了一段时间的结果绘制图形，这里选取的时间段是 2017-01-01 到 2017-02-11。从图 8.62 中可以观察到，时间序列图中的时间范围就是 2017-01-01 到 2017-02-11。

下面的代码绘制了另外一幅时间序列图，代码中调整了时间序列的线段颜色，并且设置了 y 轴的范围，如图 8.63 所示。

```
# 加载包
library(ggplot2)
library(dplyr)
library(plotly)
##
## Attaching package: 'plotly'
## The following object is masked from 'package:igraph':
##
##     groups
## The following object is masked from 'package:ggplot2':
##
##     last_plot
## The following object is masked from 'package:stats':
##
##     filter
## The following object is masked from 'package:graphics':
##
##     layout
library(hrbrthemes)

# 获取数据集
data <- read.table("https://raw.githubusercontent.com/holtzy/data_to_viz/master/Example_dataset/3_TwoNumOrdered.csv", header=T)
data$date <- as.Date(data$date)
```

```
# 绘制图形
data %>%
  ggplot( aes(x=date, y=value)) +
    geom_line(color="red") +
    ylim(0,22000) +
    # annotate(geom="text", x=as.Date("2017-01-01"), y=20089,
    #          label="Bitcoin price reached 20k $\nat the end of 2017") +
    # annotate(geom="point", x=as.Date("2017-12-17"), y=20089, size=10,
    shape=21, fill="transparent") +
    # geom_hline(yintercept=5000, color="orange", size=.5) +
    theme_ipsum()
```

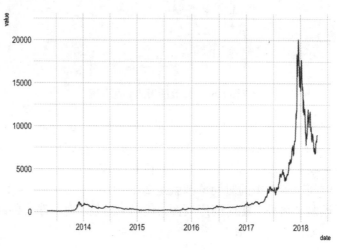

图 8.63 时间序列图

上面的代码绘制的是比特币（bitcoin）在 2013-04-28 到 2018-04-23 这个时间段内的价格。从图 8.63 中可以观察到，比特币在 2017 年和 2018 年之间价格有一个疯涨的过程，然后在 2018 年之后有所下跌。

## 8.8.1 时间序列包 dygraphs

使用 dygraphs 包绘制时间序列图的时候，x 轴表示时间，y 轴表示一个或多个变量的演变。使用 dygraphs 包还可以制作交互式图表，可以缩放特定时间段的结果，将光标悬停在图中可以获得更多的数据信息等。下面的代码绘制了一幅简单的时间序列图形，如图 8.64 所示。

```
# 加载包
library(dygraphs)

# 创建数据集
data <- data.frame(
  time=c( seq(0,20,0.5), 40),
  value=runif(42)
```

```
)
# 查看数据集合
str(data)
## 'data.frame':    42 obs. of  2 variables:
##  $ time : num  0 0.5 1 1.5 2 2.5 3 3.5 4 4.5 ...
##  $ value: num  0.43 0.389 0.989 0.688 0.211 ...
# 绘制图形
p <- dygraph(data)
p
```

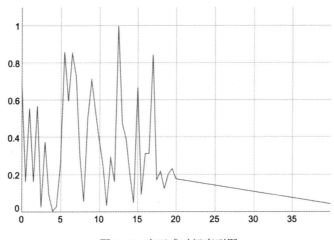

图 8.64　交互式时间序列图

上面的代码绘制了一幅交互式的时间序列图，当把光标放到图形中的时候，光标的位置会显示出图形的详细信息。

## 8.8.2　时间序列热图

时间序列图是按时间顺序显示的一系列数据，时间顺序可以以天、周、月或年表示。可视化时间序列数据的最常见的方法是使用线图，其中水平轴绘制时间变量，垂直轴绘制要测量的变量。可以使用 ggplot2 包中的 geom_line 函数绘制时间序列数据。

而时间序列热图则是在时间的维度上通过热图展示数据。下面的代码绘制了一幅时间序列热图，如图 8.65 所示。

```
# 加载包
library(ggplot2)
library(dplyr)
library(viridis)
library(Interpol.T)
## Loading required package: date
## Loading required package: chron
## 
## Attaching package: 'chron'
```

```
## The following objects are masked from 'package:lubridate':
##
##     days, hours, minutes, seconds, years
library(lubridate)
library(ggExtra)
library(tidyr)


data <- data(Trentino_hourly_T,package = "Interpol.T")

names(h_d_t)[1:5]<- c("stationid","date","hour","temp","flag")
df <- tbl_df(h_d_t) %>%
  filter(stationid =="T0001")

df <- df %>% mutate(year = year(date),
             month = month(date, label=TRUE),
             day = day(date))

df$date<-ymd(df$date) # 不是必需的,但是如果想对数据做进一步的处理,这是非常有用的

# 删除多余的数据
rm(list=c("h_d_t","mo_bias","Tn","Tx",
        "Th_int_list","calibration_l",
        "calibration_shape","Tm_list"))


# 处理数据,选择需要的列
df <-df %>% select(stationid,day,hour,month,year,temp)%>%
      fill(temp) #optional - see note below



statno <-unique(df$stationid)

 # 绘制图形

p <-ggplot(df,aes(day,hour,fill=temp))+
  geom_tile(color= "white",size=0.1) +
  scale_fill_viridis(name="Hrly Temps C",option ="C")
p <-p + facet_grid(year~month)
p <-p + scale_y_continuous(trans = "reverse", breaks = unique(df$hour))
p <-p + scale_x_continuous(breaks =c(1,10,20,31))
p <-p + theme_minimal(base_size = 8)
p <-p + labs(title= paste("Hourly Temps - Station",statno), x="Day", y="Hour Commencing")
p <-p + theme(legend.position = "bottom")+
  theme(plot.title=element_text(size = 14))+
  theme(axis.text.y=element_text(size=6)) +
  theme(strip.background = element_rect(colour="white"))+
  theme(plot.title=element_text(hjust=0))+
  theme(axis.ticks=element_blank())+
  theme(axis.text=element_text(size=7))+
  theme(legend.title=element_text(size=8))+
  theme(legend.text=element_text(size=6))+
```

```
removeGrid()#ggExtra
```

p

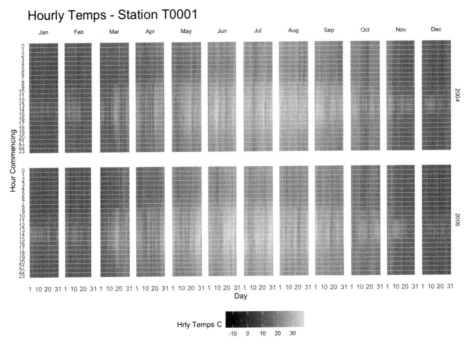

图 8.65 时间序列热图

上面的代码所使用的数据集是 Trentino_hourly_T，这个数据集记录的是意大利特伦蒂诺每小时的温度值。图形显示了 2004 年和 2005 年两个年份中每天不同时间的温度变化情况。在图 8.65 中，不管是哪个年份，中间的月份颜色呈现出黄色表示温度比较高；从时间来看，不管是哪个月份，12 点到 14 点这个时间段的图形颜色偏黄，表示温度比较高。这个图形展示了三个时间维度的气温变化情况，是一幅非常有表现力的图形。

## 8.9 交互式图形

plotly 是一个用于做分析和可视化的在线平台，其功能强大到不仅与多个主流绘图软件对接，而且还可以像 Excel 那样实现交互式绘图，并且图表种类齐全，可以实现在线分享。

交互式图表允许用户对图形执行一些操作，例如对图形进行缩放、通过光标悬停获取信息等，使用 R 语言构建交互式图形的最佳方法是通过 plotly 包，不过一旦知道如何制作 ggplot2 图表，可以非常方便地将 ggplot2 图表转换为交互式图表。实现的方式是在使用 ggplot2 包绘图之后，调用 ggplotly 函数即可绘制出交互式图形。下面主要介绍的是如何使用 plotly 包绘制图形，而将 ggplot2 图形转换为交互式图形非常简单，不作为重点介绍。

## 8.9.1 散点图

使用 plotly 包构建图形与使用 ggplot2 包构建图形有一定的差异，plotly 包的绘图函数是 plot_ly，在使用该函数进行绘图的时候，需要在变量前面加上～符号。下面的代码使用 iris 数据集构建了一幅散点图，如图 8.66 所示。

```
library(plotly)

p <- plot_ly(data = iris, x = ~Sepal.Length, y = ~Petal.Length)
p
```

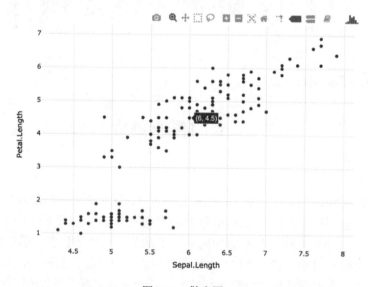

图 8.66　散点图

从图 8.66 中可以看到，图中显示出了一个数据点的坐标（6，4.5），这就是交互式图形的交互信息，将光标移动到不同的位置，则会显示出相应位置处的数据点的坐标。散点图可以修改 3 个参数，即颜色、形状和大小。下面的代码对散点图的参数进行了修改，如图 8.67 所示。

```
p <- plot_ly(data = iris, x = ~Sepal.Length, y = ~Petal.Length,color =
~Species ,symbol =  ~Species)
p
```

上面的代码设置了 color 参数和 symbol 参数，都设置为 Species 变量。从图 8.67 中可以看到，Species 变量对应的不同数据点的颜色和形状都是不一样的。

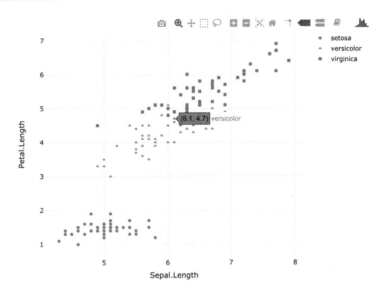

图 8.67 修改颜色和形状后的散点图

## 8.9.2 气泡图

气泡图是用多一维的数据来表示点的大小。下面的代码使用 mtcars 数据集绘制气泡图，如图 8.68 所示。

```
p <- plot_ly(data = mtcars, x = ~mpg, y = ~wt,size = ~vs)
p
```

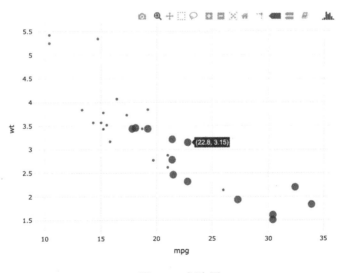

图 8.68 气泡图

上面的代码将一个变量 vs 映射到了 size 参数，通过这样的方式将 vs 变量的信息映射到图形中点的大小。下面的代码修改了点的颜色，如图 8.69 所示。

```
p <- plot_ly(data = mtcars, x = ~mpg, y = ~wt,size = ~vs,color = ~am)
p
```

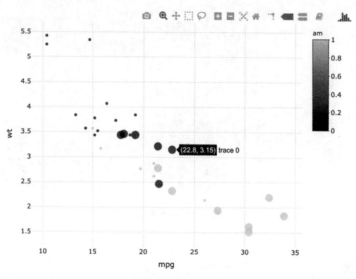

图 8.69　修改点的颜色

上面的代码将一个连续变量映射到 color 参数，从图 8.69 中可以看到，不同的点显示出不同的颜色，颜色代表了变量 am 的值。

### 8.9.3　面积图

绘制面积图关键的参数是 fill,在绘图的时候，将 fill 参数设置为 toself，type 参数设置为 scatter，mode 参数设置为 line，则会绘制出面积图，如图 8.70 所示。

```
density <- density(diamonds$carat)

p <- plot_ly(x = ~density$x, y = ~density$y, type = 'scatter', mode = 'lines',
    fill = 'toself') # tozeroy tozerox
p
```

从图 8.70 中可以看到，将光标放到图形中，同样会获取关于图形的信息。下面的代码绘制了两条填充曲线，如图 8.71 所示。

```
diamonds1 <- diamonds[which(diamonds$cut == "Fair"),]
density1 <- density(diamonds1$carat)

diamonds2 <- diamonds[which(diamonds$cut == "Ideal"),]
density2 <- density(diamonds2$carat)

p <- plot_ly(x = ~density1$x, y = ~density1$y, type = 'scatter', mode =
```

```
'lines', name = 'Fair cut', fill = 'tozeroy') %>%
  add_trace(x = ~density2$x, y = ~density2$y, name = 'Ideal cut', fill = 
'tozeroy')
p
```

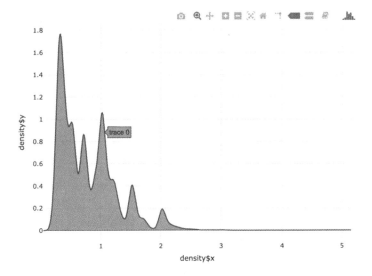

图 8.70　面积图

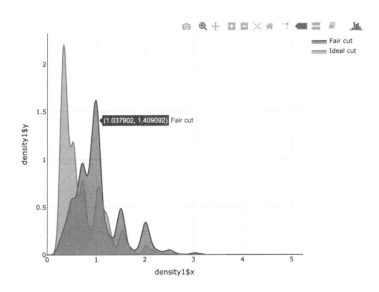

图 8.71　添加第二个面积图

上面的代码中，使用 add_trace 函数添加了第二个面积图。其他种类的图形同样可以使用这样的方式来添加图层。

### 8.9.4 条形图

使用 plot_ly 函数绘制条形图的方式和使用 ggplot 函数绘制条形图的方式类似,如果需要绘制基本的交互式条形图,需要将 type 参数设置为 bar。下面的代码绘制了一幅交互式的条形图,如图 8.72 所示。

```
p <- plot_ly(
  x = c("giraffes", "orangutans", "monkeys"),
  y = c(20, 14, 23),
  name = "SF Zoo",
  type = "bar"
)

p
```

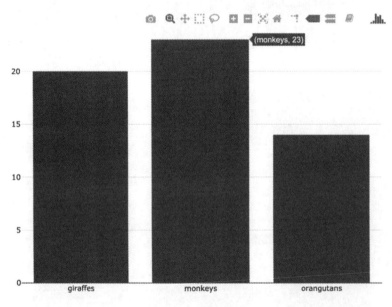

图 8.72  条形图

将光标放到图 8.72 中,同样会显示出更多的信息。下面的代码绘制了一幅分组条形图,如图 8.73 所示。

```
Animals <- c("giraffes", "orangutans", "monkeys")
SF_Zoo <- c(20, 14, 23)
LA_Zoo <- c(12, 18, 29)
data <- data.frame(Animals, SF_Zoo, LA_Zoo)

p <- plot_ly(data, x = ~Animals, y = ~SF_Zoo, type = 'bar', name = 'SF Zoo') %>%
  add_trace(y = ~LA_Zoo, name = 'LA Zoo')

p
```

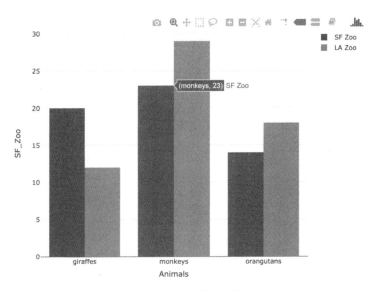

图 8.73 分组的条形图

上面的代码使用 add_trace 函数来构建分组的条形图。还有另外一种方式也可以构建分组的条形图，就是将一个变量映射到颜色参数。

### 8.9.5 饼图

如果希望构建饼图，需要将 type 参数设置为 pie。下面的代码绘图了一幅交互式饼图，如图 8.74 所示。

```
p <- plot_ly(iris, labels = ~Species, values = ~Sepal.Length, type = 'pie')
p
```

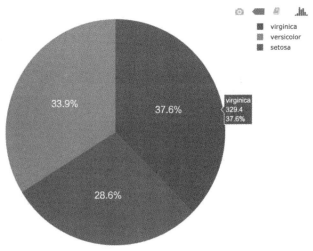

图 8.74 饼图

从图 8.74 中可以看到,将光标放到蓝色部分,交互信息显示出蓝色部分对应的是 virginica,并且显示出了对应的数值和比例。

### 8.9.6 桑基图

使用 plot_ly 函数还可以轻松地绘制桑基图。下面的代码绘制了一幅桑基图,如图 8.75 所示。

```
library(plotly)
library(rjson)
json_file <- "https://raw.githubusercontent.com/plotly/plotly.js/master/test/image/mocks/sankey_energy_dark.json"
json_data <- fromJSON(paste(readLines(json_file), collapse=""))

p <- plot_ly(
  type = "sankey",
  
  orientation = "h",
  
  node = list(
    label = json_data$data[[1]]$node$label
  ),
  
  link = list(
    source = json_data$data[[1]]$link$source,
    target = json_data$data[[1]]$link$target,
    value =  json_data$data[[1]]$link$value
  )
)

p
```

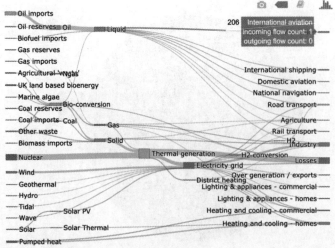

图 8.75 桑基图

我们来看一下具体是如何实现桑基图的。首先，设置参数 type="sankey"指定绘制的图形是桑基图，参数 orientation="h"表示绘制出的图形是横向的，node 参数指定绘制图形的节点，link 参数指定图形的节点及节点之间流量的大小。

下面的代码构建了一个数据集，并使用这个数据集来绘制桑基图。这个例子中，图形的节点选取为字母表的前 6 个，然后设置了 7 个连接，分别为(0,1)、(1,2)、(2,3)、(3,4)、c(0,2)、c(0,3)和 c(0,4)，每个连接的流量设置为 sample(c(1,2,3,4,5,6,7))，如图 8.76 所示。

```
p <- plot_ly(
  type = "sankey",

  orientation = "h",

  node = list(
    label = letters[1:5]

  ),

  link = list(
    source = c(0,1,2,3,0,0,0),
    target = c(1,2,3,4,2,3,4),
  value =  sample(c(1,2,3,4,5,6,7))
)
)
p
```

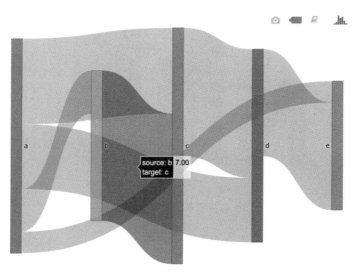

图 8.76　构建数据集绘制桑基图

从图 8.76 中可以看到，光标的位置处显示出了交互的信息，即这个节点的来源是 b，流量值为 7。

### 8.9.7 误差棒图

误差棒图本质上是带有误差线的条形图，使用 plotly 包绘制误差棒图非常简单。下面的代码绘制了一幅带误差棒的条形图，如图 8.77 所示。

```
library(plyr)
data_mean <- ddply(ToothGrowth, c("supp", "dose"), summarise, length = mean(len))
data_sd <- ddply(ToothGrowth, c("supp", "dose"), summarise, length = sd(len))
data <- data.frame(data_mean, data_sd$length)
data <- rename(data, c("data_sd.length" = "sd"))
data$dose <- as.factor(data$dose)

p <- plot_ly(data = data[which(data$supp == 'OJ'),], x = ~dose, y = ~length,
        type = 'bar',
             error_y = ~list(array = sd,
                        color = '#000000')) %>%
  add_trace(data = data[which(data$supp == 'VC'),], name = 'VC')

p
```

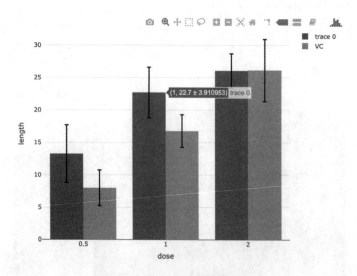

图 8.77 带有误差棒的条形图

另外，还可以绘制带有误差棒的散点图，如图 8.78 所示。

```
p <- plot_ly(data = data[which(data$supp == 'OJ'),], x = ~dose, y = ~length,
        type = 'scatter', mode = 'markers',
             name = 'OJ',
             error_y = ~list(array = sd,
                        color = '#000000')) %>%
  add_trace(data = data[which(data$supp == 'VC'),], name = 'VC')
p
```

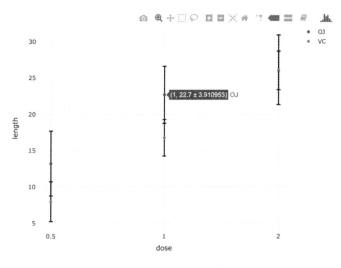

图 8.78 带有误差棒的散点图

## 8.9.8 箱线图

下面的代码绘制了一幅交互式的箱线图,如图 8.79 所示。

```
p <- plot_ly(y = ~rnorm(50), type = "box") %>%
  add_trace(y = ~rnorm(50, 1))
p
```

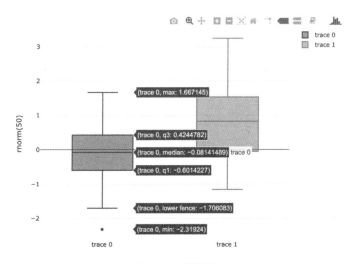

图 8.79 箱线图

从图 8.79 中可以看到,图中的交互信息比较丰富,输出了最大值、最小值及不同分位数的值等。将光标放到极端值的位置上,还可以显示极端值的信息。下面的代码在箱线图中添加了抖动点,如图 8.80 所示。

```
p <- plot_ly(y = ~rnorm(50), type = "box", boxpoints = "all", jitter = 0.3,
             pointpos = -1.8)
p
```

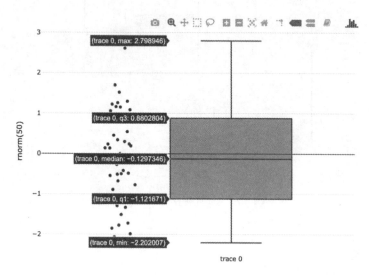

图 8.80　添加抖动点箱线图

上面的代码通过添加抖动点的方式,使得数据的分布更容易让人理解。下面的代码绘制了分组箱线图,如图 8.81 所示。

```
p <- plot_ly(ggplot2::diamonds, y = ~price, color = ~cut, type = "box")
p
```

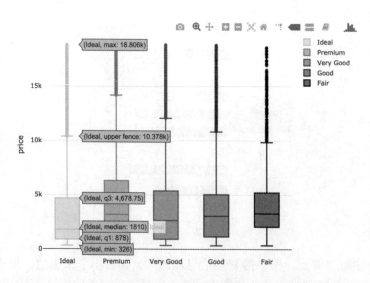

图 8.81　分组箱线图

使用 plotly 绘图其实是一个很好的选择，只不过在纸上没有办法体现交互性，如果通过网页展示，交互式图形是一种非常好的可视化方式。

### 8.9.9 直方图

如果希望绘制直方图，需要将 plot_ly 函数的 type 参数改为 histogram。下面的代码绘制了一幅基本的直方图，如图 8.82 所示。

```
library(plotly)
p <- plot_ly(x = ~rnorm(50), type = "histogram")

p
```

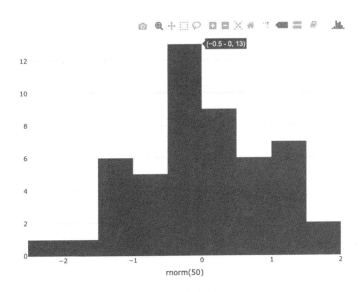

图 8.82　直方图

如果希望绘制归一化的直方图，需要设置参数 histnorm=probability。下面的代码绘制了一幅归一化的直方图，如图 8.83 所示。

```
p <- plot_ly(x = ~rnorm(50),
        type = "histogram",
        histnorm = "probability")
```

p

如果希望绘多幅直方图，需要使用 add_histogram 函数。下面的代码绘制了多幅直方图，如图 8.84 所示。

```
p <- plot_ly(alpha = 0.6) %>%
  add_histogram(x = ~rnorm(500)) %>%
  add_histogram(x = ~rnorm(500) + 1) %>%
```

```
layout(barmode = "overlay")
p
```

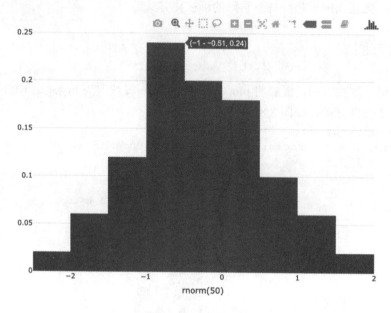

图 8.83　归一化的直方图

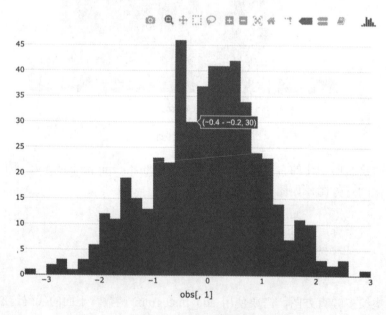

图 8.84　多幅直方图

上面的代码绘制了两幅直方图，但是因为图形的颜色是一样的从而无法区分，因此在绘制图形的时候需要注意将不同分组的图形设置为不同的颜色。

## 8.9.10 二维直方图

绘制二维直方图的时候，type 参数对应的值依然是 histogram，不过绘制二维直方图的数据是一个矩阵。在绘制二维直方图之前，需要先构造一个二维正态分布的数据，然后绘制一幅散点图，如图 8.85 所示。

```
# 构造二维正态分布数据集
s <- matrix(c(1, -.75, -.75, 1), ncol = 2)
obs <- mvtnorm::rmvnorm(500, sigma = s)

#  绘制一维的直方图
plot_ly(x = ~obs[,1], type = "histogram")
p <- plot_ly(x = obs[,1], y = obs[,2])
p
```

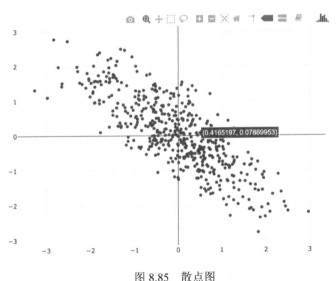

图 8.85　散点图

图 8.85 绘制的散点图所使用的数据是二维的正态分布数据。下面的代码绘制了一幅二维密度图，如图 8.86 所示。

```
# 这个时候默认的是散点图
pp <- subplot(
  p %>% add_markers(alpha = 0.2),
  p %>% add_histogram2d()
)
pp
```

上面的代码同时绘制了一幅散点图和二维直方图。从图 8.86 中可以看出，二维直方图可以很好地显示二维数据的分布情况。

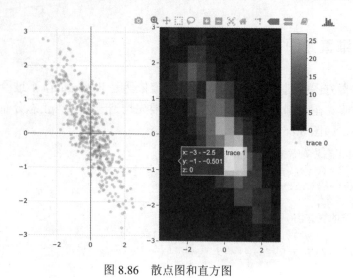

图 8.86 散点图和直方图

### 8.9.11 二维轮廓直方图

下面的代码绘制了一幅二维轮廓直方图，如图 8.87 所示。

```
x <- rnorm(1000)
y <- rnorm(1000)
s <- subplot(
  plot_ly(x = x, color = I("black"), type = 'histogram'),
  plotly_empty(),
  plot_ly(x = x, y = y, type = 'histogram2dcontour', showscale = F),
  plot_ly(y = y, color = I("black"), type = 'histogram'),
  nrows = 2, heights = c(0.2, 0.8), widths = c(0.8, 0.2),
  shareX = TRUE, shareY = TRUE, titleX = FALSE, titleY = FALSE
)
```

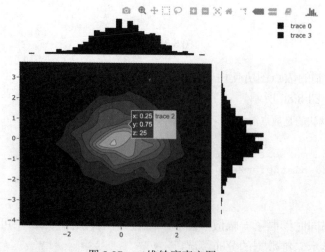

图 8.87 二维轮廓直方图

二维轮廓直方图可以很好地显示出数据的二维分布，并且可以显示出单个变量的直方图。将光标放到图形中可以显示出交互信息，从图 8.87 中可以看到，交互信息显示了对应的数据值。

## 8.9.12 小提琴图

小提琴图和箱线图非常类似，绘制小提琴图时需要将 type 参数设置为 violin。下面的代码绘制了一幅小提琴图，如图 8.88 所示。

```
library(plotly)
p <- plot_ly(x = ~rnorm(50), type = "violin",box = list(
    visible = T
    ),meanline = list(
    visible = T
    ))
p
```

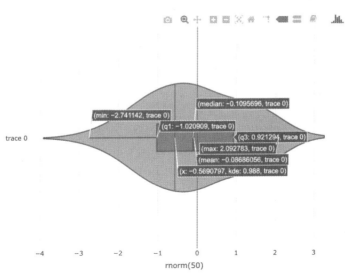

图 8.88　小提琴图

从图 8.88 中可以看出，小提琴图的交互信息同样是非常丰富的。下面的代码绘制了一幅分组的小提琴图，如图 8.89 所示。

```
p <- plot_ly(data = iris,x = ~Petal.Width,color = ~Species, type = "violin",
    box = list(
    visible = T
    ),meanline = list(
    visible = T
    ))
p
```

上面的代码中，将一个变量映射到了 color 参数，通过这样的方式可以轻松地绘制出分组的小提琴图。

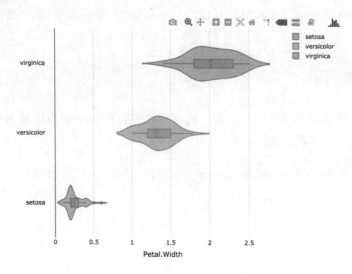

图 8.89　分组的小提琴图

## 8.9.13　雷达图

使用 plot_ly 函数同样可以非常轻松地绘制雷达图，只需要将 type 参数设置为 scatterpolar 即可。下面的代码绘制了一幅交互式雷达图，如图 8.90 所示。

```
p <- plot_ly(
    type = 'scatterpolar',
    r = c(39, 28, 8, 7, 28, 39),
    theta = c('A','B','C', 'D', 'E', 'A'),
    fill = 'toself'
  )
p
```

下面的代码绘制了一幅多轨迹的雷达图，如图 8.91 所示。

```
p <- plot_ly(
    type = 'scatterpolar',
    fill = 'toself'
  ) %>%
  add_trace(
    r = c(39, 28, 8, 7, 28, 39),
    theta = c('A','B','C', 'D', 'E', 'A'),
    name = 'Group A'
  ) %>%
  add_trace(
```

```
    r = c(1.5, 10, 39, 31, 15, 1.5),
    theta = c('A','B','C', 'D', 'E', 'A'),
    name = 'Group B'
  )
p
```

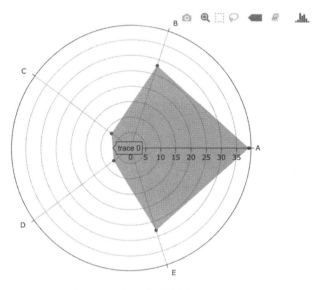

图 8.90  交互式雷达图

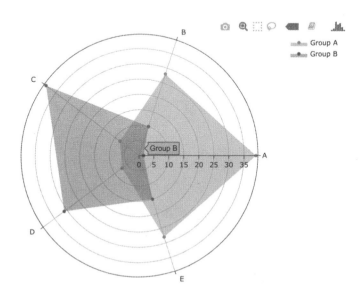

图 8.91  多轨迹雷达图

上面的代码使用 add_trace 函数绘制了一幅多轨迹的雷达图,使用同样的方式还可以绘制更多组轨迹的雷达图。

## 8.9.14 热图

如果希望绘制交互式热图，需要将 type 参数设置为 heatmap。下面的代码绘制了一幅交互式热图，如图 8.92 所示。

```
p <- plot_ly(z = volcano, type = "heatmap")
p
```

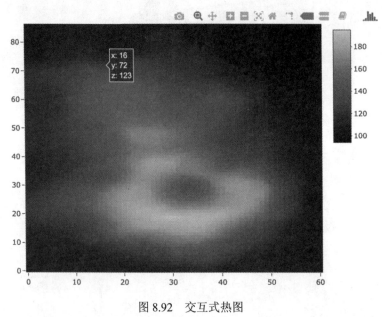

图 8.92　交互式热图

上面的例子中使用非常少的代码绘制了一幅交互式热图，其交互信息输出了有关原始数据的信息。

## 8.9.15 三维散点图

使用 plot_ly 函数同样可以绘制三维图形，包括三维散点图、三维线图等。下面的代码绘制了一幅三维散点图，如图 8.93 所示。

```
mtcars$am[which(mtcars$am == 0)] <- 'Automatic'
mtcars$am[which(mtcars$am == 1)] <- 'Manual'
mtcars$am <- as.factor(mtcars$am)

p <- plot_ly(mtcars, x = ~wt, y = ~hp, z = ~qsec, color = ~am, colors = c('#BF382A', '#0C4B8E'))
p
```

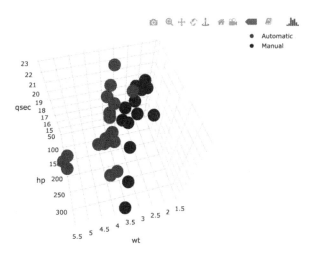

图 8.93 三维散点图

在绘制好的三维散点图中,可以使用鼠标拉扯图形,并且可以调整散点图的角度。另外,还可以绘制三维气泡图,如图 8.94 所示。

```
mtcars$am[which(mtcars$am == 0)] <- 'Automatic'
mtcars$am[which(mtcars$am == 1)] <- 'Manual'
mtcars$am <- as.factor(mtcars$am)

p <- plot_ly(mtcars, x = ~wt, y = ~hp, z = ~qsec,size =  ~disp, color = ~am,
    colors = c('#BF382A', '#0C4B8E'))
p
```

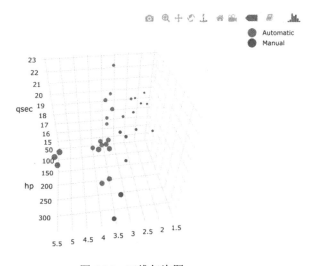

图 8.94 三维气泡图

普通的三维图形其实不是一个好的选择,但是交互式的三维图形却是一个很好的选择,因为可以通过鼠标进行交互,查看数据点的结果。因此,如果有高维数据需要可视化,则可以绘制交互式的高维图形来实现。

### 8.9.16 动画图

plot_ly 函数还可以绘制动画图。原理就是将参数 frames 指向一个数字列表，每个数字都会在实例化时进行循环。下面的代码绘制了一幅动画图，如图 8.95 所示。

```
library(gapminder)

p <- gapminder %>%
  plot_ly(
    x = ~gdpPercap,
    y = ~lifeExp,
    size = ~pop,
    color = ~continent,
    frame = ~year,
    text = ~country,
    hoverinfo = "text",
    type = 'scatter',
    mode = 'markers'
  ) %>%
  layout(
    xaxis = list(
      type = "log"
    )
  )

p
```

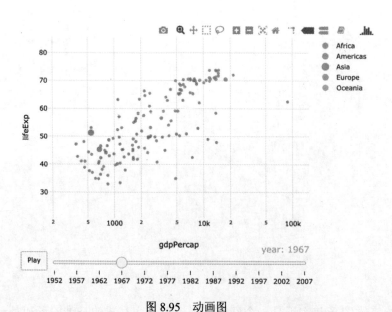

图 8.95 动画图

从图 8.95 中可以看到，图中有一个 Play 按钮，单击该按钮，就开始播放动画图。上

## 8.9.17 调整图形图例

前面介绍了使用 plot_ly 函数绘制各种图形的方法，下面介绍如何调整图形的相关参数。下面的代码首先绘制了一幅散点图，并且调整了图形的颜色，然后使用 layout 函数对图例进行了调整，如图 8.96 所示。

```
p <- plot_ly(data = mtcars,x = ~wt,y = ~mpg,type = "scatter",mode = "markers",color = ~as.factor(cyl))
p %>% layout(showlegend = FALSE)
```

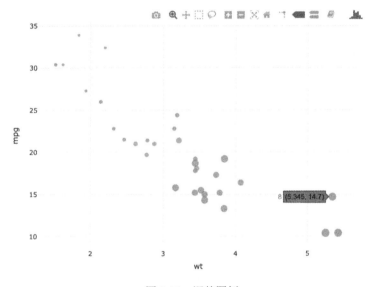

图 8.96　调整图例

上面的代码中 layout(showlegend = FALSE)表示不显示图例，因此从图 8.96 中看不到关于颜色的图例。如果希望调整图例的位置，则可以调整 legend 参数。下面的例子调整了图例的位置，如图 8.97 所示。

```
p %>% layout(legend = list(x = 0.1, y= 0.1))
```

从图 8.97 中可以看到，图例的位置在左下角。进一步，还可以对坐标轴进行调整，例如，添加标题或修改 x 轴和 y 轴的标签。下面的代码调整了图形的坐标轴，如图 8.98 所示。

```
p %>% layout(legend = list(x = 0.1, y= 0.1),title = "Plot",xaxis = list(title = "weigth"),yaxis = list(title = "MPG"))
```

上面的代码修改了坐标轴的标签。从图 8.98 中可以看到，原来 x 轴的标签从 wt 变成了 weigth，y 轴的标签从 mpg 变成了 MPG。

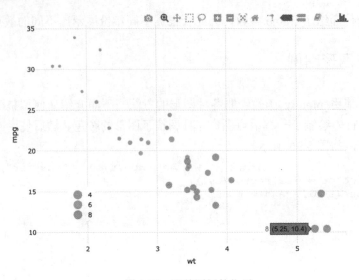

图 8.97  调整图例的位置

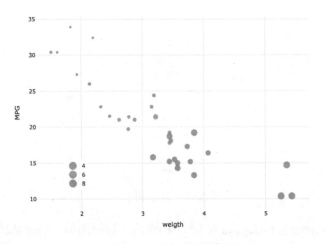

图 8.98  调整坐标轴标签

### 8.9.18  修改交互文本

在绘制图形的同时，还可以通过 text 参数来修改交互文本。下面的代码修改了图形的交互文本，如图 8.99 所示。

```
p <- plot_ly(data = mtcars,x = ~wt,y = ~mpg,type = "scatter",mode =
"markers",hoverinfo = "text",text = paste("Miles per gallon:",mtcars$wt,
"<br>","Weigth:",mtcars$mpg))
p
```

从图 8.99 中可以看到，交互信息中出现了更多的文本信息。

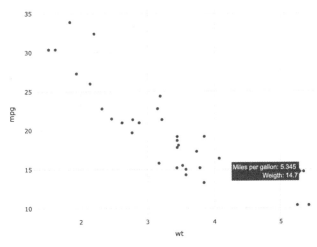

图 8.99　调整交互文本

## 8.10　动　画　图

动画图会一个接一个地显示几张图表，非常像电视上的动画，因为动画本质上也是一张一张的图片。但是动画图并不等于交互式图形，两者还是有明显区别的。

有很多种方式可以构建动画图，例如使用 plotly 包，而 gganimate 包则是一个专门用于绘制动画图形的包。gganimate 是 ggplot2 的一个扩展包，可以非常轻松地将数据转换为动画图。下面的代码使用 gapminder 数据集绘制了一幅动画图，如图 8.100 所示。gapminder 数据集记录了不同地区人们的预期寿命、人均 GDP 和人口数量。

```
# 加载包
library(gapminder)
library(ggplot2)
library(gganimate)

# 使用 ggplot 函数绘图，添加一个参数 frame=year，使每一年对应一张图片
ggplot(gapminder, aes(gdpPercap, lifeExp, size = pop, color = continent)) +
  geom_point() +
  scale_x_log10() +
  theme_bw() +

  labs(title = 'Year: {frame_time}', x = 'GDP per capita', y = 'life expectancy') +
  transition_time(year) +
  ease_aes('linear')
```

在绘制动画的过程中，首先还是使用 ggplot2 进行绘图，代码中的 transition_time 函数是将使用 ggplot 函数绘制的图形转换为动画图的关键函数。transition_time(year)表示将数据将 year 变量映射到时间维度，根据 year 变量的不同显示不同的图形。遗憾的是，纸张并不能展示动画图的结果，读者可以运行代码，观察动态图结果。

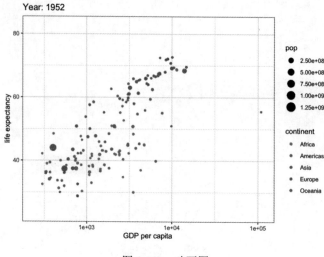

图 8.100　动画图

## 8.10.1　绘制基础动画图

绘制动画图首先使用 ggplot 函数绘制一个基础的图形，然后使用 transition_time 函数将基础图形转换为动画图。但是需要注意的是，数据中需要有一个变量用于映射到动画图的时间维度。下面的代码绘制了一幅非常简单的动画图，如图 8.101 所示。

```
# 绘制图形
p <- ggplot(data = diamonds %>% sample_frac(0.1),aes(x = price, y = carat, color = color)) +geom_point()

p + transition_time(as.numeric(cut))
```

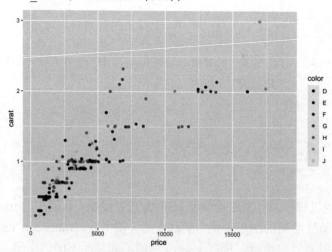

图 8.101　基础动画图

上面的代码使用 diamonds 数据集，绘制了变量 price 和 carat 的散点图，然后将 cut 变量映射到时间维度。动画图会不断地转换以显示 cut 变量不同值对应数据的散点图。

## 8.10.2 使用分面

由于 gganimate 是 ggplot2 包的扩展包，因此 ggplot2 中的参数都可用于自定义动画图。图 8.102 是图 8.100 使用分面的一个实例，每个分面表示不同的大陆。

```
#加载包
library(gapminder)

library(ggplot2)
library(gganimate)

# 绘制图形，并且添加 frame=year，表示每年绘制一个图形
ggplot(gapminder, aes(gdpPercap, lifeExp, size = pop, colour = country)) +
  geom_point(alpha = 0.7, show.legend = FALSE) +
  scale_colour_manual(values = country_colors) +
  scale_size(range = c(2, 12)) +
  scale_x_log10() +
  facet_wrap(~continent) +

  labs(title = 'Year: {frame_time}', x = 'GDP per capita', y = 'life expectancy') +
  transition_time(year) +
  ease_aes('linear')
```

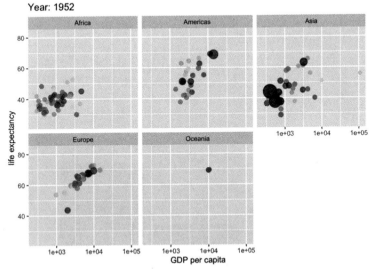

图 8.102　分面动画图

上面的代码绘制了一幅分面的动画散点图，展示了不同大陆在不同时间的人均 GDP 和预期寿命的关系。

### 8.10.3 动态变化图形

理论上，所有的 ggplot 图形都可以转换为动画图，只需要添加一个用于表示状态变化的变量即可。例如图 8.99 是不同年份 GDP 和寿命的散点图，其实相当于动画图将年份这个变量展现出来了，年份是一个状态。其实也可以绘制不同地区的 GDP 和寿命的散点图的动画图，只需要有一个表示状态的变量即可。下面的代码绘制了一幅动态的条形图，如图 8.103 所示。

```
# 加载包：
library(ggplot2)
library(gganimate)

# 创建数据集
a <- data.frame(group=c("A","B","C"), values=c(3,2,4), frame=rep('a',3))
b <- data.frame(group=c("A","B","C"), values=c(5,3,7), frame=rep('b',3))
data <- rbind(a,b)

# 绘制图形
ggplot(data, aes(x=group, y=values, fill=group)) +
  geom_bar(stat='identity') +
  theme_bw() +
  # 设置 frame 参数
  transition_states(
    frame,
    transition_length = 2,
    state_length = 1
  ) +
  ease_aes('sine-in-out')
```

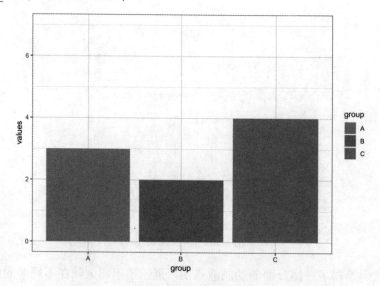

图 8.103 条形动画图

上面的代码首先创建了一个数据集，需要注意的是数据集包含 3 个变量，group、values 和 frame。绘制条形图只需要两个变量，因为需要绘制动画图，因此需要 frame 这个变量。首先使用 ggplot 函数绘制普通的条形图，然后调用 transition_states 函数绘制动画图。需要注意的是 ease_aes 函数，该函数用于描述动画图是如何改变的，一个画面是如何变化到另外一个画面的，例如，是突然变化还是慢慢变化。

下面的代码绘制了一幅渐进的折线动画图，如图 8.104 所示。

```
# 加载包：
library(ggplot2)
library(gganimate)
library(babynames)
library(hrbrthemes)

# 对数据集进行处理
don <- babynames %>%
  filter(name %in% c("Ashley", "Patricia", "Helen")) %>%
  filter(sex=="F")

# 绘制图形
don %>%
  ggplot( aes(x=year, y=n, group=name, color=name)) +
    geom_line() +
    geom_point() +
    scale_color_viridis(discrete = TRUE) +
    ggtitle("Popularity of American names in the previous 30 years") +
    theme_ipsum() +
    ylab("Number of babies born") +
    transition_reveal(year)
# Save at gif:
# anim_save("287-smooth-animation-with-tweenr.gif")
```

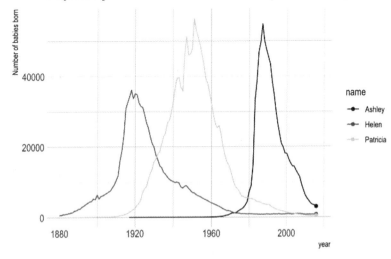

图 8.104　折线动画图

绘制动画线图的方式与绘制普通线图的方式一样，只是在最后面使用了 transition_reveal 函数将图形转换为动画图。

动画图是很好的数据可视化形式，当数据集有一个时间维度时，使用动画图可以很好地展示不同时间维度的各种图形。

# 第 9 章　图形元素、标题和图例绘制

本章将介绍在使用 ggplot2 包绘图的过程中图形参数的调整，包括图形元素、图形标题和图例等。其实，图形参数的调整属于锦上添花，因为如果只是数据探索，希望了解数据的信息，则没有必要设置图形的标题或修改图例。但是通过图形参数调整图形细节对于数据可视化成果的交流非常重要，如果需要别人来了解分析的结果，则需要绘制高质量的图形以使读者了解图形所表达的含义。

## 9.1　添加图形元素

图形元素包括线条、矩阵和多边形等。本节将介绍如何在图形中添加图形元素，其中关键函数如下：
- geom_polygon：添加多边形，填充路径。
- geom_path：添加连线。
- geom_segment：添加单个线段。
- geom_curve：添加曲线。
- geom_rect：添加一个二维矩形。
- geom_ribbon：添加区域。

这些函数都有一些共同的参数，包括 alpha（调整透明度）、color（调整线条颜色）、linetype（线条种类）和 size（大小）。

下面的代码使用 econimics 数据集绘制一幅时间序列图，然后在图中添加一个矩阵，并且在线条的周围添加一个类似于置信区间的区域，如图 9.1 所示。

```
library(ggplot2)
h <- ggplot(economics, aes(date, unemploy))

# 合并路径、色带和矩形
h + geom_rect(aes(xmin = as.Date('1980-01-01'), ymin = -Inf, xmax = as.Date('1985-01-01'), ymax = Inf),
fill = "#A29B32", color = "#D8DA9E", size =1.5) + geom_ribbon(aes(ymin = unemploy-900, ymax = unemploy+900),
fill = "#F3BF94")+ geom_path(size = 0.8, color = "red") +
theme_minimal()
```

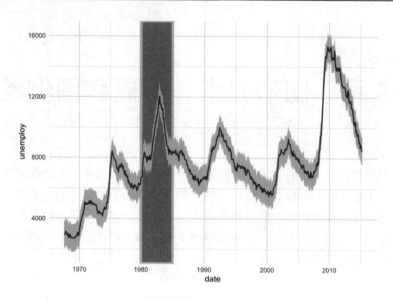

图 9.1　添加矩形

上面的代码中使用了 economics 数据集，这个数据集是某个国家经济的时间序列数据。首先使用 geom_rect 函数添加了一个矩形区域，其中参数 xmin 和 xmax 指定了矩形在 x 轴上的范围，参数 ymin 和 ymanx 指定了矩形在 y 轴上的范围；然后使用 geom_ribbon 函数添加了一个区域，区域的范围为[unemploy-900, unemploy+900]；最后使用 geom_path 绘制时间序列。从图 9.1 中可以看到，时间序列图在 1980-01-01 到 1985-01-01 之间添加了一个矩形，并且时间序列曲线的周围存在一个类似于置信区间的区域。

需要注意的是，调用 geom_*函数的顺序对于图形的构建是有影响的，如果先使用 geom_ribbon 函数绘制区域，然后再使用 geom_path 函数绘制时间序列，则时间序列曲线在矩形的区域中会被覆盖。

上面的例子在图形中添加了矩形，另外，还可以使用 geom_segment 函数在点（x1, y1）和（x2, y2）之间添加线段。例如，下面的代码绘制一幅散点图，并且使用 geom_segment 函数在图形中添加一条线段，如图 9.2 所示。

```
# 绘制散点图
i <- ggplot(mtcars, aes(wt, mpg)) + geom_point()         # 添加线段
i + geom_segment(aes(x = 2, y = 15, xend = 3, yend = 15))
```

上面的代码中，geom_segment 函数中的 x 和 xend 参数表示图形中线段在 x 轴上的起点和终点，y 和 yend 参数表示图形中线段在 y 轴上的起点和终点。也就是说，函数在点（x, y）和（xend, yend）之间绘制添加线段。从图 9.2 中可以看到，图形中在 x 轴的 2 到 3 之间添加了一条 y 值为 15 的水平线段。

下面的代码绘制一条带箭头的线段和一条曲线，如图 9.3 所示。

```
# 添加箭头
require(grid)
```

```
## 需要加载grid包
i + geom_segment(aes(x = 5, y = 30, xend = 3.5, yend = 25),
arrow = arrow()) + geom_curve(aes(x = 2, y = 15, xend = 3, yend = 15))
```

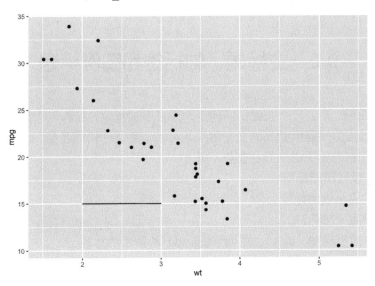

图 9.2 添加一条线段

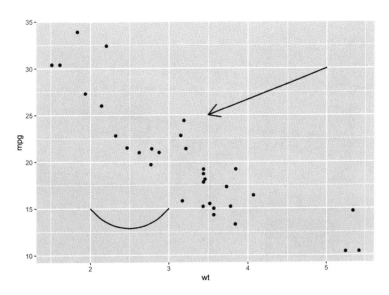

图 9.3 添加带箭头的线段和曲线

上面的代码中，首先使用 geom_segment 函数添加了一条线段，并在该函数中添加了参数 arrow = arrow()，用于在线段的末端添加一个箭头；然后使用 geom_curve 函数添加了一条曲线。从图 9.3 中可以看到，在图形的左下方出现了一条曲线，曲线在 x 轴的 2 到 3

之间。

带箭头的线段可以用于指明图形中某个需要注意的部分，在图形中添加合适的元素可以使图形变得更加具有可读性。

## 9.2 主标题、轴标签和图例标题

在绘制好图形之后，一个关键的操作是为图形添加标题，标题用于显示绘制图形的主题。另外还可以为图形提供必要的文字信息，例如调整坐标轴的名称，告诉读者坐标轴的含义。添加文字信息的关键函数包括以下几个。

- ggtitle：设置图形标题。
- xlab：设置 x 轴的标签。
- ylab：设置 y 轴的标签。
- labs：修改坐标轴（axis）、图例（legend）和图形的标签。

下面的代码首先使用 ToothGrowth 数据集创建一个箱线图，如图 9.4 所示。

```
# 将变量 dose 从数值转换为因子变量
ToothGrowth$dose <- as.factor(ToothGrowth$dose)
p <- ggplot(ToothGrowth, aes(x=dose, y=len, fill = dose)) + geom_boxplot()
p
```

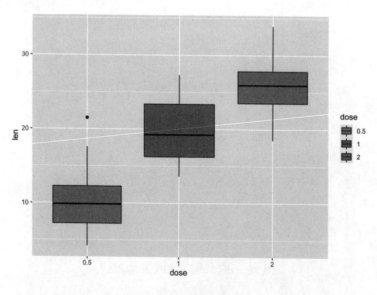

图 9.4　箱线图

上面的箱线图是一幅基础箱线图，没有对图形的参数进行任何修改。以下函数可以用来更改图形的标题和标签：

- ggtitle("Main title")：在图形之上添加标题。
- xlab("X axis label")：改变 x 轴的标签。
- ylab("Y axis label")：改变 y 轴的标签。
- labs(title ="Main title", x="X axis label", y = "Y axis label")：使用 labs 函数调整图形标题和坐标轴的标签。

需要注意的是，labs 函数可以同时调整图形标题和坐标轴的标签，也就是说，可以使用这个函数同时替代 ggtitle 函数、xlab 函数和 ylab 函数。

下面的代码调整了箱线图的标题和坐标轴标签，如图 9.5 所示。

```
# 更改标题和坐标轴标签
p <- p +labs(title="Dose vs Teeth-Length", x ="Dose-Mg", y = "Teeth-Length")
p
```

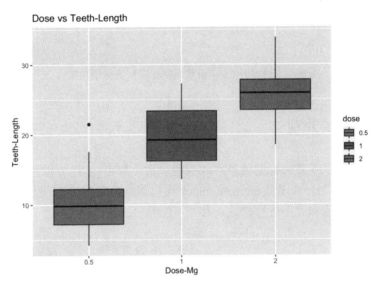

图 9.5　添加标题和坐标轴标签

上面的代码使用 labs 函数调整了坐标轴的标签和图形的标题。使用 title 参数将图形的标题设置为 Dose vs Teeth-Length，使用 x 参数将 x 轴的标签设置为 Dose-Mg，使用 y 参数将 y 轴的标签设置为 Teeth-Length。下面的代码使用 ggtitle、xlab 和 ylab 函数绘制同样的图形，如图 9.6 所示。

```
p + ggtitle("Dose vs Teeth-Length") + xlab("Dose-Mg") + ylab("Teeth-Length")
```

上面的代码使用 ggtitle 函数将图形的标题设置为 Dose vs Teeth-Length，使用 xlab 函数将 x 轴的标签设置为 Dose-Mg，使用 ylab 函数将 y 轴的标签设置为 Teeth-Length。可以看到，图 9.6 与图 9.5 是一样的。

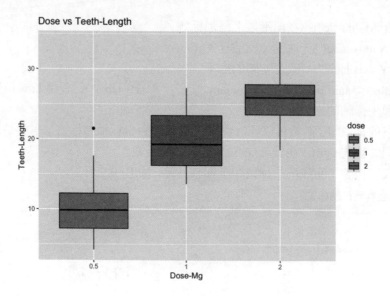

图 9.6  分别使用 3 个函数设置标题和坐标轴标签

## 9.2.1 改变标签的外观

如果需要更改标题或者轴标签的外观（颜色、大小和字体），可以使用函数 theme 和 element_text 进行调整。另外，函数 element_blank 可以用来隐藏标签。下面的代码使用 theme 函数对图形的标签颜色和大小进行修改，如图 9.7 所示。

```
#改变标签的外观
p + theme(                                    # 改变字体
plot.title = element_text(color="red", size=12, face="bold.italic",hjust
= 0.5), axis.title.x = element_text(color="blue", size=12, face="bold"),
axis.title.y = element_text(color="blue", size=12, face="bold"))
```

上面的代码中，plot.title 参数用于调整图形标题，element_text(color="blue", size=15, face="bold.italic", hjust=0.5)表示调整标题的颜色为红色，字体大小为 15，字体为 bold.italic，并且将标题放到图形中央。可以设置的字体包括 plain、italic、bold 和 bold.italic。

axis.title.x 参数用于调整图形的 x 轴，element_text(color="red", size=12, face="bold")表示将 x 轴的标签设置为蓝色，字体大小设置为 12，字体设置为 bold。同样地，axis.title.y 函数用于调整图形的 y 轴，element_text(color="#993333", size=12, face="bold")表示修改 y 轴的标签颜色为蓝色，字体大小为 12，字体为 bold。从图 9.7 中可以看到，图形的标题显示在图形的上方，并且标题的颜色显示为红色。

另外，如果不需要标题和标签，则可以将其删除。下面的代码删除了图形的标题和标签，如图 9.8 所示。

```
# 隐藏标签
```

```
p + theme(plot.title = element_blank(),
axis.title.x = element_blank(), axis.title.y = element_blank())
```

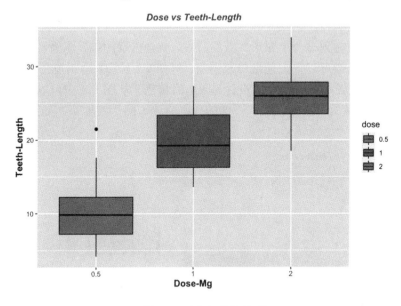

图 9.7 改变标签的外观

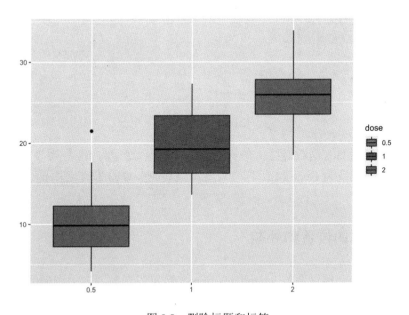

图 9.8 删除标题和标签

上面的代码中使用的函数是 element_blank，该函数表示不显示某个图形元素。从图 9.8 中可以看到，图形中的标题和标签全部被删除。

## 9.2.2 修改图例

当将一个变量映射到某一个图形参数的时候,就会出现图例,图例显示了图形中的不同分组。使用 labs 函数可以很方便地修改图例,例如 9.2.1 节中绘制箱线图,将 dose 变量映射到了 fill 参数,表示将这个变量映射到图形的颜色。从图 9.8 中可以看出,图例中显示了 dose 变量不同值所对应的颜色。下面的代码修改了图形的标签,如图 9.9 所示。

```
p + labs(fill = "Dose-Mg")
```

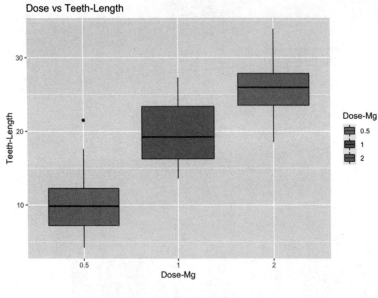

图 9.9 箱线图

上面的代码使用 labs 函数对图例的标题进行了修改,通过将 fill 参数设置为 Dose-Mg,表示将图例的标题设置为 Dose-Mg。同理,要修改其他参数的图例,只需要在 labs 函数中修改对应的参数即可。

## 9.2.3 修改图例的位置和外貌

在 theme 函数中,通过调整 legend.position 参数可以调整图形中图例的位置。下面的代码调整了图例的位置,如图 9.10 所示。

```
ToothGrowth$dose <- as.factor(ToothGrowth$dose)
p <- ggplot(ToothGrowth, aes(x=dose, y=len, fill=dose))+
geom_boxplot()
# 改变图例的位置: "left","top", "right", "bottom", "none"
p + theme(legend.position="left")
```

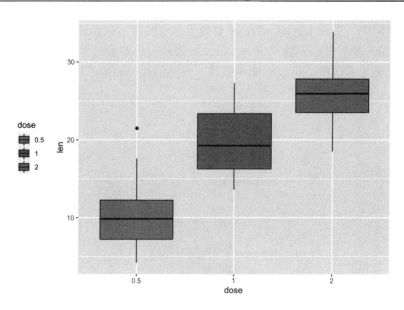

图 9.10 调整图例位置 1

上面的代码中,设置 legend.position 参数为 left,表示将图例放置在图形的左边。位置选项还包括 right、bottom 和 top。另外,还可以使用一个向量来表示图例的位置,例如下面的代码将图例放在图形的正下方,如图 9.11 所示。

```
#图例的位置可以通过向量设置
p + theme(legend.position = c(0.5, 0.2))
```

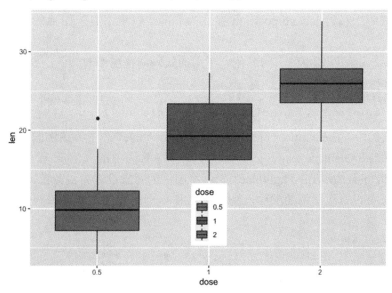

图 9.11 调整图例位置 2

上面的代码中，设置 legend.position 参数为一个向量，分别表示在 x 轴和 y 轴上的位置，其中（0，0）表示图形的最左下角，（1，1）表示图形的最右上角。

如果不需要显示图例，可以将图例删除。下面的代码删除了图例，如图 9.12 所示。

```
# 去除图例
p + theme(legend.position = "none")
```

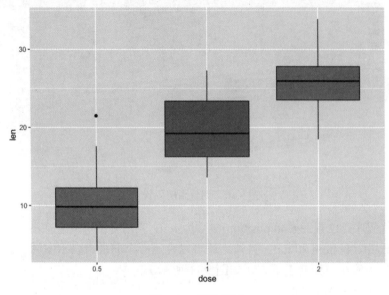

图 9.12　删除图例

上面的代码中设置 legend.position 参数为 none，表示不显示图形的图例，如图 9.12 所示。

更进一步，还可以调整图形的颜色。下面的代码调整图形的颜色，如图 9.13 所示。

```
# 改变图例标题和标签的外观
p + theme(legend.title = element_text(colour="blue"), legend.text = element_text(colour="red"),legend.background = element_rect(fill="lightblue"))
```

上面的代码中，legend.title = element_text(colour="blue")表示将图例的标题颜色设置为蓝色，legend.text=element_text(colour="red")表示将图例中的文字设置为红色，legend.background=element_rect(fill="lightblue")表示将图例的背景设置为浅蓝色，如图 9.13 所示。

另外，还可以修改图例的顺序及图例的名称。下面的代码修改图例的顺序，结果如图 9.14 所示。

```
# 更改图例项的顺序
p + scale_fill_discrete(labels=c("2", "0.5", "1"))
```

上面的代码使用 scale_fill_discrete 函数将图例的顺序进行了调整。从图 9.14 中可以看到，图例的顺序从原来的 0.5、1、2 改变为 2、0.5、1。下面的代码调整了图例的名称，结果如图 9.15 所示。

```
# 设置图例的名称和标签
p + scale_fill_discrete(name = "Dose", labels = c("A", "B", "C"))
```

上面的代码使用 scale_fill_discrete 函数将图例修改为 A、B、C。从图 9.15 中可以观察到，图例从原来的 0.5、1、2 改变为 A、B、C。

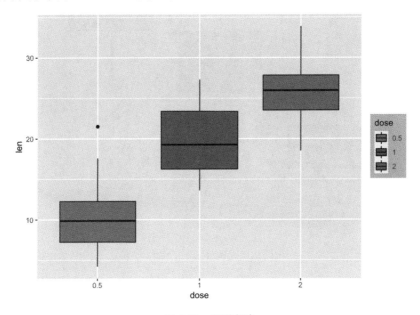

图 9.13　调整颜色

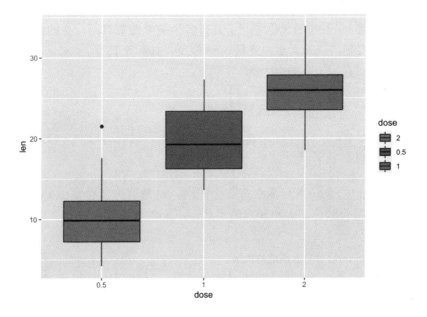

图 9.14　调整图例的顺序

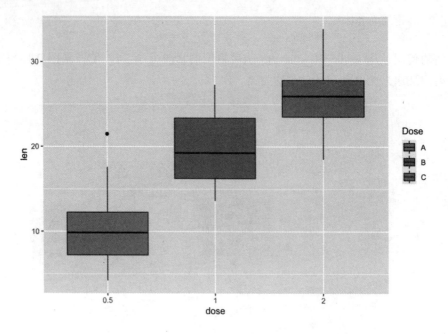

图 9.15 调整图例的名称

## 9.2.4 使用 guides 函数修改图例

guides 函数专门用于调整图例,可以使用该函数设置或删除特定美学的图例(填充、颜色、大小、形状等)。下面的代码绘制了具有多个美学的散点图,点的颜色和形状由因子变量 cyl 和 gear 控制,点的大小由变量 qsec 控制,如图 9.16 所示。

```
#设置 cyl 变量和 gear 变量为因子类型
mtcars$cyl<-as.factor(mtcars$cyl)
mtcars$gear <- as.factor(mtcars$gear)
# 绘制图形
 p <- ggplot(data = mtcars,aes(x = mpg, y = wt, color = cyl, size = qsec, shape = gear))+ geom_point()
p
```

从图 9.17 中可以看到,散点图中有 3 个图例,这是因为 3 个变量 cyl、qsec 和 gear 分别映射到了散点图的颜色、大小和点的形状。下面的代码调整了这 3 个图例的顺序,如图 9.17 所示。

```
# 使用 guide_legend()更改图例的顺序
p + guides(color = guide_legend(order=3), size = guide_legend(order=2), shape = guide_legend(order=1))
```

# 第 9 章 图形元素、标题和图例绘制

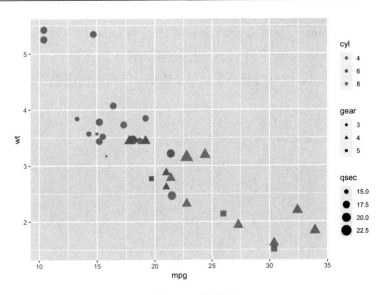

图 9.16 散点图

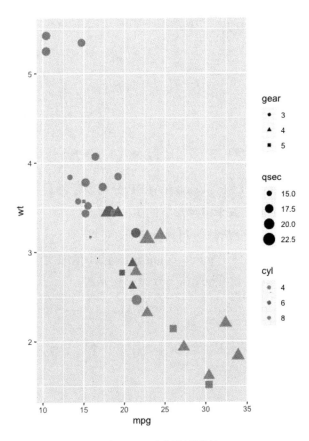

图 9.17 更改图例顺序

上面的代码中，color = guide_legend(order=3)表示将 color 对应的图例设置为第三个，shape = guide_legend(order=2)表示将 shape 对应的图例排在第 2 个。

当有多个图例的时候，可以选择不显示某个图例。下面的代码取消了颜色和大小图例的显示，如图 9.18 所示。

```
# 修改图例
p+guides(color = FALSE, size = FALSE)
```

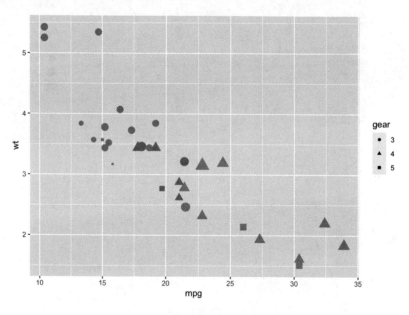

图 9.18　取消显示颜色和大小图例

上面的代码中，color=FALSE 和 size=FALSE 分别表示不显示 color 和 size 图例。从图 9.18 中可以看到，只显示了关于图形形状的图例。

另外，如果是将一个连续变量映射到颜色参数，可以使用 guide_colourbar 函数来更改颜色图例的顺序。下面的代码使用 guide_colourbar 函数调整图形，如图 9.19 所示。

```
# 连续变量作为颜色的情况：使用 guide_colourbar 函数
qplot(data = mpg, x = displ, y = cty, size = hwy, colour = cyl, shape = drv) +
    guides(color = guide_colourbar(order = 1), alpha = guide_legend(order = 2),
    size = guide_legend(order = 3))
```

在上面的代码中，将 color 对应的图例排列在第一个。另外，使用 scale_*函数也可以删除特定的图例，如图 9.20 所示。

```
# 删除形状的图例
p + scale_shape(guide=FALSE)
```

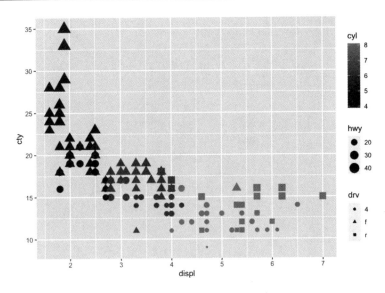

图 9.19  更改颜色图例的顺序

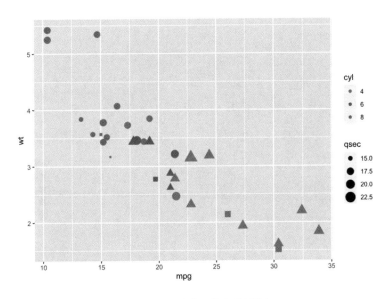

图 9.20  删除了特定的图例

上面的代码中,scale_shape(guide=FALSE)表示不显示形状的图例。下面的代码删除了关于大小的图例,如图 9.21 所示。

```
p + scale_size(guide=FALSE)        # 删除大小图例
```

上面的代码中,scale_size(guide=FALSE)表示不显示大小的图例。下面的代码设置了图形的颜色,并且删除了颜色的图例,如图 9.22 所示。

```
p + scale_color_manual(values=c('#999999','#E69F00','#56B4E9'), guide=
FALSE)
```

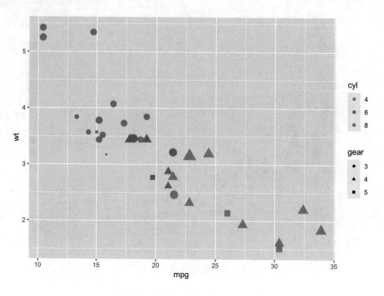

图 9.21　删除了关于大小的图例

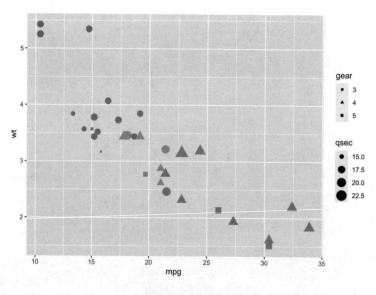

图 9.22　散点图

上面的代码中，scale_color_manual(values=c("#999999", "#E69F00", "#56B4E9"), guide =FALSE)表示不显示颜色的图例。

本章介绍了图形元素、标题和图例的绘制。在绘图的过程中，虽然标题不是必要的，但最好还是添加图形标题，这样既有助于别人阅读，也方便自己日后回过头来阅读。一幅优秀的统计图形涉及大量的细节调整，在第 10 章中将会介绍更多的图形细节调整的方法。

# 第 10 章　颜色等参数的调整

对图形的细节调整是绘制一幅优秀的统计图形非常关键的一个步骤。需要调整的细节包括图形的颜色、点的形状、线条的类型、坐标轴的范围、坐标轴的刻度、标签、图形主题及文本注释等。本章将继续介绍有关图形参数的内容。

## 10.1　图形颜色调整

本节将介绍如何改变图形的颜色。在图形中改变颜色有两种方式，一种是使用单个颜色来调整图形，将一个具体的颜色传递给 color 或者 fill 参数，这样图形的整体颜色将会改变。具体的颜色可以使用英文来表示，例如 red；也可以使用数字来表示，例如 1；还可以使用十六进制的颜色代码来表示，例如#FF1234。另外一种颜色的调整方式是将一个变量映射到颜色相关的参数，然后使用不同的颜色来表示不同组的数据。

下面的代码使用 ToothGrowth 数据集创建了一个关于 dose 变量和 len 变量的箱线图和一个关于 wt 变量和 mpg 变量的散点图，如图 10.1 和图 10.2 所示。

```
library(ggplot2)
# 将 dose 和 cyl 变量转换为因子类型
ToothGrowth$dose <- as.factor(ToothGrowth$dose)
mtcars$cyl <- as.factor(mtcars$cyl)
# 绘制箱线图
bp <- ggplot(ToothGrowth, aes(x=dose, y=len))+geom_boxplot()
bp
# 绘制散点图
sp <- ggplot(mtcars, aes(x=wt, y=mpg))+geom_point()
sp
```

从图 10.1 和图 10.2 中可以看到，图形没有进行任何的参数调整。下面将以这两个图形为例进行颜色调整。

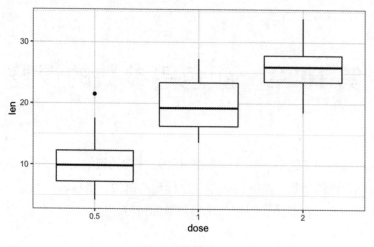

图 10.1　箱线图

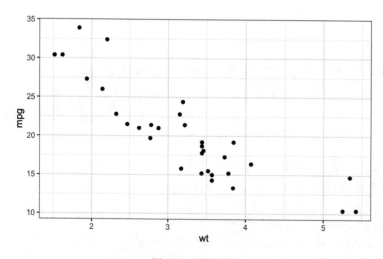

图 10.2　散点图

## 10.1.1　使用单个颜色调整图形

在绘图过程中，可以将 color 参数和 fill 参数指定为某个颜色，然后图形中的点、线条和填充则会被设置为对应的颜色。下面的代码对箱线图的颜色进行了调整，如图 10.3 所示。

```
# 调整颜色
bp + geom_boxplot(fill = 'yellow', color = "black")
```

上面的代码中，使用 fill 参数将箱线图中箱子的填充颜色设置为黄色，使用 color 参数将箱线图中线条和点的颜色设置为黑色。下面的代码对散点图的颜色进行调整，如图 10.4

所示。

```
# 调整颜色
sp + geom_point(color = 'red')
```

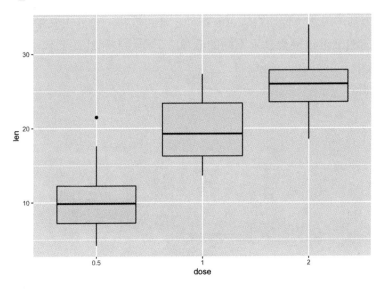

图 10.3　调整箱线图的颜色

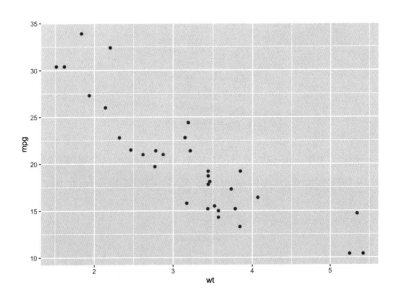

图 10.4　调整散点图的颜色

上面的代码使用 color 参数将散点图的点设置为红色。需要注意的是，color 参数一般用于调整图形中点和线条的颜色，fill 参数用于调整图形中区域的填充颜色。

## 10.1.2 通过分组调整颜色

除了将某个具体的颜色传递给颜色参数外,还可以将一个分组变量传递给颜色参数,这时图形中不同的分组结果会显示不同的颜色。下面绘制箱线图的代码中,将 dose 变量映射到 fill 参数中,如图 10.5 所示。

```
# 绘制箱线图
bp <- bp + geom_boxplot(aes(fill = dose))
bp
```

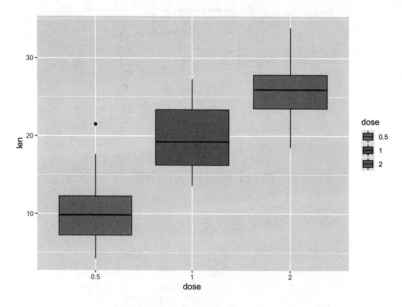

图 10.5 分组调整箱线图的颜色

上面的代码设置了 fill = dose,从图 10.5 中可以观察到,三组箱线图被设置为不同的颜色。下面的代码使用同样的方式对散点图的颜色进行调整,如图 10.6 所示。

```
# 绘制散点图
sp <- sp + geom_point(aes(color = cyl))
sp
```

上面的代码设置 color = cyl,从图 10.6 中可以看到,散点图被分成了三组,每一组散点图显示出不同的颜色。

也可以使用 scale_fill_hue 和 scale_color_hue 函数来修改默认颜色的亮度和色度。下面的代码调整图形颜色的色度和亮度,如图 10.7 所示。

```
bp + scale_fill_hue(l=40, c=35)
```

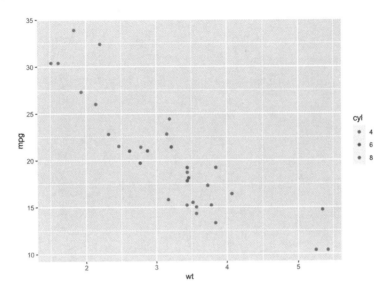

图 10.6 分组调整散点图的颜色

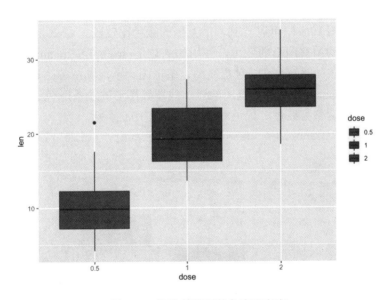

图 10.7 调整箱线图的色度和亮度

上面的代码使用 scale_fill_hue 函数来修改图形的颜色,其中 l 参数表示的是亮度,其取值范围为 0~100,l 值越大,图形颜色会越鲜艳;c 参数表示的是色彩的强度。图形的颜色取决于色度和亮度的组合。从图 10.7 中可以观察到,箱线图的颜色变得更深,呈现出深色调。下面使用同样的方式对散点图的颜色进行调整,如图 10.8 所示。

```
sp + scale_color_hue(l=80, c=35)
```

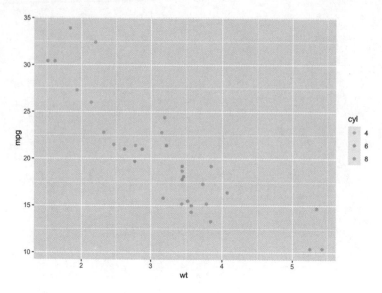

图 10.8 调整散点图的色度和亮度

上面的代码使用 scale_color_hue 函数对图形的颜色进行了调整,其中 l 参数设置为 80,c 参数设置为 35。从图 10.8 中可以看到,散点图的颜色比较浅。

另外,还可以手动调整图形的颜色,使用的函数是 scale_fill_manual 和 scale_color_manual。其中 scale_fill_manual 可以对箱线图、条形图、小提琴图等图形的填充颜色进行调整,scale_color_manual 可以对散点图的点、线图等图形的线条颜色进行调整。下面的代码将箱线图的颜色调整为红色、黑色和蓝色,如图 10.9 所示。

```
bp + scale_fill_manual(values=c("red", "black", "blue"))
```

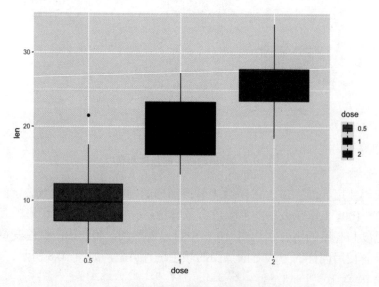

图 10.9 手动设置箱线图的颜色

上面的代码使用 scale_fill_manual 函数对图形的颜色进行设置，values=c("red", "black", "blue")表示将不同的分组分别设置为红色、黑色和蓝色。

下面的代码对散点图的颜色进行调整，结果如图 10.10 所示。

```
sp + scale_color_manual(values=c("red", "black", "blue")
```

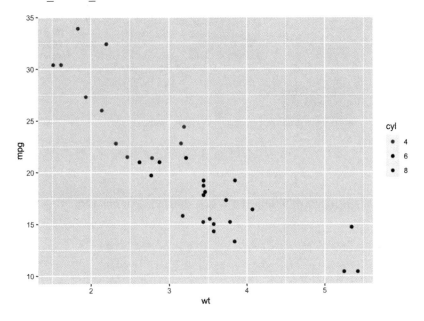

图 10.10　手工设置散点图的颜色

上面的代码使用 scale_color_manual 函数对散点图的颜色进行设置，values=c("red", "black", "blue")表示将散点图的三组分别设置为红色、黑色和蓝色。

如果不希望手动设定颜色，则可以尝试使用不同的颜色配色。使用 scale_fill_brewer 函数可以调整箱线图、条形图、小提琴图等图形的填充颜色的配色，使用 scale_color_brewer 函数可以调整图形中线段的配色。下面的代码对箱线图的颜色进行调整，如图 10.11 所示。

```
bp + scale_fill_brewer(palette="Dark2")                  # 调整颜色
```

上面的代码使用 scale_fill_brewer 函数调整图形的配色，其中 palette="Dark2"表示使用 Dark2 这种配色。从图 10.11 中可以看到，图形的颜色和默认的图形颜色有很大的区别。下面的代码对散点图的颜色进行调整，如图 10.12 所示。

```
sp + scale_color_brewer(palette="Dark2")
```

上面的代码使用 scale_color_brewer 函数对散点图的颜色进行调整，调整的方式和箱线图的调整是一样的。

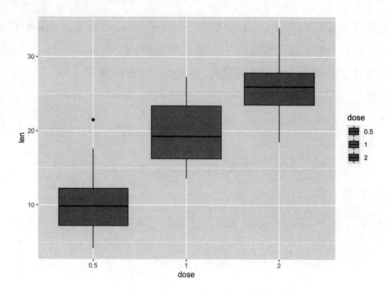

图 10.11　使用 scale_fill_brewer 函数调整箱线图的颜色

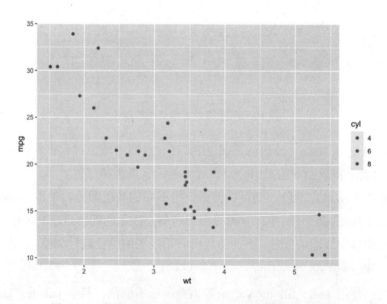

图 10.12　使用 scale_color_brewer 函数调整散点图的颜色

Dark2 配色来自于 RColorBrewer 包。如图 10.13 所示为 RColorBrewer 包中可选的配色，以及对应配色的代码。

如果对 RColorBrewer 包中的配色不满意，还可以选择其他配色。wesanderson 包提供了更多的配色，如图 10.14 所示。

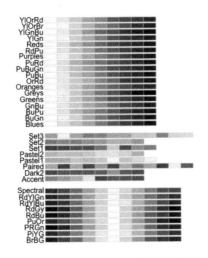

图 10.13 RColorBrewer 包提供的配色

图 10.14 wesanderson 包提供的配色

下面的代码使用 wesanderson 包中的配色来调整箱线图的颜色,如图 10.15 所示。

```
library(wesanderson)
# 调整颜色
bp+scale_fill_manual(values=wes_palette(n=3, name="Royal1"))
```

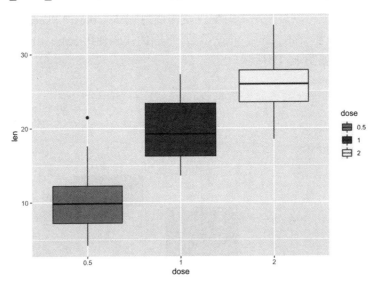

图 10.15 设置箱线图的配色为 Royal1

上面的代码使用 scale_fill_manual 函数来调整箱线图的配色,其中,values=wes_palette (n=3, name="Royal1") 表示选取 Royal1 这种配色来调整图形的颜色。从图 10.15 中可以看到,箱线图的颜色显示为绿色、红色和米色。下面的代码使用相同的方式调整散点图的配色,如图 10.16 所示。

#调整颜色
sp+scale_color_manual(values=wes_palette(n=3, name="Royal1"))

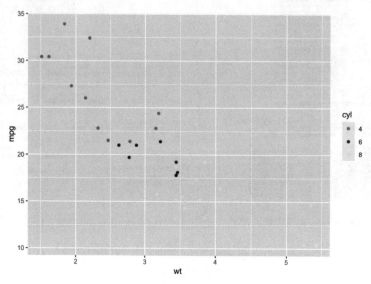

图 10.16　设置散点图的配色为 Royal1

另外还有一种方式可以调整图形的配色，即调用 scale_color_* 和 scale_fill_* 族函数，如 scale_fill_grey 函数和 scale_color_grey 函数。下面的代码使用 scale_fill_grey 函数将箱线图修改为灰色色调，如图 10.17 所示。

# 调整颜色
bp + scale_fill_grey(start=0.8, end=0.2) + theme_minimal()

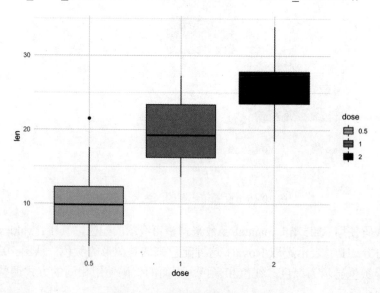

图 10.17　设置箱线图的配色为灰色

下面的代码使用 scale_color_grey 函数来调整散点图的图形颜色，如图 10.18 所示。

```
# 调整颜色
sp + scale_color_grey(start=0.8, end=0.2) + theme_minimal()
```

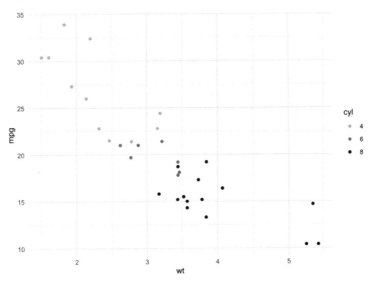

图 10.18　设置散点图的配色为灰色

从图 10.17 和图 10.18 中可以观察到图形的颜色被修改为浅灰色、灰色和黑色，图形呈现灰色色调。

## 10.1.3　渐变或连续颜色

如果将一个连续变量映射到颜色参数，那么颜色的变化将会是渐变的。对于渐变颜色的调整可以使用 scale_color_gradient 函数和 scale_fill_gradient 函数，这两个函数会创建两个颜色之间的渐变结果，颜色从高到低变化。

也可以使用 scale_color_gradient2 函数和 scale_fill_gradient2 函数调整，其与 scale_color_gradient 函数和 scale_fill_gradient 函数类似，都是创建两个颜色之间的渐变结果。不同点是这两个函数可以设置一个中间颜色。

还可以使用 scale_color_gradientn 函数和 scale_fill_gradientn 函数调整渐变颜色，这两个函数用于调整图形的颜色为多种颜色之间的渐变。

下面的代码绘制两种颜色之间的渐变散点图，其中使用 qsec 变量对图形进行着色，如图 10.19 所示。

```
# 调整颜色
sp2 <- ggplot(mtcars, aes(x = wt, y = mpg)) + geom_point(aes(color = qsec))
sp2 + scale_color_gradient(low = "red",high = "yellow")
```

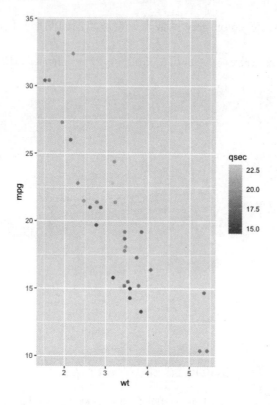

图 10.19　渐变颜色的散点图

上面的代码使用 scale_color_gradient 函数调整数据点的颜色，颜色从红色到黄色渐变，数据点 qsec 的值越大，颜色越黄，否则颜色越红。下面的代码使用 scale_color_gradient2 函数对图形的颜色进行调整，并且设置中间颜色，如图 10.20 所示。

```
# 调整颜色
sp2 + scale_color_gradient2(low = "red",high = "yellow",mid = "white",
    midpoint = 18)
```

上面的代码中将中间颜色设置为了白色，对应的数据值为 18。从图 10.20 中可以看到，如果数据点 qsec 的值为 18，则点的颜色为白色，qsec 值越大，则颜色越黄，其值越小，则颜色越红。

最后一种方式是将颜色设置为多种颜色之间的渐变，使用的函数是 scale_color_gradientn，如图 10.21 所示。

```
# 将mpg变量映射到颜色参数
sp3 <- ggplot(mtcars, aes(x = wt, y = mpg)) +
    geom_point(aes(color = mpg))
# 多种颜色间的渐变
sp3 + scale_color_gradientn(colours = c('red','black','white','blue',
    'yellow')) # rainbow(5)
```

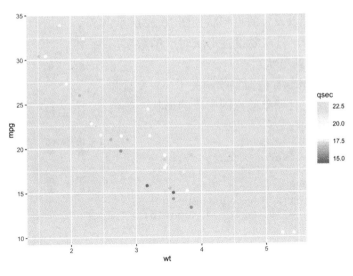

图 10.20　设置中间值

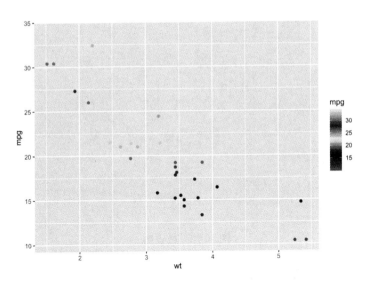

图 10.21　设置多种颜色之间的渐变

上面的代码设置图形的颜色在红色、黑色、白色、蓝色和黄色之间渐变。从图 10.21 中可以看到，图形中的渐变颜色包含这 5 种颜色。

## 10.2　点的形状、颜色和大小的调整

通常而言，在散点图中都是使用圆点来表示数据，但是也会碰到需要将点设置为其他

形状的情况。R语言中可以设置的点形状如图10.22所示。在设置形状参数的时候,只需要设置形状对应的数字,最终图中便会显示对应的形状。

下面的代码使用 mtcars 数据集绘制关于 wt 变量和 mpg 变量的散点图,并且调整散点图中点的形状、颜色和大小,如图10.23 所示。

```
# 将 cyl 变量转换为因子类型
mtcars$cyl <- as.factor(mtcars$cyl)

# 设置点的形状、颜色和大小
ggplot(mtcars, aes(x = wt, y = mpg)) +
geom_point(shape = 18, color = "steelblue",
size = 4)
```

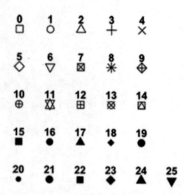

图 10.22　形状

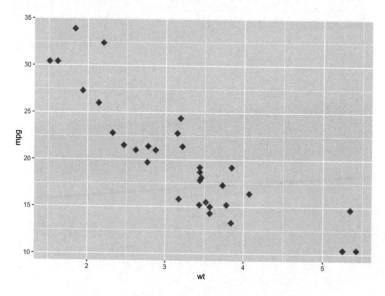

图 10.23　散点图

上面的代码中,设置参数 shape 为 18,表示使用菱形来表示点。下面的代码将一个变量映射到 shape 参数,通过点的形状来区分不同的数据分组,如图 10.24 所示。

```
# 按组改变点的形状和颜色
ggplot(mtcars, aes(x = wt, y = mpg)) + geom_point(aes(shape = cyl),color
= 'red',size = 6)
```

上面的代码中,将 shape 参数设置为 cyl 变量,然后调整点的颜色为红色,并调整点的大小为 6。从图 10.24 中可以看到,图形中点被设置为圆形、正方形和三角形三个形状,并且颜色为红色。

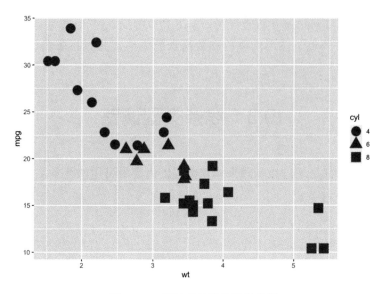

图 10.24 通过点的形状进行分组

将变量映射到 shape 参数之后,如果希望自定义不同分组使用什么形状,则可以使用 scale_shape_manual 函数进行调整。下面的代码使用 scale_shape_manual 函数自定义不同分组点的形状,如图 10.25 所示。

```
# 手动更改点大小
ggplot(mtcars, aes(x=wt, y=mpg, group=cyl)) + geom_point(aes(shape=cyl,
color=cyl, size=cyl))+ scale_shape_manual(values=c(3, 16, 17))+ scale_
color_manual(values=c('#999999','#E69F00', '#56B4E9'))+ scale_size_manual
(values=c(1.5,2,3))+ theme(legend.position="top")
```

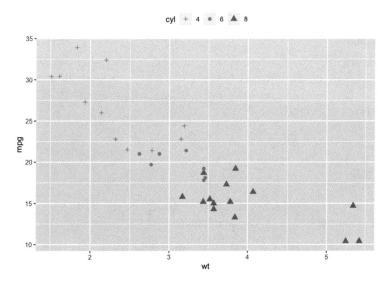

图 10.25 自定义分组形状

上面的代码中，将 values 参数设置为 c(3,16,17)，表示将三组数据点分别设置为加号、圆形和三角形，然后调整了图形的颜色和数据点的大小，并且将图例设置为放在图形的上方。

## 10.3 线条类型调整

几乎所有的图形都是通过点和线来构建的，R 语言中可用的线条类型包括以下几种。
- blank：不显示线条。
- solid：实线。
- dashed：横线构成的虚线。
- dotted：点构成的虚线。
- dotdash：点和线构成的虚线。
- longdash：长线段构成的虚线。
- twodash：长线段和短线段构成的虚线。

在编写代码的时候，可以使用不同线条对应的编号来设置线条的种类。例如，0 表示线条类型为 blank，1 表示线条类型为 solid，6 表示线条类型为 twodash。另外，还可以使用英文单词来表示线条的类型，如图 10.26 所示为不同名称所对应的线条类型。

下面的代码绘制一幅线图，然后调整图形中线条的类型，如图 10.27 所示。

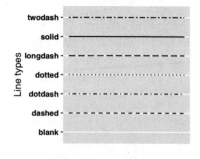

图 10.26　线条类型

```
# 创建一个数据集
df <- data.frame(time=c("breakfeast", "Lunch", "Dinner"), bill=c(10, 30, 15))
head(df)
##       time       bill
## 1     breakfeast  10
## 2     Lunch       30
## 3     Dinner      15
# 基本的点线图
# 改变线条的类型
ggplot(data = df, aes(x = time, y = bill, group = 1)) +
  geom_line(linetype = 6)+ geom_point()
```

上面的代码中，首先创建了一个数据集，然后使用 geom_line 函数绘制线图，其中设定参数 linetype=6，表示使用 twodash 虚线来表示线条。从图 10.27 中可以看到，线条是长线段和短线段构成的虚线。

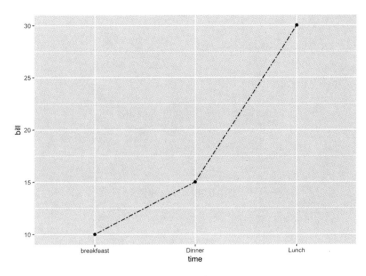

图 10.27 线图

对于多组的线图，可以将某一个分组变量映射到 linetype 参数，从而使得不同的分组线条不一样。下面的代码对不同的分组设置不同的线条类型，如图 10.28 所示。

```
# 创建数据集
df2 <- data.frame(sex = rep(c("Female", "Male"),each=3),time=c("breakfeast",
"Lunch", "Dinner"),bill = c(1000,2000))
head(df2)
##     sex    time       bill
## 1   Female breakfeast 1000
## 2   Female Lunch      2000
## 3   Female Dinner     1000
## 4   Male   breakfeast 2000
## 5   Male   Lunch      1000
## 6   Male   Dinner     2000
# 多组的线状图
# 按组（性别）更改线条类型和颜色
ggplot(df2, aes(x=time, y=bill, group=sex)) +geom_line(aes(linetype = sex,
color = sex))+ geom_point(aes(color=sex))
```

上面的代码中，首先创建了一个数据集，包含 sex、time 和 bill 三个变量，然后在绘图的时候将 sex 变量映射到 linetype 参数。从图 10.28 中可以看到，线图中一条为虚线，一条为实线。

如果将变量映射到 linetype 参数，同时还需要自定义不同分组的线条类型，则可以使用 scale_linetype_manual 函数。下面的代码自定义不同分组的线条类型，如图 10.29 所示。

```
# 改变线条类型、颜色和大小
ggplot(df2, aes(x=time, y=bill, group=sex)) + geom_line(aes(linetype=sex,
color=sex, size=sex))+ geom_point()+ scale_linetype_manual(values=c("twodash",
"dotted"))+ scale_color_manual(values=c('#999999','#E69F00'))+ scale_
size_manual(values=c(1, 1.5))
```

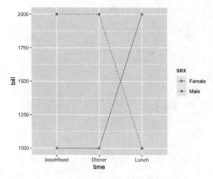

图 10.28　分组线图

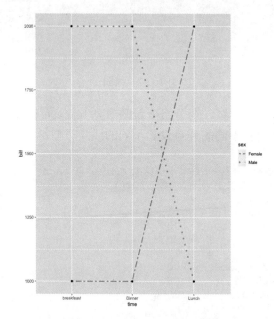

图 10.29　自定义分组线条类型

上面的代码中,将图形的线条分别设置为 twodash 和 dotted,并且调整了线条的颜色。从图 10.29 中可以看出,图形中的线条一条为点构成的虚线,另外一条为长线段和短线段构成的虚线。

## 10.4　坐标轴范围调整

如果需要对坐标轴的范围进行调整,有很多种实现方式。

- 使用 coord_cartesian 函数,例如代码 "p + coord_cartesian(xlim = c(5, 10), ylim = (0, 20))" 表示设置 x 坐标轴范围为 5～10,y 坐标轴的范围为 0～20。使用这种方式不会对数据进行剪切。

- 使用 xlim 和 ylim 函数或 scale_x_continuous 和 scale_y_continuous 函数。例如代码 "p + xlim (5, 20) + ylim(0, 50)" 和 "p + scale_x_continuous(limits = c(5, 20)) + scale_y_continuous (limits = c(0, 50))" 表示设置 x 坐标轴范围为 5~20，y 坐标轴范围为 0~50。使用上面的坐标轴调整方式会对数据进行剪切（删除不可见的数据点），不在此范围内的观测值将被完全删除，不会传递到任何其他层。

下面的例子使用了 coord_cartesian 函数来调整图形的坐标轴范围，代码所使用的数据集是 cars，如图 10.30 所示。

```
data(cars)
p <- ggplot(cars, aes(x = speed, y = dist)) + geom_point()

# 使用 coord_cartesian 函数更改坐标轴范围
p + coord_cartesian(xlim =c(5, 25), ylim = c(0, 40))
```

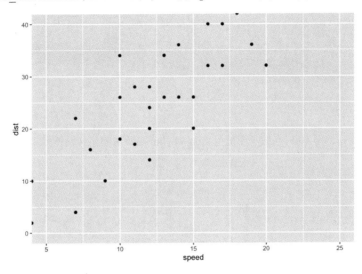

图 10.30　使用 coord_cartesian 函数调整坐标轴范围

上面的代码中，通过设置参数 xlim =c(5, 25) 和 ylim = c(0, 40) 将 x 坐标轴的范围设置为 5~25，y 坐标轴的范围设置为 0~40。这种方式没有对数据进行筛选，数据全部都保留在图形之中。下面的代码使用了 xlim 和 ylim 函数对图形的坐标轴范围进行了调整，如图 10.31 所示。

```
p + xlim(c(0,20))+ylim(c(0,50))
Warning message: Removed 17 rows containing missing values (geom_point).
```

从上面的代码中可以看到，有一条警告信息 "Removed 17 rows containing missing values (geom_point)."，表示有 17 条数据被删除，因为这些数据在坐标轴的外面。图中 x 坐标轴范围是 0~20，y 坐标轴范围是 0~50。

另外一种修改坐标轴范围的函数是 scale_x_continuous 和 scale_y_continuous。该函数不仅可以修改 x 和 y 坐标轴的范围，还可以修改坐标轴的名称及坐标轴的间隔。下面的代码使用了 scale_x_continuous 和 scale_y_continuous 函数调整了坐标轴，如图 10.32 所示。

```
# 改变坐标轴的范围和名称
p + scale_x_continuous(name="Speed of cars", limits=c(0, 30),breaks = c(0,10,20,30)) + scale_y_continuous(name="Stopping distance", limits=c(0, 150),breaks = c(0,20,40,60,80,100,120,140))
```

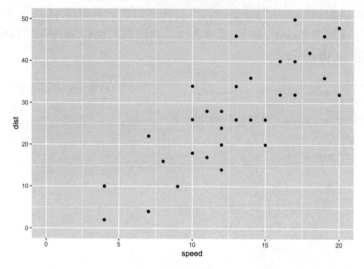

图 10.31　散点图使用 xlim 和 ylim 函数调整坐标轴范围

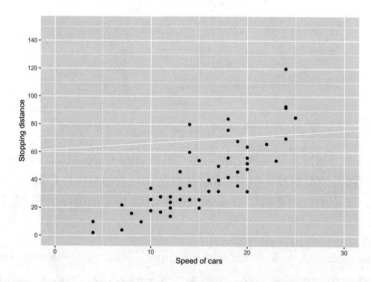

图 10.32　使用 scale_x_continuous 和 scale_y_continuous 函数调整坐标轴

上面的代码不仅修改了坐标轴的范围，还调整了坐标轴的名称，以及坐标轴的间隔。从图 10.32 中可以看到，x 坐标轴的范围是 0~30，其中间隔为 10；y 轴的范围为 0~150，间隔为 20。另外，x 和 y 轴的名称都进行了调整。

## 10.5 坐标轴转换

有时需要对数据进行转换，例如计算数据的对数然后绘图，或者对数据开方然后绘图。ggplot 中专门有一些函数用于解决这些问题，并且不需要对数据进行多余的计算。这些函数包括：

- scale_x_log10 和 scale_y_log10：表示对坐标轴的数据取对数。
- scale_x_sqrt 和 scale_y_sqrt：表示对数据进行开方。
- scale_x_reverse 和 scale_y_reverse：用于将坐标轴进行翻转，例如之前的坐标轴是从 0 到 100，使用这个函数之后坐标轴变成从 100 到 0。
- coord_trans：使用这个函数可以对数据进行更多的转换，包括取对数、开方及 box-cox 变换等。例如"p + coord_trans(x ="log10", y="log10")"表示对 x 轴和 y 轴进行以 10 为底的对数转换。
- scale_x_continuous 和 scale_y_continuous：作用与 coord_trans 函数类似，同样可以对数据进行更多的转换。例如"p + scale_x_continuous(trans='boxcox'), p + scale_y_continuous(trans='boxcox')"表示对 x 轴和 y 轴的数据进行 box-cox 变换。

下面的代码使用了 scale_y_continuous 函数对 y 轴数据进行了以 2 为底的对数转换，转换前后如图 10.33 和图 10.34 所示。

```
data(cars)
p <- ggplot(cars, aes(x = speed, y = dist)) + geom_point()
p1 <- p+scale_y_continuous(trans='log2')
p
p1
```

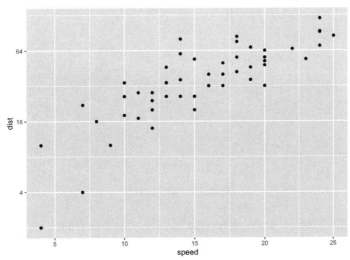

图 10.33　转换前

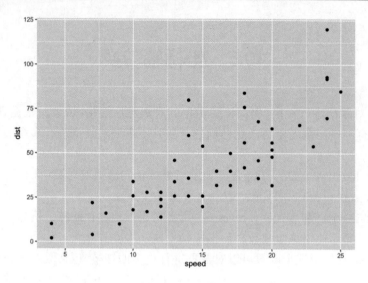

图 10.34 转换后

下面的代码对坐标轴进行了翻转，如图 10.35 所示。

```
p3 <- p + scale_y_reverse()
p3
```

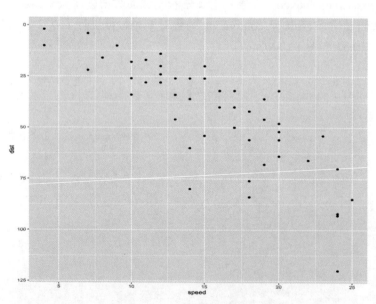

图 10.35 坐标轴翻转

上面的代码中，使用了 scale_y_reverse 函数将 y 轴进行了翻转。

scales 包还提供了更多的数据变换。下面的代码将 y 轴的数据分别进行了三种变换，如图 10.36～图 10.38 所示。

```
require(scales)
## Loading required package: scales
# 改变坐标轴：通过百分比显示数据
p1 <- p + scale_y_continuous(labels = percent)
# 改变坐标轴：添加美元符号
p2 <- p + scale_y_continuous(labels = dollar)
# 改变坐标轴：通过科学记数法显示数据
p3 <- p + scale_y_continuous(labels = scientific)
p1
p2
p3
```

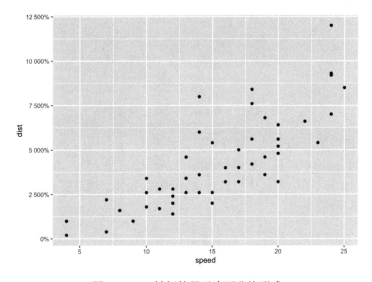

图 10.36　y 轴标签显示为百分比形式

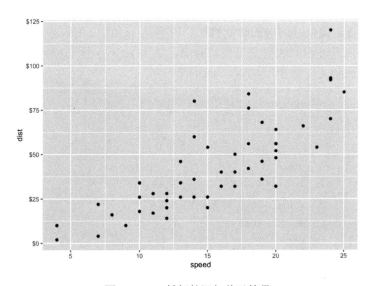

图 10.37　y 轴标签添加美元符号

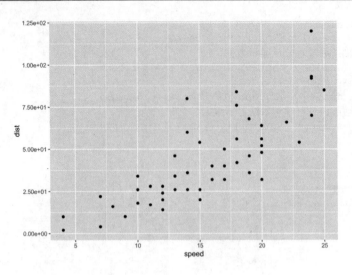

图 10.38　y 轴标签以科学记数法显示

上面的代码使用了 scales 包，并设置了三种变换，percent、dollar 和 scientific。其中 percent 表示通过百分比形式显示数据，dollar 表示添加美元符号，scientific 表示以科学记数法显示。从图 10.36～图 10.38 中可以看到，y 轴标签分别通过百分比显示、添加了美元符号和通过科学记数法显示。

## 10.6　时间数据坐标轴

如果坐标轴表示的是时间数据，则需要使用 scale_x_date 和 scale_y_date 函数来调整坐标轴。例如，希望调整时间轴的时间格式、调整坐标轴的范围等。下面的代码调整了坐标轴的时间格式，通过不同的格式来表示时间，如图 10.39～图 10.42 所示。

```
set.seed(1234)
df <- data.frame(
    date = seq(Sys.Date(), len=100, by="1 day")[sample(100, 50)],
    price = runif(50) )
df <- df[order(df$date), ]
head(df)
##        date       price
## 7  2019-10-04 0.49396092
## 24 2019-10-07 0.78312110
## 1  2019-10-15 0.07377988
## 23 2019-10-16 0.01462726
## 19 2019-10-19 0.05164662
## 25 2019-10-20 0.08996133
# 绘制图形
p <- ggplot(data=df, aes(x = date, y=price)) + geom_line()
```

```
# 更改时间格式
require(scales)
p1 <- p + scale_x_date(labels = date_format("%m/%d")) +
theme(axis.text.x = element_text(angle=45)) # Format : Week
p2 <- p + scale_x_date(labels = date_format("%W"))
# Months only
p3 <- p + scale_x_date(breaks = date_breaks("months"), labels =
date_format("%Y-%m-%d")) + theme(axis.text.x = element_text(angle=45))

# p+p1+p2+p3
p
p1
p2
p3
```

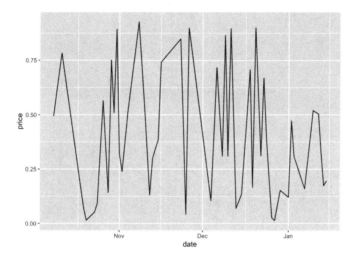

图 10.39　时间格式：月份

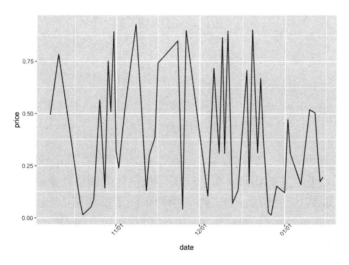

图 10.40　时间格式：月份/日期

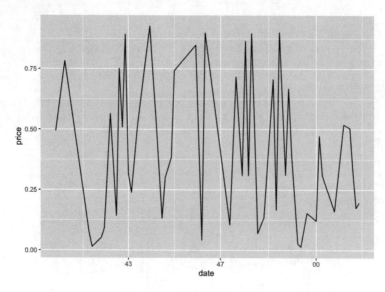

图 10.41　时间格式：周数

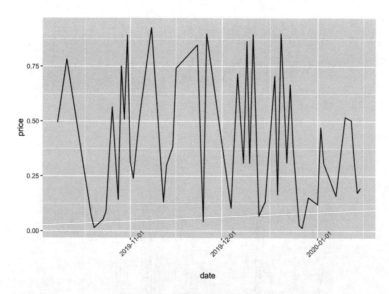

图 10.42　时间格式：年-月-日

上面的代码首先创建了一个数据集，该数据集包含两列，第一列是时间，第二列是一个连续变量。然后绘制了 4 幅图形，第一幅图形是默认的图形，坐标轴的时间刻度以月份的英文简写表示，如图 10.39 所示；第二幅到第四幅图形都调整了 labels 参数，并通过 date_format 函数调整了时间的格式。第二幅图形的绘制代码中，labels = date_format("%m/%d") 表示将时间格式设置为月份/日期，如图 10.40 所示；第三幅图形将时间通过周数来表示，如图 10.41 所示；第四幅图形设置时间格式为年-月-日，如图 10.42 所示。

## 10.7 自定义标签

使用 element_text 函数可以改变标签和刻度文本的颜色、大小以及角度等，使用 element_blank 函数可以隐藏文本。下面的代码更改了坐标轴标签的样式和角度，如图 10.43 所示。

```
data("ToothGrowth")
ToothGrowth$dose <- as.factor(ToothGrowth$dose)
p <- ggplot(ToothGrowth, aes(x=dose, y=len)) + geom_boxplot() # print(p)
p + theme(axis.text.x = element_text(face="bold", color="red",size=12,
angle=45),axis.text.y = element_text(face="bold", color="blue", size=12,
angle=45))
```

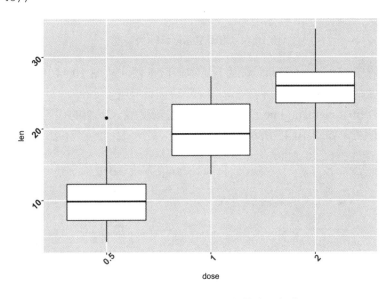

图 10.43　更改坐标轴标签的样式和角度

上面的代码中，axis.text.x = element_text(face="bold", color="red", size=12, angle=45) 表示调整 x 轴刻度的字体为黑体（bold），颜色为红色，大小为 12，角度为 45 度；axis.text.y = element_text(face="bold", color="blue", size=12, angle=45) 表示调整 y 轴刻度的字体为黑体，颜色为蓝色，大小为 12，角度为 45 度。从图 10.43 中可以看到，坐标轴刻度的颜色发生了改变，并且文字产生了一定的倾斜。

下面的代码取消了坐标轴刻度的显示，如图 10.44 所示。

```
# 删除坐标轴的刻度
p + theme(axis.text.x = element_blank(), axis.text.y = element_blank(),
axis.ticks = element_blank())
```

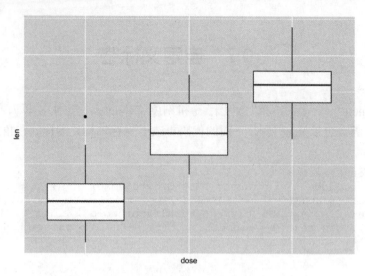

图 10.44　取消显示坐标轴的刻度

上面的代码中，element_blank 表示不显示任何东西。从图 10.44 中可以看到，图中 x 轴和 y 轴的刻度都取消了。

另外还可以使用 element_line 函数修改图形的刻度线。下面的代码调整了刻度线的颜色、大小以及种类，如图 10.45 所示。

```
# 修改坐标轴刻度线的类型和颜色
p + theme( axis.line = element_line(colour = "red", size = 1, linetype = 2))
```

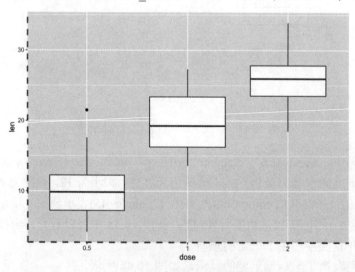

图 10.45　修改刻度线

上面的代码中，使用了 theme 函数调整图形的刻度线。代码"axis.line = element_line(color = 'red', size = 1, linetype = 2)"中，color ='red'表示将 x 轴和 y 轴的刻度线颜色设

置为红色，size 参数调整线条的大小为 1，linetype 参数用于设置线条的类型（这个参数的调整详见 10.3 节）。从图 10.45 中可以看到，x 轴和 y 轴的刻度线全部变成了虚线，并且线条的颜色被设置为红色。

如果需要自定义连续变量的坐标轴，可以使用 scale_x_continuous 函数和 scale_y_continuous 函数，其中参数包括 name、breaks、labels、limits、trans 等。

如果需要自定义分类变量的坐标轴，可以使用 scale_x_discrete 函数和 scale_y_discrete 函数，其中的参数包括 name、breaks、labels 和 limits 等。

这两组函数有很多参数是相同的，其表示的含义如下。

- name：用于调整 x 轴或者 y 轴的标签。
- breaks：用于调整坐标轴刻度的间隔。
- limits：用于调整坐标轴的范围。
- labels：修改刻度名称。

下面的代码首先绘制了一幅箱线图，如图 10.46 所示。

```
p <- ggplot(ToothGrowth, aes(x=dose, y=len)) + geom_boxplot(aes(fill = dose))
# 绘制图形
print(p)
```

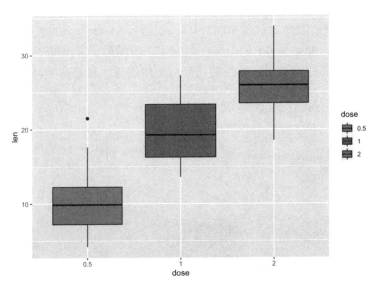

图 10.46　原始箱线图

接下来对箱线图中分类变量的坐标轴刻度进行调整。下面的代码更改了坐标轴标签刻度的顺序，如图 10.47 所示。

```
# 更改 x 轴的标签和顺序
p + scale_x_discrete(name ="Dose (mg)", limits=c("2","1","0.5"))
```

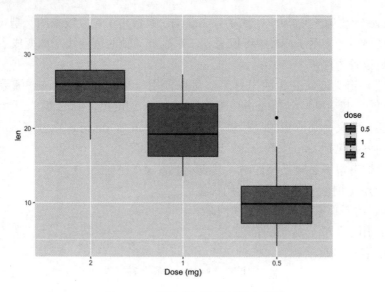

图 10.47　调整坐标轴的标签和范围

上面的代码中，使用 scale_x_discrete 函数对 x 轴进行调整，参数 name 指定了坐标轴的标签；参数 limits 指定了坐标轴的范围，因为对应的是分类变量，因此 limits= c("2", "1", "0.5")表示的就是 x 轴的顺序。从图 10.47 中可以看到，dose 为 2 的组排在第一个，dose 为 1 的组排在第二个，dose 为 0.5 的组排在第三个，即图形呈现出降序，通过这样的方式可以起到对图形进行排序的效果。下面的代码对刻度进行了重新命名，如图 10.48 所示。

```
# 更改标记标签
p + scale_x_discrete(breaks=c("0.5","1","2"), labels=c("D0.5", "D1", "D2"))
```

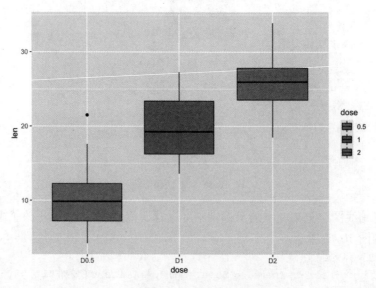

图 10.48　对刻度重新命名

上面的代码同样对坐标轴的进行了调整，并且调整了坐标轴的刻度名称。从图 10.48 中可以看到，图形中第一个分组的名称被修改为 D0.5，其他两组名称分别被设置为 D1 和 D2。另外，还可以通过修改坐标轴范围的方式，对图形中的分组进行筛选，如图 10.49 所示。

```
p + scale_x_discrete(limits=c("0.5", "2"))
## Warning: Removed 20 rows containing missing values (stat_boxplot).
# 或者使用下面的代码，效果是一样的
# p + xlim("0.5", "2")
```

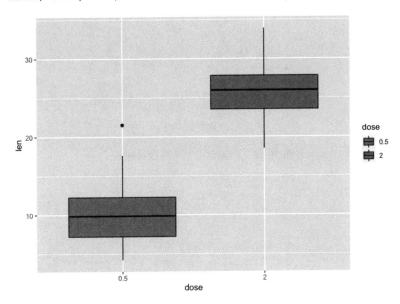

图 10.49　对分组进行筛选

上面的代码中，将 limits 参数设置为 c("0.5", "2")，没有设置为 1 的组别。从图 10.49 中可以看到，图形只出现了两个分组。通过这样的方式可以实现对图形的过滤。如果坐标轴对应的是连续变量，则需要使用 scale_x_continuous 函数和 scale_y_continuous 函数，如图 10.50 所示。

```
# 绘制散点图
sp <- ggplot(cars, aes(x = speed, y = dist)) + geom_point()
# 改变 x 轴和 y 轴的标签和范围
sp + scale_x_continuous(name="Speed of cars", limits=c(0, 50)) + scale_y_
continuous(name="Stopping distance", limits=c(0, 200))
```

上面的代码首先绘制了一幅散点图，然后分别使用 scale_x_continuous 函数和 scale_y_continuous 函数将图形的坐标轴范围设置为 0～50 和 0～200。下面的代码对图形中坐标轴刻度的间隔进行了调整，如图 10.51 所示。

```
# 改变坐标轴刻度
sp + scale_y_continuous(breaks=seq(0, 150, 10))
```

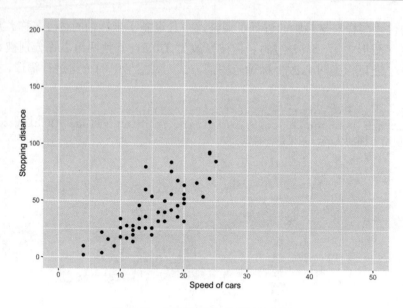

图 10.50　调整坐标轴的范围和标签

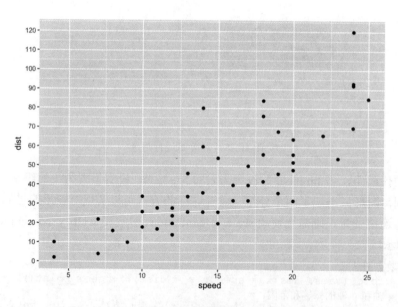

图 10.51　调整坐标轴刻度的间隔

上面的代码调整了 breaks 参数，将其设置为一个从 0 开始到 150 结束，间隔为 10 的向量。从图 10.51 中可以看到，y 轴的刻度间隔被设置为 10，并且坐标轴的范围从 0 到 150。如果不需要坐标轴，还可以将其删除，如图 10.52 所示。

```
sp + scale_x_continuous(breaks=NULL)
```

第 10 章　颜色等参数的调整

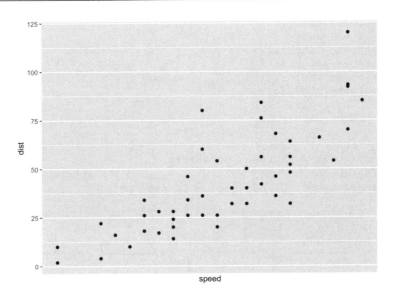

图 10.52　删除坐标轴

上面的代码中，通过将 breaks 参数设置为 null，删除了坐标轴。从图 10.52 中可以看到，x 轴在图形中被删除。

## 10.8　图形主题和背景颜色

本节将介绍如何改变图形的主题，包括图形的颜色、面板（panel）、背景颜色及网格线等。改变主题的一个简单方式是使用 ggplot2 自带的主题函数，包括以下几个。

- theme_gray：灰色背景和白色网格线。
- theme_bw：白色背景和灰色网格线。
- theme_linedraw：黑色线条围绕着图形。
- theme_light：浅灰色线和坐标轴。
- theme_minimal：没有背景注释。
- theme_classic：经典的主题，有主题轴线，没有网格线（标准图）。
- theme_void：空主题，用于非标准坐标的绘图或绘图。
- theme_dark：黑色背景设计，使颜色更加突出。

下面的代码首先绘制了一幅箱线图，然后分别设置了不同的主题，如图 10.53 和图 10.54 所示。

```
data("ToothGrowth")                    # 数据集

# 绘图
p <- ggplot(ToothGrowth, aes(x=supp, y=len)) + geom_boxplot()
```

```
p1 <- p + theme_gray()
p2 <- p + theme_bw()
p3 <- p + theme_linedraw()
p4 <- p + theme_light()
p5 <- p + theme_minimal()
p6 <- p + theme_classic()
p7 <- p + theme_void()
p8 <- p + theme_dark()

require(gridExtra)
## Loading required package: gridExtra
grid.arrange(p1,p2, p3,p4, ncol = 2, nrow =2)   # 将多幅图形合并到一幅图形
grid.arrange(p5, p6, p7,p8, ncol = 2, nrow =2)
```

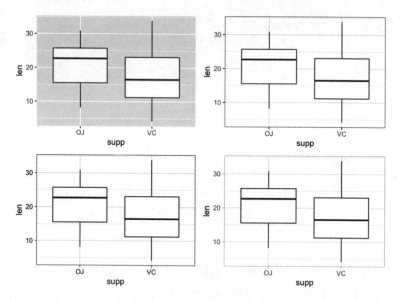

图 10.53　前 4 种主题

在图 10.53 中，第一幅图形使用了 theme_gray 主题；第二幅图形使用了 theme_bw 主题；第三幅图形使用了 theme_linedraw 主题；第四幅图形使用了 theme_light 主题。

在图 10.54 中，第一幅图形使用了 theme_minimal 主题；第二幅图形使用了 theme_classic 主题；第三幅图形使用了 theme_void 主题；第四幅图形使用了 theme_dark 主题。可以看到不同主题的图形之间有相当大的区别。

以上主题的函数可以接收以下两个参数。

- base_size：基本字体大小。
- base_family：基本字体族。

通过函数的设置，所有的文本都会被调整。下面的代码调整了图形中文本的大小，如图 10.55 所示。

```
# 修改文本的大小
p1 <- p + theme_gray(base_size = 10)
```

```
# 修改文本的大小
p2 <- p + theme_gray(base_size = 20)

grid.arrange(p1,p2, ncol = 2, nrow =1)
```

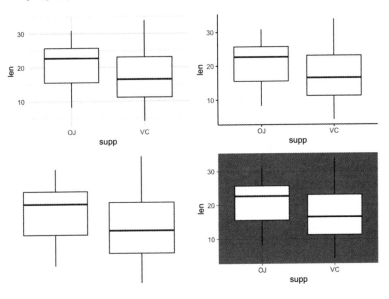

图 10.54　后 4 种主题

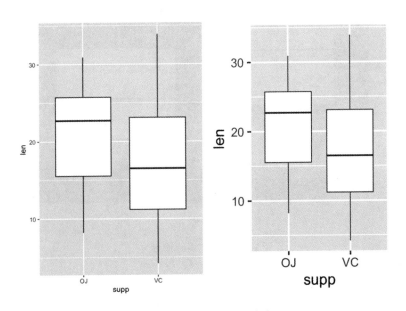

图 10.55　调整文本的大小

从图 10.55 中可以看到，第一幅图形的文本大小远远小于第二幅图形的文本大小。

## 10.9 自定义图形的背景

theme 函数用于控制图形中的非数据部分，可以调整的元素包括以下三个。
- 线段（Line elements）：如轴线、次要网格线、主要网格线以及背景边框等。
- 文本元素（Text elements）：如图形标题、轴标题、图例标题与文本、轴标签等。
- 矩形（Rectangle elements）：如图形背景、面板背景、图例背景等。

有一些特定的函数可以分别用来调整这三个元素，element_line 函数用于调整图形线条，element_text 函数用于调整图形文本，element_rect 函数来更改调整元素的外观。

下面的代码调整了图形的背景，如图 10.56 所示。

```
# 将面板背景的颜色改为红色，网格线的颜色改为黑色和灰色
p + theme(
panel.background = element_rect(fill = "red", colour = "yellow", size = 2,
linetype = "solid"),
panel.grid.major = element_line(size = 0.5,color = 'black', linetype = 3),
panel.grid.minor = element_line(size = 0.25,color = 'grey',linetype = 1))
```

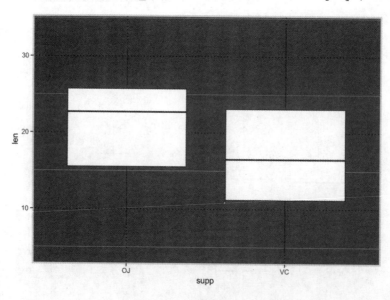

图 10.56　自定义图形背景

上面的代码中，panel.background = element_rect(fill = "red", colour = "yellow", size = 2, linetype = "solid")表示将图形面板背景的填充颜色设置为红色，图形背景的边框线条颜色设置为黄色，线条的类型设置为实线，线的大小设置为2；panel.grid.major = element_line (size = 0.5,color = 'black', linetype = 3)表示将图形中主要网格线的大小设置为 0.5,颜色设置为黑色，线条类型设置为点构成的虚线；panel.grid.minor = element_line(size = 0.25, color =

'grey', linetype = 1)表示将图形中次要网格线的大小设置为 0.25，颜色设置为灰色，线条类型设置为灰色。

下面的代码使用 theme 函数调整了图形背景的颜色，如图 10.57 所示。

```
# 更改图形背景颜色
p + theme(plot.background = element_rect(fill = "green"))
```

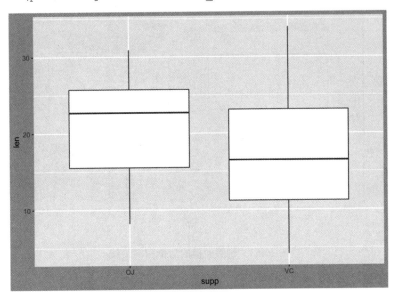

图 10.57　调整图形背景颜色

上面的代码中，通过将 plot.background 参数设置为 element_rect(fill = "green")调整了图形背景颜色。从图 10.57 中可以清楚地看见，图形的背景颜色被设置为绿色。

## 10.10　删除面板边框和网格线

如果不需要显示面板边框和网格线，则可以使用 element_blank 函数实现。下面的代码删除了图形中面板的边框和网格线，如图 10.58 所示。

```
# 隐藏面板边框和网格线
# 但是要改变轴线
p + theme(panel.border = element_blank(),
panel.grid.major = element_blank(),
panel.grid.minor = element_blank(),
axis.line = element_line(size = 0.5, linetype = "solid",
                         colour = "black"))
```

上面的代码中，通过将参数 panel.border、panel.grid.major 和 panel.grid.minor 都设置

为 element_blank,从而删除了图形中的网格线和面板边框。从图 10.58 中可以清楚地观察到,主网格线和次网格线都被删除了。

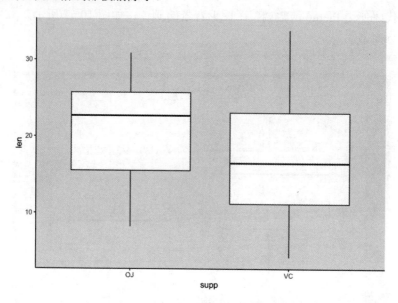

图 10.58　删除面板的边框和网格线

## 10.11　ggthemes 包

ggthemes 包提供了更多的关于图形主题的选项,并提供了许多自定义主题。下面的代码分别使用了两种主题绘制箱线图,如图 10.59 所示。

```
library(ggthemes)                    #加载包
p <- ggplot(ToothGrowth, aes(x = supp, y = len)) + geom_boxplot(aes(fill = supp))
# 设置主题
p1 <- p + theme_economist() + scale_fill_economist()
# theme_stata 主题
p2 <- p + theme_stata() + scale_fill_stata()

grid.arrange(p1,p2,nrow =1)
```

上面的代码中,分别使用了 theme_economist 和 theme_stata 这两种主题。其中 theme_economist 是《经济学人》杂志的图形主题,theme_stata 是基于 Stata 图方案的主题。从图 10.59 中可以看到,两个主题有明显的差异,但是两幅图形都具有比较好的可视化效果,非常美观。

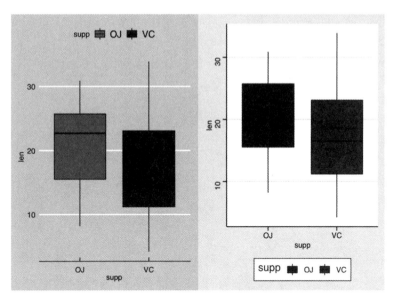

图 10.59 箱线图

## 10.12 文本注释

本节将介绍如何将文本注释添加到使用 ggplot2 包生成的图形中。通常有两个函数可以用来添加文本注释,但是二者却有一定的区别。
- geom_text:将文本直接添加到图形中。
- geom_label:在文本外围绘制一个矩形,使其更容易阅读。

另外,也可以使用 ggrepel 包,这是一个专门用于解决文本注释的包。

我们将首先描述如何使用 ggplot2 官方函数添加文本注释,在后面的部分中将使用 ggrepel 扩展包来添加注释。下面的代码在图形中添加了文本注释,如图 10.60 所示。

```
set.seed(1234)
df <- mtcars[sample(1:nrow(mtcars), 10), ]
df$cyl <- as.factor(df$cyl)
# 绘制散点图
sp <- ggplot(df, aes(wt, mpg, label = rownames(df)))+ geom_point()
# 添加文本,按组更改颜色
# 改变垂直对齐
sp + geom_text(aes(label = rownames(df), color = cyl),
            size = 3, vjust = -1)
```

上面的代码中,首先绘制了一幅散点图,然后使用 geom_text 函数为散点图的每一个点添加了注释,因为是将一个向量映射到 label 参数,所以向量的长度和数据集的行数一样。从图 10.60 中可以看到,图中每一个点都添加了注释。下面的代码在一个特定的位置添加了注释,如图 10.61 所示。

```
# 在特定坐标处添加文本
sp + geom_text(x = 5, y = 20, label = "Scatter plot", color="red", fontface = 2)
```

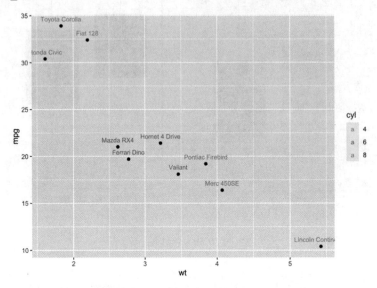

图 10.60　添加文本注释

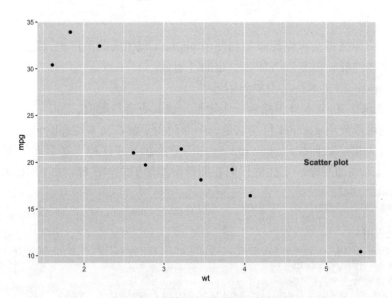

图 10.61　在特定位置添加文本注释

上面的代码中,x 和 y 参数表示注释的位置,label 参数表示的是标签的名称,color 参数用于指定标签的颜色,fontface 参数用于指定标签的字体。

geom_label 函数的工作原理类似于 geom_text,但是在每个标签下面绘制一个圆角矩形。当想要标记数据密集的图形时，这是非常有用的。下面的代码使用了 geom_label 函数来添加文本标签，如图 10.62 所示。

```
sp + geom_label()
```

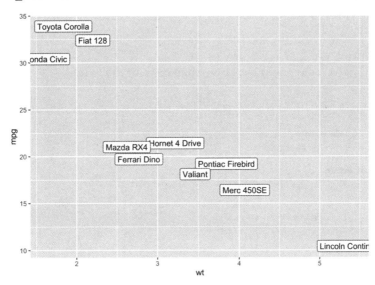

图 10.62　添加矩形包裹着的文本注释

从图 10.62 中可以看到，图形中的注释全部被一个矩形包裹着。

geom_text 函数和 geom_label 函数的其他参数包括以下几个。

- nudge_x 和 nudge_y：可以让注释从对应的点偏离。还可以使用函数 position_nudge 达到这种效果。
- check_overlap=TRUE：用于避免标签的覆盖。
- hjust 和 vjust：用于控制注释在水平方向和垂直方向的对齐方式，现在可以是字符向量 left、center、right、bottom、middle 和 top。
- inward 和 outward：通过这个参数可以调整文本的偏移方式。
- fontface：更改字体。允许的值包括 1（normal）、2（粗体）、3（斜体）和 4（粗斜体）。

ggrepel 是一个专门用于添加文本注释的包，接下来会介绍这个包的使用。

## 10.13　ggrepel 包

在 ggrepel 包中有两个非常重要的函数：geom_label_repel 和 geom_text_repel。这两个函数都可以用来在图形中添加注释。

下面比较使用 ggrepel 包来添加文本注释和使用 ggplot2 包自带的函数来添加文本注释的区别。下面的代码首先使用 ggplot2 包中的 geom_text 函数添加文本注释，如图 10.63 所示。

```
# 取 15 个随机点的子集
set.seed(1234)
ss <- sample(1:32, 15)
df <- mtcars[ss, ]

p <- ggplot(df, aes(wt, mpg)) + geom_point(color = 'red') + theme_minimal(base_size = 10)

# 使用 ggplot2::geom_text 添加文本注释
p1 <- p + geom_text(aes(label = rownames(df)), size = 3.5)

p1
```

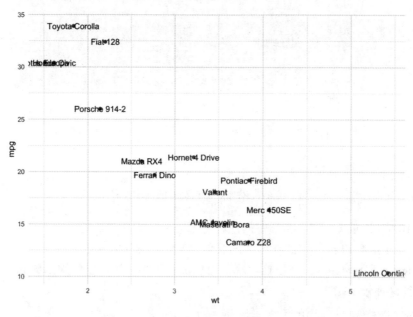

图 10.63　使用 geom_text 函数添加文本注释

下面的代码使用 ggrepel 包中的 geom_text_repel 函数来添加文本注释，如图 10.64 所示。

```
# 使用 ggrepel::geom_text_repel 添加注释
require("ggrepel")
## 载入 ggrepel 包
set.seed(42)
p2 <- p + geom_text_repel(aes(label = rownames(df)),
size = 3.5)
P2
```

下面的代码使用 ggrepel 包中的 geom_label_repel 函数来添加文本注释，如图 10.65 所示。

```
# 使用 ggrepel::geom_label_repel 添加注释
# 通过分组改变颜色
```

```
set.seed(42)
p3 <- p + geom_label_repel(aes(label = rownames(df),
fill = factor(cyl)), color = 'white',
size = 3.5) + theme(legend.position = "bottom")
P3
```

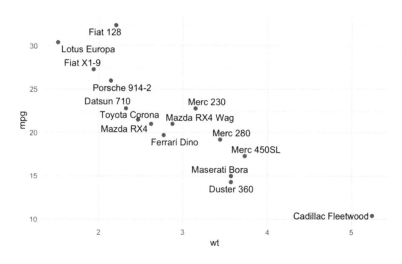

图 10.64　使用 geom_text_repel 函数添加文本注释

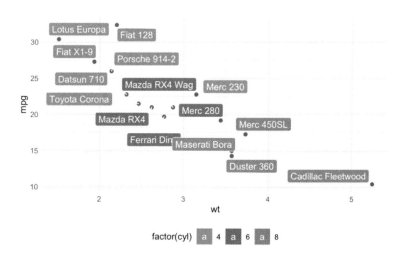

图 10.65　使用 geom_label_repel 函数添加文本注释

比较图 10.63～图 10.65，可以发现图 10.63 中的注释存在重叠的情况，图 10.64 则不存在。因此，虽然两幅图形本质上是一样的，但是 ggrepel 包的 geom_text_repel 函数能够有效避免文字的覆盖，所以图 10.64 的效果更好。在图 10.65 中，注释同样有了比较好的展示，有效地避免了图 10.63 中注释覆盖不可读的情况。由于注释都被矩型包裹着，矩形之间可能会有轻微的重叠，但是不会像图 10.63 那样影响阅读。

## 10.14 添加直线

可以在图形中添加的直线包括水平线、垂直线、回归线和线段，使用到的函数分别如下。

- geom_hline(yintercept, linetype, color, size)：用于添加水平线。
- geom_vline(xintercept, linetype, color, size)：用于添加垂直线。
- geom_abline(intercept, slope, linetype, color, size))：用于添加回归线，intercept 表示截距，slope 表示斜率。
- geom_segment 函数：用于添加线段。

下面在图形中使用这 4 个函数添加直线。首先添加垂直线和水平线，如图 10.66 所示。

```
# 绘制散点图
sp <- ggplot(data = mtcars, aes(x = wt, y = mpg)) + geom_point()
# 在 y = 20 处添加水平线, 并改变线条的类型和颜色
p1 <- sp + geom_hline(yintercept=20, linetype="dashed", color = "red")
# 在 x = 3 处添加垂直线, 并改变线条的类型、颜色和大小

p2 <- sp + geom_vline(xintercept = 3, color = "yellow", size=1.5)
grid.arrange(p1,p2,nrow =1)
```

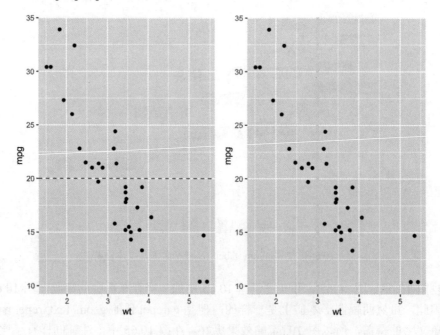

图 10.66 添加水平线和垂直线

上面的代码分别绘制了一条水平的红色虚线和一条垂直的黄色实线。geom_hline 函数

用于添加一条水平线，其中 yintercept 参数用于指定水平线绘制的位置；geom_vline 函数用于添加一条垂直线，xintercept 参数表示垂直线的位置。

下面使用 geom_abline 函数在图形中添加回归线，如图 10.67 所示。

```
# 添加回归线
sp + geom_abline(intercept = 37, slope = -5, color="blue")+ ggtitle("y = -5x + 37")
```

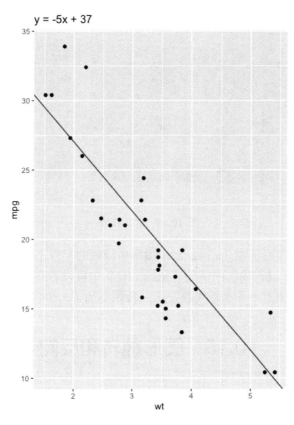

图 10.67　添加回归线

上面的代码添加了一条回归函数为"y=-5x+37"的回归线。绘图的函数是 geom_abline，其中 intercept 参数表示线段的截距，slope 参数表示图形的斜率。

下面的代码使用 geom_segment 函数绘制了线段，如图 10.68 所示。

```
# 添加垂直线段
p1 <- sp + geom_segment(aes(x = 4, y = 15, xend = 4, yend = 27))
# 添加水平线段
p2 <- sp + geom_segment(aes(x = 2, y = 15, xend = 3, yend = 15))
# 载入 grid 包
require(grid)
# 将箭头添加到线段的末尾
p3 <- sp + geom_segment(aes(x = 5, y = 30, xend = 3.5, yend = 25),
```

```
        arrow = arrow(length = unit(0.5, "cm")))
grid.arrange(p1,p2,p3,nrow = 1)
```

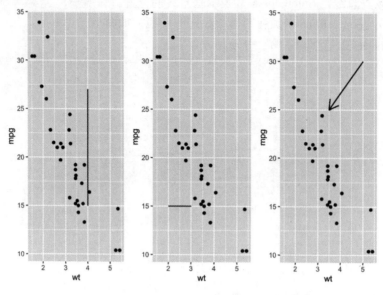

图 10.68 添加线段

上面的代码中，使用参数（x, y）表示图形中线段的起点，(xend, yend) 表示线段的终点，arrow 参数用于设置线段的箭头。从图 10.68 中可以看到，第一幅图添加了一条垂直线段，第二幅图添加了一条水平线段，第三幅图添加了一个箭头。

## 10.15 图形翻转和反向

如果希望翻转图形，或者使坐标轴反向，可以使用下面的函数。
- coord_flip：翻转图形。
- scale_x_reverse 和 scale_y_reverse：将坐标轴的刻度翻转过来。

下面的代码绘制了三幅图形，并对图形进行了翻转，如图 10.69 所示。

```
set.seed(1234)
# 直方图
hp <- qplot(x=rnorm(200), geom="histogram")
# 水平直方图
hp1 <- hp + coord_flip()
# y 轴颠倒
hp2 <- hp + scale_y_reverse()

grid.arrange(hp,hp1,hp2,nrow = 1)
## 'stat_bin()' using 'bins = 30'. Pick better value with 'binwidth'.
```

```
## 'stat_bin()' using 'bins = 30'. Pick better value with 'binwidth'.
## 'stat_bin()' using 'bins = 30'. Pick better value with 'binwidth'.
```

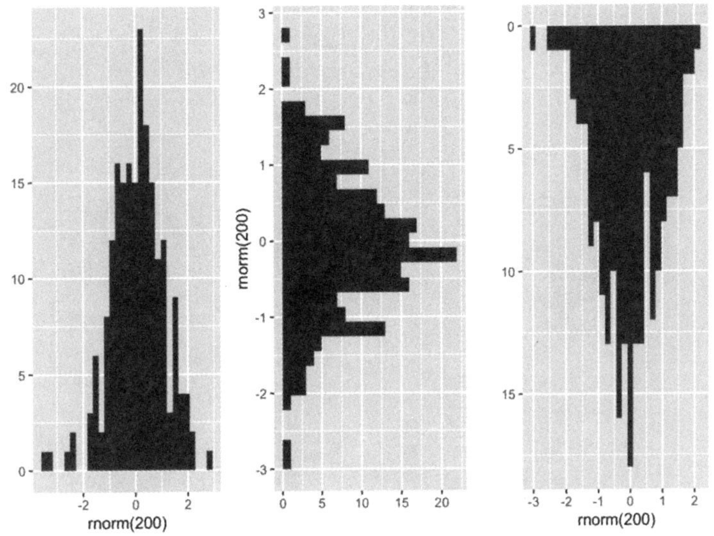

图 10.69 图形翻转

上面的代码中,第一幅图是原始图形;第二幅图将图形中的 x 轴和 y 轴进行了变换;第三幅图中,对 y 轴的坐标进行翻转。从图 10.69 中可以看到,图形中坐标轴发生了改变,图形随之也产生了改变。

## 10.16 分　　面

分面是根据一个或多个分类变量的值将一个图划分为子图。分面相关的函数是 facet_grid 和 facet_wrap,其具体使用方法如下。
- p + facet_grid(supp~.):基于 supp 变量的垂直方向分面。
- p + facet_grid(.~supp):基于 supp 变量的水平方向分面。
- p + facet_grid(dose~supp):基于 dose 和 supp 两个变量在水平方向和垂直方向上分面。
- p + facet_wrap(~fl):将分面并排放置。

下面的代码使用了 ToothGrowth 数据集绘制箱线图并使用 supp 变量作为分面变量,如图 10.70 所示。

```
# 加载数据并将 does 变量转换为因子变量
data("ToothGrowth")
ToothGrowth$dose <- as.factor(ToothGrowth$dose)
# 绘制箱线图
p <- ggplot(ToothGrowth, aes(x=dose, y=len, group=dose)) +
```

```
  geom_boxplot(aes(fill=dose))

# 图形分面
p1 <- p + facet_grid(supp ~ .)
# 图形分面
p2 <- p + facet_grid(. ~ supp)

grid.arrange(p1,p2,nrow = 1)
```

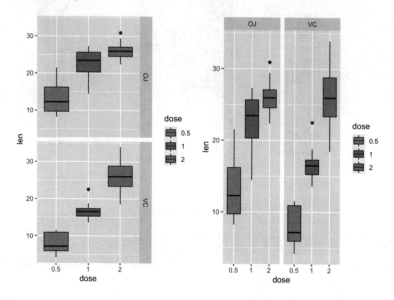

图 10.70　使用一个变量分面图形

上面的代码中，facet_grid(supp~.)表示根据 supp 变量按行绘制图形；facet_grid(.~supp)表示根据 supp 变量按列绘制图形。从图 10.70 中可以看到，第一幅图按照 supp 变量的不同，将图形分成了上下两幅图形；而第二幅图则根据 supp 变量的不同，将图形分成了左右两幅图形。

下面的代码通过两个变量对图形进行分面，如图 10.71 所示。

```
# 将图形根据两个变量分面
p1 <- p + facet_grid(dose ~ supp)
# 将图形根据两个变量分面
p2 <- p + facet_grid(supp ~ dose)
grid.arrange(p1,p2,nrow = 1)
```

上面的代码中，使用了两个变量来划分图形，facet_grid(dose~supp)表示每一行的图形中都对应同一个 dose 的值，每一列的图形中都对应同一个 supp 的值；facet_grid(supp~dose)表示每一行的图形中都对应同一个 supp 的值，每一列的图形中都对应同一个 dose 的值。从图 10.71 中可以清楚地看到，图形分别被划分为三行两列和两行三列。

另外，还可以通过调整参数来增加额外的分面，如图 10.72 所示。

```
p + facet_grid(dose ~ supp, margins=TRUE)
```

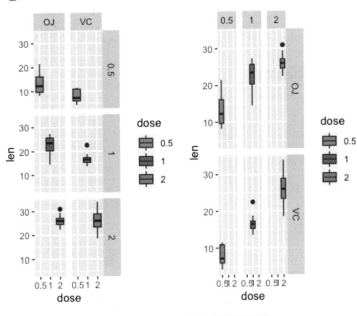

图 10.71　使用两个变量分面图形

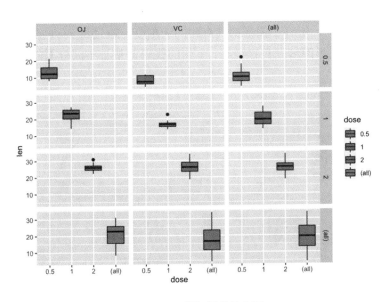

图 10.72　增加额外的分面

上面的代码通过设置 margins =TREU，在图形中增加了一行图形和一列图形，记为 all，其表示的是只考虑一个分面变量时的图形。例如，第三列图形表示不考虑 supp 变量的分面结果，其相当于使用以下代码绘制的图形，如图 10.73 所示。

```
p + facet_grid(dose ~ .)
```

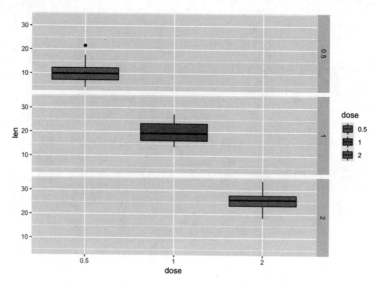

图 10.73　使用一个变量的分面图形

上面的代码使用了 dose 变量来划分图形。从图 10.73 中可以看到，该图形与图 10.72 最后一列的图形是一样的。

另外，默认情况下，所有子图形都具有相同的刻度。通过将 scale 设置为 free、free_x 或 free_y，可以使子图形的刻度自行调整。下面的代码调整了不同分面的刻度，如图 10.74 所示。

```
p + facet_grid(dose ~ supp, scales='free')
```

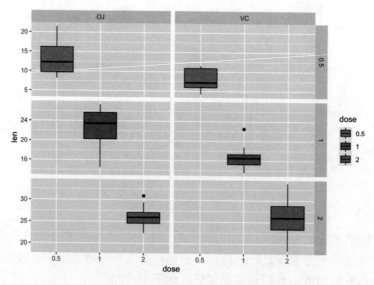

图 10.74　调整不同分面的刻度

上面的代码中，设置 scales='free'，从图 10.74 中可以看到，图形中三个坐标轴都是不一样的。

另外，还可以使用下面的代码调整图形分面的标签，如图 10.75 所示。

```
p + facet_grid(dose ~ supp, labeller=label_both)
```

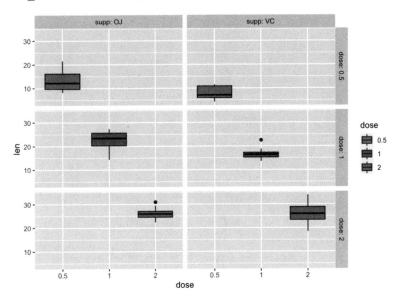

图 10.75　调整分面图形的标签

上面的代码通过 labeller 参数调整了图形分面的标签，labeller=label_both 表示在图形分面的标签中添加对应变量的名称。从图 10.75 中可以看到，图形中的分面标签发生了改变，在名称前面添加了变量的名称。

还可以修改分面图形标签的外观，如图 10.76 所示。

```
# 更改文本字体，可选值为 plain、italic、bold 和 bold.italic.
p + facet_grid(dose ~ supp)+
theme(strip.text.x = element_text(size=12, color="green",
face="bold.italic"), strip.text.y = element_text(size=12, color="green",
face="bold.italic"))
```

上面的代码中，调整外观的参数是 strip.text.x 和 strip.text.y，它们通过 element_text 函数来调整标签的大小、颜色和字体。从图 10.76 中可以观察到，标签被设置为绿色，字体被修改为斜体。另外，还可以修改标签周围矩形的外观，如图 10.77 所示。

```
# 更改标签周围矩形的外观
p + facet_grid(dose ~ supp)+
theme(strip.background = element_rect(colour="black", fill="white",
size=1.5, linetype=2))
```

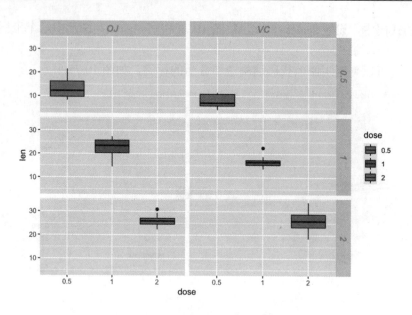

图 10.76　调整分面图形标签的外观

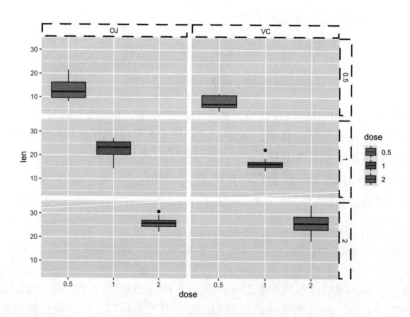

图 10.77　修改分面图形标签周围矩形的外观

上面的代码通过 strip.background 参数调整矩形的外观。从图 10.77 中可以看到，图形中标签的矩形边框颜色为黑色，填充颜色为白色，线条类型为虚线。

最后，可以使用 facet_wrap 函数并排放置分面，如图 10.78 所示。

```
bp + facet_wrap(~ dose)
```

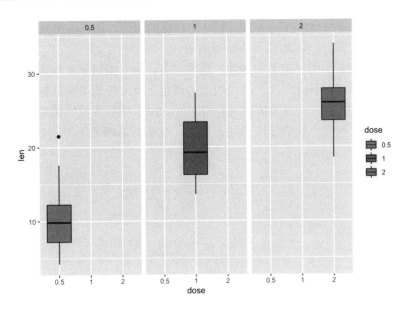

图 10.78　并排放置分面图形

从图 10.78 中可以看到，图形按行进行排序。需要注意的是，如果代码为"bp + facet_wrap(dose～)"，图形同样按行进行排序。下面的代码设置了图形中子图的行数，如图 10.79 所示。

```
bp + facet_wrap(~ dose, ncol=2)
```

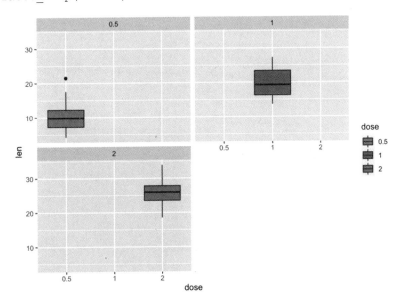

图 10.79　设置子图的行数

上面的代码设置参数 ncol=2，从图 10.79 中可以观察到，图形被分成了两行。因为图形的排列顺序是从左到右，因此右下角是空白的。

本章介绍了更多关于图形细节的调整。通常而言，在数据科学工作的过程中，如果希望快速了解数据信息，则不会太关注这些细节的调整，因为细节调整有时对于理解数据无关紧要。但是，当我们有一些成果需要进行展示时，图形细节参数的调整则非常重要，因为这些图形细节很大程度上影响了图形的表现力，优美且易懂的图形则使读者印象深刻。

# 第 11 章　合并多幅图形

通常而言，在绘制图形的时候都是绘制某一种类型的一张图形，例如绘制一张散点图或者绘制一张直方图。但有的时候多幅图形之间会有某种联系，需要共同展示才能更好地表达数据中蕴含的信息，之前介绍的边际图形就是这样的一个例子。本章将介绍当绘制好多幅图形之后，如何将它们合并。

## 11.1　合并多幅图形到一张图中

如果使用的是 R 语言的基础绘图系统，则可以使用 par 和 layout 函数来将多幅图形放到一张图中。但是，如果使用的是 ggplot 绘图系统，则需要使用其他的方法来合并图形，包括使用 gridExtra 包中的 grid.arrange 函数和 cowplot 包中的 plot_grid 函数等。

cowplot 包是由 Claus O.Wilke 开发的，它是 ggplot2 的一个扩展包，可以将多幅图形合并到同一张图形当中。cowplot 包中可以用来合并图形的函数包括以下几个。

- plot_grid：可以轻松地组合多个图形。
- ggdraw + draw_plot + draw_plot_label：将图形放置在具有特定大小的局部位置。

下面的代码首先绘制几幅图形，然后将图形合并到同一幅图形之中，如图 11.1 所示。

```
require(ggplot2)
## Loading required package: ggplot2
# install.packages("gridExtra")
# install.packages("cowplot")
library("gridExtra")
library("cowplot")
##
## ***********************************************************
## Note: As of version 1.0.0, cowplot does not change the
##   default ggplot2 theme anymore. To recover the previous
##   behavior, execute:
##   theme_set(theme_cowplot())
## ***********************************************************
# 使用的数据集是 ToothGrowth
ToothGrowth$dose <- as.factor(ToothGrowth$dose)
data("economics")                                  #加载数据集

# 设置颜色
my3cols <- c("red", "black", "yellow")
```

```
require(cowplot)
p <- ggplot(ToothGrowth, aes(x = dose, y = len))
# 绘制箱线图
bxp <- p + geom_boxplot(aes(color = dose)) + scale_color_manual(values =
my3cols)

# 绘制点图
dp <- p + geom_dotplot(aes(color = dose, fill = dose), binaxis='y',stackdir=
'center') +
scale_color_manual(values = my3cols) +
scale_fill_manual(values = my3cols)


# 绘制时间序列图
lp <- ggplot(economics, aes(x = date, y = psavert)) + geom_line(color =
"#E46726")


plot_grid(bxp, dp, lp, labels = c("A", "B", "C"), ncol = 2, nrow = 2)
## 'stat_bindot()' using 'bins = 30'. Pick better value with 'binwidth'.
```

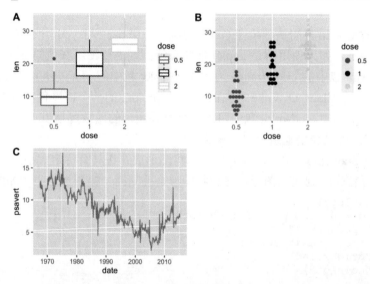

图 11.1　合并多幅图形

上面的代码中,首先绘制了三幅图形,即箱线图、点图和时间序列图,然后使用 cowplot 包中的 plot_grid 函数将三幅图形合并到一幅图当中。代码"plot_grid(bxp, dp, lp, labels = c("A", "B", "C"), ncol = 2, nrow = 2)"表示的是将 box、dp 和 lp 这三幅图形合并,参数 labels 用于指定标签名称,nrow 用于设置图形中子图的行数,ncol 用于设置图形中子图的列数。从图 11.1 中可以看到,三幅图形被放到了同一幅图形中,该图形包含两行两列,第四幅图形的位置处是空白的。

另外,使用 ggdraw 函数、draw_plot 函数和 draw_plot_label 函数的组合可将图形和标签放置在具有特定大小的局部位置。ggdraw 用于初始化一个空的绘图画布；draw_plot 用于在绘图画布上的某个位置放置一个图形；draw_plot_label 用于在图形的指定添加一个标签。

draw_plot 函数的格式如下：

```
draw_plot(plot, x = 0, y = 0, width = 1, height = 1)
```

函数的参数含义如下：

- plot：要绘制的图形名称（可以是 ggplot2 图形对象或 gtable 图形对象）。
- x 和 y：用于指定图形的位置。
- width 和 height：用于设置图形的宽度和高度。

draw_plot_label 函数的格式如下：

```
draw_plot_label(label, x = 0, y = 1, size = 16, ...)
```

函数的参数含义如下：

- label：要放置的标签名称（可以是 ggplot2 图形对象或 gtable 图形对象）。
- x 和 y：用于指定标签的位置。
- size：要绘制的标签字体大小。

需要注意的是，默认情况下 x 和 y 的取值范围是从 0 到 1，点(0,0)位于画布的左下角。下面的代码使用这种方式将上文的图形合并为同一幅图形，如图 11.2 所示。

```
ggdraw() +
draw_plot(bxp, x = 0, y = .5, width = .5, height = .5) +
  draw_plot(dp, x = .5, y = .5, width = .5, height = .5) +
  draw_plot(lp, x = 0, y = 0, width = 1, height = 0.5) +
  draw_plot_label(label = c("Box plot", "Jitter plot", "Time series"),
x = c(0.1, 0.5, 0), y = c(1, 1, 0.5), size = 15)
## `stat_bindot()` using `bins = 30`. Pick better value with `binwidth`.
```

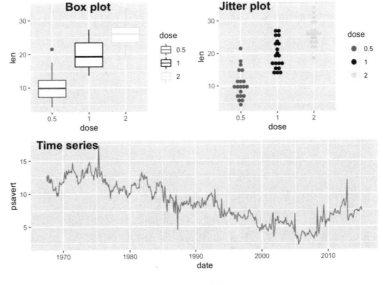

图 11.2　合并多幅图形

以上代码中，使用 ggdraw 函数添加了一张空白的画布；使用 draw_plot 函数添加了第一幅图形 bxp，位置在(0,0.5)，宽度为 0.5，高度为 0.5；使用 draw_plot 函数添加了第二幅图形 dp，位置在（0.5,0.5），宽度为 0.5，高度为 0.5；使用 draw_plot 函数绘制了第三幅图形 lp，位置在（0,0），宽度为 1，高度为 0.5；使用 draw_plot_label 函数为图形添加标签，label 参数用于指定标签的名称，代码"x = c(0.1, 0.5, 0), y = c(1, 1, 0.5)"指定了三个标签的位置，例如第一个标签的位置是(0.1, 1)，size 参数调整标签的大小。

另外，如果需要保存图形的话，可以使用 ggsave 函数或者 save_plot 函数，其中 ggsave 函数是 ggplot2 自带的函数。如果要保存合并后的图形，则最好使用 save_plot 函数。下面的代码保存合并之后的图形。

```
p <- ggdraw() +
draw_plot(bxp, x = 0, y = .5, width = .5, height = .5) +
  draw_plot(dp, x = .5, y = .5, width = .5, height = .5) +
  draw_plot(lp, x = 0, y = 0, width = 1, height = 0.5) +
  draw_plot_label(label = c("Box plot", "Jitter plot", "Time series"),
x = c(0.1, 0.5, 0), y = c(1, 1, 0.5), size = 15)
save_plot("plot2by2.pdf", plot2by2,
ncol = 2, # we're saving a grid plot of 2 columns
nrow = 2, # and 2 rows
# each individual subplot should have an aspect ratio of 1.3 base_aspect_ratio = 1.3
)
```

## 11.2　gridExtra 包

使用 gridExtra 包同样可以将多幅图形合并，关键函数是 grid.arrange。下面的代码首先绘制一幅直方图，然后使用 grid.arrange 函数将该直方图与上文绘制的三幅图形合并到一幅图形中，如图 11.3 所示。

```
# 定义一组 5 种颜色
my5cols <- c("#6D9EC1", "#646567", "#A29B32", "#E46726", "#F3BF94")
# 绘制图形
data("diamonds")
brp <- ggplot(diamonds, aes(x = x)) +
geom_bar(aes(fill = cut)) + scale_fill_manual(values = my5cols)
require(gridExtra)
grid.arrange(bxp, dp, lp ,brp, ncol = 2, nrow =2)
## `stat_bindot()` using `bins = 30`. Pick better value with `binwidth`.
```

gridExtra 包中有一个函数很好用，即 arangeGrob 函数，可以将图形分块。例如，如果希望先将图形分成两块，在左边放一幅子图，然后在右边分两块，绘制两幅子图，则可以使用 arangeGrop 函数轻松实现。下面的代码在图形的左侧放置一幅点图，在右侧放置两幅图形，即箱线图和直方图，如图 11.4 所示。

```
grid.arrange(dp, arrangeGrob(bxp, brp), ncol = 2)
## 'stat_bindot()' using 'bins = 30'. Pick better value with 'binwidth'.
```

第 11 章 合并多幅图形

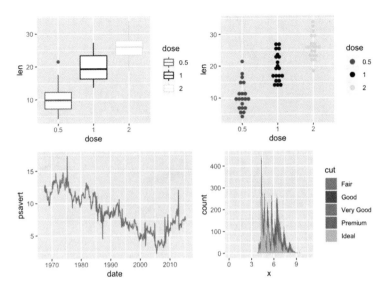

图 11.3 合并多幅图形

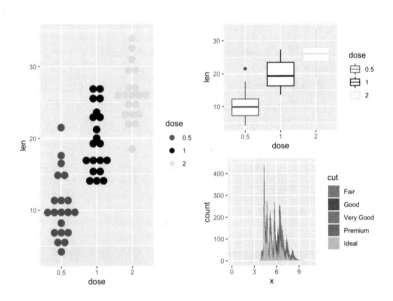

图 11.4 将图形分块

上面的代码在使用 grid.arrange 函数合并图形的时候，使用 arrangeGrob 函数首先将 dp 和 brp 这两幅图合并在一起，然后再和 bxp 图形合并在一起。从图 11.4 中可以看到，左边只有一幅图形，而右边有两幅图形。另外，使用 grid.arrange 函数的 layout_matrix 参数同样可以进行这样的设置，如图 11.5 所示。

```
grid.arrange(brp, bxp, dp,lp, ncol = 2, nrow = 2, layout_matrix = rbind
(c(1,1), c(2,3,4)))
```

• 503 •

```
## 'stat_bindot()' using 'bins = 30'. Pick better value with 'binwidth'.
## Warning in rbind(c(1, 1), c(2, 3, 4)): number of columns of result is
not a
## multiple of vector length (arg 1)
```

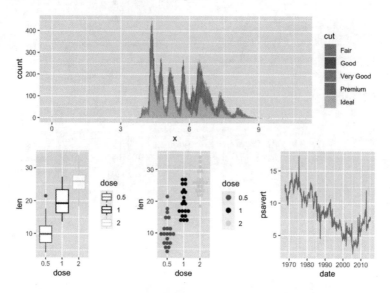

图 11.5  将合并后的图形分为两行三列

上面的代码使用了 grid.arrange 函数合并 4 幅图形，参数 ncol=2 和 nrow=2 表示将整个图形分成 4 个部分，代码 "layout_matrix = rbind(c(1,1,1), c(2,3,4)" 设置这 4 部分是如何显示图形的，这里表示将第 1 幅图形设置为第 1 行，将第 2 到第 4 幅图形显示在第 2 行。如图 11.5 所示，整个图形的上方显示了直方图，下方显示了 3 幅图形。需要注意的是，layout_matrix 本质上是要传入一个矩阵，用于描述每一行或者每一列绘制什么图形。

```
rbind(c(1,1,1), c(2,3,4))
##      [,1] [,2] [,3]
## [1,]    1    1    1
## [2,]    2    3    4
```

rbind 函数本质上是创建了一个 2 行 3 列的矩阵，如果希望将图形划分为一个 3 行的图形，则首先创建一个 3 行的矩阵。

```
cbind(c(1,1,1), c(2,3,4))
##      [,1] [,2]
## [1,]    1    2
## [2,]    1    3
## [3,]    1    4
```

上面的代码创建了一个 3 行的矩阵，矩阵的第 1 列都是 1。下面的代码将该矩阵传入 layout_matrix 参数，如图 11.6 所示。

```
grid.arrange(brp, bxp, dp,lp, ncol = 2, nrow = 2, layout_matrix = cbind(c(1,1,1), c(2,3,4)))
## 'stat_bindot()' using 'bins = 30'. Pick better value with 'binwidth'.
```

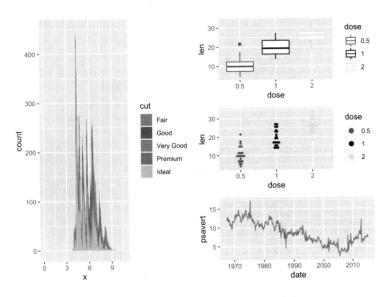

图 11.6　将合并后的图形分为三行两列

从图 11.6 中可以看到，图形的左方变成了直方图，这是因为矩阵的第 1 列都是 1，右方由 3 幅图形构成。

## 11.3　添加边际分布图

在绘制散点图的时候，如果希望进一步了解单个变量的分布，可以在散点图中添加边际分布图。使用 ggExtra 包可以非常轻松地在图形中添加边际分布图，可以添加的图形包括直方图、箱线图和密度图。

下面的代码首先绘制一幅散点图，然后添加边际分布图，如图 11.7 所示。

```
library("ggExtra")                    # 加载包
# 创建数据集
set.seed(1234)
x <- c(rnorm(350, mean = -1), rnorm(350, mean = 1.5),
rnorm(350, mean = 4))
y <- c(rnorm(350, mean = -0.5), rnorm(350, mean = 1.7), rnorm(350, mean = 2.5))

group <- as.factor(rep(c(1, 2, 3), each = 350))
df2 <- data.frame(x, y, group)
scatterPlot <- ggplot(df2, aes(x, y)) +geom_point(aes(color = group)) +
scale_color_manual(values = my3cols) +theme(legend.position=c(0,1), legend.
justification=c(0,1))
# 添加边际分布图
ggMarginal(scatterPlot)

# 添加边际分布图
```

```
ggMarginal(scatterPlot, type = "histogram", fill = "#6D9EC1", color = "#BFD5E3")
```

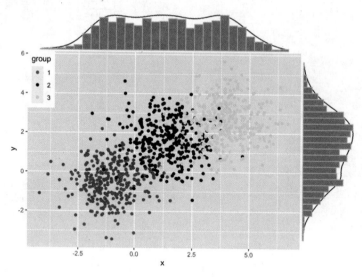

图 11.7　添加边际分布图

上面的代码中使用了 ggMarginal 函数为散点图添加边际分布图。默认添加的是密度曲线，即代码"ggMarginal(scatterPlot)"表示为图形添加密度曲线；代码"ggMarginal(scatterPlot, type = "histogram", fill = "#6D9EC1", color = "#BFD5E3")"表示为图形添加直方图。当分别调用多个 ggMarginal 函数的时候，图形是会叠加的。从图 11.7 中可以看到，散点图同时添加了密度曲线和直方图。

## 11.4　在 ggplot 中插入一个外部图形元素

使用 annotation_custom 函数可以在图形中添加表、图和其他元素。函数的格式如下：
```
annotation_custom(grob, xmin, xmax, ymin, ymax)
```
函数的参数含义如下：
- grob：要插入的外部图形元素。
- xmin 和 xmax：元素在坐标中的 $x$ 位置（水平位置）。
- ymin 和 ymax：元素在坐标中的 $y$ 位置（垂直位置）。

例如，通过下面的步骤可以在一幅散点图中添加图形元素：
（1）创建一幅散点图。
（2）在散点图中添加一个关于 $x$ 轴的箱线图。

下面的代码使用 annotation_custom 函数在散点图中添加图形元素。由于添加一个箱线图会与原来的图形有一些点重叠，因此可以调整图形的透明度，如图 11.8 所示。

```
require(hrbrthemes)
## Loading required package: hrbrthemes
## NOTE: Either Arial Narrow or Roboto Condensed fonts are required to use
these themes.
##       Please use hrbrthemes::import_roboto_condensed() to install Roboto
Condensed and
##       if Arial Narrow is not on your system, please see http://bit.ly/
arialnarrow
p1 <- scatterPlot                      # 散点图
# 绘制箱线图
p2 <- ggplot(df2, aes(factor(1), x))+ geom_boxplot(width=0.3,color =
'black')+coord_flip()+ theme_ipsum()
# 绘制箱线图
p3 <- ggplot(df2, aes(factor(1), y))+ geom_boxplot(width=0.3,color = 'red')
+ theme_ipsum()
# 创建图形元素
p2_grob = ggplotGrob(p2)
p3_grob = ggplotGrob(p3)

# 合并图形
p1 + annotation_custom(grob = p2_grob, xmin = 0, xmax =7,ymin = -4, ymax = 0)
```

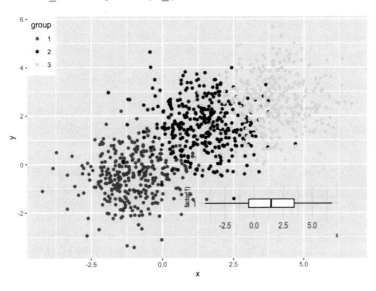

图 11.8　添加一幅箱线图

上面的代码首先使用散点图中 $x$ 轴对应的数据创建了一幅箱线图，然后使用 $y$ 轴对应的变量绘制了另一幅箱线图；接着将图形使用 ggplotGrob 函数转换为一个图形元素（grob 对象）；最后使用 annotation_custom 函数添加创建好的图形元素。代码"p1 + annotation_custom(grob = p2_grob, xmin = 0, xmax = 5, ymin = -2, ymax = 0)"表示将 p2_grob 这个图形元素添加到 p1 中，并通过 xmin、xmax、ymin 和 ymax 这几个参数确定图形元素的位置。从图 11.8 中可以看到，添加的箱线图被放在图形的右下方。

下面的代码添加了另一幅箱线图，如图 11.9 所示。

```
# 在散点图中插入 p3_grob
p1 + annotation_custom(grob = p3_grob,
xmin = -6, xmax = -2,ymin = -3, ymax =2)
```

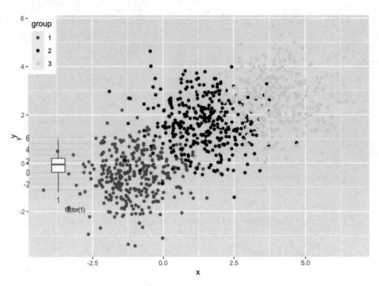

图 11.9　添加另一幅箱线图

从图 11.9 中可以看到，箱线图被添加到了图形的左下角。使用这种方式可以用任意方式合并图形。在这种情况下，需要注意的是图形之间可能存在覆盖的情形，这是需要避免的。

本章介绍了合并多幅图形的方法，这是数据可视化过程中非常重要的一个步骤，也是比较多幅图形的一个重要方法。

# 第 12 章 R 语言绘图包

在 R 语言中,绘图最常用的是 ggplot2 包,在 ggplot2 包的基础之上还有很多扩展包,这些包扩展了 ggplot2 的功能。有时使用这些扩展包能够更加高效、简洁地绘制出高质量的统计图形。本章将介绍几个常用的扩展包,包括 ggstatsplot、ggfortify 和 quantmod。当然,前面章节中介绍过的扩展包,本章就不再过多地介绍了,例如 gganimate。

## 12.1 ggstatsplot 包

ggstatsplot 包是 ggplot2 包的一个扩展,主要用于在图形中添加丰富的统计信息。在数据探索过程中,数据可视化和统计分析建模常常是两个过程,可视化可以为建模提供某些洞见,而建模的结果会建议使用不同的可视化方法。ggstatsplot 包可以将这两个过程合并,绘制统计信息更加丰富的图形,使数据探索过程更加简单。

表 12.1 列举了 ggstatsplot 包可以绘制的图形。

表 12.1 ggstatsplot 包可以绘制的图形

| 函 数 名 称 | 绘 图 种 类 |
| --- | --- |
| ggbetweenstats | 小提琴图和箱线图的组合,包含抖动点 |
| ggwithinstats | 小提琴图和箱线图的组合,不包含抖动点 |
| gghistostats | 直方图 |
| ggdotplotstats | 点图 |
| ggpiestats | 饼图 |
| ggbarstats | 条形图 |
| ggscatterstats | 散点图 |
| ggcorrmat | 相关矩阵 |
| ggcoefstats | 点须图 |

ggstatsplot 包在绘图的过程中可以自动进行各种统计检验,例如相关性分析、列联表分析和回归分析等。

ggstatsplot 包中所有的统计检验,默认模板遵循 APA 黄金标准进行构建统计报告。其中,APA 格式(American Psychological Association)是一个被广泛接受的研究论文撰写格式,特别针对社会科学领域的研究,规范学术文献的引用和参考文献的撰写方法,以及表格、图表、注脚和附录的编排方式。中国的外语类期刊(语言学刊物为主)及自然科学类的学术刊物喜欢使用 APA 格式。

首先使用下面的代码从 GitHub 中下载 ggstatsplot 包。

```r
# 需要从 GitHub 中下载包
utils::install.packages(pkgs = "remotes")

# 从 GitHub 下载包
remotes::install_github(
  repo = "IndrajeetPatil/ggstatsplot",    # 包在 GitHub 中的路径
  dependencies = TRUE,                     # 假设已经下载好其他需要的包
  quick = TRUE                             # 跳过一些步骤
)
```

ggbetweenstats 函数可以创建小提琴图、箱线图或两种图形的混合。下面的代码使用 ggbetweenstats 函数绘制一幅简单的图形,如图 12.1 所示。

```r
library(ggplot2)
library(tidyverse)
## ── Attaching packages ─────────────────────── tidyverse 1.2.1 ──
## ✔ tibble  2.1.3      ✔ purrr   0.3.2
## ✔ tidyr   1.0.0      ✔ dplyr   0.8.3
## ✔ readr   1.3.1      ✔ stringr 1.4.0
## ✔ tibble  2.1.3      ✔ forcats 0.4.0
## ── Conflicts ─────────────────────────── tidyverse_conflicts() ──
## ✖ dplyr::filter() masks stats::filter()
## ✖ dplyr::lag()    masks stats::lag()
# 加载包
library(ggstatsplot)

# 设置随机种子
set.seed(21456)

# 绘制图形
ggstatsplot::ggbetweenstats(
  data = diamonds %>% sample_frac(0.1),
  x = cut,
  y = price,
  messages = T
)
## Note: 95% CI for effect size estimate was computed with 100 bootstrap samples.
##
## Note: Bartlett's test for homogeneity of variances for factor cut: p-value = < 0.001
##
```

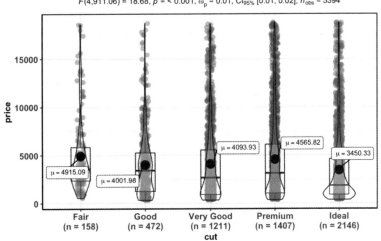

图 12.1 小提琴图

上面的代码使用 diamonds 数据集绘制了变量 cut 和 price 之间的小提琴图。另外，可以使用 plot.type 参数指定要绘制的图形，默认同时绘制小提琴图和箱线图。输出信息"Bartlett's test for homogeneity of variances for factor cut: p-value = < 0.001"表示对不同组别的数据进行巴特利特的检验。p-value 非常小，说明拒绝原假设。从图 12.1 中可以看到，图形的输出信息非常丰富，不仅绘制出了图形，还给出了相当多的统计信息，包括均值、样本量、F 统计量和 p-value 等。

另外，ggbetweenstats 函数返回的类是 ggplot 的对象，因此可以使用 ggplot2 包中的函数进一步修改。

还可以指定许多其他参数，以使图形表达更多的信息。此外，这一次我们将使用一个只有两个级别的分组变量。ggbetweenstats 函数将自动从进行方差分析切换到进行 t 检验。

type（of test）参数表示采用的统计检验方法，接受缩写：p（参数）、np（非参数）、r（鲁棒性）或 bf（贝叶斯因子）。

下面的代码对图形进行更多的调整，如图 12.2 所示。

```
library(ggplot2)

# 绘制图形
ggstatsplot::ggbetweenstats(
  data = diamonds %>% sample_frac(0.1) %>% filter(cut %in% c('Ideal','Fair')),
  x = cut,
  y = price,
  notch = TRUE,                      # 显示缺口箱线图
  mean.plotting = TRUE,              # 是否显示每个组的平均值
  mean.ci = TRUE,                    # 是否显示均值的置信区间
  # mean.label.size = 2.5，表示标签的平均尺寸
```

```
    type = "parametric",                              # 要运行哪种类型的测试

    xlab = "cut of diamonds ",                        # 标记 x 轴变量
    ylab = "price of diamonds",                       # 标记 y 轴变量
    title = "Dataset: diamonds",                      # 标题
    ggtheme = ggthemes::theme_fivethirtyeight(),      # 选择不同的主题
    ggstatsplot.layer = FALSE,                        # 关闭 ggstatsplot 主题层
    package = "wesanderson",                          # 调色板对应的包
    palette = "Darjeeling1",                          # 选择调色板
    messages = FALSE
)
```

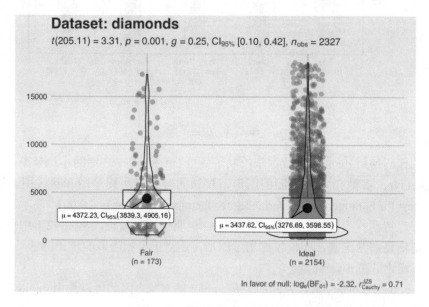

图 12.2　进行更多的参数调整

上面的代码对图形进行了更多的调整。图 12.2 中显示了两个类别的小提琴图，这个时候采取的是 t 检验，p-value 同样非常小，此时拒绝原假设，认为两组的数值存在差异。图形还显示了很多信息，包括均值、置信区间等。

ggwithinstats 函数与 ggbetweenstats 具有相同的功能，用于重复测量设计。从下面的示例可以看出，ggwithinstats 和 ggbetweenstats 绘图结果之间的唯一区别是，是否通过路径连接组以突出显示这些数据彼此配对的事实，如图 12.3 所示。

```
# 设置随机种子，加载包
set.seed(21456)
library(WRS2)

# 绘制图形
ggstatsplot::ggwithinstats(
    data = WRS2::WineTasting,
    x = Wine,
    y = Taste,
```

```
    sort = "descending",                        # 排序
    sort.fun = median,                          #y 变量值
    pairwise.comparisons = TRUE,
    pairwise.display = "s",
    pairwise.annotation = "p",
    title = "Wine tasting",
    caption = "Data from: `WRS2` R package",
    ggtheme = ggthemes::theme_fivethirtyeight(),
    ggstatsplot.layer = FALSE,
    messages = FALSE
)
```

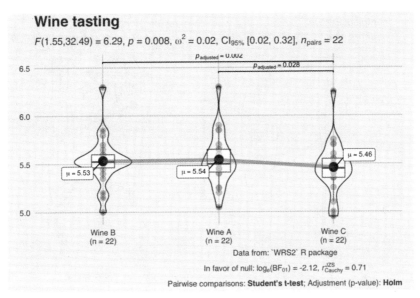

图 12.3　小提琴图

从图 12.3 中可以看到，不同组之间添加了一条连线。ggwithinstats 函数还有另外一个对应的函数 grouped_ggwithinstats，这个函数可以更快地在单个分组变量中重复相同的分析。ggbetweenstats 函数同样也有类似的对应函数。下面的代码使用 grouped_ggwithinstats 函数绘制图形，如图 12.4 所示。

```
# 设置随机种子
set.seed(21456)

# 获取整洁格式的数据
data_bugs <- ggstatsplot::bugs_long %>%
  dplyr::filter(.data = ., region %in% c("Europe", "North America"))

# plot
ggstatsplot::grouped_ggwithinstats(
  data = dplyr::filter(data_bugs, condition %in% c("LDLF", "LDHF")),
  x = condition,
```

```
    y = desire,
    xlab = "Condition",
    ylab = "Desire to kill an artrhopod",
    grouping.var = region,
    outlier.tagging = TRUE,
    outlier.label = education,
    # # ggtheme = hrbrthemes::theme_ipsum_tw(),
    ggstatsplot.layer = FALSE,
    messages = FALSE
)
```

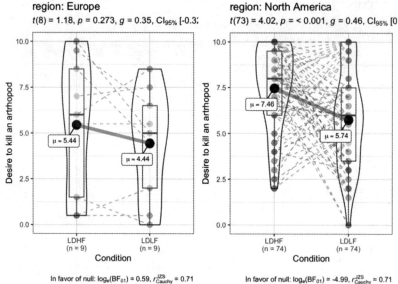

图 12.4　单个变量分组的小提琴图

从图 12.4 中可以看到，图中绘制了单个变量分组的图形。ggscatterstats 函数可以创建一个散点图，其边际分布覆盖在轴（边际分布的构建来自 gExtra::ggMarginal）上，并且显示出统计测试结果，如图 12.5 所示。

```
ggstatsplot::ggscatterstats(
    data = ggplot2::msleep %>% na.omit(),
    x = sleep_rem,
    y = awake,
    xlab = "REM sleep (in hours)",
    ylab = "Amount of time spent awake (in hours)",
    title = "Understanding mammalian sleep",
    messages = FALSE
)
```

从图 12.5 中可以看到，绘制了一幅散点图，添加了边际直方图。图形上方和下方都显示关于数据的置信区间。可以使用的边际分布包括直方图、箱线图、密度图、小提琴图、密度+直方图。

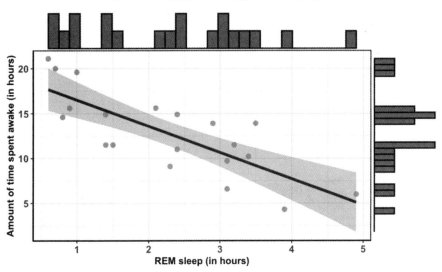

图 12.5  添加边际直方图的散点图

还可以指定其他参数的数量来修改这个基础散点图,如图 12.6 所示。

```
# 设置随机种子
set.seed(21456)

# plot
ggstatsplot::ggscatterstats(
  data = dplyr::filter(.data = ggstatsplot::movies_long, genre == "Action"),
  x = budget,
  y = rating,
  type = "robust",                                   # 需要运行的测试类型
  conf.level = 0.99,                                 # 置信区间的显著性水平
  xlab = "Movie budget (in million/ US$)",           # x 轴的标签
  ylab = "IMDB rating",                              # y 轴的标签
  label.var = "title",                               # 标记数据点
  label.expression = "rating < 5 & budget > 100",    # 决定要标记哪些点的表达式
  line.color = "yellow",                             # 改变回归线的颜色
  title = "Movie budget and IMDB rating (action)",   # 标题
  caption = expression(                              # 图形说明
    paste(italic("Note"), ": IMDB stands for Internet Movie DataBase")
  ),
  
  ggstatsplot.layer = FALSE,                         # 关闭 ggstatsplot 主题层
  marginal.type = "density",                         # 要显示的边际分布类型
  xfill = "#0072B2",                                 # 为 x 轴边际分布填充颜色
```

```
    yfill = "#009E73",                            # 为 y 轴边际分布填充颜色
    xalpha = 0.6,                                 # x 轴边际分布的透明度
    yalpha = 0.6,                                 # y 轴边际分布的透明度
    centrality.para = "median",                   # 显示集中趋势线
    messages = T                                  # 显示输出信息
)
## Note: 99% CI for effect size estimate was computed with 100 bootstrap
samples.
##
## Warning: This plot can't be further modified with 'ggplot2' functions.
## In case you want a 'ggplot' object, set 'marginal = FALSE'.
##
```

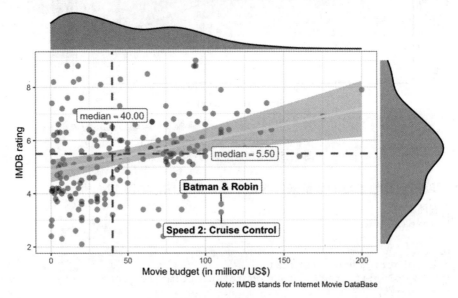

图 12.6　修改后的散点图

从图 12.6 中可以看到，图形的信息更加丰富，分别显示了 x 变量对应的中位数和 y 变量对应的分位数，边际分布通过填充的密度图来表示。

使用 ggbarstats 函数可以绘制条形图。下面的代码绘制一幅堆叠的条形图，如图 12.7 所示。

```
# 设置随机种子
set.seed(21456)

# 绘制图形
ggstatsplot::ggbarstats(
    data = ggstatsplot::movies_long,
    x = mpaa,
    y = genre,
```

```
  sampling.plan = "jointMulti",
  title = "MPAA Ratings by Genre",
  xlab = "movie genre",
  perc.k = 1,
  x.axis.orientation = "slant",
  # ggtheme = hrbrthemes::theme_modern_rc(),
  ggstatsplot.layer = FALSE,
  ggplot.component = ggplot2::theme(axis.text.x = ggplot2::element_text
(face = "italic")),
  palette = "Set2",
  messages = FALSE
)
```

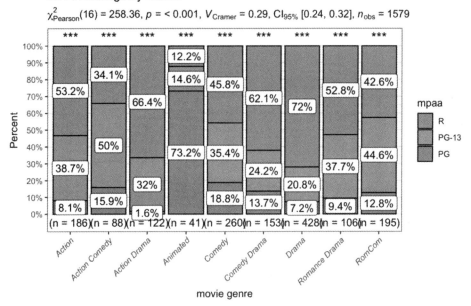

图 12.7　条形图

图 12.7 中显示了不同类型电影的评分和更多的统计信息。使用这种方式可以比一般的统计图形表达更多的信息。

另外，gghistostats 函数可以使用单样本测试来可视化单个变量的分布并检查其均值是否与指定值明显不同，如图 12.8 所示。

```
ggstatsplot::gghistostats(
  data = ToothGrowth,                          # 数据集
  x = len,                                     # 感兴趣的分布的连续变量
  xlab = "Tooth length",                       # 坐标轴名称
  title = "Distribution of Tooth Length",      # 标题
  fill.gradient = TRUE,                        # 使用梯度颜色
```

```
    test.value = 10,                        # 单样本试验的比较值
    test.value.line = TRUE,                 # 在测试值处显示一条垂直线
    type = "bayes",                         # 一个样本 t 检验
    bf.prior = 0.8,                         # 计算贝叶斯因子的先验宽度
    messages = FALSE                        # 关掉数据信息
)
```

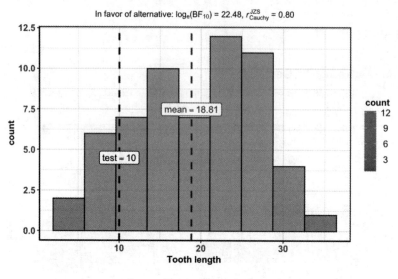

图 12.8 直方图

从输出可以看到，真实结果和测试结果是不一样的。

使用 gghistostats 函数可以绘制点图，如图 12.9 所示。

```
library(ggstatsplot)
set.seed(21456)
#  绘图
library(gapminder)

ggstatsplot::ggdotplotstats(
data = gapminder, y = continent,
x = lifeExp,
test.value = 55,
test.value.line = TRUE, test.line.labeller = TRUE, test.value.color = "red",
centrality.para = "median", centrality.k = 0,
title = "Distribution of life expectancy ", xlab = "Life expectancy",
messages = FALSE,
caption = substitute(
  paste(
    italic("Source"),
    ": Gapminder dataset from https://www.gapminder.org/"
  ) )
)
```

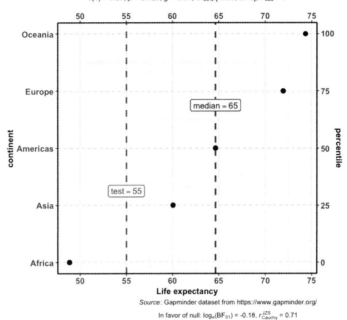

图 12.9 点图

使用 ggcorrmat 函数可以使用最少量的代码制作相关图（相关系数矩阵），只要使用默认的参数就可以生成出版物级别的相关矩阵。但是为了探索可用的选项，下面的代码改变一些默认值，以改变相关矩阵的外观，如图 12.10 所示。

```
# 设置随机种子
set.seed(21456)

# 默认情况下，该函数输出相关图
ggstatsplot::ggcorrmat(
  data = ggplot2::msleep,
  corr.method = "robust",                  # 计算相关性的方法
  sig.level = 0.001,                       # 阈值的意义
  p.adjust.method = "holm",                # 多重比较的p值调整方法
  cor.vars = c(sleep_rem, awake:bodywt),   # 可以选择一个变量范围
  cor.vars.names = c(
    "REM sleep",                           # 变量的名称
    "time awake",
    "brain weight",
    "body weight"
  ),
  matrix.type = "upper",                   # 可视化矩阵类型
  colors = c("#B2182B", "white", "#4D4D4D"),
  title = "Correlalogram for mammals sleep dataset",
  subtitle = "sleep units: hours; weight units: kilograms"
)
```

以上就是 ggstatsplot 包的相关介绍,使用它可以轻松地绘制出高质量的统计图形。

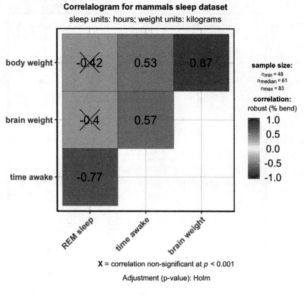

图 12.10　相关矩阵图

## 12.2　ggfortify 包

ggfortify 包提供了 fortify 和 autoplot 函数,可以非常快速地构建统计图形。autoplot 函数是 ggfortify 包的核心函数,其可以根据不同的输入类型输出适当的图形,如标准 plot 函数所做的那样。总而言之,使用 ggortify 包可以使用非常少的代码实现烦琐的可视化。

### 12.2.1　生存分析

生存分析是统计学非常古老的一个领域,早在 1700 年之前就开始有相关的研究。如今生存分析在工程、保险、营销及医学等更多领域发挥出了重大的作用。

生存分析最初是应用于研究分析患者被确诊之后多长时间会死亡,因此这种分析方法被称为生存分析。生存分析的目的通常有如下几种。

- 估计:根据样本生存数据估计总体生存率及其他有关指标(如中位生存期等),例如根据脑瘤患者治疗后的生存时间,估计不同时间的生存率、计算生存曲线及中位生存时间等。
- 比较:对不同处理组生存率进行比较,如比较不同疗法治疗脑瘤的生存率,以了解哪种治疗方案较优;比较两种版本产品用户的流失率,分析流失时间是否存在差异,以了解不同版本的优劣。
- 影响因素分析：目的是为了探索和了解影响生存时间长短的因素，例如研究某个或某些因素对生存率的影响。如为改善脑瘤病人病情，应了解影响病人病情的主要因素，包括病人的年龄、性别、病程、治疗方案等。
- 预测：具有不同因素水平的个体生存预测，如根据脑瘤病人的年龄、性别、病程、肿瘤分期及治疗方案等预测该病人某年（月）的生存率。

一旦构建好生存分析模型，便可以使用 autoplot 函数快速地进行可视化，绘制的图形如图 12.11 所示。

```
library(ggfortify)
library(survival)
autoplot(aareg(Surv(time, status) ~ age + sex + ph.ecog, data = lung, nmin
= 1))
```

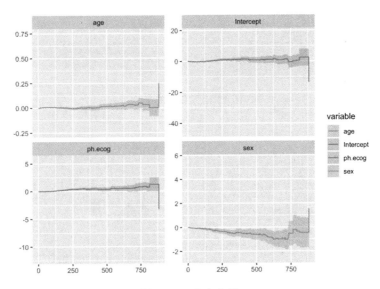

图 12.11　生存分析

上面的代码首先使用 Surv 函数构建了一个生存分析模型，然后使用 autoplot 函数根据模型的结果绘制出对应的生存分析模型。

## 12.2.2　时间序列图

关于时间序列图的绘制上文介绍过，但是没有提到过时间序列相关统计图形的绘制。下面的代码绘制了时间序列的自相关图形，绘制结果如图 12.12 所示。

```
autoplot(stats::acf(AirPassengers, plot = FALSE))          # 自相关图
```

上面的代码首先使用 acf 函数计算数据集的自相关系数，然后使用 autoplot 函数绘制出自相关图。使用同样的方式可以绘制偏自相关图，如图 12.13 所示。

```
autoplot(stats::pacf(AirPassengers, plot = FALSE))      # 偏自相关图
```

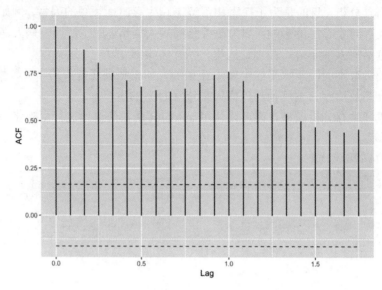

图 12.12　自相关图形

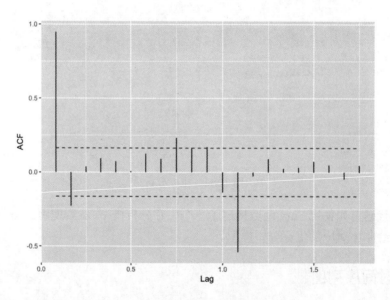

图 12.13　偏自相关图

同样，首先计算数据的偏自相关系数，然后使用 autoplot 函数绘制图形。
下面的代码绘制了一幅互相关函数图形，绘制结果如图 12.14 所示。

```
autoplot(stats::ccf(AirPassengers, AirPassengers, plot = FALSE))  # ccf 图
```

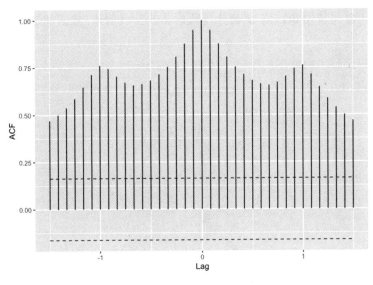

图 12.14 ccf 图

上面的代码同样首先计算出数据的互相关函数（Crosscorrelation Function，CCF），然后使用 autoplot 函数绘制图形。

## 12.2.3 密度图

使用 autoplot 函数同样可以快速地绘制出密度图，绘制结果如图 12.15 所示。

```
autoplot(stats::density(stats::rnorm(1:50)))
```

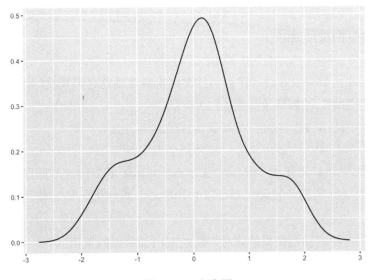

图 12.15 密度图

上面的代码首先使用 density 函数计算数据集的密度估计，然后使用 autoplot 函数绘制数据的密度图。

下面的代码调整了密度图的颜色，如图 12.16 所示。

```
autoplot(stats::density(stats::rnorm(1:50)), fill = 'blue')
```

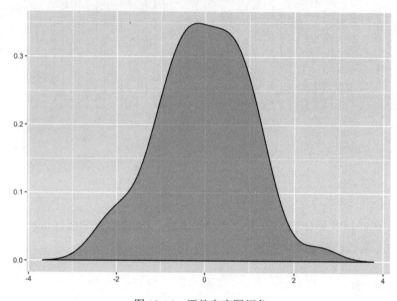

图 12.16  调整密度图颜色

上面的代码中，将参数 fill 设置为 blue，从图 12.16 中可以观察到，密度图的填充颜色变成了蓝色。

### 12.2.4  时间序列预测图

使用 autoplot 函数可以对时间序列的预测结果快速地进行可视化。下面的代码绘制出了时间序列的预测图，绘制结果如图 12.17 所示。

```
d.arima <- forecast::auto.arima(AirPassengers)
autoplot(forecast::forecast(d.arima, h = 10))
```

上面的代码中，首先使用 forecast 包的 auto.arima 函数构建时间序列模型，然后使用 forecast 函数进行预测，预测了后面 10 个时间点的结果，最后使用 autoplot 函数绘制图形。

下面的代码在绘制预测结果的同时，还绘制出了数据的置信区间，如图 12.18 所示。

```
autoplot(forecast::forecast(d.arima, level = c(85), h = 10))
```

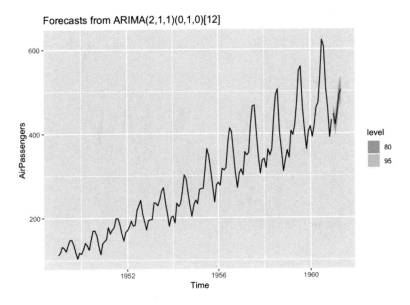

图 12.17　时间序列图

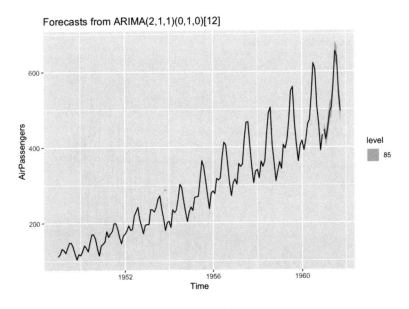

图 12.18　绘制出置信空间的时间序列图

从图 12.18 中可以看到，图形后面一段有蓝色的预期，这个区域就是预测结果的执行区间。下面的代码预测了一个更短的结果，并且调整了一些参数，如图 12.19 所示。

```
autoplot(forecast::forecast(d.arima, h = 5), conf.int = FALSE, is.date = FALSE)
```

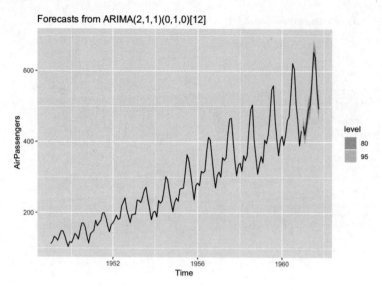

图 12.19　调整相关参数后的时间序列图

下面的代码使用季节方法（Holt-Winters）构建模型，如图 12.20 所示。

```
autoplot(forecast::forecast(stats::HoltWinters(UKgas), h = 10))
```

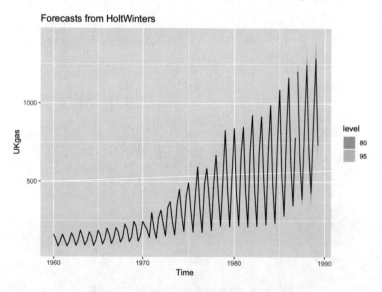

图 12.20　使用季节方法构建时间序列模型

下面的代码使用指数平滑模型（ETS）构建时间序列模型，如图 12.21 所示。

```
autoplot(forecast::forecast(forecast::ets(UKgas), h = 5))
```

上面使用了各种模型构建时间序列，并进行了展示。其他时间序列模型的结果都可以通过这种方式进行展示。

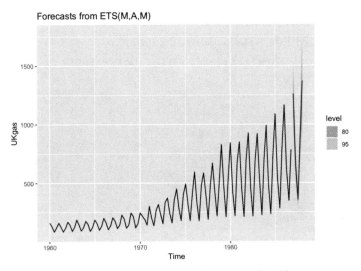

图 12.21 使用指数平滑模型构建时间序列模型

## 12.2.5 聚类图

聚类数据往往是高纬度的数据,因此要绘制聚类的结果往往需要首先对数据进行降维。使用 autoplot 函数可以非常快速地将聚类结果进行可视化。下面的代码对 iris 数据集进行聚类,然后绘制聚类图形,如图 12.22 所示。

```
autoplot(stats::kmeans(iris[-5], 3), data = iris)
```

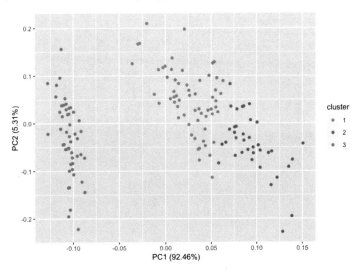

图 12.22 聚类图

上面的代码首先对数据集进行聚类,将数据聚类为 3 类,从图 12.22 中可以看到,有

3个族群，不同的类别表示不同的聚类结果。

下面的代码在聚类图中显示标签，如图12.23所示。

```
autoplot(cluster::clara(iris[-5], 3), label = TRUE)
```

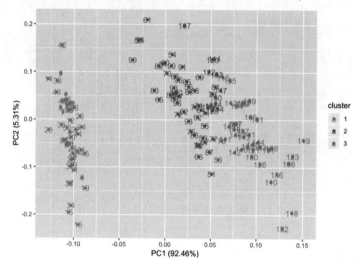

图12.23 聚类图性

这里指定了参数label=TRUE，所以图12.23中所有的数据点都是用标签进行表示。下面的代码使用了模糊聚类，如图12.24所示。

```
autoplot(cluster::fanny(iris[-5], 3))
```

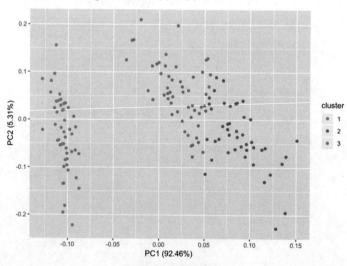

图12.24 模糊聚类

fanny函数用于对数据集进行模糊聚类，其他方法的聚类结果也可以通过这样的方式进行可视化。

下面的代码在不同族群的外部加上了一个框，如图 12.25 所示。
```
autoplot(cluster::fanny(iris[-5], 3), frame = TRUE)
```

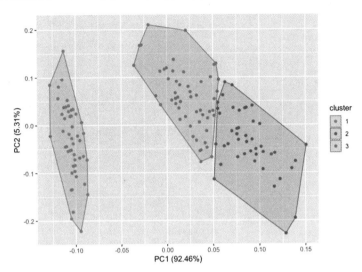

图 12.25　添加边框

从图 12.25 中可以看到，不同族群的点都被一个框包裹起来。

下面的代码使用了另外一种聚类方法 PAM（Partitioning Around Medoids），这种方法比 K 均值聚类更加稳健，如图 12.26 所示。
```
autoplot(cluster::pam(iris[-5], 3), data = iris, colour = 'Species')
```

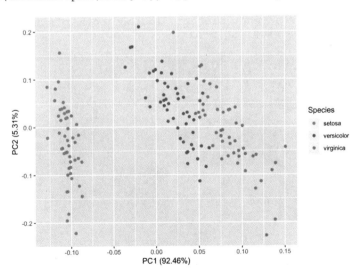

图 12.26　聚类图

下面的代码给不同的聚类族群添加边框，并且指定边框的形状，如图 12.27 所示。

```
autoplot(cluster::pam(iris[-5], 3), data = iris, frame = TRUE, frame.type = 't')
```

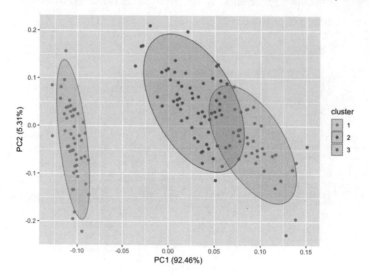

图 12.27　添加边框并指定形状

从图 12.27 中可以看到，聚类图的不同族群被圆形包裹着，当然，还可以指定其他的形状。

## 12.2.6　热力图

使用 autoplot 函数可以快速地绘制热力图，如图 12.28 所示。

```
autoplot(matrix(rnorm(20), nc = 5))
## Scale for 'y' is already present. Adding another scale for 'y', which
## will replace the existing scale.
```

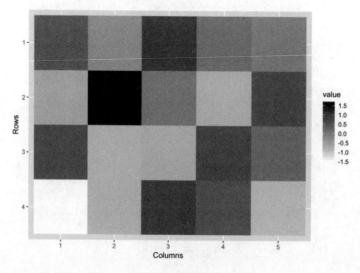

图 12.28　热力图

如果将一个矩阵传入 autoplot 函数，则会绘制出相应的热力图。下面的代码调整了热力图的颜色，如图 12.29 所示。

```
autoplot(matrix(rnorm(20), nc = 5), fill = 'red')
## Scale for 'y' is already present. Adding another scale for 'y', which
## will replace the existing scale.
```

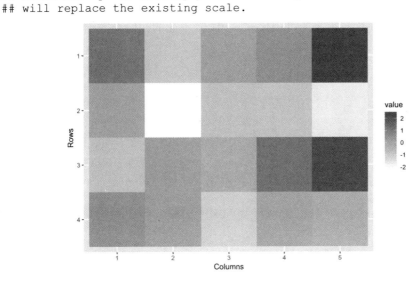

图 12.29　调整颜色

上面的代码设置参数 fill 为 red，表示将填充颜色变成红色。图 12.30 的颜色由原来的蓝色调变成了红色调。

下面的代码指定 geom 参数，绘制散点图，如图 12.30 所示。

```
autoplot(matrix(rnorm(20), nc = 2), geom = 'point')
```

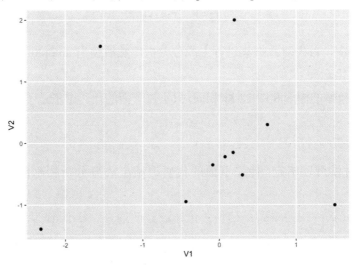

图 12.30　散点图

当不希望绘制默认的图形时，需要指定 geom 参数为要绘制的图形。

## 12.2.7 主成分分析可视化

主成分分析的可视化与聚类的可视化非常相似，下面的代码对数据集进行主成分分析并对结果进行可视化，如图 12.31 所示。

```
autoplot(stats::prcomp(iris[-5]))
```

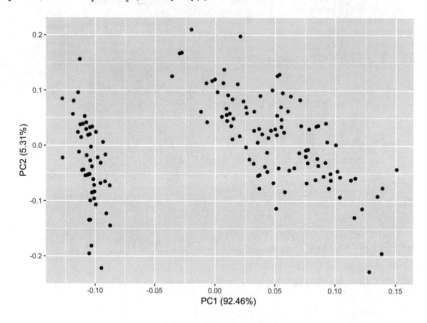

图 12.31　主成分图形

上面的代码中，首先对数据集进行主成分分析，然后使用 autoplot 函数对主成分分析的结果进行可视化。

下面的代码绘制的图形和图 12.31 相同，只不过下面的代码中指定了数据集，如图 12.32 所示。

```
autoplot(stats::prcomp(iris[-5]), data = iris)
```

在绘图的时候可以指定颜色，下面的代码调整主成分分析图形的颜色，如图 12.33 所示。

```
autoplot(stats::prcomp(iris[-5]), data = iris, colour = 'Species')
```

上面的代码将变量 Species 映射到了 color 参数，图 12.33 中的数据点有 3 种颜色，不同的颜色代表 Species 变量的不同值。同样，可以添加一个框将聚集的数据框起来，如图 12.34 所示。

```
autoplot(stats::prcomp(iris[-5]), data = iris, frame = TRUE,
frame.colour = 'Species')
```

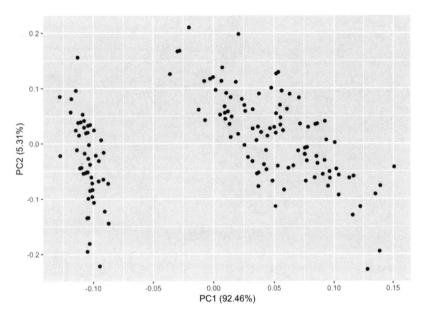

图 12.32　指定数据集绘制主成分图形

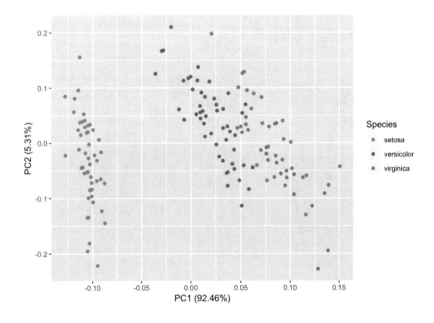

图 12.33　调整颜色

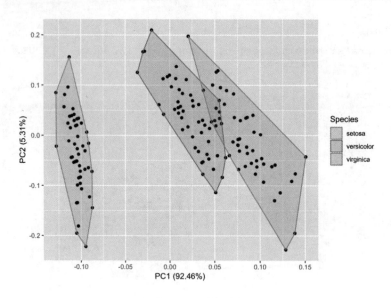

图 12.34　添加边框

上面的代码通过设置 frame 参数让聚集在一起的数据通过边框框起来。同样，还可以调整边框的形状，下面的代码将边框设置为圆形，如图 12.35 所示。

```
autoplot(stats::prcomp(iris[-5]), data = iris, frame = TRUE,
frame.type = 't', frame.colour = 'Species')
```

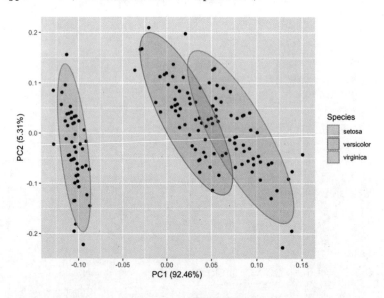

图 12.35　调整边框形状

上面的代码通过调整 frame.type 参数设定边框的形状，从图 12.35 中可以看到，数据被圆形边框框起来了，还可以选择其他的形状。

使用 autoplot 函数还可以绘制很多其他的图形。使用这种方式能够快速地对统计结果进行可视化，在合适的时候使用会起到事半功倍的效果。

## 12.3 quantmod 包

本节将介绍 quantmod 包，这个包并不是一个专门用于绘图的包，而是一个金融数据分析的框架，可以非常高效地完成从数据采集、数据处理，到最后的数据分析、建模。quantmod 包支持从各个来源加载数据，例如：
- 雅虎财经（OHLC 数据）。
- Google 财经（OHLC 数据）。
- Onada，货币网站（外汇和金属）。
- MySQL。
- R 语言的二进制文件。
- CSV 文件。
- 其他（RODBC，economagic，Rbloomberg，……）。

quantmod 包经常被用来处理股票数据，可以容易地绘制出蜡烛图、条形图、折线图及一些与金融相关的技术图形，有非常高的实用价值。在绘图之前，首先要获取数据，假设我们要获取阿里巴巴的股票数据，则需要知道阿里巴巴的股票代码（BABA），其次是加载 quantmod 包，然后使用 getSymbols 函数来获取数据，数据源通常是雅虎财经，当然还有其他的数据源。下面的代码是从雅虎财经获取数据：

```
require(quantmod)
require(tidyverse)
getSymbols("BABA",src="yahoo")
## [1] "BABA"
head(BABA)
##            BABA.Open BABA.High BABA.Low BABA.Close BABA.Volume
## 2014-09-19     92.70     99.70    89.95      93.89   271879400
## 2014-09-22     92.70     92.95    89.50      89.89    66657800
## 2014-09-23     88.94     90.48    86.62      87.17    39009800
## 2014-09-24     88.47     90.57    87.22      90.57    32088000
## 2014-09-25     91.09     91.50    88.50      88.92    28598000
## 2014-09-26     89.73     90.46    88.66      90.46    18340000
##            BABA.Adjusted
## 2014-09-19         93.89
## 2014-09-22         89.89
## 2014-09-23         87.17
## 2014-09-24         90.57
## 2014-09-25         88.92
## 2014-09-26         90.46
```

上面的代码从雅虎财经获取阿里巴巴的股票数据，getSymbols 函数中 BABA 是阿里巴巴股票的代码，src 用于指定数据来源。数据包括阿里巴巴股票的开盘价、收盘价、最高价、最低价及成交量等。上面的代码下载了所有时间段的股票数据，如果希望下载某一段时间的数据，可以进一步筛选时间：

```
getSymbols("BABA",src="yahoo",from = '2018-01-01',to = '2019-01-01')
## [1] "BABA"
head(BABA)
##            BABA.Open BABA.High BABA.Low BABA.Close BABA.Volume
## 2018-01-02   176.399   184.100  175.700     183.65    29916900
## 2018-01-03   185.190   185.635  181.400     184.00    20121900
## 2018-01-04   185.900   187.747  184.430     185.71    19473800
## 2018-01-05   187.170   190.750  186.301     190.70    18168300
## 2018-01-08   190.460   191.660  189.070     190.33    16230100
## 2018-01-09   191.130   192.490  188.000     190.80    19495100
##            BABA.Adjusted
## 2018-01-02        183.65
## 2018-01-03        184.00
## 2018-01-04        185.71
## 2018-01-05        190.70
## 2018-01-08        190.33
## 2018-01-09        190.80
```

上面的代码通过设定 from 和 to 这两个参数来选择的数据的时间。直接输入不同的股票代码，运行函数，就会将股票数据下载到本地。下面的代码将股票代码改为 GOOG，下载 Google 的股票数据。

```
getSymbols("GOOG",src="yahoo",from = '2018-01-01',to = '2019-01-01')
## [1] "GOOG"
head(GOOG)
##            GOOG.Open GOOG.High GOOG.Low GOOG.Close GOOG.Volume
## 2018-01-02   1048.34   1066.94 1045.230    1065.00     1237600
## 2018-01-03   1064.31   1086.29 1063.210    1082.48     1430200
## 2018-01-04   1088.00   1093.57 1084.002    1086.40     1004600
## 2018-01-05   1094.00   1104.25 1092.000    1102.23     1279100
## 2018-01-08   1102.23   1111.27 1101.620    1106.94     1047600
## 2018-01-09   1109.40   1110.57 1101.231    1106.26      902500
##            GOOG.Adjusted
## 2018-01-02       1065.00
## 2018-01-03       1082.48
## 2018-01-04       1086.40
## 2018-01-05       1102.23
## 2018-01-08       1106.94
## 2018-01-09       1106.26
```

上面介绍了如何获取股票数据，获取数据之后，可以开始绘制图形。使用 quantmod 包可以非常方便地对金融数据进行可视化，可视化的函数包括 chartSeries，barChart，candleChart 和 lineChart，可以很方便地绘制条形图、折线图和蜡烛图。

下面的代码绘制 Google 股票数据的条形图，如图 12.36 所示。

```
barChart(GOOG,subset='last 1 months')
```

下面的代码绘制 Google 股票数据的蜡烛图，如图 12.37 所示。

```
candleChart(GOOG,col = TRUE,theme ="white",subset='last 2 months')
```

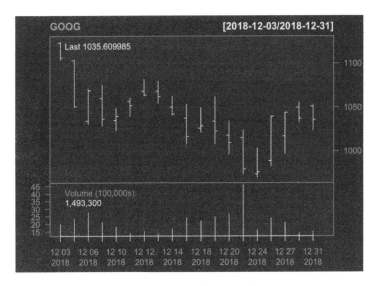

图 12.36　条形图

图 12.37　蜡烛图

下面的代码绘制 Google 股票的折线图，如图 12.38 所示。

chartSeries(x = GOOG,subset='last 5 months',type = 'line')

在绘制好基础的图形之后，可以添加技术分析图。添加技术分析图非常简单，只需要在原先绘制的图形基础之上（蜡烛图、折线图或条形图）添加技术曲线即可。这里添加的技术曲线图是平均趋向指标 ADX。

平均趋向指标 ADX（Average Directional Index）是另一种常用的趋势衡量指标，ADX 无法告诉你趋势的发展方向，可是如果趋势存在，ADX 可以衡量趋势的强度。如果 ADX

读数上升，代表趋势转强；如果 ADX 读数下降，意味着趋势转弱。

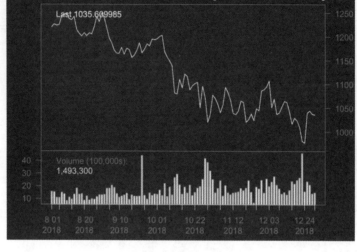

图 12.38　折线图

单就 ADX 本身来说，由于指标落后于价格走势，所以算不上是很好的指标，不适合仅对 ADX 进行操作。如果与其他指标配合运用，ADX 可以确认市场是否存在某种趋势，并衡量趋势的强度。

一般来说，ADX 指数大于 30，认为趋势非常强劲，小于 20，表示没有什么趋势变化。下面的代码首先绘制了一幅蜡烛图，如图 12.39 所示。

candleChart(GOOG,col = TRUE,theme ="white",subset='last 2 months')

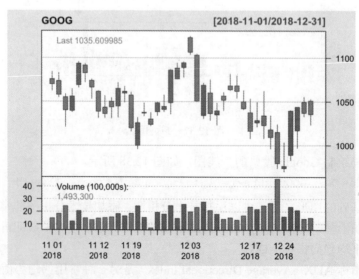

图 12.39　蜡烛图

下面在绘制的蜡烛图基础之上，添加股票中的技术分析图，如图 12.40 所示。
```
addADX()
```

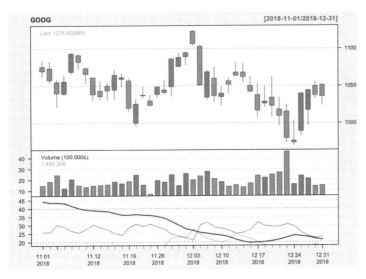

图 12.40　技术分析图

从图 12.40 中可以看到，最下面的部分就是 ADX 曲线，使用这种方式可以很方便地添加技术曲线，其他的技术曲线可以使用同样的方式进行添加。

chartSeries 函数是最主要的绘图函数，可以绘制条形图、蜡烛图和线图。下面的代码绘制了一幅蜡烛图，如图 12.41 所示。
```
chartSeries(BABA)
```

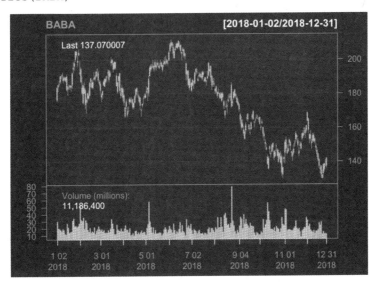

图 12.41　蜡烛图

上面的代码使用 chartSeries 函数绘制 BABA 股票的蜡烛图，另外，还可以修改图形的背景设置。下面的代码修改图形的主题背景，如图 12.42 所示。

```
chartSeries(BABA,theme = 'white.mono')
```

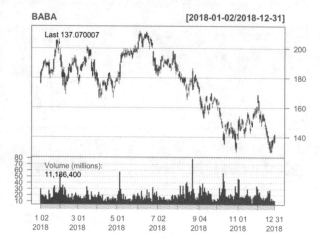

图 12.42　修改图形的主题背景

从图 12.42 中可以看到，图形的背景变成了白色，修改 theme 参数还可以修改为其他的主题。下面的代码筛选数据的时间，然后修改主题命名，如图 12.43 所示。

```
chartSeries(BABA,name="BABA CHART",subset="2018-12-01::2019-03-01")
```

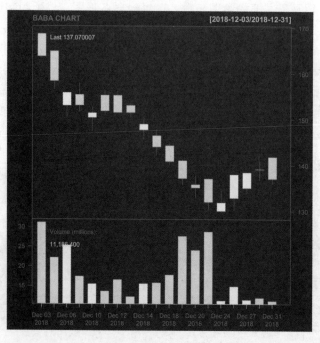

图 12.43　时间筛选

上面的代码筛选阿里巴巴股票代码的时间范围为从 2018 年 12 月到 2019 年 3 月，并且设置了图形的标题为 BABA CHART。下面的代码使用了同样的函数绘制条形图，如图 12.44 所示。

```
chartSeries(BABA,name="BABA CHART",subset="2018-12-01::2019-03-01",type
= 'bars')
```

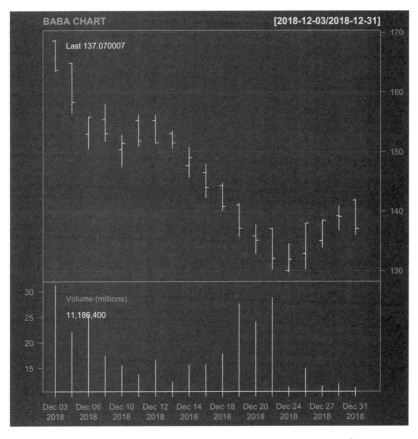

图 12.44　条形图

上面的代码使用的函数依然是 chartSeries，但设置了 type 参数为 bar，因此会绘制出条形图。下面的代码绘制折线图，如图 12.45 所示。

```
chartSeries(BABA,name="BABA CHART",subset="2018-12-01::2019-03-01",type
= 'line')
```

上面的代码将 type 参数设置为 line，因此绘制出一幅折线图。

另外一个绘图函数是 reChart，使用该函数可以在不重新绘制一幅新图的前提下修改已经画出来的图形，如图 12.46 所示。

```
chartSeries(BABA,name="BABA CHART",subset="2018-12-01::2019-03-01",type
= 'line')
reChart(type="candlesticks",show.grid=TRUE)
```

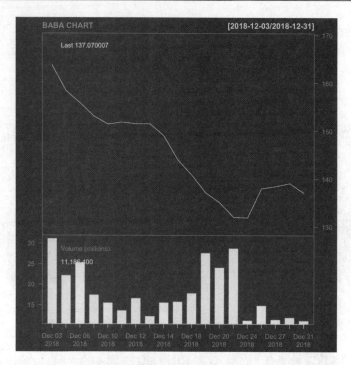

图 12.45 折线图

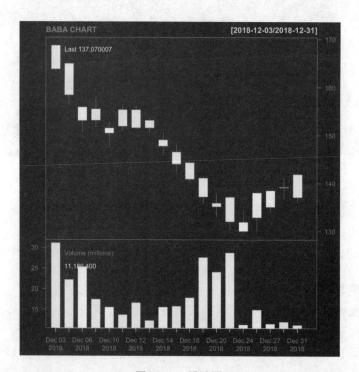

图 12.46 蜡烛图

上面的代码首先绘制了一幅折线图，然后将其改成一幅蜡烛图。

股票数据的绘图通常是上面介绍的三类图形。使用 quantmod 包可以非常快速地获取股票相关的数据，当然这个包可以获取的金融数据还包括汇率、期货数据等。如果读者需要更加深入的了解，可以参考链接 http://rpubs.com/liam/quantmod，这里有更多的相关介绍。另外，本章只介绍了一种技术分析图，即 ADX。因为技术分析图过于专业，有兴趣的读者可以自行深入研究，上面提到的链接中，对于技术分析图也有一些介绍。总之，在对股票数据进行可视化的时候，本章介绍的 quantmod 包是一个非常好的工具。

# 第 13 章 Shiny 工具包

Shiny 是一个开源的 R 包,它为使用 R 语言构建 Web 应用提供了一个优雅、强大的 Web 框架。使用 Shiny 不需要用户了解前端和后端知识,只需要了解网页开发语言,如 JavaScript,便能够高效地开发 Web 程序。另外,Shiny 同样也是一个数据探索和成果沟通的工具。本章将对 Shiny 包的相关内容进行介绍。

## 13.1 Shiny 工具包简介

Shiny 是一个高级数据可视化及数据展示工具,它不仅能够展示数据,还有更多的功能,如可以用于数据交互、数据分析及成果沟通。使用 Shiny 可以构建一个类似于小程序一样的程序,实现各种各样的功能。

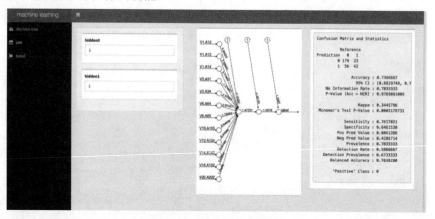

图 13.1 Shiny 程序

如图 13.1 所示便是一个 Shiny 程序,构建了一个神经网络模型,这个程序设置了两个输入数据 hidden0 和 hidden1,分别表示神经网络中的第一层和第二层有多少个节点,默认都是 1;中间的图形是神经网络的结构图,从图中可以看到,中间的两层都只有一个节点;右边是模型的评价结果,包括模型的混淆矩阵和精度等评价信息。

如果希望设置不同数量的节点,可以调整 hidden0 和 hidden1 这两个参数。调整之后代码会自动运行,然后返回结果,如图 13.2 所示。

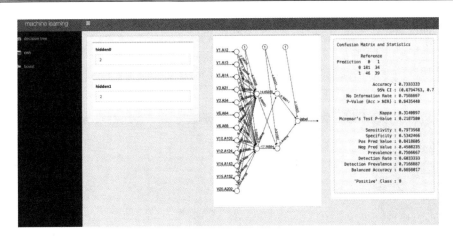

图 13.2 调整参数

在调整参数时,Shiny 程序会自动运行。从中间的神经网络结构可以看出,中间的两层节点都变成了两个,模型最后的效果也产生了一定区别。这个 Shiny 程序实现了调整不同参数实现不同神经网络模型,这是通过交互方式实现的。因为 Shiny 构建好了,使用者只需要修改界面中的参数即可调整模型,相当于一个软件。从图 13.2 中还可以看到,界面的左边是一个菜单栏,在其中可以选择不同的模型,如决策树和 boost 模型。boost 模型的 Shiny 界面如图 13.3 所示。

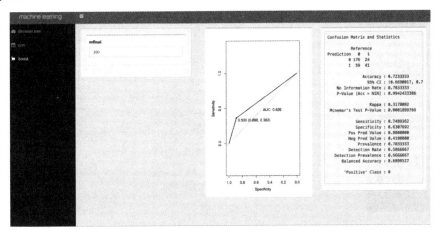

图 13.3 选择 boost 模型

从图 13.3 中可以看到,在 Shiny 的 boost 模型界面中,左边还是一个参数输入,表示决策树的数目;中间是关于模型的 ROC 曲线;右边是模型的一些指标,如混淆矩阵和精度等。决策树的 Shiny 界面如图 13.4 所示。

从图 13.4 中可以看出,同样有一个参数可以修改,然后展示了模型的 ROC 曲线和一些模型的评价指标。这个 Shiny 程序可以用于对模型进行调参,设置不同的参数然后查看哪个模型的效果是最好的。同样，这个 Shiny 程序也可以很好地展示模型的效果其功能设计比较简单。下面来看一个更加复杂的例子——使用 Shiny 构建一个用于推荐的软件，如图 13.5 所示。需要注意的是，图中所显示的数据都经过了脱敏处理，并不是真实的数据。

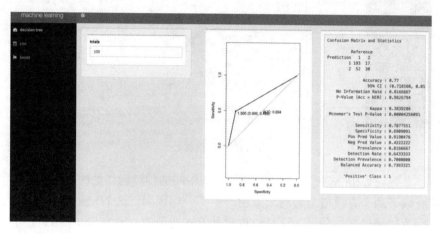

图 13.4　选择决策树

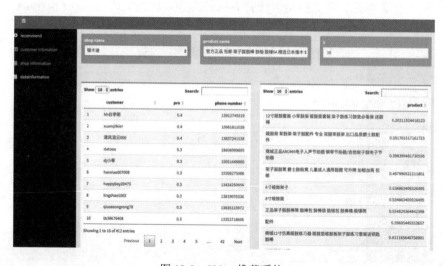

图 13.5　Shiny 推荐系统

从图 13.5 中可以看到，这个 Shiny 程序有 4 个部分，第一部分是推荐系统，第二部分是分析客户，第三部分是店铺分析，第四部分会显示所使用到的数据。

在推荐系统中，可以选择不同的商店和不同的商品，然后还有一个调整推荐算法的参数。下面的两个表是输出结果，第一个表输出的内容是可能对所选商品感兴趣的人，排名越靠前的人表示越有可能对商品感兴趣，这个结果是根据推荐算法计算出来的；第二个表的结果是与所选商品比较相似的商品，商品顺序是通过相似度排序的。这样可以找到每一个商品可能感兴趣的人，然后推荐给他们，并且可以尝试将相似的商品一同进行推荐。

第二部分是分析客户，从客户的角度来进行分析，如图 13.6 所示。

图 13.6　分析客户

从图 13.6 中可以看到，在这个 Shiny 界面中，可以选择不同的商店、不同的推荐算法，以及不同的人，目的是希望帮助商家分析自己的客户。从结果中可以看到客户购买过多少次，花费了多少钱，并给出了这个客户的价值。左边的第一张表显示了客户所买的东西，第二张表显示出可以推荐给这个客户的商品，推荐的结果同样是根据推荐算法给出来的。

第三部分是分析商店，如图 13.7 所示。

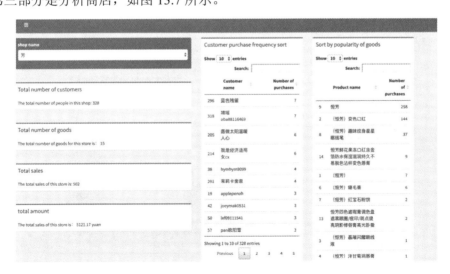

图 13.7　分析商店

这个部分对店铺进行分析，在这个界面中只有一个选项，可以选择不同的商店。在选择商店之后，会显示出这个商店有过多少客户、有多少商品以及销售额等信息，右边的第一张表给出了店铺中比较有价值的客户（买的东西多，消费额度高），第二张表显示出店铺中比较受欢迎的商品。

这个 Shiny 程序更加复杂，涉及很多的内容，是一个很好的展示。使用 Shiny 可以快速地构建一个算法演示，例如上面使用 Shiny 构建的一套推荐算法，再完善一下便可以使用其他编程工具做成一个产品。但是在构建产品之前，可以使用 Shiny 快速地实现和反馈，然后更改。因为 Shiny 非常简单，使用者不需要了解 Web 和 JavaScript，而只需要了解 R 语言便可以构建。因此，Shiny 是一种非常有价值的技能。

下面介绍有关 Shiny 的基本原理和构建 Shiny 程序的方法。

## 13.2　Shiny App 的基础部分

对于 R 语言的用户而言，构建一个 Shiny 程序非常简单。通常而言，Shiny 程序包含 3 个部分：

- Shiny 原程序的组成部分，分为 UI 和 Server。
- Shiny 程序内的元素，通常包括小部件、render 函数、input 及 output。
- input 和 output 之间的关系。

下面来看一个例子，然后分析其工作原理。首先通过下面的代码打开案例，结果如图 13.8 所示。

```
library(shiny)
runExample("01_hello")
```

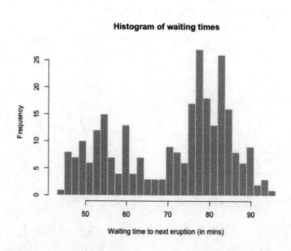

图 13.8　Shiny 程序结果 1

这个例子使用的是自带的 faithful 数据集合，通过改变 slider 滑块的值调整直方图的平滑程度（bin）。Shiny 程序包含两个部分：UI 部分和 Server 部分。简单来说，UI 部分就是我们需要设定界面怎么展示，Server 部分就是后台的计算如何进行。

然后我们来看一下上面这个程序的源代码，先查看的是 UI 部分，包括页面的布局及页面中存在哪些部件。

```
ui <- fluidPage(

  # App title ----
  titlePanel("Hello Shiny!"),

  # 这里指定的是布局方式
  sidebarLayout(

    # Sidebar panel
    sidebarPanel(

      # 这里定义一个 slider 作为输入
      sliderInput(inputId = "bins",
                  label = "Number of bins:",
                  min = 1,
                  max = 50,
                  value = 30)

    ),

    # 主页面，这里是一个绘图
    mainPanel(

      # Output: Histogram ----
      plotOutput(outputId = "distPlot")

    )
  )
)
```

上面的代码主要包括三个部分。

- sidebarLayout：表示边栏布局，用于指定页面如何布局。这种布局方式是 R 语言默认的页面布局方式，为输入提供了侧栏 sidebarPanel，为输出提供了大的主区域 mainPanel。当然还有很多其他布局方式，包括 tabsetPanel 和 navlistPanel 函数分割布局，以及一个专门用于 Shiny 布局的包 dashboard。这里只介绍这种基础的布局方式。
- sliderInput：一个部件，用于提供输入，也就是图 13.8 中的滑块。
- plotOutput(outputId = "distPlot")：输出一个图，对应的是图 13.8 中的图形。

上面的代码比较简单：首先定义布局方式，包括一个侧边栏和主区域；在侧边栏定义一个滑块，用于在交互中表示输出；在主区域有一个图形输出。

下面介绍 Server 部分，用来设置滑块的调整是如何影响图形的。也就是说，Server 部分用来定义 UI 部分展示的结果是如何计算的。下面是本例的 Server 部分代码：

```
server <- function(input, output) {

  output$distPlot <- renderPlot({

    x    <- faithful$waiting
    bins <- seq(min(x), max(x), length.out = input$bins + 1)

    hist(x, breaks = bins, col = "#75AADB", border = "white",
         xlab = "Waiting time to next eruption (in mins)",
         main = "Histogram of waiting times")

  })

}
```

Server 部分是一个函数，这个函数有两个参数，即 input 和 output，可以认为它们代表输入和输出。上面的代码中，output$distPlot 表示有一个输出，标签为 distPlot，这个标签对应的是 UI 部分的输出图形的部分，UI 部分的代码为 "plotOutput(outputId = "distPlot")"；renderPlot 表示要输出的内容为一幅图形，如果是要输出文本，则需要使用 renderText 函数，即不同的输出内容，需要使用不同的 rend_ 函数。renderPlot 函数里面是一串用于绘图的函数，这里的绘图方式和在 R 语言中的绘图是一样的，不同点是，这里 input$bins 表示的是交互中的输入，对应 UI 部分的滑块，代码为 sliderInput(inputId = "bins", label = "Number of bins: ", min = 1, max = 50, value = 30)。也就是说，滑块的 inputId 是 bins，当滑块滑动的时候，imput$bins 会记录滑块的结果，然后在 Server 部分绘图的时候，imput$bins 作为绘图的参数，绘制的图形通过 output$distPlot 表示，进一步通过 plotOutput 函数进行展示，这样便构建了输入和输出的关系。

使用下面的代码生成 App。

```
shinyApp(ui, server)
```

这样就构建了一个基础的 Shiny 程序。总而言之，Shiny 程序分为两个部分：UI 和 Server。UI 定义页面的布局，包含元素页面布局、部件及输出；Server 定义页面背后的计算，其输入通过 input 表示，输出通过 output 表示。

上面总结了关于 Shiny 的核心内容，下面来看第二个例子。

## 13.3　Shiny 示例

本节的例子展示通过 verbatimTextOutput 函数直接打印 R 对象，以及使用 tableOutput 函数实现 HTML 表格显示数据。运行下面的代码，打开这个示例，结果如图 13.9 所示。

```
library(shiny)
runExample("02_text")
```

图 13.9  Shiny 程序结果 2

从图 13.9 中可以看到，Shiny 程序有两个输入，用于选择数据集，以及设置显示数据集的行数；有两个输出，分别是关于数据的统计信息和数据集的原始数据。选择不同的数据集，则会显示出不同数据集的统计信息和数据集的原始数据。设置不同的行数则会显示不同行数的数据集。

下面来看一下代码，首先查看 UI 部分：

```
# 定义 UI 布局
ui <- fluidPage(
  
  # App 标题
  titlePanel("Shiny Text"),                        # 标题
  
  # 定义的边栏布局
  sidebarLayout(
    
    # 侧边栏面板
    sidebarPanel(
      
      # 构建输入
      selectInput(inputId = "dataset",
                  label = "Choose a dataset:",
                  choices = c("rock", "pressure", "cars")), # 这是一个选择输入
      
      # 构建数字输入
      numericInput(inputId = "obs",
                   label = "Number of observations to view:",
                   value = 10)                     # 这是一个数字输入
    ),
```

```
    # 主面板
    mainPanel(
    
       # 输出文本
       verbatimTextOutput("summary"),        # 这是一个输出
       
       # 输出表格
       tableOutput("view")                   # 这是一个表格输出
       
    )
  )
)
```

从代码中我们可以看到：

- 页面布局是默认的布局——边栏布局（sidebarLayout）。
- UI 中有两个部件，即 selectInput 和 numericInput，分别表示选择框和数字输入框，两个部件的 ID 分别是 dataset 和 obs。
- 有两个输出，即 verbatimTextOutput("summary")和 tableOutput("view")，对应的 ID 分别是 summary 和 view，分别表示输出文本和输出一个数据表。

Server 部分描述了 Shiny 程序背后的计算，代码如下：

```
#定义程序运行逻辑
server <- function(input, output) {

  # 返回一个数据集
  datasetInput <- reactive({              # 输入
    switch(input$dataset,
           "rock" = rock,                 # 对应了不同的数据集合
           "pressure" = pressure,
           "cars" = cars)
  })
  
  # 构建数据集的统计描述
  output$summary <- renderPrint({          # 输出一个 summary，这是一个 R 对象
    dataset <- datasetInput()
    summary(dataset)
  })
  
  # 显示数据集的前 n 行
  output$view <- renderTable({             # 另外一个输出
    head(datasetInput(), n = input$obs)
  })

}
```

上面的代码中，输入有两个：

- UI 中 selectInput 部件对应的数据为 input$dataset。
- UI 中 numericInput 部件对应的数据为 input$obs。

关于输出，同样有两个：
- verbatimTextOutput("summary")，Server 中对应的是 output$summary 。
- tableOutput("view")，Server 中对应的是 output$view。

输出通过 render 函数进行传递，例如，renderPrint 函数将 summary(dataset)的结果赋给了 output$summary，renderTable 将 head(datasetInput(), n = input$obs)的结果赋给了 output$view。

总而言之，UI 中的元素都存在一个 ID，Server 通过$ID 提取对应的元素，例如 input$obs 或者 output$summary；而输出则通过 render 函数进行传递。把握住这几个关键点，便可以轻松地构建 Shiny 程序。

## 13.4 Shiny 总结

上面的内容介绍了如何实现一个 Shiny 的 Web 程序：
- 程序分为两个部分，UI 和 Server。
- UI 定义网页是如何展示的，Server 定义后台是如何运算的。

下面对 Shiny 的内容进行总结，表 13.1 总结了 Shiny 中输出内容与 render_函数之间的关系。

表 13.1 输入与输出

| UI部分 | Server部分 |
| --- | --- |
| dataTableOutput | renderDataTable |
| imageOutput | renderImage |
| plotOutput | renderPlot |
| verbatimTextOutput | renderPrint |
| tableOutput | renderTable |
| textOutput | renderText |
| uiOutput | renderUI |
| htmlOutput | renderUI |

从表 13.1 中可以看到，如果需要输出一个数据表，则需要在 UI 中使用 dataTableOutput 函数，在 Server 中需要使用 renderDataTable 函数将结果传递到输出对应的 ID。

下面总结了 UI 中有哪些输入函数。
- actionButton：按钮。
- actionLink：链接。
- checkboxGroupInput：复选框。
- checkboxInput：单选框。

- dateInput：时间框。
- dateRangeInput：时间范围。
- fileInput：文件输入。
- numericInput：数字输入。
- passwordInput：密码输入。
- selectInput：选择框输入。
- sliderInput：滑块输入。
- submitButton：提交按钮。
- textInput：文本输入。

上面总结了常用的一些输入部件，在需要使用的时候可以选择合适的部件构建程序。在了解了这些内容之后，便可以开始自己构建一个 Shiny 程序了。

## 13.5 制作一个 Shiny 程序

要制作一个 Shiny 程序，首先需要打开 Rstudio，选择 File→New Project→Shiny Web Application 命令，创建一个 Shiny App。然后就可以开始编写 Shiny。在创建好之后，文件中会有一个框架，已经定义好了 UI 部分和 Server 部分，设定好了默认布局，因此，只需要构建需要的输入/输出的部件，然后编写 Server 部分就可以了。

下面的代码构建了一个 Shiny 程序，使用的是 ggplot 里面自带的数据集 diamonds，用于绘制不同变量的图形，结果如图 13.10 所示。

```
#
# This is a Shiny web application. You can run the application by clicking
# the 'Run App' button above.
#
# Find out more about building applications with Shiny here:
#
#    http://shiny.rstudio.com/
#

library(shiny)
library(ggplot2)
# Define UI for application that draws a histogram
ui <- fluidPage(
  
  # 标题
  titlePanel("Diamond data"),
  
  # 侧边栏布局
  sidebarLayout(
    sidebarPanel(
      selectInput(inputId = "x",label = 'x',choices = names(diamonds)[c(1,5,6,7,8,9,10)],
```

```
                    selected = T),
        selectInput(inputId = "y",label = 'y',choices = names(diamonds)
[c(1,5,6,7,8,9,10)],
                    selected = T)
    ),

    # 主面板
    mainPanel(
      plotOutput("diamondplot")
    )
  )
)

# 定义程序的运行逻辑
server <- function(input, output) {
  output$diamondplot <- renderPlot({
    # 绘图
    plot(x = diamonds[[input$x]],y = diamonds[[input$y]],xlab = 'x',ylab = 'y')
  })
}

# 运行程序
shinyApp(ui = ui, server = server)
```

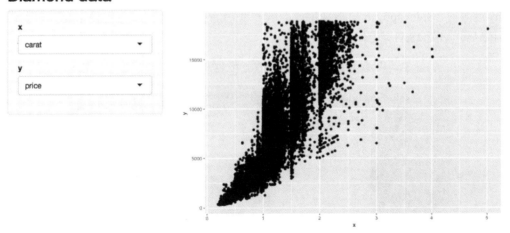

图 13.10　Shiny 程序结果 3

上面的代码有两个选择输入，分别表示选择什么变量来构建散点图。这种方法可以很好地对数据进行探索性可视化，只需要调整不同的变量，不需要另外编写代码就可以绘制不同变量的散点图。

## 13.6 Shiny 部署

部署 Shiny 程序是指将构建好的 Shiny 程序部署到服务器上，这样其他人可以通过浏览器来访问构建好的 Shiny 程序。如果希望部署 Shiny，有以下几种方式：

- Shinyapps.io；
- Shiny server；
- Shiny Server Pro；
- Rstudio Connect。

这里介绍使用 Shinyapps.io 部署 Shiny 的方式，为什么选择这种方式呢？因为使用这种方式进行部署是免费的（当然 Shinyapps.io 也有付费的服务），而其他几种方式都是需要付费的。选择 Shinyapps.io 将应用程序部署到 Web，不需要自己的服务器，只需要简单的代码就可以轻松地完成部署。在部署之前，首先需要注册 Shinyapps.io，如果有 GitHub 账户也可以使用 GitHub 账户进行注册。注册好之后在 R 语言中下载 rsconnect 包，然后加载包，代码如下：

```
install.packages('rsconnect')
library(rsconnect)
```

然后需要登录 http://www.shinyapps.io/，账号密码就是申请时设置的账号密码。进行 Shiny 配置时，Shinyapps.io 会自动生成令牌和密钥，rsconnect 程序包可使用令牌和密钥来访问账户，如图 13.11 和图 13.12 所示。

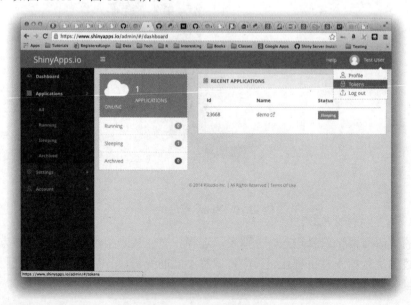

图 13.11　单击 Tokens

# 第 13 章 Shiny 工具包

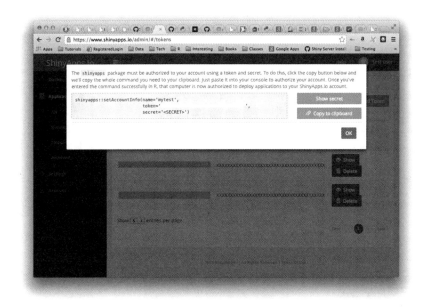

图 13.12  对应的密钥

在图 13.11 中，单击 Tokens，就会出现对应的密钥，如图 13.12 所示。然后复制图 13.12 中的代码，在 Rstudio 中运行，即可完成配置。完成配置之后，编写 Shiny 程序，编写完成后便可以进行部署。部署 Shiny 的代码如下：

```
library(rsconnect)
deployApp()
```

运行代码之后，如果没有报错，则完成了 Shiny 的部署，任何人可以通过对应的链接来访问构建好的 Shiny 程序。

本章介绍了关于 Shiny 的核心内容，阅读完本章内容之后，就可以快速构建一个 Shiny 程序。但是需要注意的是，还有很多内容本章没有提到，例如更多的布局方式以及各种部件的实际应用。Shiny 可以快速地构建一个项目的实例，可以很好地展示数据结果。另外，Shiny 也可以开发一个成熟的数据产品，然后通过部署的方式进行应用，这对于需要处理数据科学相关工作的人来说是非常有价值的。关于本章没有涉及的更多内容，读者可以浏览 Shiny 的官方网站，网站中有更多的示例及更加完善的学习文档。

# 推荐阅读

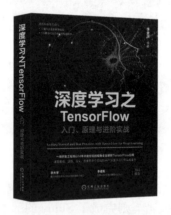